CHINA STRATEGIES FOR ENERGY & ENVIRONMENT

国家智库：中国能源与环境策略

曾少军◎著

STATE THINK TANK

中国市场出版社
China Market Press
·北京·

图书在版编目（CIP）数据

国家智库：中国能源与环境策略 / 曾少军著.
—北京：中国市场出版社，2017.10

ISBN 978-7-5092-1586-9

Ⅰ.①国… Ⅱ.①曾… Ⅲ.①能源发展-研究-中国
②环境政策-研究-中国 Ⅳ.①F426.2②X-012

中国版本图书馆 CIP 数据核字（2017）第 249133 号

国家智库：中国能源与环境策略

GUOJIA ZHIKU: ZHONGGUO NENGYUAN YU HUANJING CELUE

著　　者：曾少军
责任编辑：宋　涛（zhixuanjingpin@163.com）
出版发行：中国市场出版社
社　　址：北京市西城区月坛北小街 2 号院 3 号楼（100837）
电　　话：（010）68034118/68021338/68022950/68020336
经　　销：新华书店
印　　刷：河北鑫兆源印刷有限公司
开　　本：185mm×260mm　　1/16
印　　张：25.5　　　　**字　　数**：500 千字
版　　次：2017 年 10 月第 1 版　　**印　　次**：2017 年 10 月第 1 次印刷
书　　号：ISBN 978-7-5092-1586-9
定　　价：98.00 元

稷下有策

——八年国家高端智库学术生涯回顾

公元前370年的战国时期，齐国稷下学宫以黄老之学为基础，兼容并包，容纳儒、法、名、兵、农、阴阳、轻重诸家天下有为之士，开一代学术风气，铸就了迄今为止我国思想史上最为辉煌灿烂的不朽丰碑。它既有官方的支持，又是一个民间顾问机构。当时，“稷下学士”无论其学术派别、思想观点、政治倾向，以及国别、年龄、资历等如何，都可以自由发表自己的学术见解，互相争辩、诘难、吸收，形成“百家争鸣”盛况。更为可贵的是，当时齐国统治者采取了十分优礼的态度，封了不少著名学者为“上大夫”，并“受上大夫之禄”，允许他们“不治而议论”（《史记·田敬仲完列传》），“不任职而论国事”（《盐铁论·论儒》）。

2 400年后的公元2009年，在国际金融危机暴发的大背景下，刚刚从领导岗位退下的国务院原副总理曾培炎先生，创建了一个注册于民政部的社团组织“中国国际经济交流中心”（以下简称国经中心），力图在以学术为主的高校研究机构和以政策制定、宣导为主的各类机关政策研究部门之外，建立一个国际性经济研究、交流和咨询服务机构，一个集中经济研究领域高端人才并广泛联系各方面经济研究力量的综合性社团组织。随后，国经中心牵头召开了第一届“全球智库峰会”。当时，负责领导和组织日常研究的是来自中共中央政策研究室的原副主任郑新立，负责国际事务交流的是商务部原副部长魏建国，负责指导国内问题研究的是晓华，负责追踪组织国际问题研究的是樊刚，其顾问、理事团队，俱是响当当的人物，可谓群贤毕至。且因初创办公地址在“西安门22号院”，被媒体形象称为“离中南海最近的智库”。

这不正是一个当代“稷下学宫”吗？对于一个从中国一流大学公共管理专业博士后出站的人来说，进入这样的单位开展研究，做一名“稷下学士”，岂不是人生一大快事？于是，看到国经中心的招聘启示后，我放弃了“985”高校和跨国公司的高薪诱惑，向国经中心投出了简历。经过一百余人参加的中文笔试、十来人参加的英文面试竞争，我有幸成了首批录用的六名研究人员之一。没多久的一个下午，在西安门22号院的一个办公室里，尊敬的曾培炎先生来看望国经中心首批研究人员。我激动地站起来自我介绍：“总理好，我也姓曾。”培炎先生仁厚地微笑着握起我的手说：“我知道，你是清华来的。”刹那间，新型智库的礼贤下士务实之风，使得我进入一个新单位的陌生感一下子没有了。几年后，国经中心搬到了永定门外大街五号的北京先农坛东门。我查阅了相关资料，“先农坛”，每年开春皇帝亲领文武百官行藉田礼之所，坛观耕台前有一亩三分耕地，为皇帝行藉田礼时亲耕之地。心下想，稷为百谷之长，帝王奉稷为谷神。然则国经中心迁址于此，暗合“稷下学宫”之数，乃天意乎？抑或人为乎？“稷下学士”游于此，真可“此地安，不思归”了。

八年来，国经中心发生了许多变化，但我的研究方向与兴趣的变化并不大。记得当初郑新立先生主持学术讨论会，要研究人员分别介绍自己的研究背景与专长，我当时站起来说：“我来自清华公管，主要从事资源与环境，特别是新能源与气候变化的公共政策和国家战略研究。”中国作为一个转型时期的大国，如何破解资源约束与环境治理的世纪难题，需要国家高端智库的研究人员深入探索。因此，除完成一些应急任务外，我始终坚持资源与环境的研究方向没有松动。从“十二五”、“十三五”规划预研重大课题中的“应对气候变化和发展低碳经济研究”，到为地方经济服务的“广西循环经济发展研究”；从年度基金课题“生态文明建设的体制机制研究”，到“‘低碳+’战略研究”，再到对外合作的课题“中国绿色发展的公共政策和国家战略研究”，都可以看出我对这一研究方向的坚持。

八年来，我在资源与环境研究领域始终与产业第一线保持密切联系。为了了解汞污染的危害与治理过程，我应清华大学之邀赴日本熊本水俣汞污染现场考察；为了跟踪新能源产业的发展，我顶住压力，牢记清华重视田野调查的传统，始终参与行业各种交流活动，并与一线企业家保持密切联系，从他们那里获得鲜活的数据与切实的信息，以保证自己的对策研究有的放矢，真实有效。

八年来，我在资源与环境领域紧跟国际研究前沿。为了替中国减排行业争取最大利益，作为中国工商界首席谈判代表，我参加了联合国气候变化大会工商界圆桌会议；为促进中新两国智库交流合作，我应邀远赴新西兰维多利亚大学做气候变化领域“二轨”机制的学术演讲；为加强中日双边交流，作为中国新能源代表团成员，我在东京与日本环境大臣一起主持中日新能源产业高峰论坛。这些交流，为我每年跟踪研究全球能源与环境的发展现状与趋势，积累了相当多的一手信息。

当然，八年来，我也一直在思考从中国传统智慧中寻找未来的永续发展方向。我深切认为，中国道家思想，蕴含极其丰富的人与自然和谐相处的深刻思想。从道家三玄，即《老子》《庄子》《易经》的朴素而深邃表述中，时时可以窥见人类社会如何得以永续发展的思想光芒。将环境哲学与中国传统道家学说、中国传统思想相结合，探索出一条中国永续发展的绿色、循环、低碳的生态文明之路，应该是一名中国资源与环境研究学者的重大责任与重要方向。呈现在各位面前的这本书，正是我按照上述学术路径，在国经中心这个国家高端智库八年间的研究和思考成果。

全书分为五大板块，第一部分“顶层设计”属于总论性质，包含了生态文明、绿色发展、低碳发展和循环发展的纲领性研究内容。第二部分“能源谋划”、第三部分“环境策论”则属于分论性质。其中，在能源部分，既有基于重要战略资源角度的分析，也有专门针对新能源各个分项领域的深入研究；既有对核能、水能、页岩气和洁净煤等重要能源品种的探索，也有基于国际经验与视角的比较和观察。在环境部分，本书直面雾霾的危害提出对策，也对汞污染这一亟待重视和解决的污染问题进行了系统梳理。当然，作为在气候变化领域长期留心的专业人士，我在此部分也留下了自己对于气候变化和绿色金融等问题的思考足迹。第四部分“年度观察”和第五部分“专题研究”属于专论性质，系统记录了我对于资源与环境的连续跟踪与思考，以及我运用资源与环境研究理论，去解决国家及地方发展过程中面临的具体问题的个人体会。

国经中心等“稷下学宫”般的现代智库的发展方兴未艾，我等“稷下学士”般的智库研究人员的成长与转型也是“路漫漫其修远兮”。在学术研究与政策应用研究之间的挣扎与徘徊，也许是智库研究人员的一个永恒难题。无论如何，在完成一个智库研究人员日常的各种硬性研究任务的同时，系统学习传统文化，特别是道家文化，运用中国智慧去尝试解决世界性的资源与环境难题，探索人类社会的永续发展之道，进而丰富环境哲学与生态哲学理论，“通三玄以求永续，融百家而探大道”，既是我的座右铭，也是我今后学术生涯的努力方向。理论的研究，特别是资源与环境的研究，远不如宏观经济、金融股市那么应景显名，那么光彩荣耀，甚至还面临许多现实与道德之间的困扰，但不管未来的研究之路是孤独还是沉重，为了人类美好的明天，我将沿此路踽踽而行。

权以为序。

曾少军

2017 年 9 月 10 日

于北京先农坛

目 录

State Think Tank
China Strategies for Energy and Environment

顶层设计——001

01 生态文明体制机制研究 /**003**

02 绿色发展的国际比较 /**020**

03 “低碳+”发展战略 /**041**

04 循环经济发展研究 /**057**

能源谋划 ——071

05 我国海外重要战略性资源获取研究 /**073**

06 我国“十二五”新能源发展建议 /**080**

07 中国新能源民间投资第三方评估 /**085**

08 民营新能源企业组织文化创新 /**095**

09 我国光热利用亟待提升技术、规范市场 /101

10 薄膜太阳能电池技术现状与趋势 /105

11 我国光伏发电的“弃光”现象与对策 /110

12 我国光伏建筑一体化应用建议 /117

13 福岛核泄漏与我国核电发展 /123

14 我国水电开发的价值分析与路径选择 /129

15 我国页岩气开发对策 /137

16 我国洁净煤产业发展策略 /147

17 我国新能源国际合作进展与对策 /160

18 能源外交与中国面临的全球形势 /168

19 我国能源外交现状与策略研究 /177

20 中美新能源发展战略比较 /186

环境策略—— 195

21 克霾对策 /197

22 中国汞污染治理 /201

23 国际气候制度与资金机制 /**210**

24 芝加哥气候交易所运作模式及启示 /**228**

25 我国碳金融创新 /**232**

年度观察——241

26 2012 全球能源与环境 /**243**

27 2013 全球能源进展与展望 /**253**

28 2014 全球能源新格局与中国策略
——以“一带一路”能源战略选择为例 /**260**

29 2015 全球能源发展与趋势 /**272**

30 2016 全球能源形势与中国策略 /**286**

31 2017 中国减排现状与“低碳+”发展前景 /**298**

专题研究——311

32 中美能源与环境投资合作 /**313**

33 城乡一体化与低碳城市发展规划 /**323**

34 水电流域综合开发与怒江生态廊道建设 /**334**

35　黄河故道能源资源综合开发和环境保护　**/349**

36　环渤海经济区生态环境战略　**/356**

37　肇庆市生态建设与环境保护　**/362**

38　广西循环经济指标可达性分析　**/366**

参考文献　**/380**

后记　**/396**

State Think Tank
China Strategies for Energy and Environment

顶层设计

01 生态文明体制机制研究*

一、引言

改革开放以来，伴随着我国经济的快速发展，对生态文明的认识不断加深，表现在体制机制上，经历了制度建设循序渐进和政策不断深化的过程，从简单的污染治理，到提出保护资源环境，再到建设资源节约型和环境友好型社会，进一步明确生态文明建设的国家战略地位，最终将其提高到与经济、政治、文化、社会四大建设相并列的高度。建设生态文明，是中国共产党作为执政党在世界上首次提出的，是重要的理论、理念创新，也昭示了我们党加强生态文明建设的坚强意志和坚定决心。2013 年，联合国环境规划署理事会第 27 次会议通过决议，以联合国文件认可并支持中国生态文明理念，标志着我国生态文明的理念和实践得到了国际社会的认同。

二、文献回顾

20 世纪中期，随着西方工业化国家一系列严重环境污染事件的爆发，人们开始反思工业化弊端，关注环境与可持续发展问题。从 1962 年《寂静的春天》的出版，1972 年《增长的极限》的发表和瑞典斯德哥尔摩“人类环境会议”的召开，1992 年联合国“环境与发展大会”和 2002 年联合国“可持续发展世界首脑会议”的召开，2014 年在纽约总部成立联合国文明联盟生态文明委员会等，国际社会一直在寻求一种有别于传统工业化的模式，走经济发展、社会进步、环境保护相协调的可持续发展道路。

一些学者开始从社会文明形式的高度来思考工业文明。1995 年，美国学者罗伊·莫里森在《生态民主》一书中，正式将生态文明作为工业文明之后的一种文明形式提出。西方生态马克思主义、生态社会主义的思潮和运动也悄然兴起。加拿大学者威廉·莱斯

* 本文为 2015 年中国国际经济交流中心基金课题《促进我国生态文明建设的体制机制研究》综合成果，课题负责人为王春正，笔者与赵家荣为课题联合组长，课题组其他成员包括：王毅、吕文斌、张瑾、刘向东、王凤春、苏明、马骏、刘树杰、杨来等。本文主要内容被《全球化》2017 年第 10 期采用，此处有删改。

分别于1972年和1976年发表了《自然的控制》和《满足的极限》著作。双重危机论、政治生态学理论、经济重建理论、生态社会主义理论，形成了系统的生态马克思主义理论，为人类摆脱生态困境寻找出路，关注的核心问题是人类社会与自然的关系。

在绿色生态思潮的推动下，生态运动也在西方政治和社会文化领域兴起。1972年5月，新西兰成立了世界上第一个全国性绿党——价值党。1980年，德国成立了有明确政治纲领的“绿党”，明确提出生态社会主义的口号。20世纪90年代提出了生态社会主义的政治、经济、社会和意识形态等主张，形成了生态社会主义的思想体系和政治纲领。

在我国，农业经济学家叶谦吉于1984年最早使用了“生态文明”的概念，他从生态学和生态哲学的视角来界定生态文明。之后，理论界开始广泛研究生态文明，尤其是党的十七大以后，生态文明成为许多学科研究的热门课题。这些研究主要关注三个方面：

一是关于生态文明概念与内涵的研究。有的学者认为，生态文明是人类的一个发展阶段，是原始文明、农业文明和工业文明之后的新阶段；有的认为，生态文明是社会文明的一个方面，与物质文明、精神文明、政治文明并列；有的认为，生态文明是一种发展理念；有的认为，生态文明是改善人民生活和实现可持续发展的途径。目前有关生态文明概念的讨论仍然很多，尚未形成一种公认的、权威的概念。

二是关于生态文明与传统文化的研究。许多学者从儒道和佛教中探究生态文明的文化渊源，认为儒道从不同的角度阐释了人与自然的关系。天人合一的生态伦理思想，尊重自然、兼爱万物，以及人与自然相互和谐等价值取向，蕴含着丰富的生态文明思想，对于建设当代生态文化体系有重要的借鉴意义。

三是关于生态文明建设实践研究。许多学者从循环经济、低碳经济、环境保护、可持续发展等不同层面研究了生态文明建设的途径。也有的学者研究了建设生态文明的制度、机制、理念及生态文化等，提出了生态文明建设的保障措施。还有的学者把生态文明建设作为全面建设小康社会和资源节约型、环境友好型“两型”社会建设的内容，提出了一些具体设想。也有一些学者结合各地具体实际，提出了在相关省市建设生态文明的措施。也有学者研究了生态文明评价体系等。

总之，近年来生态文明的理论研究方兴未艾，取得了丰硕成果。然而，当前低水平重复研究居多，高质量深层次的研究较少；对生态文明概念探讨的多，从哲学、社会制度、人与自然的本质属性等基础理论研究的少；就事论事、解读政策的研究多，从战略高度研究的少。生态文明理论研究还有待于进一步加强。

尽管理论界已经做了大量研究，但对生态文明尚有待形成一个公认的、权威的定义，本研究力图提出对生态文明内涵的界定：生态文明是由生态和文明构成的复合概念，是指人类遵循人、自然、社会和谐发展这一客观规律而取得的物质成果与精神成果的总和，是以尊重自然规律和保护自然环境为前提，以维护生态平衡和资源环境的可承受程度为基础，以建立可持续的生产方式、生活方式和产业结构为主要内容，以统领性、多元性、包容性和可持续性为特征，以绿色经济、循环经济、低碳经济为建设途径，遵循公正和谐、以人为本、可持续发展的原则，与物质文明、精神文明和政治文明相辅相成，实现人与自然相互依存、相互促进、相互协调的文明发展形态。

三、国外生态环境保护体制机制建设的经验与启示

为履行其环境管理职能，各国均根据自己不同的国情，建立起各具特色的环境管理体制。无论是发达国家还是发展中国家，环境保护管理范围随着国家的形势变化而逐步变化，职责范围逐步扩大，编制逐步增加。

（一）环境主管机构及负责人的行政地位较高或不断提高

随着环境保护问题的突出，特别是区域性问题日益摆上议事日程，许多国家在机构改革中加强环境保护的力量，包括升格国家环境保护的主管机构。例如，日本、韩国的环境主管部门都经历了级别不断提高的过程；配备高级别的首长，一些国家环境部长的地位高于其他部长。如韩国环境部长是国务委员，受国务总理的命令，就环保政策、计划及其执行在各部门间进行统一协调；澳大利亚环境部长从 1987 年开始进入内阁成为内阁大臣，现任环境部长是议会议长。

（二）逐步扩展环境主管部门的职能，实行环境保护大部制

环保部门的主要职能范围涉及环境、自然资源、土地、海洋、交通、生态、核安全，以及与贸易、投资、消费、生产模式之间关系等诸多内容。从各国经验看，仅由一个统一监督管理机构来管理整个国家的环境问题是不现实的。但绝大部分国家在充分考虑生态系统完整性的情况下，尽可能把相关职能转移到环境主管部门。例如，美国于 1970 年把分散于农业部、健康、教育和福利部（即现在的健康与保健部）、内政部及原子能委员会、联邦放射物管理委员会、环境质量委员会等部门的环保职能集中到环保局。日本于 2001 年将原来厚生省和产业省中固体废弃物的管理职能集中到环境省，实现统一管理。

环境部是欧盟各国和经济合作与发展组织（OECD）绝大多数国家的内阁组成部门之一。总体看来，大部制是欧盟和 OECD 国家的政府组成特征，多数成员国内阁组成部门一般在 15 个左右。各国环境部即使有的包含其他部门职能，从其名称及内设机构来看，主要职能仍然是环境保护。各国基本情况与环保机构名称如表 1 所示。

表1 欧盟和 OECD 主要国家基本情况与环保机构

国家	内阁部门数目	环境机构名称	人口（万）	国内生产总值（亿美元）	人均国内生产总值（美元）
瑞典 *	12	环境部	889	2 413	27 257
芬兰 *	15	环境部	518	1 300	26 000
西班牙 *	16	环境部	4 020	3 546	15 103
卢森堡 *	8	环境部	44	210	48 200
英国 *	12	环境、食品与乡村事务部	5 950	14 384	24 174
德国 *	14	联邦环境、自然保护与核安全部	8 820	19 424	23 606
法国 *	15	生态环境与可持续发展部	6 040	12 369	23 899
意大利 *	14	环境与国土保护部	5 768	11 709	20 600
丹麦 *	20	环境与能源部	533	1 624	30 459
葡萄牙 *	17	环境与国土部	1 032	1 070	10 726
爱尔兰 *	14	环境与地方政府部	380	953	25 708
希腊 *	20	环境、城市规划与公共工程部	1 052	1 254	11 877
奥地利 *	11	农业、林业与环境部	809	2 109	26 050
比利时 *	14	社会事务、公众健康与环境部	1 021	2 270	22 253
荷兰 *	15	房建、城乡规划和环境保护部	1 586	4 276	26 700
澳大利亚	17	环境和遗产部	1 900	3 442	18 100
加拿大	27	环境部	3 075	6 995	22 750
捷克共和国	15	环境部	1 030	362	3 523
匈牙利	14	环境部	1 004	387	4 787
冰岛	12	环境事务部	28	75	31 100
日本	18	环境省	1 195	49 472	39 263
韩国	21	环境部	4 612	4 574	9 628
墨西哥	18	环境、自然资源和渔业部	9 736	5 670	5 824
新西兰	20	环境部	384	436	11 282
挪威	18	环境部	448	1 484	33 200
波兰	11	环境部	3 864	1 587	4 115
斯洛伐克	20	环境部	540	136	2 748
瑞士	7	联邦环境、交通、能源和电讯部	720	2 411	33 481
土耳其	17	环境部	6 550	1 987	3 184
美国	14	联邦环境保护局	28 300	99 657	35 214

注：本表数据主要是2000年左右的数据。OECD 共30个成员国，其中有 * 标记的为欧盟国家。
数据来源：欧盟和 OECD 提供材料，各国环境部网站，中国外交部网站。

如表 1 所示，目前 OECD 30 个成员国（含 15 个欧盟国）有 29 个国家的环保机构为内阁组成部门，原本分散的环保职能也大都集中在环保部门。各国的环保机构，随着环境问题的演变，都经历了从无到有、从弱到强、从分散到集中的历程。各国环保机构初建时起点也都较低，但随着分散在其他各部门的职能连同人员和经费的划入，环保机构都得到迅速发展，绝大多数很快就成为政府的内阁组成部门。尽管各国政府经过不断改革，内阁部门数目减少，但环境部的地位不断加强、职能范围不断增加。而且大部分国家的地方环保机构也较为完善。各国环保机构的设立、职责确定及工作程序都由法律明确规定，保证了环保机构及其管理的合法性、连续性和稳定性。

从各国环境部的内部机构设置来看，大部分国家按环境要素设置管理机构。如德国、法国和意大利环境部都是按要素下设水司、自然司、大气（化学品）司等，另外有一个中央或综合司负责环境部内部行政管理。各国环境部一般来说司的数目较少，但司内设次司和处较多。

（三）设置跨部际协调议事机构，以及跨区域的协调督察机构

大部分发达国家除了成立环境管理专门机构，还设有环境管理综合决策协调机构或机制。这主要是取决于环境管理的综合性、复杂性，以及与社会、政治、经济的关联性。美国联邦和州政府都设有环境质量委员会，职能是为总统提供环境政策方面的咨询和协调各个行政部门有关环境方面的活动；日本除了环境省，还成立了公害对策会议，作为总理府的下属机构，会长由内阁总理兼任，其主要职权是处理有关都道府县制订的公害防治计划、审议有关防治公害的基本的和综合的措施并促进这些措施的实行等；德联邦政府于 2000 年成立了国家可持续发展部长委员会，联邦总理为该委员会主席，其任务是制定可持续发展战略。

部分国家还设置区域性环境机构，其主要职责有二：一是协调作用。流域水污染、酸雨污染、海洋环境污染、生物多样性等环境问题不受行政辖区限制，具有跨界污染的特点。许多国家设置跨区环境管理机构，作为环境管理主管部门的派出机构或直属机构，人员编制属于环境管理主管部门，如美国联邦环保局的 10 个区域办公室。二是监督作用，旨在督促地方政府落实中央制定的环境保护政策、标准。

（四）注重分级管理，明晰央地事权划分

分级管理在美国和德国两个国家表现突出，如美国由联邦政府制定基本政策、法规和排放标准，由州政府负责实施，在确认联邦政府在制定和实施国家环境目标、环境政策、基本管理制度和环境标准等方面占主导地位的同时，承认州与地方政府

在实施环境法规方面的重要地位。美国处理联邦政府和州政府之间关系的基本原则为：州政府在环境保护方面负有主要责任，联邦政府的领导和帮助必不可少。德国联邦政府环境管理的主要职能是一般环境政策的制定、核安全政策的制定与实施及跨界纠纷的处理，州政府环境管理的职能主要是环境政策的实施，同时也包括部分环境政策的制定。联邦政府和州政府在立法权责、法律和政策的实施权责、环境规划的权责、环保投资权责等方面也进行了明确分工。

（五）拥有足够的人员配置

随着环境事务的不断增多，各国的环境主管部门大都加强了人力投入，相应地进行了人员扩编（见表2）。日本环境厅（现日本环境省）自成立以来，组成人员不断增加，由最初的501人增加到2001年的1 311人，增长了近两倍。美国环保局由成立之初的5 000多名职工，发展到现在的18 000多人，其中6 000人左右在华盛顿总部负责各项环境政策的制定；10 000人左右分布在全美国的10个区域办公室；2 000余人分散在华盛顿及美国其他各地的美国环保局对政策的制定进行技术支持。

表2 国外环境保护机构人员数与全国总人口数比较

国家名称	环保机构名称	人员数①	全国总人口数②（年）
澳大利亚	环境与遗产部	3 000多	1 875万（1998）
加拿大	环境部	5 000多	3 057万（1999）
丹麦	环境与能源部	3 000多	531.4万（1999）
法国	国土整治与环境保护部	2 351	6 018.6万（1999）
德国	联邦环境、自然保护与核安全部	近3 000人（其中环境部870）	8 205.7万（1997）
日本	环境省	1 131	1.27亿（1999）
韩国	环境部	392	4 685.8万（1999）
新西兰	环境部	110左右	382.57万（1999）
俄罗斯	自然资源部	700多	1.455亿（2000）
瑞典	环境部	150（环保局500多）	885.5万（1999）
美国	环保局	18 000多	2.71亿（1998）

资料来源：①INTERNET网及实际调研；
②世界知识年鉴2000—2001［M］. 北京：世界知识出版社，2001.

四、我国生态文明体制机制建设面临的主要问题

改革开放以来，在保持经济持续健康发展的同时，各级政府也比较重视生态环

境保护问题，但较为粗放的发展模式造成更为严重的环境污染和生态退化。目前造成生态环境持续恶化的主要原因是人们对自然资源无节制的开采利用，向生态环境无休止的索取。但深层次制度原因则表现在：

（一）行政管理机制不健全

我国虽建立了多级生态环保监督管理体系，但是由于职能交叉、执法主体和监测力量分散，在监管过程中还存在着缺位失位、相互扯皮、责任不明、轻视赔偿等问题。一是监管不到位，独立执法困难。二是监管职能分散，管理碎片化，存在多头管理和相互扯皮现象。三是干部生态环保考评缺失，责任追究制度不健全。四是环境损害赔偿制度不成熟，公共环境受害主体缺位。五是制度碎片化突出，监管财权事权不对等。

（二）法律法规体系不成熟

尽管我国已经出台与生态文明相关的法律法规，但是无论是在立法、执法还是司法环节都还存在不完善的地方，需要尽快完善相关法律法规机制，使环境监管真正有法可依，执法必严，违法必究。一是生态文明有关法律法规体系不完善。二是立法、行政管理体制和财政预算安排脱节，导致立法与实施脱节。三是尚未建立生态环境的公益诉讼制度，社会参与监督的机制不畅。

（三）生态环保产权制度不明晰

我国自然资源资产保护不力的关键原因在于生态环保产权制度不明晰。按照法律规定，我国自然资源归国家或集体所有。国家虽在国土空间开发和保护方面做了大量的制度建设工作，但是尚未解决全民所有自然资源资产所有者缺位、产权不清晰、未实行严格的资产管理等问题，反而被各级政府拿来作为发展经济的生产要素，而且生态环保的相关产权交易市场也不发达。主要是排污权、碳排放权交易制度不健全，生态补偿机制尚不完善。

（四）有关配套政策不完善

在生态环保的政策体系中，现行的鼓励和支持政策尚存在碎片化和滞后性的特征，不少政策与生态文明发展的要求不相适应。一是行政管制的手段和措施应用比较多，市场调节、社会管理的手段和措施应用比较少。二是各种财政、税费、价格、金融、产业、投资等方面的政策措施比较零散，对资源与生态环境利用行为的调节作用不大。三是缺少法律化、常态化机制。四是生态补偿资金总体不足，没有建立稳定的增长机制。五是税收优惠政策存在缺陷。

（五）监督评估机制不到位

我国目前针对普遍的污染行为主要还是采取以罚代管的方式，对超标排污行为罚款数额普遍偏低。即便已经实施《排污费征收使用管理条例》，但执行中存在较严重的制度漏洞，使实际执行效率大打折扣，尤其是环境污染损害补偿不充分。究其原因，主要在于监督评估机制尚不到位。一是对生态环境保护执法不严、监管不到位现象相当普遍。二是生态文明的评估指标不完善，指标考核往往成为摆设。三是监督执法难形成合力。

（六）公众参与机制未建立

我国公众参与生态文明建设的积极性并不高，主要在于公众参与机制不健全、参与维权渠道受阻、参与的方式和内容缺乏可操作性等原因。我国缺少环境公益诉讼机制，独立的非政府组织和社会机构的监督能力有限，政府缺乏对环保类社会组织的指导、扶持和服务等方面的有效政策措施，国内环保类社会组织总体能力薄弱，难以满足公众有效参与环保事业的需要。

（七）跨部门协调机制不完善

多年以来，我国环境保护、生态治理分属不同的部门管理。特别是环境污染防治属于属地管理，强调当地政府的责任，而地方环保部门受地方政府任命管辖，因此中央对地方生态环保事业的直接参与度不高，造成部委与地方条块分割严重，协调难度较大。像大气、水等污染物具有流动性特点，可能会出现“东家污染、西家埋单”的情况，跨行政区划、跨流域协调难度较大，区域生态补偿机制始终难以建立，缺乏有效的议事程序和争端解决机制，长此以往将会导致相互扯皮和监管缺位问题，治理效果也不尽如人意。

五、促进我国生态文明体制机制建设的政策建议

促进我国生态文明体制机制建设，就是要全面贯彻落实党的十八大和十八届三中、四中、五中全会精神，按照“五位一体”总体布局的战略要求，坚持生态文明的基本理念和根本方针，以正确处理人与自然关系为核心，以提高资源利用效率、改善生态环境质量为主线，以生态文明体制改革、制度体系和长效机制建设为重点，厘清政府、市场、社会的关系和边界，构建政府、企业和社会共同参与的生态文明

治理体系和运行机制，最大限度地激发全社会推动生态文明建设的创造力和自觉性，加快建设美丽中国，迈向社会主义生态文明新时代。到 2020 年，生态文明体制框架，以及源头预防、过程控制、损害赔偿、责任追究的制度体系基本形成；自然资源资产管理、用途管制、监督体系得到健全，关键制度建设取得决定性成果；资源环境生态价值得到充分体现，有关价格、财政、税收、金融政策更加完善，市场机制得到充分发挥；社会公众参与的渠道更加畅通、方式更加多样，群众的利益诉求得到充分尊重。

（一）促进我国生态文明建设的行政体制与监管机制建议

生态环保管理体制是国家行政体制的重要组成部分，是各级政府的重要职责，是必须提供的一项基本公共服务。生态环境保护若要做到不欠新账、多还旧账，需要进一步加强监管。深化生态环保管理体制改革必须按照国家关于政府职能转变、行政体制改革、推进依法行政、生态文明体制改革的总要求进行。改革生态环境保护管理体制，核心是建立独立行政执法和监管的体制。

1. 健全我国生态文明管理体制的基本原则

针对当前我国生态文明行政管理与监管体制存在的主要问题，健全我国生态文明管理体制，就是要在完善现代市场体系、转变政府职能、推进法制建设、强化社会治理的大背景下，通过改革政府管理体制，建立分权制衡、相互协调、运行高效的生态环境管理体制。

在深化生态环保管理体制改革时，要提高管理效能，以更低的成本、更高的效率保护生态环境。要做到政府职能精简统一，形成多元共治格局，进一步简政放权。第一，以生态环境保护为前提，实行经济社会发展与生态环境保护相协调的战略。环境与发展的关系是中国生态环境保护中最为关键的一对关系，也是难点所在。第二，从生态系统的整体性和多功能性出发，实现统一监督管理与专业分工管理相结合。从生态环境的系统性来看，生态环境具有跨介质、跨区域的整体性特征，生态环境治理体系应当遵循生态系统的特点进行统一监督管理和流域、区域的综合管理。第三，按照生态环境物品和服务的不同公共属性，合理划分中央与地方事权。

2. 我国生态文明管理机构调整方案建议

我国生态文明管理的中央部委职能重组的核心是将污染防治、生态保护、自然资源管理的决策、执行、监督、协调、提供公共物品等职责进行合理配置，从而减少职能交叉，降低行政协调成本，实现权力制衡上的协调一致，提高体制运行效率。目前，自然资源与生态环境保护的管理职能分散在各个部门，按照积极稳妥实施大部制的行政体制改革的总体思路，对这些部门适当合并和重组势在必行。

近年来，各方已经提出了一些方案，如2011年中国工程院和环境保护部联合发布的中国环境宏观战略研究报告，就提出了整合环境、资源和生态保护等职能的大环境部的方案，相近的也有历次行政体制改革中屡次提出的大国土资源部方案。从近期来看，污染防治职能适当集中和自然资源管理职能适当集中的方案比较可行，关键是相关的生态保护职能如何配置，是放到自然资源管理部门还是环境保护部门，还需要认真研究论证。从生态系统和污染防治的整体性来看，两个方面都与生态保护密切相关，但从现有部门职能和能力而言，自然资源管理部门可能更具专业能力来行使领土范围内国土空间用途管制职责，对山水林田湖进行统一保护、统一修复。

综合各方面的情况，我国生态文明管理机构调整方案建议是：未来国家生态环境管理相关职能主要由“二委一部一局”负责，分别为国家发展改革委、自然资源资产管理委员会、资源与环境保护部、国家生态环境质量监测评估局。

3. 我国生态文明管理体制改革路线图

根据保护与开发相分离、一件事由一个部门管理的原则，坚持大部制的改革方向，分别组建集中统一的自然资源资产管理委员会、资源与环境保护部。

以机制创新为抓手，理顺环境保护与综合经济协调的关系，强化综合部门的统筹协调职能，提高体制运行效率。明确和强化综合经济部门协调环境与发展的职能，促使其把资源节约、环境友好、绿色发展的理念充分整合到主要职能的履行中。在“三定”方案中，明确各部门的生态文明建设职责。在下一轮的国务院机构改革中，通过制定新的政府部门“三定”方案，明确各部门的生态文明建设职能。引入第三方评估机制，评估国务院相关部委履职情况，并将结果公开。

按照“强化两头，精简中间”的原则，重新定位中央环境保护部门的职责，围绕制度建设与质量结果考核开展工作。建议在未来中央环保部门职责定位中，要按照“强化两头，精简中间”的原则进行改革。第一，聚焦制度建设，加强生态环境的宏观管理，参与国家的综合决策，避免陷入项目审批等微观事务中。第二，中央把当前以总量为主的过程管理转变到以质量为导向的结果管理，重点是监督考核省级政府的环境质量及其改善目标的实现程度，同时健全生态环境质量监测网络与综合评估。第三，完善“国家监察、地方监管、单位负责”的执法体系，监督执法职责应主要由地方政府承担，并通过“上下夹击”的制度安排实现对地方政府的督察，“上”指中央政府要通过区域/流域督查中心、环境质量考核、财政手段对地方政府形成压力，“下”指非政府组织、公众、传媒的监督作用要得以充分发挥。

将监测权与决策权分离，成立直接向国务院负责的国家生态环境质量监测评估局，构建独立统一的生态环境监测与评估体系。独立统一的生态环境监测体制将由垂直管理的生态环境质量监测网络和属地管理的污染源监测体系构成，可按如下改革路径进行：首先，在生态环境保护相关部委内部，把生态环境质量类监测与监督性监测相分离。其次，成立直接向国务院负责的国家生态环境质量监测评估局（副部级），建立统一的数据信息平台。最后，监督性监测的职能仍保留在生态环境保护主管部门，实行以地方为主的双重领导机制，以支撑生态环境监督执法。同时，结合区域派出机构加强中央对污染源监测的监督，并强化社会力量的监督。

（二）促进我国生态文明建设的法律法规与制度体系建议

有关生态文明建设的法律与制度体系，是在现行资源与环境保护法律与制度体系上深化发展起来的。

1. 党中央国务院出台的一系列文件对生态文明建设法律和制度体系提出了目标和要求

三中全会决定提出了十四个领域的改革措施，对当前资源与生态环境保护领域存在的各种问题，特别是体制改革和重大制度建设方面，首先从深化改革的总体构架上，通过制度安排把生态文明建设融入经济建设、政治建设、文化建设、社会建设各方面和全过程；其次对生态文明建设本身，从体制和重大制度建设两个层面，从源头严防、过程严控、后果严惩各个环节，提出一系列解决当前生态文明制度建设问题的改革措施。

2. 根据生态文明建设总体目标和要求，调整相关立法规划和计划，逐步形成比较完整的生态文明法律体系

按照改革的总体目标和任务，调整完善立法规划和计划是当前一项重要工作。目前，全国人大常委会党组根据四中全会决定重要举措2015年工作要点的要求，提出了调整十二届全国人大常委会立法规划的方案，已经中共中央批准。调整后的立法规划，在原有规划安排的土地管理法（修改）、环境保护法（修改，已通过）、水污染防治法（修改）、大气污染防治法（修改）、土壤污染防治法、野生动物保护法（修改）、森林法（修改）、海洋基本法、核安全法、矿产资源法（修改）、深海海底区域资源勘探开发法等涉及资源利用和环境保护方面的立法项目之外，新增了环境保护税法、资源税法、耕地占用税法、原子能法、能源法、循环经济促进法（修改）、草原法（修改）等资源利用和环境保护的立法项目。

3. 把生态文明制度建设同绿色发展与空间规划、资源利用和环境保护领域的相关立法有效结合起来，逐步形成比较完整的生态文明法律制度体系

目前，生态文明制度建设的一些主要内容已经不同程度地体现在现行的法律规定中，新近的立法项目中也逐步把生态文明制度建设的新内容纳入法律规定中，如新修改的环境保护法已经把生态红线、生态补偿等纳入法律规定，虽然仍旧是不易操作的原则规定。从当前全国人大常委会立法规划的安排来看，有必要进一步加强有关自然资源产权和资产管理，自然资源行政监管，主体功能区规划、空间规划和用途管制，自然资源有偿使用和生态补偿，资源和环境承载力与生态红线，排污许可和排污总量控制，公众参与和社会监督，生态环境损害赔偿和责任追究等重大制度的前期理论研究和试点试验，加强各项制度理论研究和试点试验同相关立法工作的有效结合，为把生态文明制度全面纳入各项法律中奠定坚实的基础。

4. **把生态文明建设的立法、行政体制改革和公共财政预算结合起来，明确中央政府和地方政府职责，强化有关法律实施的实体和程序性规范，使生态文明制度建设真正落到实处**

为了有效推进改革，加强生态环境治理法律和制度体系的可实施性、目标有效性，提高相关领域的公共行政管理效率，应当研究探索把有关生态环境治理体系改革、生态环境保护立法同行政管理体制改革、公共财政预算编制结合起来的体制机制。当前应当首先研究建立行政部门“三定”方案同行政部门预算联合审定的工作机制，并研究建立法律案的预评估制度，把评估法律案的预期实施效果、社会成本（包括行政执法部门因新设立职责所需新增的人员编制和预算经费），列为立法必经程序，把法律案的起草和审议同行政部门职能设置和预算编制结合起来，为生态环境治理体系改革和相关法律的制定与实施，奠定良好的体制改革基础。

（三）促进我国生态文明建设的经济政策与市场机制建议

1. 支持生态保护的财政政策

近年来，按照建设资源节约型和环境友好型社会的要求，我国各级财政部门不断创新财税政策，加大投入力度，支持生态保护，成效明显。但由于我国仍处于工业化城市化发展阶段，人口、资源和环境的发展仍然不协调，我国现行的财税政策在鼓励和促进生态保护方面还明显落后于生态文明发展的需要。当前及今后中长期推进生态文明建设，破解资源、环境、生态及应对气候变化的难题，真正促进绿色循环低碳发展，根本途径在于创新制度，完善政策，就是要充分运用法律、行政、经济等各种政策手段，综合发力。财政是国家治理的基础性手段，在生态文明建设中无疑担负着重要职责。现侧重就如何运用财政政策推进生态保护，提出一些看法和建议。

（1）着力推进税收制度创新和税收政策完善。税制具有重要的调节功能，科学合理的税制对于产业升级、结构优化及资源节约和生态环境保护具有重要调节作用。

近十多年，我国在税收制度政策方面改革力度较大，为环保节能产业发展和生态保护创造了良好的制度环境，但离生态文明建设的要求仍有相当距离。当前存在的突出问题是：环境税制缺失，税收激励和约束功能不足，税率偏低，排污成本外溢。因此，着力推进税收制度创新和税收政策完善是促进生态文明建设需要解决的重大问题。关于深化资源税改革，主要建议：一是实施煤炭资源税从价计征改革。二是清理煤炭相关收费基金。三是适度提高煤炭资源税税率。关于开征环境税（包括碳税），主要建议：一是明确环境税的征税范围，包括各类污染物和二氧化碳排放。二是在环境税的收入归属问题上，建议将环境税作为中央与地方共享税。三是确立环境税的优惠政策。对能源密集行业、节能减排成绩显著的企业及贫困地区，可酌情给予环境税的优惠照顾。至于调整消费税政策，其是在增值税普遍征收基础上实施特殊调节的税种。关于适时调整和完善相关税收优惠政策，一是针对现行企业从事符合条件的环境保护、节能、节水项目的所得，由于不能盈利而难以享受优惠的情况，可适度调整政策的适用条件。二是在现有对企业从事符合条件的环境保护、节能、节水项目的所得免征或减征企业所得税的规定基础上，进一步调整和完善符合条件的相关项目的范围。三是针对现行企业内部在资源综合利用项目上难以获得优惠的问题，可考虑对企业自产自用符合国家产业政策规定的资源综合利用产品，也应该给予优惠政策。四是针对现行企业所得税对于企业生产和销售有关环境保护、节能节水等相关设备缺乏优惠政策的情况，可参照资源综合利用的企业所得税优惠政策，对生产和制造节能设备和产品的企业给予一定的优惠。五是将企业在环境保护、节能、节水等方面提供的技术转让、技术培训、技术咨询等所取得的技术性服务收入，纳入到企业所得税技术转让优惠的规定范围，享受企业所得税有关企业技术转让的减免税政策。

（2）建立和完善财政对生态环境投入的新机制。生态环境的公共物品特征决定了财政支持的必要性。“十一五”以来，为了实现国家确定的节能减排的战略目标，国家财政部门从政策、制度、财力多方面出台措施，加大扶持力度，效果非常明显，淘汰落后产能取得重大进展，主要污染物排放强度、碳排放强度趋于下降。建议加大财政支持生态环保的投入倾斜力度。一是增量调整和存量调整并重，切实加大财政投入；二是整合现有专项资金，以形成合力；三是建立专门的预算科目；四是建立中央和地方多级共同投入的机制。建议优化财政支持生态环保的投入结构。一是支持节能减排科技的研发、示范和推广；二是支持节能和环保服务产业的培育和发展；三是针对环保投资历史欠账严重和治理污染压力不断增加的现实情况，加大环境保护重点领域的投入力度。建议创新财政投入手段，包括以下几个重点：一是在补贴环节上，从以往主要补助生产环节，转向在补助生产环节的同时扩大对消费环节的补助；二是在财政投入使用方式上，更多地采用财政贴息这类间接优惠方式；三是大力扶持担保行业的发展。建议探索建立多元化投入机制。一是鼓励支持社会资本投入生态环保建设事业；二是明确企业环保投资的主体地位；三是设立生态环保投资基金，实现环保基金的良性自我发展；四是积极推进环保投资公共私营合作制（PPP 模式）；五是引导金融行业加大对生态环保领域的投资。

（3）构建政府间生态转移支付制度。解决生态环保问题，实现生态环保宏观全局利益和地方局部利益的均衡，需要将生态环境因素纳入财政转移支付范畴，构建政府间生态转移支付制度。建议建立中央对地方的纵向生态转移支付。一是中央政府在安排生态补偿财政转移支付资金时，主要针对全局性的补偿问题；二是要改进生态转移支付的测算方法；三是要进一步明晰和提高相关领域的补偿标准。建议建立省以下生态财政转移支付。根据地方具体情况，合理安排省以下生态财政转移支付的规模、方向，明确转移支付重点、分配使用原则和资金的使用范围等内容。建议建立区域间横向生态转移支付。横向生态转移支付亦称为横向生态补偿，主要是指区域之间或水流域上下游地方之间生态受益方对生态的经济利益受损方的资金补偿。

2. 促进我国生态文明建设的价格政策

生态环境的日趋恶化使本届政府对生态文明建设达到空前重视程度。而在市场经济中，价格是核心的调节机制，合理的价格政策，对改变目前我国生产与消费中资源消耗过高、环境污染严重的局面，促进资源节约及循环利用，具有举足轻重的作用。

促进我国生态文明建设的价格政策的整体构建，可定位在资源节约、减少排放、支持可再生能源发展三个方面。实现上述目标的主要措施：

（1）建议进一步引入竞争机制，当前需重点解决以下三个问题：第一，竞争型市场结构的建立。第二，体制改革的整体规划。第三，“改革”领导责任的落实。

（2）建议再造基于市场经济的价格监管体系，当前需重点做以下工作：第一，建立职能完备的能源价格监管机构。第二，建立、完善监管的规则体系。第三，建立利益相关者间的制衡机制。

（3）建议强化“外部性”控制。需要重点解决：第一，“外部成本”内部化；第二，“外部收益”内部化。

几个主要资源性产业的价格政策要点如下：

（1）石油价格政策的要点。我国大部分石油价格已经放开，市场平稳，这里着重探讨成品油（主要是汽油、柴油及航空煤油）价格如何向竞争性市场体制平稳过渡的问题。第一，继续坚持与国际市场接轨的取向。第二，应把市场均衡作为成品油价格调整的基本出发点。第三，调整成品油价格形成过程中各相关主体的地位和相互关系。第四，放松成品油批发、零售的市场准入，引入竞争机制。

(2) 天然气价格政策的要点。天然气如未液化，须经专门的管道运输才能流通，因而该行业的技术、经济特性与电力行业较为相似。作为长期目标，在“井、网、售”分离的基础上，天然气井口价格和终端用户价格应该市场化，管道运输价格可继续由政府监管。这方面国外已有成功的经验，国内的政府决策层也基本形成共识，我们可朝此方向继续努力。这里，重点就当前监管所需解决的几个问题提出建议。第一，完善与替代能源联动的天然气价格调整机制。第二，统一规范配售价格监管办法。

(3) 电价政策的要点。关于电价改革，在国务院《电价改革方案》及其配套的部门规章中提及的内容，这里将不再重复。此处拟从可持续发展的角度，对此前未及深入思考的促进节能与可再生能源发展问题，提出框架性的政策建议。第一，用户电价总水平及时反映电力成本和需求的变动。第二，建立与供电成本相符的用户电价结构。第三，上网电价应包含更多的减排成本。第四，逐步引入竞争机制。第五，规范、整合随电价征收的政府性基金。

(4) 水价政策的要点。水价政策的核心要点是：水价完全反映资源成本、开发利用成本和环境治理成本。城市供水价格按照合理成本、合理赢利、公平负担的原则制定。对居民供水价格，推行阶梯水价制度，维持基本生存部分的价格与非基本生存需要部分分别执行不同的价格，并建立后者的动态调整机制。水资源费应反映水资源的再生产成本。因此，水资源费的征收标准仍应继续提高。应改革水资源费的征收和使用制度，对于跨区域利用的水资源，水资源费的标准和分配应由上一级政府决定，征收标准应体现受益者负担的原则，资金分配应主要用于上游地区的水源涵养。

3. 促进我国生态文明建设的金融政策

当前，我国环境形势日益严峻，经济发展亟待向绿色、可持续模式转型。推动建立我国生态文明金融体系的四大类十四条建议如下：

第一类建议涉及机构建设，是实现绿色投资的组织保障，需要中央、地方政府资金的参与和相关体制改革。①建立绿色银行体系，充分发挥绿色银行在绿色信贷和投资方面的专业能力、规模效益和风控优势。②推动 PPP 模式绿色产业基金发展，以有限的政府资金撬动民间资本股权投资。③丝路基金、亚洲基础设施投资银行、金砖银行等对外投资和开发性机构，应宣布加入或参照赤道原则，建立高标准（不低于世界银行和亚洲开发银行）的环境风险管理制度，充分披露环境信息，大力推动对外绿色投资，维护我负责任大国的国际形象。

第二类建议涉及财政和金融政策，需要财政部、人民银行、银监会、证监会等部门的配合与推动。①健全财政对绿色贷款的高效贴息机制，加大贴息力度，逐步放开贴息标准限制，合理划定贴息期限，简化审批流程，试点财政部门委托政策性银行、绿色银行或商业银行的生态金融事业部管理绿色贷款贴息。②由国家发展改革委、人民银行、银监会、证监会等部门发布绿色债券有关指引，允许和鼓励银行和企业发行绿色债券，为绿色贷款和绿色投资提供较长期限、较低成本的资金来源。③强化股票市场支持绿色企业的机制。明确绿色产业和企业的认定标准，简化绿色企业 IPO 审核或备案程序，适度放宽募集资金用于补充绿色企业流动资金或偿还银行贷款的金额和比例限制，对符合条件的新三板挂牌绿色企业优先开展转板试点。

第三类建议涉及支持绿色投资的金融基础设施建设，大部分可由金融机构和民间机构［如银行、评级公司、环交所、证券交易所、券商、基金、非政府组织（NGO）等］推动，政府和社会应该给予鼓励和支持。①加快排放（污）权交易市场建设。②建立绿色评级体系，为绿色企业（项目）提供更有利的评级，以降低其融资成本。③推动绿色股票指数的开发和运用，引导资本市场更多地投入绿色产业。④由环保部和金融业学会（或协会）牵头建立公益性的环境成本核算体系和数据库，提高环境评估方法和数据的可获得性，降低投资者对绿色项目的评估成本。⑤建立绿色投资者网络。

第四类建议涉及支持绿色金融的法律法规体系建设，需要立法机构、相关部委和金融机构的配合和推动。①在更多领域实现强制性的绿色保险，利用保险市场机制制约污染性投资并提供环境修复资金。②明确银行的环境法律责任，允许污染受害者起诉向污染项目提供资金的、负有连带责任的贷款性金融机构。③证监会和证券交易所应建立上市公司环保信息强制性披露机制，为上市公司环境风险评估和准确估值提供基础，引导资本市场将更多的资金配置于绿色产业。

4. 生态环境治理的市场化机制建设的重点工作

一般而言，生态环境治理的市场化首先体现在污染治理集约化。只有把分散的治理方式转变为集约治理，才能适应社会化大生产的要求，避免环境保护盲目投资、到处布点和重复建设的现象发生。政府应提供良好的政策，促进生态环保市场化机制培育，加强生态环保市场化的立法和经济体制改革，为生态环保市场化集中治理提供有力保证。其次是产权的多元化。产权多元化有助于发挥其他主体的社会参与能力，减轻政府财政负担，实现社会资源的合理优化配置。因此，应充分发挥市场的作用，建立起环境保护市场多元化的投资体制。生态环保市场化的设施建设，要通过吸纳商业资本、社会公众和企事业单位等社会资金，形成政府、银行、企业和个人等多元化投资局面。再次是运行、服务市场化。环境污染治理和生态环保设施运营，应由社会化服务的独立法人来承担。通过新机制的建立，逐步造就一批专业化环境治理公司，形成运营服务市场。通过市场化运营，促使投资者、经营者自觉运用资源价值、环境成本、经济效益核算机制，把生态环保治理效果与运行管理者的经济效益兼顾起来，形成环境污染治理的良性循环。当前，在落实上述市场化机制的过程中，应重点以推动 PPP 和第三方治理模式为抓手，引导市场力量。

（1）完善 PPP 模式，引导社会资本投资环境公共物品。PPP 模式在城镇环境基础设施建设和运营上可以大有作为。当前形势下推动 PPP 模式应当有明确的顶层设计，在法律支撑下理顺政府和企业的关系，并破除成本、融资等障碍。为此，建议如下：第一，应尽快制定基础设施与公用事业特许经营法，明晰政府及特许经营企业的权责利。第二，利用价格、税收、融资等手段确保 PPP 模式可持续推行。第三，地方政府应以诚信原则履行 PPP 项目合同，及时足额地向运营企业支付服务费用。第四，完善特许经营退出机制。

（2）推动企业污染第三方治理，实现工业污染专业化治理。相对于传统的“谁污染、谁治理”模式，企业环境污染第三方治理具有其明显优势，但当前我国工业污染治理设施的社会化运营比例仍相对较低，只有 5% 左右，而城镇污水处理设施的社会化运营比例已达 50% 左右。目前看，企业污染第三方治理需要破除以下障碍和挑战：以加快立法进程破除责任转移障碍；通过实施税收优惠政策降低企业税负；创新融资渠道，解决融资障碍；强化政府责任。发展改革部门加强指导，会同工信部门做好第三方治理试点和推广工作；生态环保部门强化对第三方治理的监管，严格执法，建立诚信档案制度，公开向社会公布第三方治理项目的治理信息，包括污染治理设施的运行情况、污染物排放达标情况，建立环境服务公司诚信档案。

02 绿色发展的国际比较*

美国用次贷危机把全球经济带入了深深的沼泽，欧美等西方国家深陷其中不能自拔，这场由单纯的金融危机而恶化为世界经济大萧条的全面危机，使全球经济发展的步伐急剧减速，实体经济发展和西方社会的需求严重衰退，导致我国出口企业的产品大量滞销。这不但给这些企业带来了灾难性的打击，也给以出口拉动经济增长占较大比重的我国经济带来了重大影响和严峻挑战。深受国际金融危机冲击的全球经济，迫切需要找到新一轮增长的突破口，即能够在应对多种资源环境挑战的同时，创造多种经济机会的经济发展模式。推动新一轮增长的过程就是一个绿色经济不断发展壮大的过程，所以，代表产业经济结构转型的美国“绿色新政”即“绿色复苏计划”应运而生。

研究世界各国实施绿色发展的现状和主要模式，探索其主要经验与做法，分析其实施的客观背景与条件，将为我国实施绿色发展的新型发展道路提供借鉴与启示。

一、世界有关国家实施绿色发展的状况

（一）美国实施绿色发展的状况

1. 美国实施绿色发展的背景

20世纪的经济发展模式在减少贫困人口和避免破坏生态环境方面存在严重缺陷，发展前途已走到尽头。2008年下半年以来，金融海啸席卷全球，国际货币基金（IMF）在当年4月《世界经济展望》报告中预测2009年世界经济将萎缩1.3%。面对自第二次世界大战以来全球最严重的经济衰退，各国正在把大量资金快速地注入世界经济，力图克服危机，重整旗鼓，振兴经济。然而，过去50年中，在全球经济迅猛增长的同时，环境也在加速恶化。1981—2005年世界各国国内生产总值

---

* 本文为2011年美国铝业全球基金课题《中国实施绿色发展的公共政策研究》的部分成果。

（GDP）翻了1倍多；而同一期间，世界60%的生态系统被以不可持续的方式利用乃至出现退化。因此，深受国际金融危机冲击的全球经济，迫切需要找到新一轮增长的突破口，即能够在应对多种资源环境挑战的同时，创造多种经济机会的经济发展模式。推动新一轮增长的过程就是一个绿色经济不断发展壮大的过程，所以，代表产业经济结构转型的美国“绿色新政”即“绿色复苏计划”应运而生。

2008年10月，联合国环境规划署（UNEP）发出了旨在推动世界各国向绿色经济模式转变的倡议，吹响了全球经济向“绿色新政”进军的号角。UNEP将通过这个倡议为各国政府提供更多的信息，使它们意识到旧的发展经济模式的缺陷和发展绿色经济模式的优点，进而做出正确的选择；UNEP还将在两年内要求各国政府向绿色经济过渡提供一套综合评估和技术指南。当前世界各国推出的一系列经济刺激计划，都带有明显的“绿色新政”的印记。绿色经济正在对发明和创新产生积极的推动作用，其规模之大，可能是自工业革命以来所罕见的。倡议要求，各国政府在实施经济刺激计划时，应加强对绿色经济的引导和扶持，主动推动投资转向“绿色经济”领域，如风能和太阳能等清洁能源、节能建筑和有机农业等。其最终目标是逐渐将当前高能耗、高排放的经济发展模式，转变为绿色经济（低能耗、低排放的可持续发展）模式。为挽救在金融危机拖累下陷入衰退的美国经济，奥巴马在当选总统后仅20天便迅速完成了新政府经济团队的组建，并于2008年12月6日公布了他的经济复苏计划，承诺将以20世纪70年代以来华盛顿从未采用过的方式对经济进行干预。

2. 美国实施绿色发展的条件

由于历史传统和代表利益群体等的不同，相对于共和党而言，民主党更注重环保及新兴能源产业。奥巴马本人的出身、较为理想主义的个人理念等也使其更为重视关系到大众利益的环境和就业等问题，加之美国民众对环境问题的关注度上升、民主党掌控国会多数，以及部分地方政府和企业率先垂范等有利因素，为奥巴马政府实施“绿色复苏计划”奠定了较好的基础。

首先，近年来美国民众、商界对气候变化与环境问题的关注度大幅上升，国际社会相关压力增大，为奥巴马实施新政策营造了有利环境，提供了动力。同时，美国相关企业在减排项目产生的巨大商机的吸引下，立场也发生一定变化。越来越多的企业和公司直接或间接地从事减少温室气体排放的活动，一些公司提出量化的温室气体控制目标，而另一些则拟定能源使用、产品标准等相关政策来间接减少温室气体排放。其次，一些州及地方政府在能源创新和环保等方面起了模范带头作用，美国已有28个州制订了气候行动计划，有利于联邦政府层面展开全国性行动。

3. 美国实施绿色发展的目的

（1）创造就业机会。面对全球最严重的经济衰退，美国失业率持续上升，居民对未来的收入预期越来越悲观，因此减税对消费的刺激作用有限。奥巴马的竞选一直在打经济牌，而其核心纲领就是给美国人创造就业机会。美国“绿色复苏计划”刺激经济方案中的公共投资和公共支出项目，有着重要的战略目的，尽可能地在短期内创造更多的就业岗位，防止经济进一步下滑；奥巴马曾承诺，要创造或挽救400万的就业机会。像美国这样的国家，路网覆盖率每增加一个百分点，每年就能增加0.2%～0.3%的就业岗位。美国再生资源政策工程的一项研究表明，美国每增加1兆瓦的风力发电，能创造4.85个就业岗位，其中3.5个来自设备生产。对再生能源和节能技术的投入，形成新的技术产业、创造较多的就业机会，有利于降低美国的碳排放量和对能源的进口依赖，有助于美国贸易赤字的改善。为此，奥巴马主要提出两点：第一，给创造就业的企业主免税；第二，开发新的工作机会，其重点就是在新能源领域创造更多的就业机会。

（2）降低资源依赖性。奥巴马一直强调，美国的石油储备占世界的3%，而消耗则占25%。这种情况下，是不可能通过加强本国石油开采来降低美国对海外石油的依赖的，开发新能源是必由之路。纵观美国“绿色复苏计划”的能源政策框架，其能源政策突出了“绿”与“新”，着重强调提高能源使用效率、发展新能源和可再生能源、降低能源依赖性、引领能源技术发展新潮、推动能源结构转型。具体包括：重点投资清洁能源产业。奥巴马表示，新政府将在未来10年内投资1 500亿美元用于清洁能源产业。奥巴马政府计划在三年内将太阳能、风能和地热能等可再生能源产量增加一倍，使其占美国电力比例由当时的8%提高到2012年的10%，到2025年进一步提高到25%。鼓励技术创新，首先是支持发展下一代生物燃料的生产技术工艺。在国际上反对用玉米做乙醇燃料声浪日高的情况下，纤维素乙醇等下一代生物燃料受到高度重视。其次是发展节能环保的混合动力或电动汽车，有效降低对能源的依赖。在实现能源独立或降低对外能源依赖的途径上，奥巴马代表的民主党强调发展新能源和可再生能源，以及增效节能。减轻对海外能源的依赖是关系美国经济及国家安全的重大问题，同时可以增强能源自给，改善收支平衡，降低能源供给国的潜在威胁。

（3）创造新市场。从第二次世界大战后的“米歇尔计划”开始，美国一直通过市场来扶植友邦国家，取得世界领导者的地位。新能源将创造巨大的市场机会，以弥补美国由于衰退而产生的传统市场萎缩，保持其在世界政治经济舞台的领先地位。2008年的全球金融灾难全面打击了美国的金融市场，因此，美国的再次崛起，不可能选择金融业为主体的危机市场，低端消费品经济也不是美国爆发转型的救命点，这就需要造就一个超过二三十万亿美元价值的大市场作为美国经济结构的基轴和美国经济崛起的本钱，这个市场就是绿色能源市场。当时，金融危机造成的全球金融资产的损失在80万亿美元以上，美国吸收这个灾难的最低过程理论上需要3～5年，对美国而言，这个危机导致的全球骨牌效应均衡了世界力量的对称，也将推动欧元、人民币等货币体系的运转作用，美元单极化主导世界的时代不太可能了，倘若美国以金融体系为基础重构国际分工，难以保证其获得最高端的优势，而能源既要依赖技术也要依靠市场，与美国力量相当的对手比较少，美国快速占领这个顶端统治地位比较有优势。

（4）提高竞争力。新能源环保政策能保证美国占据道德制高点，提高国际竞争力，继续扮演全球领袖。美国“绿色复苏计划”有利于美国国内经济结构的调整，有着环保和刺激经济的双重目标。金融危机的爆发表明，美国过去那种依靠信贷消费鼓吹起来的泡沫经济是不可持续的，消费比重应该降低，同时应增加投资在经济中的比重。尽管当时国际能源价格出现高位回落，但长期来看，石油、天然气、煤炭等不可再生能源价格仍将不断攀升，可再生能源将更具有竞争力已是各国的共识。在各国政府及企业的推动下，新能源及可再生能源或将引领新一轮能源产业发展。事实上，国际金融危机为清洁能源的发展创造了机会，从某种程度上说，能源产业新一轮的发展已经开始了。加大对新能源环保方面的投入，短期内可以扩大投资、增加就业从而刺激经济，长期则有可能形成新的产业支柱，振兴美国经济，提高竞争力。

（5）重塑美国国家形象。布什政府受美国国内油气利益集团及共和党保守派的影响，一直拒绝签署《京都议定书》，其环保政策遭到国际社会的普遍批评，也损害了美国的国家形象。奥巴马上台后，美国能源和环保政策发生重大转变，有利于重塑美国形象和影响力，推动其“巧实力”外交的实施。

4. 美国实施绿色发展的进展

事实上，奥巴马的“绿色复苏计划”并不仅仅是应对国内经济危机的应急之举，而是站在历史的高度对全球形势准确把握的结果，具有深刻的全球战略内涵。

“绿色复苏计划”的战略内涵之一是重建美国在经济和技术上的领导地位。华尔街的金融业、硅谷的信息产业和底特律的汽车业曾经是美国国家竞争力的代表。然而发源于华尔街的金融危机让美国经济和国际地位受到重创；硅谷的信息产业也在爆发性增长后出现增长放缓、新增长点缺乏的局面；底特律的粗放模式及其对节能环保的忽视也使得其面临全面沦陷、从全球汽车产业中出局的危险。奥巴马敏锐地看到，新的突破口就是“绿色”。正如奥巴马在就职后的施政演说中所强调的，美国决不会因为危机而放弃汽车产业，唯一的希望在于率先开发不使用汽油的汽车，主导非碳汽车新时代。奥巴马的绿色新政不仅是危机对策，更带有借此垄断新世纪全球技术体系、重建经济竞争力的战略意图。

"绿色复苏计划"的另一个重要的国际战略内涵是构建国际气候谈判的政治资本，争夺全球气候秩序的主导权。自从气候议题进入国际政治谈判议程之后，美国一直无法摆脱无作为形象，承受了巨大的国际压力。克林顿政府虽然在《京都协定书》谈判的最后关头表现出一定的"灵活性"，签署了该议定书，但是从未将其送交参议院批准以使其对美国产生约束力。1998 年 8 月，克林顿政府宣布，由于《京都议定书》是"有缺陷的和不完整的"，因此不会将其送参议院批准。相比之下，布什政府在这个问题上的立场更加强硬。在小布什总统执政的八年中，他的政府一直拒绝承认存在着紧迫的气候问题，而是试图把全球变暖说成是一个愚蠢的和误导人的神话，因而顽固地拒绝签署《京都协定书》。随着人类对气候变化问题认识的日益深入，以及应对气候变化全球行动的呼声日高，美国的这一立场在这个崇尚可持续发展的新世界中显得格格不入。

奥巴马上台后，承诺将在气候议题上"开启新篇章"，强调美国必须恢复其在应对气候变化威胁方面的领导地位，履行其作为应对气候变化领导者的义务。事实上，奥巴马早在 2008 年的竞选公约中就提出新时期美国的气候战略，针对国际气候谈判的核心焦点"中期减排目标"，强调以 1990 年为基准年，到 2020 年实现美国温室气体排放量零增长。与欧盟提出的高标准不同，奥巴马延续了布什政府的现实主义战略思想，正面、大胆地提出了消减 10% 的中期目标；而作为长期目标，奥巴马则提出到 2050 年消减 80% 的更高指标，超出了欧、日在 2007 年八国峰会上提出的"减半共识"。

在后来的施政演说中，奥巴马重新确认了竞选公约中提出的气候战略，并作为综合景气对策，明确提出了"绿色复苏计划"的思想。特别是 2009 年 2 月 26 日，奥巴马签署并发表了"美国中期财政预测"和"2010 年会计年度预算基本方针"，描绘了美国气候战略的政策框架，给"绿色复苏计划"添加了具体内涵。"绿色复苏计划"的气候战略在形式上有所更新，明确提出：第一，明确中长期战略目标。作为中期目标，规定到 2020 年实现减排 14%；作为长期目标，规定到 2050 年减排 83%。第二，设定美国版的基准年，强调"以 2005 年为基准年"，而不是欧盟规定的"以 1990 年为基准年"。第三，设定美国温室气体排放总量上限，规定减排时间表，决定 2012 年正式引进"上限交易制"。在排放总额度的分配方式上，奥巴马政府决定采用"额度拍卖"而非"无偿分配方式"，以筹借财源，奖勤罚懒，促进低碳技术的开发与运用。

"绿色复苏计划"突出了美国特色，为美国主导全球气候秩序奠定了必要的政治基础。在上述内容中，奥巴马通过明确“美国整体温室气体排放总量”，制定具体的减排行动时间表，使气候战略有了明确的战略目标；通过引进“上限交易制”，为气候战略的落实提供了可操作性；考虑到空前的财政赤字现状，通过引进“额度拍卖”制度，确保了长期战略的投资财源，为将气候战略转化为短期融资手段提供了可能条件。

纵观美国奥巴马政府的新政策框架，奥巴马政府重树在国际环境与气候变化领域领导地位的战略意图比较明确，其既是奥巴马调整美国能源环境政策、着力发展清洁能源的主要考虑之一，也是其重塑美国领导地位战略的一部分。奥巴马总统的首席气候问题谈判代表托德表示，美国将参与气候变化新条约的协商，新的气候变化条约将不同于《京都议定书》，而是超越温室气体排放的范围，还将包括金融机制、向发展中国家提供资金和科教援助以应对气候变化做出长期承诺等内容。目前，应对气候变化正在成为奥巴马政府“绿色复苏计划”的重要外交议题。奥巴马就任总统后首次出访加拿大，与加总理就环境问题达成协议，宣布美加将共同发展清洁能源科学和技术，建立“清洁能源对话”，降低温室气体排放量，应对全球气候变化。2009 年 7 月，美国商务部长和能源部长访问中国，以“能源外交”为主，主要围绕“应对气候变化和加强能源合作”，与中国展开“绿色对话”。在首轮中美战略与经济对话中，中美就加强气候变化与能源合作达成谅解备忘录，体现出奥巴马的能源新政正对中国政策及中美关系产生影响。

（二）其他国家实施绿色发展的状况

1. 欧盟实施绿色发展的状况

2009 年 3 月 9 日，欧盟委员会宣布将在 2013 年之前投资 1 050 亿欧元支持欧盟地区的“绿色经济”。巨额投资将全部用于环保项目及与其相关的就业项目，其中 540 亿欧元将用于帮助欧盟成员国落实和执行欧盟的环保法规，280 亿欧元将用于改善水质和提高对废弃物的处理和管理水平。这些措施将促进就业和经济增长，保持欧盟在绿色技术领域的世界领先地位。

英国是本轮绿色经济潮流的引领者，其绿色经济政策的核心是发展绿色能源。2009 年 7 月 15 日，英国发布了《低碳转换计划》和《可再生能源战略》国家战略文件，这是继出台《气候变化法》之后，英国政府绿色新政的又一新动作，是当时发达国家中应对气候变化最为系统的政府白皮书，也标志着英国成为世界上第一个在政府预算框架内特别设立碳排放管理规划的国家。按照英国政府的计划，到 2020 年可再生能源在能源供应中要占 15% 的份额，其中 40% 的电力来自可再生、核能、清洁煤等低碳能源绿色能源领域，这既包括对依赖煤炭的火电站进行“绿色改造”，更重要的是发展风电等绿色能源，目标是把英国建设成为更干净、更绿色、更繁荣的国家。

在经济危机背景下，德国在2009—2010年的两项经济刺激计划总计1 050亿美元，绿色投资重点为建筑节能和提高汽车能效。从发展绿色经济的宏观战略上来看，德国的重点是发展可再生能源和工业的生态化转型。德国的《可再生能源法》于2009年生效，其目标是使可再生能源电力在2020年达到总电力的30%。此外，2009年6月，德国公布了一份旨在推动德国经济现代化的战略文件，强调生态工业政策应成为德国经济的指导方针。德国的生态工业政策主要包括六个方面的内容：严格执行环保政策；制定各行业能源有效利用战略；扩大可再生能源使用范围；可持续利用生物智能；推出刺激汽车业改革创新措施及实行环保教育、资格认证等。作为工业大国，德国在节能、环保、新能源等领域的技术在世界上具有很高的认同度，因此，德国在相关的技术转让和出口领域也非常活跃。

法国的绿色经济政策重点是清洁能源、绿色建筑和绿色交通。为应对全球变暖带来的环境和经济挑战，法国于2007年7月启动了Grenelle环境论坛，积极致力于发展具有竞争力的可持续经济。经过两年的讨论，法国《全民环境共识与行动法》在国会全票通过。其框架计划到2020年前在发展绿色经济方面投资4 600亿欧元。在能源领域，法国除了继续保持在核电能源中的领先地位外，将大力发展可再生能源，使可再生能源到2020年占能源消耗量的23%。此前的2008年年底，法国环境部公布了一揽子旨在发展可再生能源的计划，该计划包括50项措施，涵盖生物能源、风能、地热能、太阳能及水力发电等多个领域。此外，法国建筑物和住房及交通运输业的温室气体排放量分别占总排放量的18%和27%，因此也是绿色经济的重要领域。如，格纳勒格新环保法案框架下确定的“建筑物计划”希望通过对现有建筑物进行供热改造、兴建能源主动式建筑来为能源密集型建筑和城市画上句号，计划到2020年至少将建筑物的能源消耗量降低38%。

2. 日本实施绿色发展的状况

2009年4月20日，日本环境大臣齐藤铁夫公布了名为《绿色经济与社会变革》的政策草案，该草案除要求采取环境、能源措施刺激经济外，还提出了实现低碳社会、与自然和谐共生的社会等中长期方针，实施温室气体排放权交易制和征收环境税等，草案如能获得通过并实施，将使日本环境领域的市场规模从2006年的70万亿日元（1美元约合98日元）增加到2020年的120万亿日元，相关就业岗位也将大大增加。通过这些措施，将强化日本的“绿色经济”。

3. 韩国实施绿色发展的状况

韩国于2009年1月6日发起“绿色新政”以刺激就业和增强经济活力。韩国经济刺激计划将在2009—2012年间投入381亿美元（约占GDP的4%），其中有307亿美元投入可再生能源、节能建筑、低碳汽车等绿色领域。此外，韩国政府在2009年7月6日召开的绿色增长委员会会议上，制定了绿色增长国家战略及五年计划，出台了应对气候变化及能源自立、创造新发展动力、改善生活质量及提升国家地位等三大推进战略，以及三大战略下涉及绿色能源、绿色产业、绿色国土、绿色交通、绿色生活等领域的政策方针。战略的实施从节能减排、增加就业、经济发展三个方面提振韩国经济，化危机为转机。其中，“五年绿色增长计划”将在未来5年间累计投资107万亿韩元（1美元约合1 265.90韩元）发展绿色经济，争取在2020年前跻身全球七大“绿色大国”之列。据韩政府估计，截至2013年投入的107万亿韩元的“绿色投资”，将创造156万～181万个就业岗位。

（三）世界有关国家实施绿色发展面临的主要问题

要推行“绿色复苏计划”，还面临诸多问题，需要在观念和体制上有革命性的转变。

1. “绿色复苏计划”的推行存在经济体制障碍

“绿色复苏计划”的核心是使用清洁能源，实现清洁生产。清洁能源或绿色能源是指不排放污染物的能源，包括核能和可再生能源。可再生能源是最理想的能源，它不存在能源耗竭，因此日益受到许多国家的重视，尤其是能源短缺的国家。但其开发受到两方面因素的制约，一是受自然条件的制约，如需要有水力、风力、太阳能资源；二是受运营成本的制约，投资和维护这些设备费用高，效率低，从而发电成本高。并且，两因素之间也存在关联，自然条件制约越大，运营成本就越高。事实上，风力发电、新能源汽车等“替代技术”之所以推广乏力，根源也在于它们比“传统技术”虽然更为环保，但确实更为昂贵。对于一个经济学上所谓“理性”的经营者来说，在生产过程中必然会倾向于选择那些浪费资源（能源）和污染环境的技术，而不会大举投资需要很高成本并要在很长时间才能收到回报的新能源产业。

非绿色本位的市场经济机制成为“绿色复苏计划”推行的主要障碍，因为在非绿色本位的市场机制中培养出来的“经济人”，是不会“非理性”地舍弃传统的廉价能源而去利用那些相比之下较为昂贵的绿色能源和绿色技术。所以，推行“绿色复苏计划”必须建立起与绿色环保政策相容的新型市场机制。

2. 推行“绿色复苏计划”必须变革经济价值观

“绿色复苏计划”的市场机制，要求我们改变思维方式和价值观念，促进政府、企业制定新的政策和采取新的行动。美国更倾向于为化石燃料而非更清洁的能源提供补贴，关税和贸易体制导致清洁能源技术成本相对更高，很多金融机构在为贫困团体发展太阳能和风能提供贷款业务时害怕承担风险等。对绿色技术的扶持不足，对使用化石燃料的支持有余。这从根本上讲是传统的“经济价值观”在起作用，如果市场价格中能反映环境污染成本，则绿色能源就会比化石能源更有竞争力。所以，推行“绿色复苏计划”必须变革经济价值观。

3. 构建“绿色为本”的市场机制

要推动绿色经济的发展，就必须改变那种“纯自由经济模式”，强调政府在市场经济运行中的积极作用，或者说要实行“新政”。新政就是要树立新观念，建立新的经济制度和新的经济运行机制，要将新政策与市场水乳交融，在市场运行中充分体现政策功能。“绿色为本”的市场机制是通过价格机制来体现政策意图和绿色思想的。政府对使用化石能源或原料生产的产品，必须测算出它的污染代价，以税收形式让相关企业承担，将污染成本加到相关产品的成本中；或者统一对化石物品本身的污染能量进行测算，将其污染代价算作化石产品中。通过这样的政策规定，将污染成本加到化石产品之中，在市场运行过程中自然而然其产品价格不低于“绿色能源”和“绿色技术”的产品价格，企业家的理性行为会促使他们投资于“绿色能源”和“绿色技术”。科研人员也会有积极性去对传统能源进行进一步开发研制，使其实现工业示范和商业应用价值，从而形成有竞争力的技术集成系统。所以，“绿色为本”的市场机制必将能把清洁能源商业化，形成一个强大的新兴产业。

4. “绿色复苏计划”需要政府多方积极推动

作为生态政策在新经济背景下的创新，“绿色复苏计划”及其所含工程项目仍需强调政府在其中的积极作用。事实上，风力发电、新能源汽车及房屋新材料等这些“新政”提倡的“替代技术”早已出现多年，之所以推广缓慢，原因就在于它们虽然比“传统技术”环保，但确实也更加昂贵，准入门槛很高。因此，“绿色复苏计划”工程虽然有远期利益可图，但这些“绿色技术”的推广仍不能单纯依靠市场行为，而必须在初期依靠政府在法律、政策、资金等多方面的扶持。

虽然美国政府推行“绿色复苏计划”，并声称其所属工程不仅对环境有正外部性，而且最终会为企业带来可观收益。但是类似于新能源汽车、新材料等新型环境友好型产品要真正打开市场并畅销，仅靠市场经济与消费者自觉选择是不够的。由于新材料产品目前生产成本较高，还需要政府推出与“绿色复苏计划”配套的相关环境规定与政策，带有“强制性”地引导并转变社会消费结构和消费者观念。

5. 奥巴马气候变化政策面临国内政治阻力

在气候变化问题上，如果说在小布什政府任期的最后两年中，在赖斯等人的影响下其政策已经做了一些调整，改变为“在目标上是理想主义的，在手段上是现实主义的”，更多的也是无奈的权宜之计。而奥巴马则是要把总体政策建立在一个与布什完全不同的理念上，尽管看起来其决心不容置疑，但终究还是受到众多国内因素的制约。例如美国气候法案虽然在众议院获得通过，在参议院却遇到重重困难。美国国内的两党政治、利益集团政治，以及立法机构建立在选民基础上的政治分肥都束缚了政府的手脚，使得政府无法充分地发挥对国家和人民的引领作用。此外，美国人浪费的生活方式已是根深蒂固，政府“绿色新政”也可能遭遇到社会习惯势力的抵触。

6. 从全球绿色新政的角度来看，国家的绿色复苏行动也存在集体行动的困境

这主要表现为绿色新政可能导致产业在发达国家和发展中国家之间的转移，在短期内可能对某些国家产品的价格竞争力产生负面影响，从而使得绿色新政在产业界的实施滞后，并引发国际贸易摩擦。

二、世界有关国家实施绿色发展的主要模式

“绿色新政”概念提出后，各主要国家和集团积极响应。2009 年 4 月 2 日伦敦二十集团（G20）领导人峰会声明就明确承诺：“我们同意尽力用好财政刺激方案中的资金，使经济朝着有复原能力的、可持续的、绿色复苏的目标迈进。我们将推动向清洁、创新、资源有效和低碳技术与基础设施的方向转型。我们认识到并共同努力采取措施建立可持续经济。”

（一）世界有关国家实施绿色发展的主要领域

UNEP 的《全球绿色新政政策简报》建议，将世界国内生产总值的 1%，即 7 500亿美元投入到建筑、大气、电力、可持续农业、可持续汽车等五个主要领域，从而带动“绿色复苏计划”的产生。在这些领域的投资，连同采取其他措施，在强化同气候变化、环境退化和贫困做斗争的同时，将可以在振兴全球经济和促进就业方面发挥重要作用。美国“绿色复苏计划”以新能源和节能为核心，在这五个重要领域都有所体现。

1. 应对气候变化

在奥巴马看来，经济发达的美国理应在气候变化问题上发挥领导作用，因此，奥巴马表示就任之后将积极投身于全球气候变暖的有关谈判，并且美国不再推脱加入《京都议定书》。不仅如此，奥巴马还提出了有关美国温室气体排

放的具体实施步骤：首先是启动“总量控制和碳排放交易”系统；其次是每年制定目标，最终在2020年前将温室气体排放降低到1990年水平，并到2050年减少80%。

2. **绿色建筑**

发展绿色建筑引领着世界城市建设和开发的方向，是可持续发展亟须破解的一道难题。首先，奥巴马将大规模改造联邦政府办公楼，包括对白宫进行节能改造；其次，将推动全国各地的学校设施升级，通过节能技术建设成“21世纪”学校；再次，要对全国公共建筑进行节能改造，更换原有的采暖系统，代之以节能和环保型新设备。

3. **绿色电力**

奥巴马提出，美国将投资像风能和太阳能这样的清洁能源，到2012年，美国10%的电力将来源于可再生能源；到2025年，这个比例则将提高到25%，四年内将以再生能源供应美国电力的1/4。此外，美国还将开拓使用核能等更为安全的途径。当时，核能实际上已占美国无碳电力的70%以上，奥巴马为此决定将确保所有的核材料在国内和全世界获得存储、保护和记录，不应有任何的捷径或管理漏洞。

4. **绿色农业**

虽然美国的农业经济比重不高，却是美国高科技产业和其他相关行业的产业链里最为关键的一个环节。特别是在推销绿色生物能源的过程中，农业的发展和支持无疑是最关键的。因此，奥巴马执政之后除了继续对农业的环保和绿色问题投入更多的资金支持外，还将进一步废除有害的有机化肥和农药，发展安全低毒的化肥和农药，研发产量更高和具有抗病虫害的新品种。另外，作为乙醇燃料的支持者，奥巴马虽然认识到了乙醇生产减轻了美国石油供应的压力，但也清楚地看到了乙醇生产对于农业生态的冲击。因此，接下来奥巴马将尽量削弱乙醇的生产规模，转而大力投资下一代的高级生物燃料，如可以用柳枝稷和木屑等制造纤维素乙醇。奥巴马也就此确定了一个明确目标：到2013年，首次生产20亿加仑的高级生物燃料，并确保更多的当地农场和当地炼油厂有机会参与到这个新产业中来。

5. **绿色汽车**

为了减少美国对石油的依赖，奥巴马提出了汽车行业节能型产品的再造与替代开发计划，即用10年约1 500亿美元资金来发展无污染的混合性机动车，目标是到2015年美国的混合动力汽车销量达到100万辆，期间美国汽车的油耗效率每年提升4%。绿色汽车是汽车技术不断发展的必然产物，研究和开发新型的交通工具，绿色汽车是环境保护的迫切要求，是汽车工业可持续发展的需要。

（二）世界有关国家实施绿色发展的主要措施

2009 年 9 月，UNEP 对 G20 绿色新政实施进展进行了总结。结果表明，在 UNEP 推荐的 7 个绿色投资领域中，绿色交通、智能电网、水资源及废弃物处置方面的投资位列前三（见图 1）。在美、德、法等国的经济刺激计划中，绿色投资都保持在 10% ~20% 水平；韩国高达 80% （见图 2）。比起 UNEP 提出的占 GDP 1% 的投资目标而言，发达国家中除韩国和澳大利亚之外，其他国家都尚未达到（见图 3）。从绿色投资的总量上来看，全球经济刺激计划总投资额约为 3 万亿美元，其中绿色投资4 663亿美元，约占 15%。这一数额与环境署 7 500 亿美元绿色投资的建议也尚有较大的距离。

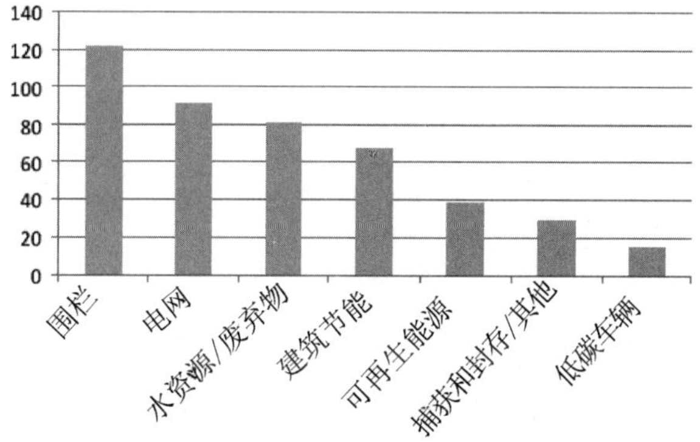

图 1　G20 绿色刺激计划在不同领域的碳投入情况（单位：10 亿美元）

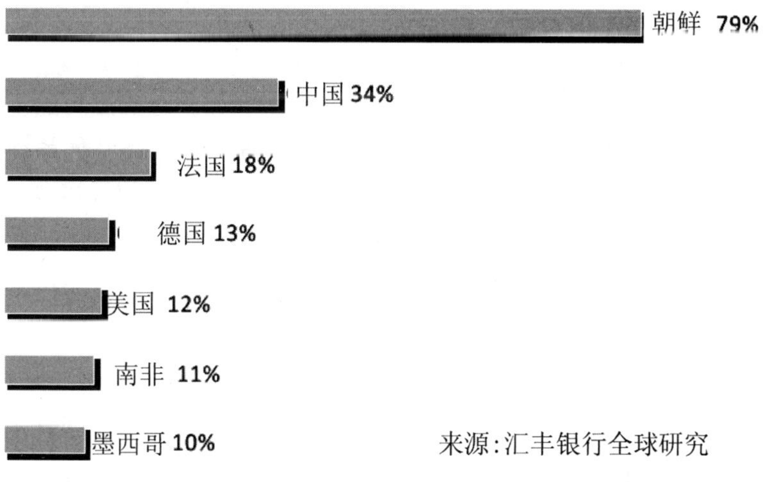

图 2　七个典型国家在绿色投资占总经济刺激计划的比例排名
（截至 2009 年 8 月）

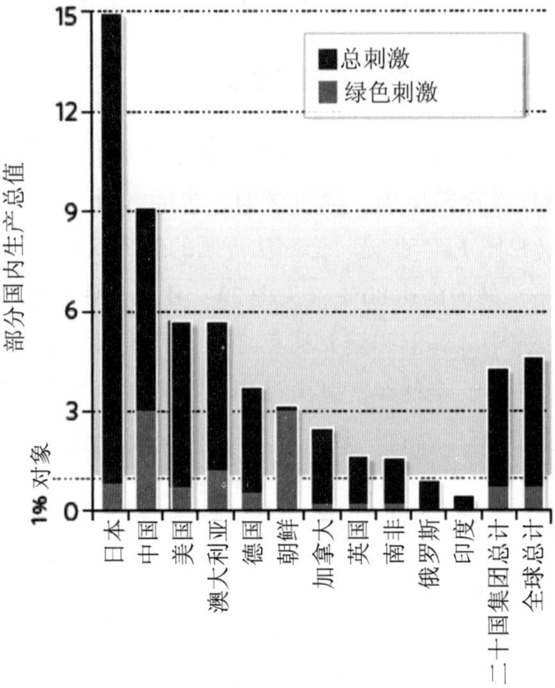

图3　全球绿色新政下 G20 绿色投资目标（1% GDP）的完成情况（截至2009年8月）

对于绿色投资的潜力，特别是其对振兴经济的效果如何，是人们普遍关注的一个关键问题。根据现有资料，就环境署推荐的7个绿色投资领域的情况看，答案是肯定的。皮特森国际经济研究所和世界资源研究所对美国经济刺激方案的评价结果显示：向绿色领域每投入10亿美元，可以创造3万个就业岗位，取得4.5亿美元的节能效果。

此外，金融危机爆发以来，不少国家的绿色产业在经济总体衰退的形势下出现了逆势上扬的“口红效应”。英国一家报纸2009年发布的《绿色富豪排行榜》显示，世界最大的富豪对电动汽车、太阳能和地热能源的投资热情并没有受经济衰退的影响。100个资产超过2亿英镑的大亨或富有家族对绿色技术和企业进行了投资，或承诺对环保事业投入巨资。“100名绿色富豪”的投资总额接近2 670亿英镑，如巴菲特投资分离发电和电动汽车、比尔·盖茨支持替代燃料开发。一家研究中心发布的《2008年中国清洁技术行业投资研究报告》显示：自2006年以来，清洁技术行业共有28家中国企业在海外上市，其中17家有风险或私募投资机构的支持。从投资项目看，2007年的清洁技术市场投资案例仅为20笔，2008年则激增到55笔，比上年增长了175%，投资金额也不断上升，比2007年增长120.3%。在2008年，德国所有银行的收益增长率都降到了5%以下，但一家从事绿色投资的银行（GLS），其收益增长率却维持在27%左右。

美国“绿色复苏计划”的内容主要体现在2008年10月的《紧急经济稳定法》(EESA)、2009年2月的《国家复苏和再投资法》(ARRA)、2010年联邦预算草案，以及已在众议院通过的《美国清洁能源和安全法案》等立法文件和奥巴马政府的一系列总统法令和专项计划中。其中，EESA包含投向清洁能源的182亿美元，ARRA有约940亿美元投向能效提高、可再生能源、水和废弃物、公共交通和铁路项目，再综合2010年联邦预算草案中的绿色投资，总计超过1 170亿美元，占总体经济刺激投入的12%。在这些投入中，约有一半涉及能源业，每一项都与能源有关。因此，能源产业的转型和发展是奥巴马经济复兴计划的核心，是“绿色复苏计划”的命脉，相关的主要措施包括：

1. 大力发展清洁能源，改善能源结构，逐步减少对化石能源的依赖

“绿色复苏计划”的新能源计划，一方面是向石油公司收取利润税收，作为对个人和家庭的直接能源补贴，为美国家庭提供短期退税、应对日益上涨的能源价格；另一方面还将大力推动科技研究和创新，开发太阳能、风能、地热能、核能和水电等清洁能源。积极发展混合动力汽车、动力电池、核电设备、风电设备、太阳能设备等，以降低目前对石油的过高依存度。清洁能源已经成为美国能源的重中之重。奥巴马政府要求美国10%的电力消耗至2012年源自于清洁可持续的能源资源，这个额度2025年将达到25%。该要求将刺激私营经济在可再生能源资源方面的重要投资，为美国尤其是农村地区创造数以千计的新岗位。政府将大量投资绿色能源，在未来10年投资1 500亿美元用于清洁能源，积极发展下一代生物燃料和燃料基础设施建设，加速可外充电式电油混合动力车商业化；扩大可再生能源项目的商业规模，投资低排放煤场，并开始向新数字电网过渡；为相关公司提供税务优惠。这将改变美国经济，在诸如研究、制造和建筑等领域创造500万个新工作岗位，同时还将鼓励新兴商业的诞生。

2. 提高燃油经济性标准，全面发展节能汽车和电动车

奥巴马的新能源政策计划每年将汽车燃料经济标准提高4%。这将促使政府和私营行业大举投资于先进汽车技术，包括混联式充电混合动力车和弹性燃料汽车等新能源技术，并将重点放在研发先进电池技术方面。减少美国的石油消费量。动用40亿美元的联邦政府资金来支持汽车制造商组装新的节能汽车，力争到2015年实现美国的混合动力汽车销量达到100万辆，且2012年前实现美国联邦政府购买的车辆中一半是插电式混合动力车或电动汽车，并以7 000美元的抵税额度鼓励消费者购买节能型汽车。另外，奥巴马设立国家低碳燃料标准加快引进低碳非石油燃料，该标准要求燃料供应商至2020年减少10%的碳燃料排放。

3. **提高能源效能，遏制全球变暖**

奥巴马支持减少温室气体的排放。将建立一个以市场为基础的总量管制和排放交易体系，实行“限制排量与贸易许可”计划，减少会导致灾难性变化的碳排放量。至2020年把碳排放量减少到1990年的水平，到2050年降低至1990年水平的20%。同时，利用限制排放和交易许可拍卖所得收入，投资“气候友好”型能源发展和计划，增加对清洁能源的开发与部署方面的投资，每年提供150亿美元用于提高能源效率及投资代用燃料。呼吁世界排放量最大的国家，专门就全球能源和环境问题召开“全球能源论坛”，包括八国集团的全体成员及巴西、中国、印度、墨西哥和南非，以提高能源效能，遏制全球变暖。

4. **新能源技术资金投入保障**

充电式混合动力汽车、风能、太阳能、核能等，将获得政府实际资本支持，对于乡村的清洁能源产业也会有一定的信贷支持。而且，奥巴马政府将建立一个联邦资金支持的全国清洁能源的贷款机构，向可再生能源项目投放低利率贷款或进行贷款担保，以激励普通投资者在可再生能源领域的发展。根据美众议院2009年1月15日公布的奥巴马团队的8 250亿美元经济刺激计划的细节方案，美国基础设施改造方面获得的投资资金份额达到900亿美元，其中包括为使联邦建筑变得更加节能而进行的修缮和更新的项目。该方案同时确定，政府还将向能源项目投入逾500亿美元，其中用于改造老化的美国电网的投资金额为110亿美元，国会也将为可再生能源发电和输电项目提供80亿美元的贷款担保。

5. **给予消费者补贴，保护民众生活不受能源价格上涨的影响**

由于技术原因和处于初期开发阶段的影响，不管是风能、太阳能，还是核能、生物能源，其价格远远超过传统化石能源。美国新能源政策完全考虑到消费者的利益，采取家庭退税、给予开发商补贴等形式，尽可能地减少消费者的负担，保证民众的生活水平和质量，也以此减小民众对绿色新政的阻力。

（三）世界有关国家实施绿色发展的能源技术和项目活动

1. **水电**

从发电系统运行的角度来看，水电是极其复杂的技术。快速的反应时间使得水电可以满足电力需求的骤然波动，或帮助补偿其他来源电力供给的损失。

水电供给占据了可再生能源发电的绝大部分份额，世界电力生产的16%。在加拿大和拉丁美洲，水电是最主要的发电方式，占可再生能源发电的比重最高。

IEAs水电执行协议估计，全世界达到技术可行的潜在水力发电量为每年14 000 TW·h，其中约有8 000 TW·h目前已具有商业发展的可行性。全球大约有808 GW已在运行或正在建设之中。大部分剩余潜力分布在非洲、亚洲和拉丁美洲。全球小型水电的技术潜力为150GW～200GW。仅有5%的全球水电潜力通过小规模机组得到了开发。

加拿大、中国、巴西、美国和俄罗斯是最大的水电生产国。大部分具有经济吸引力和社会认可度的大型水电项目已经在这些国家得到了充分发展。

2. 地热能

现有的地热电站仅限于地热活动频繁、可以产出高温蒸汽或热水的地区。新的地热技术，例如热干岩地热开采，虽然潜力巨大，却也只能源于地热活动频繁的地区，如美国西部、中美洲、意大利、菲律宾-日本太平洋地区和东亚。

扩大地热利用的主要障碍在于很长的项目开发时间，以及勘探和钻探的风险和投入。热干岩地热系统很早就开始研究，但目前仍然有大量的技术和成本问题需要解决，需要政府的大力支持，以及与企业的通力合作。油气生产技术的进步，如横井、可扩展固体管道技术、岩石裂隙和改进的地震预测技术等，都有助于地热发电技术的进一步改善。

目前，至少有24个国家拥有地热能发电装机。2000—2004年，地热能发电装机增加了1GW以上，大部分分布在法国、冰岛、印度尼西亚、肯尼亚、墨西哥、菲律宾和俄罗斯。现有的大部分装机分布在意大利、日本、墨西哥、新西兰、美国、菲律宾和印度尼西亚。可再生能源发电，无论是水力发电还是地热能发电，都具有相当大的潜力，但是，加速其商业应用还需要政府支持和私人投资。

3. 生物能源

生物质发电占据世界电力生产的1%。生物质转化为电力的方法主要有四种，即燃烧、共燃、气化和厌气消化。其中比较具有潜力的技术是生物质共燃技术。燃烧是生物质燃烧生成蒸汽通过一台蒸汽驱动的涡轮机发电。当前机组在20MW～50MW的装机时效率为30%左右。适用生物质残渣与煤混合在传统燃煤锅炉中燃烧发电，通常是利用可再生能源和改善气候变化成本最有效的技术手段，其额外资金成本每千瓦通常只有100～300美元。

生物质共燃在燃料混合和锅炉适用方面已经进行了成功的示范，分布在世界上超过150台装置上。欧洲约有100台示范机组，主要分布在一些斯堪的纳维亚国家，以及荷兰和德国。在美国和澳大利亚分别有40台和10台。燃料的混合使用，如残渣、能源作物、草本植物和木质材料，都实现了共燃。生物质混合比例范围按照能量计算从0.5%到10%不等，其平均值为5%。

可以说，目前生物能源的主要研发方向在多种燃料与生物质和废弃物的共燃，以避免在燃烧效率、废气净化要求或灰分表现方面的任何不良影响。欧盟正在为开发合理的环保技术解决办法提供短期和长期的财务激励措施。例如，COPOWER 欧洲项目联合了 6 个国家（英国、土耳其、瑞典、葡萄牙、意大利和德国）的 10 个组织，目的是对生物质和废弃物与煤在循环流化床系统中共燃的反应机理建立一个全面的认识。

4. **风能**

风能技术和商业发展与轮机尺寸密切相关。风轮机从 20 世纪 70 年代中期的直径 10m 发展到 126m，装机功率可达3 600KW。

关于风电间歇性和电网稳定性问题，需要开发更加复杂的电网管理系统、需求侧管理系统和电力储存系统，地下压缩空气储存等。配备大容量水电设备，采用抽水储能，也有助于解决这些问题。

2004 年已经安装的全球风电装机超过 47GW，其中包括 578MW 的海上装机。德国拥有最大的装机容量，其次是西班牙、美国和丹麦。

风电地位开始变得更加重要。在欧洲和美国，2009 年新增风电装机占总发电装机容量的 39%，历史上第二年风电增长量超过所有其他发电技术。一些国家的风电开始可观地电力供应，包括丹麦占 20%；西班牙累计风电装机首次超过煤电，发电量占 14. 3%；葡萄牙、爱尔兰和德国分别占发电量的 11. 4%、9. 3% 和 6. 5%。衣阿华州的风电发展在美国居于领先地位，风电占其电力供应的 14%，德克萨斯州风电电力供应超过了 5%。

5. **太阳能**

太阳能光伏（PV）属于单元技术，可以进行分布式和集中式发电。在一些边缘市场，如边缘无电地区，已经得到商业化应用。这种技术潜力巨大，但亟待巨大的技术突破 。

之前大多数推广活动发生在日本、德国和美国。2009 年，太阳能光伏发电已经在 100 多个国家开始应用，并保持其全球发展最快的发电技术地位。2004—2009 年，并网光伏发电容量的年均增速为 60%。2009 年新增并网光伏装机约为 7GW，总装机容量增长 53%，达到 21GW（不包含 3GW ~4GW 的离网光伏系统）。虽然西班牙的市场与 2008 年相比有所下降，依然刷新了年度新增装机的历史记录。2009 年太阳能光伏新增装机占欧洲总的新增电力装机的 16%。德国继续成为光伏市场的最大推手。新增装机 3. 8GW，弥补并超出了西班牙市场萎缩空间，占全球市场约 54%，大大超出了西班牙 2008 年创造的年度新增装机 2. 4GW 的历史记录，使得德国的总装机容量至 2009 年年底达到了 9. 8GW，占全球总装机容量的 47%。

6. **海洋能**

众所周知，海洋能是绿色、清洁、零污染排放的可再生能源，其开发利用具有广阔的发展前景。近年来，世界各主要海洋国家普遍重视海洋的开发利用。

海洋能有多种形式，如波浪、潮流、海流、热能和盐差能等。其中一些，例如波浪能，已经得到广泛应用，而且潜力巨大；而其他形式的海洋能，如潮流能等的潜力，由于地域限制而潜力有限。

截止到2010年，全世界已经有近十个商业化海洋能发电项目开始发电。另外，为数众多的项目正在建设或已经签署合同，分布在爱尔兰到澳大利亚的海岸线上。估计有6 MW的项目在欧盟海域运行或测试（丹麦、意大利、荷兰、挪威、西班牙及英国海岸）；还有一些项目分布在其他国家，如加拿大、印度、日本、韩国、美国等。

三、世界有关国家实施绿色发展的主要经验和启示

（一）世界有关国家实施绿色发展的主要经验

联合国环境规划署认为，实施全球绿色新政有3个目标：从短期来看，促进全球经济复苏，保留和创造就业机会，保护弱势人群；从中期来看，降低对于碳的依赖，遏止生态系统退化，使经济走上一条清洁和稳定的发展之路；从中长期来看，促进可持续的、广泛的增长，以及千年发展目标的实现，到2025年消除极端贫困。对大力实施“绿色新政”的西方国家来说，除了上述目标之外，其实质还在于通过“绿色新政”迅速占领全球新一轮绿色工业革命的制高点，掌握未来全球经济竞争的主动权。

1. 培育新的经济增长点，引领经济复苏

经济学家熊彼特认为，技术创新带动了世界经济从一个周期的衰落走向下一周期的繁荣。从世界经济发展的历史来看，每一次金融危机都同时酝酿着一次新的技术创新的浪潮，从而引发新一轮的产业变革，形成一批新兴产业。最明显的例子是20世纪70年代世界经济低迷之时，以网络和IT技术为核心的技术革命带动了新一轮的经济增长，让世界经济走出了滞涨，进入了繁荣。2008年全球经济危机的一个重要背景是，西方发达国家过去20年来主要致力发展的以信息服务业和现代金融产业为代表的虚拟经济脱离了实体经济的支撑，形成了一个五彩斑斓的泡沫。在这个泡沫幻灭之后，深受国际金融危机冲击的全球经济再次迫切需要一个新的经济增长点。此时，在能源危机和气候变化背景之下已露端倪的、以新能源技术为核心的绿色产业，成为西方国家寻求经济复苏、催生新一轮经济繁荣的自然选择。

绿色低碳产业涉及电力、交通、建筑、冶金、化工、石化等部门，以及在可再生能源及新能源、煤的清洁高效利用、油气资源和煤层气的勘探开发、二氧化碳捕获与埋存等领域开发的有效控制温室气体排放的新技术。“如果相关技术及产品在政府的引导下得

到广泛应用，在投资的推动下全球将形成一个数十万亿美元规模的实体经济新产业，不仅能带动世界经济走出困境，并成为新一轮增长周期的‘领头羊’”。与相应规模实体经济对应的是，绿色低碳产业将极大地促进就业。如，根据《全球绿色新政政策简报》的行业分析预测，全球建筑行业每年的交易额高达 3 万亿美元，全球向节能建筑的转变将创造数百万工作岗位；仅在欧洲和美国，用于提高建筑物能效的投资就能额外产生 200 万～350 万个绿色岗位。在可再生能源行业，全球预计到2030 年的6 300 亿美元投资将至少转化为2 000 万个额外的工作岗位：风能行业内 210 万个，太阳光电（PV）行业内 630 万个，生物燃料相关的农业和工业内 1 200 万个。

在如此前景之下，将绿色低碳产业作为新的经济增长点以恢复经济增长、促进国内就业，成为各国在金融危机背景下发起“绿色新政”的首要战略目标。

2. 转变经济发展模式，促进可持续发展

从长期来看，转变不可持续的经济发展模式是绿色复苏更深层次的背景。实践与理论分析均表明，当今社会发展不可持续的根源在于工业革命以来逐步形成的传统经济模式。传统经济发展模式的特点是只在孤立的经济体系内，从单纯的经济目标来衡量生产发展和社会进步的成果。在这种模式下，人们以经济利润为唯一的、最高的价值目标。为了利润，商品生产者和经营者努力去刺激人们对物质生活的追求，去鼓励人们高消费，从而使生产力沿着索取、消耗自然资源的方向超高速地发展，导致对自然资源的索取日益无度。最终结果则是自然资源的消耗量越来越大，产生的废弃物越来越多，人类社会的和谐发展受到越来越严重的威胁。在这种具有路径依赖的经济发展模式下，试图在经济体系内部进行调整来解决这一冲突是无济于事的，人类必须尽快对整个体系的结构进行一场变革。

而绿色经济是以市场为导向，以传统产业经济为基础，以生态环境建设为基本产业链，以经济与环境的和谐为目的发展起来的经济形式，是产业经济为适应人类新的需要而表现出来的一种状态。绿色经济将众多有益于环境的技术转化为生产力，并通过与环境无对抗的经济行为，实现经济的长期稳定增长。如果说传统的产业经济是以破坏生态平衡、大量消耗能源与资源为特征的一种损耗式经济，那么绿色经济则是以维护人类生存环境、合理使用能源与资源为特点的一种平衡式经济。绿色经济的出现及其在各个国家、各个领域的广泛开展，标志着人类已经摒弃了传统经济发展动力——利润最大化，转而形成了基于绿色经济的崭新价值观——福利最大化。发展以低能耗、低污染、低排放为标志的绿色经济，不仅成为各国应对气候变化的重要选择，也被认为是人类继原始文明、农业文明、工业文明之后走向生态文明的重要途径。

各国政府的“绿色新政”正是在加强对绿色经济的引导和扶持，主动推动投资转向绿色经济领域。如英国从政策和资金方面向低碳产业倾斜，积极支持绿色制造业，研发新的绿色技术；德国计划增加政府对环保技术创新的投资，并通过各种政策措施，鼓励私人投资，通过筹集公共和私人资金建立环保和创新基金；日本政府通过改革税制，鼓励企业节约能源，大力开发和使用节能新产品；美国的长期目标就是将发展新能源作为主攻领域之一，以促进美国经济的战略转型。可见，各国的第二战略目标正在于以应对金融危机为契机，改变人们的发展观念，逐渐将高能耗、高排放的传统经济发展模式转变为低能耗、低排放的可持续发展模式。

3. **占领先机，掌握未来国家竞争主动权**

在应对金融危机和转变发展模式之外，各国纷纷响应“绿色新政”的战略动机还在于占领新一轮绿色产业革命的先机，掌握未来国家竞争主动权。奥巴马在入主白宫之初提出“谁掌握清洁和可再生能源，谁将主导21世纪；谁在新能源领域拔得头筹，谁将成为后石油经济时代的佼佼者”，其中包含的远期经济战略意图显而易见。欧、美、日、韩等国开始在“绿色新政”的旗帜下，大力鼓励发展低碳绿色技术、培育相关产业，并在国际气候谈判、未来绿色产业标准等环节制定游戏规则，意图通过绿色低碳技术优势和游戏规则制定权来主导未来国家竞争。

发达国家首先做的是将新能源、可再生能源作为绿色经济发展的核心，确立自身绿色低碳技术在市场上的优势。如欧盟各国大多数是核能和清洁能源技术的输出国，不但从政策和资金方面向新能源、绿色技术领域倾斜，也通过积极推动国际性碳税机制等，实现欧洲在全球能源效率和清洁能源市场方面的主导地位，由此保持欧洲在国际经济竞争中的优势和领先地位；美国力图利用先进技术优势，向全球推广其技术、标准、产品，再次主导全球经济的制高点和掌控世界经济主导权；英国政府在预算中专门拨款扶持关键企业应对气候变化，这些关键企业来自英国有竞争力和比较优势的行业及地区，包括海上风力发电、水力发电、碳捕获及储存，以确保英国在碳捕获、清洁煤等新技术领域处于领先地位。

此外，西方国家在国际气候谈判及全球贸易领域极力推动绿色、低碳话语，在其客观上促进全球应对气候变化和可持续发展的背后，也攫取了全球规则的制定权。它们站在“拯救人类共同家园”的道德高地上，借助上述话语和规则，通过推行贸易保护主义等手段打击别国产品竞争力、限制别国发展。与此同时，发达国家也希望通过这些“普世观念”在全球的推广，使得发展中国家将新能源和可再生能源利用、低碳技术应用列入发展目标，这样就能扩大其绿色产业的全球市场。随着哥本哈根世界气候变化大会的几近破裂，发达国家更是大力争夺在这方面的话语权。因此，实施“绿色新政”，发展“绿色经济”，也是在争夺“绿色政治”的发言权乃至全球“绿色治理”的主导权。

（二）世界有关国家实施绿色发展的几点启示

1. 政府领导力是发展绿色经济的基础

此轮经济复苏被称为“绿色新政”，呼应了20世纪30年代罗斯福总统在经济危机下强力的政府干预。作为一个国家的发展战略问题，在当前激烈的竞争环境下，必须对发展绿色经济快速做出反应；同时，发展绿色经济所面对的外部性困境和初始成本也要求有市场之外的力量来推动。这两方面都需要有一个强有力的政府来发挥领导和动员作用，在政治层面形成强大的国家意志。在此基础上，政府需要制定一套中长期规划，通过设定发展目标来引导市场主体和公众的预期，消除投资方的风险疑虑，鼓励资金顺利进入。此外，对于绿色经济这一新兴主题而言，还需要通过政策创新来克服集体行动的困境，激发市场活力。这些创新包括使外部性内部化的市场机制设计，如碳排放交易、政府补贴、补助等多种形式的利益补偿和激励机制。

2. 技术创新是绿色经济竞争力的源泉

如前所述，每一轮产业变革和经济繁荣往往都是由技术创新引发的。只有加强绿色技术的研发，才能使绿色经济的发展有稳固的基础，并在未来国际贸易和全球竞争力中保持优势地位。英、美、德等西方国家在碳捕获、洁净煤、智能电网、低碳汽车、节能建筑等绿色技术上投入了大量资金，以保持领先优势。我国要在这一轮新的产业革命中抓住机遇，则必须在科技管理体制、科技投入等方面做出更大的努力，提供更强劲的激励机制。

3. 立足本国资源优势，确立发展重点

在绿色经济的全球竞争之初，必须结合本国的资源禀赋和已有积累，重点发展优势项目。如在新能源领域，巴西的生物质能、法国的核能、德国的太阳能等都是其一段时间以来的优势所在，也均是各自国家绿色产业立足全球市场的重点发展方向。中国应结合现实的自然和文化资源特征，重点发展洁净煤和可再生能源，同时推动低碳和节能产品，推广绿色生活方式。

4. 积极参与全球治理，肩负大国责任

随着中国国际地位的日益提高，已经无法回避在气候变化、能源危机等全球问题上的责任。既然如此，与其做被动的相关者，还不如成为一个积极的、负责任的参与者。只有如此，才能成为国际规则的制定者，维护自身的发展权和国家利益，掌握未来的主动权。与此同时，发展绿色经济相关的政策措施在全球范围内也面临外部性，只有通过国与国之间积极的协调与合作，才能发挥应有的作用。

03 “低碳+”发展战略*

探索更加适合中国国情的、可持续的发展道路，是中国共产党带领中国人民实现伟大复兴过程中的一个重大命题。在探索人与自然和谐共存、经济发展与环境保护齐抓并举的时代背景下，是中国在全球范围内率先提出“生态文明”这一全新的理念。早在党的十七大报告中就首次提出“生态文明”的概念，并将“生态环境保护”列入“促进国民经济又好又快发展”的宏观调控体系，这是我党提出科学发展观的题中之义。党的十八大再次重申“生态文明”，并将“生态文明建设”纳入中国特色社会主义事业“五位一体”的总体布局，明确提出大力推进生态文明建设，努力建设美丽中国，实现中华民族永续发展，并着力推进绿色发展、循环发展、低碳发展的三大发展理念。十八届三中全会强调要求“建设生态文明，必须建立系统完整的生态文明制度体系，实行最严格的源头保护制度、损害赔偿制度、责任追究制度，完善环境治理和生态修复制度，用制度保护生态环境”。十八届五中全会通过的《关于制定国民经济和社会发展第十三个五年规划的建议》提出“创新、开放、协调、绿色、共享”五大发展理念，用大篇幅深入阐述“坚持绿色发展，着力改善生态环境”，旨在以绿色低碳循环发展推进人民富裕、国家富强、中国美丽建设。这些重要指示，为“低碳+”战略研究指明了方向，提供了重要的理论支撑。

本研究认为，“低碳+”战略研究，本质上是一种发展方式的战略研究。从全球范围来看，低碳发展已经成为国际政治经济体系重塑的重要主线。积极应对全球气候变化，努力降低温室气体排放，既是中国作为一个负责任大国彰显气候道义的重要举措，也是中国缓解自身环境和能源压力的必由之路。因此，开展“低碳+”战略研究，是创新生态文明的具体实施路径，具有重大的理论价值和现实意义。实施“低碳+”战略，是我国转型升级发展的重要理念，是惠及民生的重要保障，同时也是扩大内需的重要抓手和全面深化改革的重要载体。开展“低碳+”战略研究，可

---

* 本文为2016年中国国际经济交流中心基金课题《“低碳+”战略研究》的综合成果，系首次公开发表。该课题负责人为马德秀，笔者为课题组组长，朱启贵为副组长，课题组其他成员包括：庄贵阳、顾海英、张瑾、陈妍、陈葵、胡小军、尹海涛、杨来等。

推进多学科交叉、协调创新，有助于打造中国经济升级版，主动迎接第三次工业革命的挑战，力求在某些产业领域发挥全球引领作用，实现从传统发达国家和新兴发展中国家的包围中脱颖而出。

一、“低碳+”战略的基础理论研究

人类以经济增长为中心的传统发展观的弊端，催生了强调可持续发展理念的科学发展观。但可持续发展理念的局限和不足，特别是全球气候变化，需要人们转变发展理念，创新发展模式。2015 年签订的《巴黎协定》传递了全球进一步低碳转型的信号，目标是把全球平均气温较工业化前水平升高控制在 2℃之内，并为把升温控制在 1.5℃之内而努力。全球将尽快实现温室气体排放达峰，21 世纪下半叶实现温室气体净零排放。至此，“低碳”发展的理念已经在全球范围达成了共识，成为未来阶段人类共同努力的方向。经过十余年的发展，低碳发展理念逐步为人们所接受，但由于绿色、节能、环保、生态等概念的并存，低碳发展的抓手并不突出。加强低碳发展理念与产业结构调整的结合，整合高耗能产业的上下游产业，促进全球范围内协同低碳发展，是迫在眉睫的任务。在这样的契机下，“低碳+”的理念逐渐成形，成为低碳发展理念与经济增长、产业转型、世界范围内环境保护的结合点。“低碳+”概念的提出，旨在挖掘新的内涵，扩展新内容，为低碳注入新活力。此外，“互联网+”的风生水起为“低碳+”带来了启示，即信息技术与传统行业的结合创造出新的生长点，低碳政策与其他政策的协同、低碳作为工具手段实现某种公共政策目标。

本研究认为，“低碳+”战略是对传统行业的再造与深化。“低碳+”强调低碳是核心，“+”代表发展的重点领域，如工业、农业、建筑、交通、能源、消费等。“低碳+”战略是低碳政策与市场体系的融合。“低碳+”要与当前新常态的稳增长、调结构、保民生、防风险政策相融合。“低碳+扶贫”是指把低碳项目作为精准扶贫的工具。“低碳+创新”是指把低碳作为大众创业、万众创新的可选行动依据、目标，实现创新中的低碳化或者把低碳技术作为创新目标。此外，“低碳+”强调与绿色、生态等政策融合。“低碳+”战略是理论研究领域的重要拓展。“低碳+”要把低碳作用的领域从经济扩大到社会、文化、政治、外交等，形成低碳社会、低碳文化、低碳政治、低碳外交。低碳经济是低碳发展路径的核心领域，低碳社会是低碳发展路径的社会基础，低碳文化是低碳发展路径的内生动力，低碳政治是低碳发展路径的制度保障。“低碳社会”和“低碳文化”是从意识形态方面建设低碳，把“低碳”的理念植入社会生活的方方面面。“低碳政治”则是在政府绩效考核方面添加低碳绿色相关的评估指标，并适当加大权重，以绩效为引导，督促管理者对低碳加以重视。“低碳外交”是通过打造负责任的低碳大国形象，提升我国的国际地位。

因此，从低碳到“低碳+”，不仅是低碳概念内涵和外延的拓展，更是低碳理论的发展和创新。理论的形成过程一般基于实践和需求的推动，而理论的发展与成熟又从更高层面促进实践的深入。本研究认为，可持续发展理论必然是“低碳+”最坚实、最本质的理论基础和理论源泉；生态足迹理论、脱钩发展理论、环境库兹涅茨理论等也是“低碳+”战略的理论支撑；协同理论、政策协同机制等是分析“低碳+”的理论基础。“低碳+”战略，是低碳发展战略的延伸和发展，低碳仍然是“低碳+”的根基和灵魂。要实现“低碳+”发展战略，必须坚持走低排放、低污染、低能耗道路，坚持用低碳技术改造传统行业，用低碳理念升级消费行为，用低碳文化武装头脑，把在十八届五中全会提出的“创新、开放、协调、绿色、共享”五大发展理念作为实现路径，从五方面完成低碳到“低碳+”的跨越。

总之，“低碳+”战略是指在可持续发展理念的指导下，通过技术创新、制度创新、文化创新、产业转型、消费模式与生活方式转变、低碳和无碳能源开发等多种手段，尽可能减少煤炭等高碳能源消耗，减少温室气体排放，实现经济社会发展与生态环境保护双赢的一种发展方式。本研究从“低碳+”战略的基础理论出发，分析国内外低碳发展面临的形势，总结部分国家低碳发展的主要经验与启示，提出中国实施“低碳+”战略的路线图，重点聚集减排的第一、二产业，以及建筑、交通、建筑三大领域，探索运用低碳金融机制和倡导低碳消费，以促进“低碳+”战略目标的最终实现。

二、国外部分国家低碳发展的主要经验与启示

气候变化是当今人类社会面临的共同挑战。自工业革命以来，人类社会的劳动生产率有了大幅度的提高，推动了经济社会的快速发展。与此同时，人类活动对其赖以生存的能源及环境却造成了不可忽视的影响。近年来，强台风、沙尘暴、高温干旱、极端降水、过度严寒等全球极端天气频频发作，危害日益严重。究其原因，碳基燃料消耗过大造成的全球气候变暖负有不可推卸的责任。极端天气折射出能源消耗、污染排放等全球急需面对的严肃问题。为了实现巴黎气候变化大会提出和马拉喀什气候大会重申的目标——21 世纪实现温室气体净零排放，全世界所有国家与地区必须认清能源压力、温室气体排放与环境污染的严峻，积极顺应绿色低碳循环发展的潮流，树立并实施“低碳+”发展战略，采取行之有效的措施，走可持续发展之路。在全球气候变暖的背景下，各国加紧实行低碳发展模式，以低能耗、低污

染、高效益为特征的低碳发展，日益受到各国的推崇，从而成为解决日益严重的环境和能源问题、实现可持续发展的重大抉择。中国应借鉴国际社会低碳发展的宝贵经验，建立适合当前国情的低碳发展体系。

本研究通过对英国、美国、德国和日本等国家低碳发展的分析可以看出，英国采用积极的低碳发展政策，重视低碳的发展，主要通过各项政策措施，致力于节约能耗目标。美国利用其先进的低碳发展技术，提高效率，降低成本，减少碳排放。德国完善的法律体系对于推动德国碳减排产生了积极作用，并推动了产业结构调整。日本政府采用低碳制度创新，侧重低碳产业、低碳能源、低碳交通、低碳建筑等方面来推进其低碳社会发展。这些国家低碳发展的主要经验包括：

（1）实行长期稳定的政策支持。各国政府部门都通过颁布一系列的低碳文件法案，推进全社会的低碳行动，促进本国低碳经济、低碳社会的形成。

（2）大力发展新能源和可再生能源。各个国家都在大力发展适合本国的新能源及可再生能源，降低化石能源比重，改变能源结构。新能源和可再生能源得到了大力的开发和利用。

（3）引导公众参与低碳经济。只有公众从根本上理解了低碳经济的意义并愿意为此而注意节约资源、增强减排意识，低碳经济才能真正进入寻常百姓的生活里，在全社会倡导一种文明、健康、绿色的低碳生活。

（4）积极开发低碳技术。技术进步是实现低碳经济的重要途径。近年来，发达国家在节约能源技术、可再生能源技术和碳捕捉与封存技术等方面都成效显著。

（5）加强经济激励和财政支持。经济激励政策是各国普遍采用的政策，包括税收、补贴、价格、贷款和专项基金政策等。许多欧盟国家都根据燃油效率和环保性能制定车辆税费标准和政策，以支持新能源产业的重点发展。

三、我国实施“低碳+”战略面临的基本形势分析

在全球气候变化的背景下，以低能耗、低排放和低污染为基础的低碳发展日益受到世界各国的关注，并已成为解决日益严重的环境和能源问题、实现人类社会可持续发展的必然选择，世界各国在低碳发展方面已逐渐达成共识。金融危机和经济恐慌的出现，为低碳发展提供了难得的机遇。改革开放以来，中国经济高速增长，取得了世界瞩目的成就，成为世界第二大经济体。但是，中国碳排放与经济增长之间存在明显的弱脱钩关系，说明经济增长与能源消耗和碳排放具有明显的依赖作用。经济发展方式粗放，过分注重规模扩张和增长速度，忽视了经济增长的社会效益和生态环境效应，造成了能源消耗高、资源损耗大、污染物排放高等弊端，给生态环

境造成了巨大的破坏，严重威胁到中国可持续发展，形势十分严峻。因此，中国应借鉴国外低碳发展的经验，建立适合国情的低碳发展系统。

从**第一产业**来看，我国农业领域的温室气体减排价值显化和变现困难，低碳农产品消费支持机制尚未形成，传统农业生产消费行为惯性制约低碳农业发展，低碳农业设施匮乏，农业低碳文化建设滞后，金融支持不足，有机农业市场发展缓慢，支持低碳农业的制度与政策缺位，风险规避乏力，使得“低碳+农业”变得更加复杂和高风险。

从**第二产业**来看，我国工业体量庞大、重化工特征明显、增加值率偏低，导致工业行业具有显著的高碳特征，无论是工业能耗、排放总量还是能源结构，均与世界平均水平及发达国家水平存在明显差异，能耗规模及排放量规模巨大，远超过发达国家。而在实施低碳发展方面，我国工业“低碳+”观念还没有全面贯彻到工业转型升级中，技术创新能力弱制约了工业低碳转型，工业化加速阶段传统产业低碳改造任务艰巨，缺乏“低碳+工业”的各项标准和产业化指导，国际贸易增长增加了工业碳排放量和碳强度，经济可持续发展与环境之间的矛盾变得日益突出。

在**建筑**领域，近年来低碳化工作有序开展，取得了显著成效，但在认识上、政策上还存在很多误区。社会方面，对低碳建筑存在认知误区，最典型的就是将“低碳”“绿色”与“高端”“奢侈”画等号，认为低碳建筑就是昂贵的。政策方面，经济激励性政策缺失，以强制性、约束性政策为主，激励性政策过少。在监管方面，机制较为薄弱，地方建设部门对建筑节能效果的监测成本很高。在第三方力量方面，独立的中介机构发展不足，对高效低碳技术进行评估、检测、认证的权威机构很少，技术测评机构的市场也亟待健全。

在**交通**领域，随着我国经济社会的高速运转和不断转型，交通运输行业也迎来了自己的变革，在公路和城市轨道交通建设等方面均取得了较大进展。但从长远规划来看，交通运输行业距离现代化的转型还存在较大差距，在交通网路铺设、运输体系建设等方面仍需要进一步完善。这些差距包括，现有交通设计不合理，公交发展与城市发展不匹配，公交路网密度整体下降。规划上，大街区、单一功能区造成职住分离、钟摆交通。城市交通结构机动化增强，非机动化程度降低。城市交通管理体制与城市低碳交通建设不相适应，交通系统整体运行效率偏低，交通工具能源利用率低，用能结构不合理，轨道交通发展不足。城市交通节能减排的科技创新和技术推广力度不够，研发投入不足，新能源汽车发展需要提高。跨区域碳排不协调，区域间流出流入模式不一，低碳交通建设政策法规保障不足，造成政策出台难、执行力度不够、执法效果难以评估的现象发生。

在**能源**领域，尽管中国的经济增长正在放缓且正经历结构转型，但是中国仍保持其作为世界上最大能源消费国、生产国和净进口国的角色。总体上，中国的能源结构在持续改进，能源结构总体向好，但必须清醒地认识到目前存在的问题：可再生能源绝对增长较快，但占比小，接入消纳问题日渐突出；化石能源低碳化清洁化利用尚未形成经济性示范；传统能源企业试水转型，但机制不畅，问题很多，甚至出现反水的情况；节能减排全面推进，但一般经济型改造潜力已无多；低碳城市、低碳社区在试点推广，但尚未形成足够可持续、可复制的成功案例；“互联网+能源”概念热炒，但没有形成适应国内环境的突破性产品及其商业模式，消费意识与环境意识尚待培养，节能减排基础较好，但对通过“低碳+”实现减排增效促民生尚未有充分的认识。

在**低碳机制**方面，我国目前仅有兴业银行等少数几家低碳银行，赤道原则未在社会层面产生共鸣。考虑到采纳赤道原则意味着更大的社会责任，虽然众多银行已经开展了绿色信贷业务，但在是否采纳赤道原则问题上采取观望态度，这反映了我国金融机构在低碳导向的信贷政策上实施动力不足、环保理念不够深入的现状，不利于我国的低碳发展。

在**低碳生活**方面，经过近三十年的高速发展，中国已成为全球第二经济大国、第一大碳排放国，然而我国在低碳消费方面的现实和形势仍然不容乐观，消费水平的提高带来高碳消费方式，低碳消费意识尚未达到应有高度，低碳产品售价高于普通产品太多，低碳技术创新及合作能力不足，运用于低碳消费的高新技术更是少之又少。

尽管如此，中国可在借鉴其他主要国家低碳发展经验的基础上，构建可行的适合中国可持续性发展的战略导向、政策及技术体系，发挥“低碳+农业”、“低碳+工业”、“低碳+建筑”、“低碳+交通”、“低碳+能源”、“低碳+金融”和“低碳+生活”对全球产业结构和能源结构调整、经济发展方式转变、国际贸易格局和碳交易发展的积极推动影响，从节约能源、优化能源结构、调整产业结构、加快节能和低碳技术研发、增加森林及生态系统碳汇、积极推动低碳试点、健全激励约束机制和完善相关政策，以及加强国际交流与合作方面，推动经济发展。

四、关于我国“低碳+”战略的总体思路与任务

党中央、国务院高度重视应对气候变化工作，推动我国低碳发展从实践到理论取得积极成效。但总体上看，我国低碳经济建设仍滞后于经济社会发展。造成这一状况，既有发展阶段、人口资源环境基本国情、技术水平等客观因素，也有缺乏顶层设计、体制不健全、制度不完善、管理不到位等原因。针对存在的问题，坚持问

题导向和目标导向相结合，我国“低碳+”发展的总体思路和目标构想如下：

在指导思想上，全面贯彻党的十八大和十八届三中、四中、五中全会精神，深入贯彻习近平总书记系列重要讲话精神，结合我国在巴黎大会的承诺，按照中央关于绿色发展的重大决策部署要求，适应和引领经济社会发展新常态，着眼低碳发展全局和长远发展需求，以转变发展方式改革为核心，以“低碳+”创新为手段，紧紧围绕构建绿色低碳、安全高效的现代农业、制造业、建筑业、交通业和能源体系，大力发展低碳金融，倡导低碳生活，推动低碳新技术、新模式和新业态发展，推动低碳发展领域供给侧结构性改革，支撑、推进适应和减缓气候变化，为实现我国从传统发展大国向低碳发展强国转变奠定坚实基础。

我国实现“低碳+”发展的**基本原则**：坚持统筹考虑国内和国际两个大局。从现实国情和需要出发，大力促进绿色低碳发展。积极建设性参与国际合作应对气候变化进程，努力借鉴国际先进的低碳发展模式和措施，促进应对全球气候变化。坚持应对气候变化和发展低碳经济同步推动。用应对全球气候变化的理念促进国内低碳发展，以实现低碳发展保障减缓和适应气候变化的各项措施的落实，最终促进我国经济转型升级和全面深化改革的顺利实现。坚持探索创新和示范先行相辅相成。遵循“低碳+”发展规律，营造开放包容的创新环境，鼓励多元化的技术、机制及模式创新，因地制宜地推进低碳发展新技术与新模式先行先试，形成万众创新良好氛围。坚持政府引导和社会参与紧密结合。发挥政府在实现低碳发展工作中的引导作用，形成有效的激励机制和良好的舆论氛围。充分发挥企业、公众和社会组织的作用，加快形成以开放和共享为主要特征的低碳发展新形态。

我国实现“低碳+”发展的**总体目标**：到2020年初步建成低碳发展产业体系，成为经济增长重要驱动力。建成较为完善的低碳发展市场机制和市场体系。形成较为完备的技术及标准体系并推动实现国际化，形成开放共享的低碳发展生态环境，控制温室气体排放水平明显提升，低碳能源比重显著提高，发展低碳经济的体制机制比较完善、国际合作全面拓展、能力建设成果显著，大众参与程度大幅提升，有力支撑全面深化改革和国民经济转型升级。

为有效推进我国“低碳+”的发展，要开展如下**重点工作**：发展“低碳+”农业，厘清我国农业温室气体排放与我国“三农”问题解决的相互关系，探索“美丽乡村”建设的“低碳+”路径，制定和设计“低碳+”农业发展的体制、机制和政策体系，尤其要重点解决农村农药化肥减量化、农村秸秆资源充分利用，深化“三农”用能低碳化技术、方法和措施。发展“低碳+”工业，优化低碳制造的产业链、改革低碳制造的制度、提升制造业低碳突破性技术创新能力、创新低碳制造业商业模式、保护制造业低碳创新系统知识产权、加强环境规制、协调国际贸易、低碳制造与经济增长的关系。发展“低碳+”建筑，重点探索促进“低碳+”建筑产业发展的市场模式和政策体系，特别是被动式建筑、建筑低碳化利用的产权归属、以设计为主导的产业链运作模式、综合的能源服务模式、创新的绿色融资模式和公众低碳意识的培养等。发展“低碳+”交通，主要从系统和整体的高度，研究解决低碳交通领域的交叉、溢出和协调问题，包括交通领域的转移排放、跨区域碳排放协调和全生命周期的交通碳排放管理等。发展“低碳+”能源，“低碳+”能源相关的国内外技术、产业、政策调研，未来趋势判断及技术路线选择，参与者识别及其角色定位，社会经济路线图及制度创新等。发展“低碳+”金融，重点探索我国运用市场机制控制温室气体排放的金融体系创新与运作模式，包括碳交易市场的建设与推广、信贷政策支撑、投融资体系改革与创新、标准认证等中介活动的培育等。倡导“低碳+”消费，尤其是个人减排、低碳家族、低碳社区等的激励措施与政策设计，等等。

五、我国实施“低碳+”战略的重点领域与路径

“低碳+”发展作为一种新兴的发展模式，与经济发展相辅相成，倒逼技术创新、制度创新和观念变革，将对全球经济发展产生重要而深远的影响。践行新发展理念，推进供给侧结构性改革，我们必须树立“低碳+”战略思维，将“低碳”思维向经济社会全领域植入、渗透和融合，赋予发展的低碳内核、低碳属性、低碳文化、低碳精神、低碳活力和绿色价值，低碳化国民经济和社会发展的全方位、全过程和全环节，提高资源生产率水平和全要素生产率，降低资源消耗强度和主要污染物排放总量，减少温室气体排放，推动供给侧改革，实现碳排放与经济增长彻底脱钩、经济社会发展与生态环境保护双赢，走持续发展之路。中国实施“低碳+”发展战略势必对国际社会产生积极的影响。“低碳+”发展战略是中国积极应对气候变化、实现可持续发展的内在要求，是中国方案、中国智慧和中国行动的突出体现，它不仅有助于推进生态文明和美丽中国建设、实现中华民族永续发展，而且有助于引导全球迈向可持续发展。我国实施“低碳+”战略的重点领域与路径：

1. “低碳+农业”战略

“低碳+农业”是低碳理念、低碳科技创新、低碳实践活动，以及通过强有力的政策支持形成的对常态农业作用的总和。其具体表现为：以低碳理念指导农业，利用相关低碳技术装备农业，出台相关支持政策激励相关利益者的积极性，引导、改变温室气体高排放的传统农业转变为低排放的现代农业。这是一种新的投入、生产、管理与供给方式，它注重提高农业产品产出数量、质量和收益，并关注农民低碳科

技文化素质的提高和观念的转变，力求以低碳为主线构造农业综合体，促进美丽乡村建设和农村可持续发展，从而获取综合效应和放大效应。“低碳+农业”的核心是低碳技术对农业的装备和带来的正向效应。实施“低碳+农业”发展战略，既是遏制、缓解全球气候变化趋势的必然要求，也是我国降低温室气体排放的现实选择之一，更是我国农业发展方式转变的客观要求，还是农业发挥多样性功能、实现农业现代化的具体内容。发展“低碳+农业”，要坚持适度低碳化原则、集体行动原则、协同原则、综合效益最大化原则，以及有利于促进“三农”问题解决及美丽乡村建设原则。从战略重点来看，首先要将低碳技术创新作为实施“低碳+农业”发展战略的首要重点；其次要加强低碳农业基础设施和政策的制度建设；最后要构建激励机制，因地因时制宜，采用多样化的灵活模式，推进低碳与农业产量、产值和品质的多重目标的实现。要初步构筑多元的“低碳+农业”支持主体，主要包括政府、企业、NGO、农户/家庭、低碳农业技术研究机构和生态实体等。形成多种“低碳+农业”发展渠道，发展风电、光热发电、太阳能光热发电等洁能项目替代火电，形成洁净能源，支持农业减碳；发展有机肥生产、秸秆利用、沼气工程、生态园建设、公益林等，形成替代减碳、延迟碳排放、农林固碳等推进“低碳+农业”发展。另外，完善能源和环境交易中心，进而引导碳交易，鼓励企业资源发展碳汇林、碳汇农业，以碳中和、碳交易的形式减少碳排放，进而形成对“低碳+农业”发展的支持。

2. **“低碳+工业”战略**

“低碳+工业”是经济新常态下工业发展的新业态，是将低碳的理念贯彻到工业生产的各个环节，推动工业发展形态演进升级，并催生经济社会发展的新形态。“低碳+”是低碳思维的实践成果，旨在解决工业发展与降低碳排放的矛盾，推动经济形态不断地发生演变，从而带动工业转型升级、提质增效。“低碳+工业”实质是低碳原材料创新、清洁能源高效利用开发、低碳减排技术创新、追求绿色GDP，实施“低碳+工业”战略的核心是低碳原材料技术和减排技术创新、产业结构和制度创新，以及人类生存发展观念的根本性转变。我国“低碳+工业”战略的重点任务包括：依靠工业低碳转型提质增效促进产业结构升级，加快传统工业升级转型，推进新兴产业发展，打造中国工业4.0体系，实现工业的低碳化发展，打造“制造业+物联网”整合新模式，做好现货整合的配套建设，努力提升中国品牌在全球范围内的知名度，完成工业4.0和中国制造2025的目标。构建低碳工业技术体系，如低碳工业技术创新体系、低碳技术创新中介服务体系、低碳技术创新资金保障和人才保障体系。形成低碳工业用能体系，提高存量设备能效水平，加强工业能源梯级利用。完善低碳工业监管体系，构建长效工业低碳发展监管机制，通过价格机制、市场准入机制、碳交易市场、低碳法律体系，建立“低碳+工业”战略的长效保障机制。调整对外贸易政策，清理和纠正对高耗能、高排放行业的优惠政策，调整对外贸易政策，严格控制“高污染、高能耗、消耗资源性”产品出口。通过贸易、产业和城镇化的平衡发展来减缓或抑制碳排放的增长，积极改善贸易商品结构，大力发展低碳型贸易产业。

3. **“低碳+建筑”战略**

“低碳+建筑”是将低碳理念贯穿于建筑产业全产业链，实现建筑全生命周期的低碳化。“低碳+建筑”是绿色建筑中以能源利用的节约为最终目的的活动，这既包括绿色建筑中直接产生“低碳”效果的活动，也包括通过其他创新性设计或改造间接达到“低碳”目标的活动。推广“低碳+建筑”发展战略不仅对遏制碳排放、发展低碳经济重要意义，也是新常态下推动经济转型升级的重要领域。“低碳+建筑”发展战略的提出和推进，将给我国建筑行业带来一次变革，改变建筑行业存在的不利于低碳化发展的弊端，同时也将带来建筑行业新的转型升级。我国实施“低碳+建筑”发展战略，需要在以下几个重点领域推进相关工作：推动建筑全产业链低碳化，形成以设计师为主导的建筑产业链运行模式，从建筑物的全寿命期来考虑低碳建筑发展，从建筑产品的建造开始，采用低碳技术、使用低碳材料，最大限度地减少能源消耗和碳排放；在使用过程中，改变原有的生活模式及消费观念，减少碳排放。这就对建筑设计提出了更高的要求。促进“低碳+建筑”工业化进程，以构件预制化生产、装配式施工为生产方式，以设计标准化、构件部品化、施工机械化为特征，整合设计、生产、施工等整个产业链，实现建筑产品节能、环保、全生命周期价值最大化的可持续发展。加快“低碳+建筑”市场环境的建设，建立建筑能耗统计、能效测评及标识制度，发展第三方评估机制等方式，逐步完善我国低碳建筑市场环境。鼓励被动式超低能耗建筑发展，既要充分利用市场调整供需，又要借助政府的力量，采取行政手段，完善相关的法律法规，最终形成政府主导、市场运作、社会参与的良好发展格局。

4. **“低碳+交通”战略**

“低碳+交通”是以高能效、高智能、低能耗、低污染、低排放为特征的交通运输发展方式，其关键是观念转变，技术、制度的创新。“低碳+交通”以创新和全方位的方式实现交通低碳化发展，通过体制机制创新带动全产业低碳发展，为中国经济转型升级注入新活力，找到新增长点。其重点实施路径包括：

（1）高铁战略。“中国高铁”已成为国家领导人出访的新外交名片，拥有“速度快、占地少、排放小”等特点的高速铁路受到了各国的追捧。高铁能耗较低，节能潜力大；减排效益明显，为交通低碳发展带来新机遇，电气化率的快速提升使得铁路更多地使用电力，推动了“以电代油”工程发展，从而对铁路石油消耗产生了明显的挤出效应。发展高铁可加速大运输系统的低碳发展，改变中国的基础产业及出行方式。

（2）“低碳+汽车”。加快发展汽车自动驾驶，抢占产业发展制高点；电动汽车引领城市“低碳+交通”发展未来。

（3）“低碳+物流”。物流活动功能要素的低碳化构建以低能耗、低污染、低排放为目标，由低碳运输、低碳仓储、低碳包装等功能要素所组成。精细化物流管理体系的发展，随着产业联动的融合深入，物流业产业合作层次从运输、仓储、配送业务向集中采购、订单管理、流通加工、物流金融、售后维修、仓配一体化等高附加值增值业务，个性化创新服务拓展延伸。

5.“低碳+能源”战略

全球清洁能源发展迅猛，传统能源格局正在改变，“互联网+能源”期待带来大的变革。国内太阳能风能等发展已居全球第一，但消纳能力偏弱，在全球化石能源价格低迷、国内经济发展新常态下，受制于各类指标、财政与生存压力，各类政策频出，各地弃光弃风愈演愈烈，可再生能源目标实现存在一定的不确定性。能源转型决不仅仅是在现有能源体系中单纯提高可再生能源或非化石能源比重，更重要的是要有能源体系的结构性变化。“低碳+能源”，不仅是能源转型，还是用“低碳+”去再造能源开采转换输运消费全过程；不仅包括技术改造与产品升级，还包括生产消费管理方式与意识的革命，进而形成“低碳+能源”新产业、新生活甚至新的社会形态。“低碳+能源”发展的基本途径首先还是低碳能源的发展，既包括可再生能源的发展，也在于传统化石能源的清洁化低碳化高效利用，更重要的在于对传统的能源链进行“低碳+”再造，比如互联再造，同时进行制度创新，打破能源、环境、经济、社会部门之间的界限，打破生产者和消费者之间的界限，打破技术与管理之间的界限，真正实现“能源-环境-经济-社会”全链条的低碳覆盖与系统再造，实现能源低碳与社会经济发展的乘法效应。要增强能源自主保障能力，推进煤炭清洁高效开发利用，稳步提高国内石油产量，大力发展天然气，加强储备应急能力建设；推进能源消费革命，严格控制能源消费过快增长，着力实施能效提升计划，推动城乡用能方式变革，实施新城镇、新能源、新生活行动计划；优化能源结构，积极发展天然气、核电、可再生能源等清洁能源，降低煤炭消费比重，提高天然气消费比重，安全发展核电，大力发展可再生能源，积极开发水电，大力发展风电，加快发展太阳能发电，积极发展地热能、生物质能和海洋能，推动能源结构持续优化。

6. “低碳+金融”战略

“低碳+金融”是服务于低碳经济发展的金融制度安排和金融交易活动，包括为减少温室气体排放所涉及的技术和项目等提供直接投融资、碳排放权及其衍生品的交易，以及其他相关的金融中介活动。“低碳+金融”的本质是使用金融工具降低碳排放，其发展主要集中在两个方面，一是在碳排放权交易基础上的金融创新，二是在信贷体系中的投融资创新。我国目前低碳金融的发展主要体现在碳交易市场和绿色信贷上。大力开展“低碳+金融”，是要充分挖掘和有效发挥金融市场的资金融通和杠杆调节作用，对促进经济发展转型、推动我国经济可持续发展具有重要的意义。发展碳金融市场方面，要加强政府与金融机构的合作，确定政府在碳排放市场上的角色定位；确定碳额度的分配准则，加强国内碳交易平台一体化，提高国际谈判能力，有效预测我国碳减排成本，避免为了短期的利益廉价出售我国的碳资产。在发展低碳信贷方面，鼓励商业银行加入赤道原则履行社会责任，形成良好的激励措施，给予银行实施绿色信贷的动力，加强有关部门的沟通与协作，为“低碳+金融”发展创造良好的外部环境。加强信息沟通，更好地将环保数据应用于贷款审批流程中，真正做到绿色信贷，实现低碳发展。

7. “低碳+消费”战略

“低碳+消费”是指在生活消费领域中，尽力减少所耗用的能量，践行低能量、低消耗、低开支的生活方式，购买和消费符合低碳标准的产品或服务，以最大限度地降低能耗、降低污染、减少浪费，从而减少二氧化碳的排放，保护地球环境，保证人类在地球上长期舒适安逸地生活和发展的一种节约型消费模式。“低碳+消费”是以低能耗、低污染、低排放、低浪费为特征，以降低碳排放、推行绿色消费为手段，以满足消费的经济需求、社会需求、生态需求与文化需求为目的的一种经济活动。消费在经济发展过程中有着承上启下的作用：消费既是生产的最终目的，又是再生产新的需求起点。“低碳+消费”通过现实消费需求引导低碳生产的方向，同时又通过消费市场上消费需求的有效实现进一步推动低碳生产的可持续发展。“低碳+消费”直接满足居民的生态需求，改善居民的生活质量，提高国民素质，促进经济社会协调发展，因此大力推进低碳消费发展具有重要意义。我国实施“低碳+消费”战略，要坚持“天人合一”的自然观和经济、社会、生态相协调的可持续发展观，全面树立人与自然相互依存、相互促进、共存共融的生态文明理念，以建设生态文化为基础，以推动绿色低碳消费为目标，以改变生活方式为突破口，以政府示范带动为引领，以体制机制创新为动力，以推广低碳产品和低碳服务为基础，推动公众树立与生态文明要求相适应的消费观，使文明、节约、绿色、低碳消费成为社会风尚和公众的自觉自愿行为。要培育低碳生态文化，形成绿色生活方式和消费模式。建立综合治理体系，推动全社会积极参与。建立完善消费市场，提供丰富的低碳产品和服务。综合优化交通体系，实现绿色、低碳的出行方式。推进产品回收处理，实现绿色循环低碳发展。

六、推动我国“低碳+”战略实施的若干重大政策建议

“低碳+”战略，是中国作为负责的大国实现和平崛起和可持续发展的必然选择，这就要求我们从政策链的角度系统地创新国家能源安全政策，国家产业、金融和财政等经济政策，公民参与社会政策，科技和人才政策，消费政策，文化政策等。“低碳+”发展作为一种永续发展模式，对政府的管理提出了新的要求，中国政府必须在其管理理念、管理能力、管理模式、公共政策及其工具，以及绩效管理方式上有所创新，以推动“低碳+”发展。然而，总体上看，中国低碳发展仍处在起步阶段，没有建构系统的“低碳+”政策体系，当前相关政策主要以“命令-控制”类的行政手段为主，财税政策不够灵活，也没有专门以低碳发展为目标的政策工具选择，这对我国低碳经济发展极为不利 。因此，“低碳+”政策体系必须跟上市场化改革的进程，政策工具设计应从主要依靠行政手段向以主要依靠市场机制转变。政策层面上，应通过调整能源结构，发展新能源和可再生能源；改变经济增长方式，调整产业结构，优先发展高新科技产业、服务业等第三产业；引导消费方式的改变，减少能源消耗，实现低碳发展。具体建议如下：

在**农业**方面，可采取以下对策，推进“低碳+农业”适度发展正向效应的发挥。成立“低碳+农业”发展基金，形成稳定的政策性投入机制。制定“低碳+农业”发展的若干专门支持政策，如补贴政策、税收政策和低碳技术创新政策等，支持农户在农业经营中科学管理、精准配方施肥、提高氮的使用效率、减量化肥及农药投入、促进作物轮作固碳、科学选择施肥时间、增加土壤固碳能力。强化“低碳+农业”的基础设施与示范工程建设，建设一批国家低碳农业技术研发创新和转移孵化技术工程中心，建设低碳农产品监测、认证中心和服务网络平台；构建全国低碳农业数据库、低碳农业技术数据库、有机农业数据库等；扩大国家级有机农业基地、生态农业基地和“低碳+农业”基地建设。建立统一的农业碳排放规制和认证体系，进而保障“低碳+农业”的健康推进。加强低碳农业技术的创新与集成推广，从而提高“低碳+农业”的综合效应。结合“三农”问题解决与美丽乡村建设推进“低碳+农业”发展，在降低碳排放的同时，降低农业投入成本，增加农民收入，缩小城乡差距，扩大社会和生态效益，改造并美化农村环境，推进美丽乡村建设，进而

推动城乡发展一体化。

在**工业**方面，做好工业低碳发展顶层设计，制定工业低碳发展中长期规划，健全低碳工业法律法规。完善工业低碳发展的政策体系，严格高排放产业准入政策，优化工业低碳标准体系，建立低碳工业发展基金。健全工业低碳发展治理模式，实施低碳政绩考核，完善低碳工业的运行管理机制，提高监管执法效果。协调国际贸易和低碳工业发展的关系。依托“互联网+”促进“低碳+工业”。加快我国低碳技术进步，建立促进各类低碳创新主体优势互补的创新网络，推进全球低碳技术转移政策框架完善，发挥市场优势，以市场换低碳技术能力，重视和加强低碳技术自主创新及推广运用，加强工业低碳创新系统知识产权保护。强化制度创新的保障功能。

在**建筑**方面，我国“低碳+建筑”的发展需要不断完善现有建筑节能、绿色建筑政策体系，激发建筑行业各行为主体参与低碳发展的积极性和主动性，培育建筑低碳化发展市场。要加强标准引导，进一步提高新建建筑节能标准水平。加强监督检查，确保强制性标准得到严格执行。建立建筑节能材料、建筑节能技术国家标准。强化政策激励，发挥建筑节能专项资金作用，完善税收优惠体系，对提供高于节能标准的非高端建筑的开发企业给予税收优惠，优惠税种包括城市维护建设税和教育费用附加费用、土地增值税、城镇土地使用税和企业所得税等。对购买此类型建筑的购房者给予税收优惠，可包括契税和未来开征的房地产税的减免优惠。继续给予贷款贴息等优惠政策，主要对象是低碳房地产开发商、节能服务机构和消费者。提升监管能力，加强政府部门间的协调与合作，加强建筑低碳化发展队伍的能力建设和监管力度。明晰产权归属，引入第三方合同能源管理，开展建筑碳排放权交易，建立覆盖主要地区的建筑碳排放权交易平台，制定建筑能耗定额，有效推进建筑低碳化发展。

在**交通**方面，我国实施“低碳+交通”战略，要强调减少使用、提高效率、调整能源结构，要从全产业链和全生命周期着眼，改变孤立片面看待交通运输领域碳排放来源的做法，从根本上降低由交通产生的碳排放。要确保交通运输工具动力来源低碳化，在先进的分布式发电基础上推动智能电网建设，为各种分布式能源提供自由接入的动态平台。国家宏观整体规划和整体公共政策为“低碳+交通”发展提供制度保障，积极利用“互联网+”作为有效补充手段，推进交通领域全面低碳化。重视低碳技术创新，重视低碳技术人才培养。加快物流领域改革创新，推行精细化物流，构建以多式联运为核心的综合交通运输体系，促进现代物流业发展，减少不必要的交通运输，提高交通运输效率，进而达到低碳目标。

在**能源**方面，为促进我国“低碳+”能源体系建设，要理性认识全球低碳治理，主动转型，适应并逐步引领规则，在全面实现经济振兴、社会稳定、保障能源供应安全的同时，在全球低碳治理环境中保持灵活，立于不败之地。从中央政府角度来看：要科学规划，科学引导，避免“头痛医头、脚痛医脚”的临时性政策频出，让市场参与者无所适从。从地方政府角度来看：需要抑制地方政府无效投资冲动，既包括传统化石能源项目，也包括无法消纳的低碳能源项目，可以考虑在政府考核指标中增加低碳能源指标（如低碳电力消费增长比例、低碳电源发电增长比例等），并严格执行。从市场角度来看：加快推进电力体制改革，建设电力和碳排放交易平台，推行绿色电力配额及碳排放交易，让市场机制发挥作用。对于传统能源企业而言：稳步淘汰落后产能，进行灵活性改造，参与电力调峰，并引导转型低碳能源。对于新兴的售电公司而言：基于能源互联网技术，建立平衡基团，稳定电力供求。对于可再生能源企业而言：利用“互联网+大数据”进行科学预测优化，参与区域能源平衡，科学调度。对于能源用户企业而言：推行碳审计，减碳改造，由易及难（比如散烧煤等）。对于金融机构而言：实施低碳贷款控制，严格管控资金通过非市场方式进入不符合低碳发展的领域，金融管理机构及时进行风险预警及窗口指导。

在**金融**方面，要准确认知政府角色定位，该抓的地方要严格，该放的地方要放宽。要和金融机构有效配合，开发新型的金融产品。在开拓金融市场方面，金融机构要比政府有发言权。培育碳金融中介服务体系，加强对参与碳金融的咨询、评估、会计、法律等中介机构的培育，积极推进中介服务体系建设。处理好统一市场和区域差异的关系，在科学分析的前提下，有步骤地设立若干个区域市场，然后视情况逐步走向统一。强化企业社会责任，为低碳金融发展提供条件保障。提高国际谈判能力和风险把控能力，避免廉价出售我国碳资产。形成激励措施，给予银行实施绿色信贷的动力，对模范遵守环保法律法规、积极开展污染治理的企业，在新建项目准入、污染减排资金安排上给予优先支持，对违法排污企业否决其上市融资环保核查、环保专项资金补助、评优等资格。加强绿色信贷实施的可操作性，加强信贷准入管理，将环保节能的要求引入到银行的信贷准入标准中，严把信贷客户环保节能准入关。完善信息沟通机制，并将环保信息合理用于信贷审批，切实将资金投向绿色产业。

在**消费**方面，从国内外在低碳消费领域的经验和实践案例来看，尽管各国国情不同，但各地对于低碳消费发展已形成共识。未来在我国构建低碳消费发展战略的过程中，有如下建议可供参考：出台完善的低碳消费激励政策，对低碳消费对象、消费行为等方面实施有效激励与监督，对提供节能产品和低碳能源开发技术的企业提供优惠。构建全方位的低碳消费文化，坚决抵制消费主义文化，树立正确的低碳消费理念和消费观。加强低碳消费的基础设施建设，在吸收已有低碳社区示范项目的基础上，鼓励因地制宜，在全国推广建立低碳社区。加强低碳技术和产品推广应用，逐步建立节能和能效、洁净煤和清洁能源、新能源和可再生能源，以及自然碳汇等多元化的低碳技术体系；加快对燃煤高效发电技术，CO_2捕获与封存，高性能电力存储，超高效热力泵，氢的生成、运输和存储等技术的研发，形成技术储备，为低碳转型和增长方式转变提供强有力的支撑。发挥政府整合科技资源的优势，将相关低碳技术向大众消费倾斜，有力地推动低碳消费向更高的水准发展，将低碳技术运用于消费的各个方面。

总之，“低碳+”战略研究是一个探索性、开创性的工作，本课题在几个重点领域进行了聚集研究，但仍有许多领域和问题，值得我们和未来的研究者进行更加深入的探讨和系统研究，以共同推动我国生态文明建设，从而促进我国经济社会的可持续发展，以及中国梦的早日实现。

04 循环经济发展研究*

党的十八大报告在大力推进生态文明建设中明确提出，发展循环经济，促进生产、流通、消费过程的减量化、再利用、资源化。循环经济是以尽可能小的资源消耗和环境成本，获得尽可能大的经济和社会效益，从而使经济系统与自然生态系统的物质循环过程相互和谐，促进资源永续利用。因此，"十二五"时期，大力发展循环经济是对"大量生产、大量消费、大量废弃"的传统经济模式的根本变革。

一、我国发展循环经济的背景

（一）具有坚实基础

在党中央、国务院的正确领导下，在各地各部门的共同努力下，我国循环经济发展取得了积极进展。短短几年时间，循环经济从理念变为行动，在全国范围内得到迅速发展，在理论上、实践上、政策体系和制度创新上都取得了重要突破，初步形成了发展循环经济的政策环境和社会氛围，凝练出了一批各具特色的循环经济典型模式。

（二）面临重大挑战

我国循环经济发展还处于初级阶段，推进循环经济发展还面临诸多问题和困难，循环经济的发展需要综合协调各方面的因素，必须通过规划加以引导规范，统筹安排，合理布局。制定和实施《中国"十二五"循环经济发展规划》，是理清循环经济发展方向，明确工作重点，为循环经济尽快形成较大规模指明方向和提供保障的有效措施。

---

* 本文为2011年中国国际经济交流中心咨询课题《广西"十二五"循环经济发展规划》的综合成果。课题指导为王春正、郑新立，组长为陈文玲，笔者与张焕波同为副组长，课题组其他成员包括：张永军、徐占忱、黄志龙、徐长春、刘向东、王天龙、王宪磊、逯新红等。

（三）要求迫切

近年来，国内外出现了一批具有循环经济特征的企业、产业、行业、社区和社会，形成了很多具有典型性和推广价值的循环经济发展模式。实践证明，发展循环经济是破解经济社会发展过程中资源环境约束、实现可持续发展的必然选择。当前正是国家应对气候变化，各部门寻求产业链延伸和发展新产业链及减少温室气体排放的关键时期。十八大报告提出了“绿色发展、循环发展、低碳发展”，以及“走向社会主义生态文明新时代”的新要求，这些无疑都为发展循环经济创造了重大机遇。

（四）具有重大战略意义

循环经济不仅是一种新的经济发展模式，也是一种新的经济增长方式。倡导循环经济有利于节约资源，缓解资源紧张的矛盾；有利于从源头防治污染，改善生态环境；有利于使经济增长方式由粗放型向集约型转变；有利于走出一条科技含量高、经济效益好、资源消耗低、环境污染少、人力资源优势得到充分发挥的新型工业化路子；有利于增强经济的可持续发展能力，提高人民的生活质量。

二、我国发展循环经济的基本原则

循环经济是一种新的经济，其基本原则是兼顾生态规律与环境优化要求、经济发展规律和社会进步期望三者利益，加强政府的引导和调控，激发市场的推动和促进，形成合力。具体说：

（一）环境优化和生态平衡是循环经济必须遵循的第一规律

经济与社会的发展一定要建立在环境适宜、生态平衡的基础上。重视经济，忽视环境保护，削弱生态平衡，是传统经济发展的必然倾向。发展循环经济，必须从根本上更新观念，确立环境第一、生态为首的观点，它需要经济行为的组织者、指挥者和协调者——政府扮演引导调控的角色。

（二）经济发展规律是市场经济必须遵循的基本规律

经济发展规律的基本功能，是推动社会生产力的发展。但是，如何把它与生态规律、环境保护结合好，从而产生理想作用，则是人类在发展循环经济中面临的基本任务。一般情况下，在发展循环经济初期，应将重点偏向环境保护和生态平衡，但必须把经济建立在持续发展的基础上，以充分发挥客观经济规律的推动和促进作用。

（三）社会进步必须与生态平衡、经济发展同向前进

社会进步在循环经济中有新的理解。在传统经济中，我们重视生态和环境，但未能将它们置于与经济、社会同等重要的位置，而在循环经济中，则将生态和环境作为经济社会发展的前提和基础，由此，在社会进步的内涵和外延上产生了一系列的不同。比如，对环境的认识，对工业化进程的设计，对城市化的步骤，对废弃物的排放，对资源利用的方式，对后发达区域的开发治理，对沙漠化、草地沙化和水土流失的治理，等等，都有非常明显的要求。另外，对社会进步的分析，在区域上有所扩大，如社区建设将成为循环经济特别关注的领域。

（四）循环经济必须由政府引导与调控

众所周知，循环经济是由政府领导组织和指挥的经济。鉴于它是新经济，需要宣传和教育，需要协调和统一。如经济、社会与环境生态三者利益一致的原则。这里，涉及经济运行的策划、资源的开发与利用和经营、生产、消费、废旧物处理与资源再利用等所有的经济行为者的利益，必须由政府引导与调控。循环经济的发展是个漫长的过程，因此，引导与调控将成为政府很长时期的重要任务。

（五）必须解决好循环经济与过渡经济的关系

在我国，循环经济是这几年提出来的新课题，这个时期的特点，是过渡经济，因此，解决好循环经济与过渡经济的关系，尤为重要。

三、我国循环经济指标体系

根据国家对循环经济发展的总体要求，从经济、社会和环境三方面建立我国循环经济指标体系，该体系设置3级指标、6个评价子模块、24个具体评价指标来定位循环经济发展情况。主要指标如下：

（一）经济发展指标

经济发展指标包括：GDP年平均增长率、人均GDP、万元GDP综合能耗等；经济发展潜力指标包括：科技投入占GDP的比例、科技进步对GDP的贡献率等。

（二）循环经济特征指标

循环经济特征指标主要有三类：一是资源生产率指标，用来综合表示产业和人民生活中有效利用资源情况（资源生产率=GDP/天然资源投入量）；二是循环利用率指标，用来表示投入到经济社会的物质总量中循环利用量所占的比例；三是最终处理量指标，用来表示城市废弃物和工业废弃物最终处理量。

（三）绿色管理指标

绿色管理指标，如促进循环经济建设的地方性的政策法规和文件的制定，开展清洁生产的企业所占比例，工业园区、企业 ISO14001 认证率，循环经济社会认知率，循环经济知识培训等。

（四）生态环境保护指标

环境保护指标，如环境质量、污染物排放达标情况、污染物处理处置量等；环境绩效指标，如万元 GDP 工业废水、废气、废渣、有毒有害废物产生量；生态建设指标，如人均公共绿地面积等；生态环境改善潜力指标，如环保投入占 GDP 的比重等。

四、我国发展循环经济的重点任务

发展循环经济是我国经济社会发展的重大战略任务，是推进生态文明建设、实现可持续发展的重要途径和基本方式。今后一个时期，要围绕提高资源产出率，健全激励约束机制，积极构建循环型产业体系，推动再生资源利用产业化，推行绿色消费，加快形成覆盖全社会的资源循环利用体系，为加快建设资源节约型、环境友好型社会，提高生态文明水平奠定更加坚实的基础。

（一）循环产业

1. 加快建设循环型工业

“十二五”期间发展循环经济产业的主要任务，是加快建设循环型工业体系，统筹构建循环型农业体系，着力发展循环型服务业体系。首先，加快调整优化工业结构，以提高资源产出效率和加强环境保护为目标，加快工业结构优化调整，促进资源的合理高效利用和循环利用。其次，合理构建和延伸重点行业循环经济产业链，以技术创新为依托，合理构建和延伸重点行业产业链接，创新产业组织形式，实现资源利用最大化和废弃物排放最小化。最后，积极发展清洁能源，推进能源多元清洁发展，转变能源生产和利用方式，优化能源结构，构建清洁能源示范区。

2. 统筹构建循环型农业

按照“减量化、循环化、资源化”的原则，以“促进农业发展方式转变，推动城乡经济一体化发展，改善农民生产生活条件”为目标，积极推进农业清洁生产和农业废弃物资源化利用，统筹规划农业与农村产业、农村生产与生活、农村社区建设与城镇化发展，实现产业间共生耦合，促进经济、生态和社会效益的协调统一，构建具有特色的循环型农业体系。最大限度地提高农业资源利用效率，科学处置农业“废弃物”，合理构建和延伸农业产业链，着力增强循环型农业科技支撑能力，建设循环型农村新社区及循环型农业重点项目。

3. 努力发展循环型服务业

建立绿色旅游管理机制和经营理念，面向产业化、市场化、规模化、网络化的发展目标，坚持“先规划、后开发，重保护、慎开发”的原则，以清洁生产技术为支撑，积极加强景区景点环境的整治、保护工作，实现固体废弃物减量化、资源化管理和无害化处理。充分发挥信息服务业对循环经济的支撑引领作用，构建覆盖城乡的信息基础设施网络，布局建设新一代移动通信、下一代互联网、数字电视等网络设施及宽带无线城市、农村宽带网络。推进电信网、广电网、互联网互联互通和业务融合。做强围绕生态环境保护和建设的服务业，坚持“社会化、企业化、市场化、产业化”原则，创新机制，做大做强节能和环境服务业，大力推行合同能源管理，加强节能环境服务业与其他产业融合，发展节能环保产业服务体系。加快推进商贸业向循环型现代商业转变，进一步优化商业网点布局，建立起开放、高效、畅通、统一的绿色商品流通体系，加快推进现有商贸业向循环型现代商贸业转变。积极建设循环型流通体系，积极进行物流业发展循环经济试点，不断总结推广成功经验。加强循环经济宣传，鼓励物流系统进行绿色消费。

（二）循环园区

1. 循环化改造现有各类园区

以国家级和省级园区为重点，大力加强现有各类园区循环化改造，促进园区内主导产业与相关产业的共生耦合和循环，实现土地集约利用、废物交换利用、能量梯级利用、废水循环利用和污染物集中处理。依托现有高新技术开发区、经济技术开发区等产业园区，建设以低碳、清洁、循环为特征，以低碳能源、物流、建筑为支撑的绿色低碳园区，采用合理用能技术、能源资源梯级利用技术、可再生能源技术和资源综合利用技术，优化产业链和生产组织模式，加快改造传统产业，集聚低碳型战略性新兴产业，培育低碳产业集群。

2. 按循环经济理念规划和建设各类新工业园区

按照循环经济理念及工业生态经济学的原理，规划和建设各类新工业园区。进入园区企业要符合土地、能源、水资源利用及污染物排放综合控制要求。采取必要的政策扶持、税收优惠、财政补贴等调控手段，按照产业生态链的内在要求，科学筛选和确定入园企业和项目，使各企业之间形成闭环型的资源循环利用产业链条。统一规划园区的水、电等能源供应，以及“三废”回收利用系统，实现园区的经济、环境、社会整体效益最大化。不断完善产业链，加快培育和建设各类特色循环经济工业园区。

3. 推行先进园区运行和管理体系

按照“选商择资、企业入园、产业成链、物质循环、设施共享、集中治污”的管理原则，以循环经济理念指导、规划产业发展和工业园布局，推进产业园区循环化发展。围绕优势资源发展相关产业，构建循环经济产业链，发挥产业集聚和生态效应，推进循环经济与主导产业的结合，实现资源共享和副产品互换的产业共生耦合。

（三）循环企业

1. 实行循环生产模式

推进企业通过各工艺之间的物料能量循环，减少物料能量的使用，达到少排放甚至“零排放”目标。推行生态设计，从生产源头减少能源资源投入。大力开展资源综合利用，对生产过程中各种副产物和废物进行回收利用。通过实施循环经济生产模式，使单位产品的能源、水、原材料等消耗大幅降低，废弃物循环利用率大幅提高，废弃物产生和排放量大幅减少，循环经济有关指标达到国内或国际同行业先进水平。

2. 实施企业清洁生产

推进企业清洁生产示范工作，每个重点产业都有一批示范企业。选择污染重、经济基础较好、自愿实施清洁生产和有一定规模的企业，引导其进行清洁生产审核、审计，成为示范企业。鼓励企业采取改进产品设计、采取无毒无害的原材料、使用清洁能源或可再生能源、运用先进的物耗能耗低的生产工艺和设备等措施，从源头消减污染物排放；鼓励企业通过改进生产流程、调整生产布局、改善管理、加强监测等措施，在生产过程中控制污染物产生；鼓励企业实施物料、水和能源等资源综合利用或循环使用。

3. **建立企业环境管理体系**

鼓励企业建设环境管理体系 ISO14000 与质量管理体系 ISO9000，引导企业建立自我约束机制和科学管理的行为标准。各行业主管部门应当按照 ISO4000 的要求，参照国家、自治区的有关标准，制定本行业企业清洁生产标准。新建、扩建、改建项目应按照 ISO4000 的标准进行，在可研报告中应有实施 ISO 标准的措施。

（四）循环社会

1. **建设循环型再生资源体系**

完善再生资源回收体系，着力构建以城市社区和乡村回收站点、集散市场、分类加工“三位一体”的再生资源回收网络，推进再生资源规范化、规模化、产业化发展。要建立可再制造旧件逆向物流回收体系，推进废旧汽车零部件及工程机械、机床等机电产品再制造。在城市，加快建立社区和单位分类收集、中转站密闭转运、集中进行资源化和无害化处理体系建设；在有条件的农村，推行户分类、村收集、镇转运、县处理的生活垃圾回收处理体系，推进餐厨废物等生活垃圾资源化利用。

2. **构建绿色交通体系**

倡导绿色交通工具出行。实施公交优先发展战略，着重推进交通基础设施建设，努力提高运输服务效率和水平，大力发展绿色交通。大力发展城市公交，加快对现有车辆更新改造步伐，鼓励使用城市公交节能环保车辆。进一步提高城市公共交通和出租车服务管理水平，加强城市公共交通安全运营监管，加紧推进交通信息化建设。重点推进交通运输安全应急平台、交通出行信息服务系统、交通运输综合运行分析与决策支持系统三大重点工程建设，积极引导城市综合客运枢纽管理信息系统和区域公共物流信息服务平台建设，推广不停车收费（ETC）系统。

3. **普及绿色建筑**

妥善处理建筑废弃物，注重建筑垃圾的深度回收利用。加人建筑节能相关条例的执行力度，推广应用新型建筑材料、节能建筑和集中供热，提升建筑节能技术水平和能源利用率，新建建筑设计阶段执行建筑节能标准比例达 100%，施工阶段执行建筑节能比例达 95% 以上。加强政府机关办公建筑和大型公共建筑节能监管，鼓励既有建筑节能改造，推行建筑用能重点单位的全面能耗监管。

4. **推广绿色消费模式**

大力推行绿色、低碳生产和消费方式，加强环保科普知识的宣传和普及，培养良好的生态文明习惯，营造良好的环境道德。在社会中，每个成员都是生活垃圾的生产者，每个居民对防治生活垃圾污染环境都负有责任和义务。垃圾减量化、无害化、资源化是每个公民的责任和义务。加强防治生活垃圾污染环境的宣传教育，提高居民的环境保护意识；加强环保法律法规宣传，增强公民环保法制观念；加强对各种违反环境保护法的现象、不良行为和习惯进行监督，自觉维护自身环境权益。

5. **建设节约型政府**

进一步完善公共机构资源循环利用的机制和政策体系，逐步建立和完善资源节约的规章制度和办法标准，研究制定科学合理的能源资源消耗定额，推广应用节约资源的新技术、新产品、新材料。建立健全公共机构办公设施设备、办公用品等资源的循环利用制度体系，建立废旧办公设施的集中回收利用机制。抓好办公场所的空调、照明和用电设备、用水及公务车辆管理，加快推进公务车辆社会化管理。大力推进电子政务，严格控制一次性办公用品的使用。强化政府建筑节能管理，加强对政府建筑的装修控制和管理。

（五）循环城市

循环城市体系建设要紧密结合城市社会经济发展进程，全面构建循环经济发展模式，拓宽和延长产业链，提高资源生产力和生态效率，推动产业发展从资源消耗-粗放型经济增长模式向循环型生态经济模式转变，减少废弃物的排放。加快发展新兴静脉产业，提高废弃物的循环利用，改善城市生态环境，缓解资源瓶颈和环境约束，推动社会生产、消费和生活方式的逐步改变，提高生活质量，保障城市的可持续发展。优化产业结构，合理布局工业企业，推行以循环经济为核心的经济运行模式。

五、我国发展循环经济的保障措施

为确保我国“十二五”循环经济发展任务顺利落实，发展目标顺利实现，需要从组织保障、政策保障、资金保障、法律保障、机制保障、资源保障、人才保障和技术保障等方面构筑强有力的保障体系。

（一）组织保障

1. **成立“循环经济发展领导小组”**

我国应成立由主管领导任组长、分管领导任副组长，有关部门主要负责同志为成员的“中国循环经济发展领导小组”，对列入《中国“十二五”循环经济发展规划》（以下简称《规划》）的重大项目和有关政策进行统筹协调，研究决定和安排部署循环经济发展重大事项，协调解决重大困难和问题。

2. **规划管理和实施**

建设“全国循环经济发展实验区”，是我国“十二五”期间的重点任务。各大部委、省、市推进《规划》与其他规划的衔接，制定工作方案，推进规划实施等。在制定和调整农业、工业和服务业等其他专项规划和子规划过程中，要以《规划》为基本依据，实现各专项规划与本规划的衔接。

3. **完善考核、统计、监测和评估**

建立循环经济发展综合评价体系，将循环经济评价指标纳入各地经济发展评价考核体系，把循环经济发展指标作为全国各级干部考核最重要的内容，把《规划》确定的循环经济发展任务分解到各级政府，以此作为地方考核的核心约束性指标。强化发展循环经济的基础统计和核算工作，建立基础数据库。完善绿色增长相关统计核算制度和评价指标体系。建立和完善资源节约综合利用及能源消耗统计制度，建立自治区能源消耗基础数据库。依法加强对矿产资源集约利用、节能、节水、资源综合利用、再生资源回收利用的监督管理工作。加强对能效标识的监督管理，开展能效标识和节能指标的专项市场监督检查和抽查。规划监测要建立年度监测、中期评估和终期评估制度等内容。

（二）政策保障

1. **产业政策**

严格控制高耗能、高耗水和高排放项目开工，进一步提高行业准入门槛。在工业园区和开发区规划、改造和建设过程中，认真贯彻循环经济理念，对进入的企业要提出土地、能源、水资源利用及废物排放综合控制要求。依据国家产业结构调整的有关规定，立足现有基础和比较优势，制订并细化有利于循环经济发展的产业政策体系，对循环经济项目适当放宽准入条件和政策，引导社会资金投向资源循环利用产业，加大循环经济技术、装备和产品的示范、推广力度。

2. **财税政策**

加大各大部委特别是财政预算对循环经济的支持力度，将循环经济项目列为重点投资领域。“十二五”期间，通过节能技术改造资金继续支持工业循环经济项目建设，各大部委在技术改造资金、技术研发、中小企业发展、林业生态效益等专项资金中给予倾斜支持。在政府采购中，优先采购可再生产品和节能节水无污染绿色产品。实行绿色财政税收制度，对开展循环经济项目企业实行无偿补助、奖励和贷款贴息。通过税收减免鼓励企业循环化改造，采用符合循环经济要求的技术和设备，加大对循环经济试点企业实施所得税优惠减免，用足用好税收优惠政策，促进我国循环经济发展。

3. **土地政策**

落实保护耕地的基本国策，实行严格的土地保护制度。按照管住总量、严控增量、盘活存量的原则，完善土地使用市场准入制度，严格执行国家的产业政策和供地政策，对禁止类项目不予安排指标不予供地，对限制类项目不符合节能减排的也不予考虑，优先安排和保障循环经济产业和项目用地。加大对工矿废弃地存量土地的挖潜力度，开发煤矿采空区土地。探索循环经济产业基地集聚区建设，加快产业集聚发展和示范园区建设，推进产业循环式组合，构建循环链接的产业体系，提高单位土地上的生产效率。

4. **价格和收费政策**

制定实施居民用电阶梯电价制度、生活用水阶梯水价制度和非居民用水超定额累进加价制度，合理确定再生水价格，提高水资源重复利用。合理调整污水和垃圾处理费、排污费等收费标准，鼓励企业实现“零排放”。通过调整价格和完善收费政策，引导消费者使用节能、节水、节材和资源循环利用产品。按现行价格管理权限，合理制定餐厨废弃物及建筑垃圾收费政策。

（三）资金保障

1. **明确信贷支持重点**

对列入政府批准的循环经济示范试点园区、企业，银行要给予包括信用贷款在内的多元化信贷支持，并做好相应的投资咨询、资金清算、现金管理等金融服务；深化延伸对循环经济产业配套服务的支持，如循环经济基础设施、公共技术服务、公共网络信息服务平台的建设和运营。同时，对生产、进口、销售或者使用列入淘汰名录的技术、工艺、设备、材料或产品的企业，银行不得提供任何新增授信支持，原有的授信要逐步压缩和收回。

2. **积极创新金融产品和服务方式**

银行要加强金融创新，提高对循环经济发展的金融服务的质量和效率。拓宽抵押担保范围，创新担保方式，研究推动应收账款、收费权质押，以及包括专有知识技术、许可专利及版权在内的无形资产质押等贷款业务。积极探索“绿色信贷”政策和银行绿色评级制度，对污染生产和污染企业的新建项目投资贷款和流动资金进行额度限制并实施惩罚性高利率，对研发和生产治污设施、从事生态保护与建设、开发和利用新能源等从事循环经济生产和绿色制造及生态农业的企业或机构，提供贷款扶持并实施优惠性低利率的金融政策手段。

3. 多渠道拓展促进循环经济发展的直接融资途径

直接融资途径主要有以下四种方式：第一，积极通过各类债权融资产品和手段支持循环经济发展；第二，发挥股权投资基金和创业投资企业的资本支持作用；第三，积极支持资源循环利用企业上市融资；第四，加大利用国外资金对循环经济发展的支持力度。

（四）法律保障

1. 加快制定地方性法规

明确政府、市场（企业）、社会（公众）在建设“两型”社会中的责任和义务，建立健全与经济社会发展阶段及城市发展特点相适应的“禁止、限制与鼓励”的循环经济发展法规体系。抓紧清理和修订现有的、不符合循环经济发展要求的法规。

2. 制定相关实施细则

建立针对节能、节水、节地、节材和资源综合利用，以及废旧家电、轮胎、电子产品、包装材料、建筑垃圾、废旧金属、农业废弃物等资源化利用的有关法规和规章，制定配套实施细则。将温室气体排放基础统计指标纳入政府统计指标体系。针对水污染、酸雨、噪声、机动车尾气、白色垃圾等环境热点问题，制定具有较强操作性的地方法规或政府规章。

3. 健全完善循环经济标准体系

按照建设资源节约型、环境友好型社会的要求，加快推进一批循环经济的共性关键技术转变为重要技术标准，健全完善循环经济标准体系，形成煤炭清洁利用技术、废弃物资源化利用技术、污染物排放技术、新能源和可再生能源利用技术等工业节能减排、清洁生产循环经济标准，农业生产加工减量化技术、废弃物无害化技术、沼气利用技术、节地、节水、节肥和节药技术等农业生态循环经济标准，以及旅游废弃物的加收、分类、处理技术，节水生态厕所建设技术，生态环境保护技术等服务业循环经济标准。

4. 加大循环经济的执法检查力度

依法对“四节、一综合”进行监督管理，坚决关闭和淘汰技术落后、浪费资源、污染严重的企业和项目，严格执行环境影响评价、节能评估。健全循环经济、环境保护执法监测、监理部门的组织机构，明确职责、任务、功能、执法程序及其法律效力，使得循环经济发展、环境保护有法可依、有章可循。完善执法监测、监理机制。明确界定各级政府、企业和个人的责任与义务，依法推进循环经济发展。

（五）机制保障

1. 有偿使用与生态补偿机制

党的十七大提出要“实行有利于科学发展财税制度，建立健全资源有偿使用和生态环境补偿机制”。按照资源有偿使用的原则，严格征收各类资源有偿使用费，完善资源的开发利用、节约和保护制度。

2. 许可证与排污权管理机制

排污权是指排污单位根据排污许可证许可的污染排放总量指标直接或间接排放污染物的权利。在确定排污权许可证制度的同时，还应制定排污总量控制标准，合理确定污染排放总量的控制指标，明确允许的污染物排放数量，对超标排放企业给予经济和法律方面的严惩。加强对企业废物排放和处置的监督管理，降低排放强度；鼓励有条件的企业开展环境管理体系认证。

3. 全面推行清洁生产机制

根据国家相关标准，制定我国清洁生产评价指标体系，发布重点行业清洁生产推动办法。重点围绕主业污染物减排和重金属污染治理，全面推进农业、工业、建筑、商贸服务等领域的清洁生产示范，从源头和全过程控制污染物的产生和排放，降低资源消耗。发布清洁生产审核方案，公布清洁生产强制审核企业名单。实施清洁生产示范工程，推广应用清洁生产技术。

4. 考核、统计与监督机制

建立循环经济发展综合评价体系，将循环经济评价指标纳入各地经济发展评价考核体系，作为各级干部考核最重要的内容。强化循环经济基础统计和核算工作，建立基础数据库。加强对矿产资源集约利用、节能、节水、资源综合利用、再生资源回收利用的监督管理工作。开展能效标识和节能指标专项市场监督检查和抽查，推进绿色建筑能效星级评价体系，研究实施清洁生产企业标识。

5. 水资源利用与管理机制

落实节约用水政策，实行严格的水资源管理制度。按照用水总量控制、用水效率控制、水功能区限制纳污控制水资源管理“三条红线”要求，严格执行水资源论证制度，在总量、效率、排污满足区域要求的条件下，优先安排和保障循环经济产业和项目取退水，未通过水资源论证审查和未取得取水许可批准文件的取水建设项目，项目主管部门不得审批、核准。

（六）资源保障

1. 推进资源综合利用

加强共伴生矿产资源及尾矿综合利用，建设绿色矿山。推动煤矸石、粉煤灰、工业副产石膏、冶炼和化工废渣、建筑和道路废弃物及农作物秸秆综合利用、农林废物资源化利用，大力发展利废新型建筑材料。废弃物实现就地消化，减少转移。

2. 加快资源再生利用产业化

加快“城市矿产”示范基地建设，推进再生资源规模化利用。培育一批汽车零部件、工程机械、矿山机械、办公用品等再制造示范企业，发布相关产品目录，完善再制造旧件回收体系和再制造产品标准体系，推动再制造的规模化、产业化发展。加快建设城市社区和乡村回收站点、分拣中心、集散市场“三位一体”的再生资源回收体系。

3. 促进垃圾资源化利用

健全城市生活垃圾分类回收制度，完善分类回收、密闭运输、集中处理体系；鼓励开展垃圾焚烧发电和供热、填埋气体发电、餐厨废弃物资源化利用；鼓励在工业生产过程中协同处理城市生活垃圾和污泥。

4. 推进节水型社会建设

确立用水效率控制红线，实施用水总量控制和定额管理，制定区域、行业和产品用水效率指标体系。推广普及高效节水灌溉技术。加快重点用水行业节水技术改造，提高工业用水循环利用率。加强城乡生活节水，推广应用节水器具。推进再生水、矿井水、海水等非传统水资源利用。水价的制定既要反映水资源的稀缺性，体现水资源价值，又要循环价值规律，体现水资源的供需状况和变化，实行不同的价格。

（七）人才保障

培养和引进一批具备循环经济理念的管理人才、复合型研究人才及高技术人才。

大力推进产学研合作，建立以企业为主体、产学研相结合的技术开发和创新机制，支持企业、科研院校投入对循环经济和资源节约型社会建设的技术研究开发，充分利用高等院校、中等职业技术学校的重点学科、特色专业、重点实验室、工程技术研发中心等资源，联合培养人才。

（八）技术保障

1. 完善关键技术研发体系建设

研究开发一批发展循环经济和低碳经济的共性关键技术，开发、推广节约、替代、循环利用的先进适用技术，重点开展再制造、清洁生产、节能减排和废旧物资资源化利用的技术研究。将资源节约、循环利用关键性技术研发，纳入科技开发计划和产业发展计划。鼓励创建循环经济技术开发重点实验室、研发中心。积极引进和消化、吸收国外先进的循环经济技术，重点组织开发能量梯级利用技术、废物综合利用技术、延长产业链技术、绿色再制造技术及新能源和可再生能源开发利用技术等，提高循环经济技术支撑能力和创新能力。

2. 加速科技成果转化平台建设

建立科技成果转化平台，积极推广应用先进节能减排技术、设备、工艺和材料。以绿色材料产品、可拆解循环产品、节能节水型产品和降低排放的产品等为重点，推进绿色产品生态设计。总结并推广发展循环经济方面的成功做法，开展产学研联合，支持循环经济共性和关键技术开发，建立以企业为主体的循环经济技术创新体系，加快科技成果转化。加大财政投入，加快公共研发平台建设，为中小企业发展循环经济提供研发平台支持和服务。

State Think Tank

China Strategies for Energy and Environment

能源谋划

05 我国海外重要战略性资源获取研究*

一、引言

重要战略性资源，是指一国国内匮乏但又是其经济发展不可或缺的那一部分战略资源。它不仅关系到国家的经济安全，而且涉及政治和军事安全。如果缺乏这些资源，在我国现有经济发展方式不做重大调整的情况下，将使我国经济的平稳发展难以保障，在国际竞争中处于被动；我国的军事、科技同样会遭受严重制约，成为崛起的羁绊。我国虽然地域辽阔，资源丰富，但仍有部分对经济发展有着决定性作用的战略资源供不应求，因此，实施重要战略性资源海外获取具有非常重要的意义。

二、我国重要战略性资源的供需现状

（一）我国能源资源供需形势

我国的能源资源主要包括石油、天然气、煤炭。

（1）石油方面：我国是一个石油资源贫乏的国家，人均占有量只有 10 吨，居世界第 41 位；而需求方面，我国现在已经成为全球最大的石油进口国之一。2011 年，我国石油对外依存度高达 57%。

（2）天然气方面：尽管我国天然气 2001—2011 年产量逐年增加，平均增长率在 15% 以上；但是因为消费量的不断上升，供需缺口仍在不断加大，到 2011 年达 310 亿立方米。

（3）煤炭方面：我国是世界煤炭资源大国，也是煤炭生产、消费大国，煤炭供需基本保持平衡状态，但是 2011 年以来，由于煤炭价格上涨较快，煤炭供应相对偏紧。

---

* 本文主要内容原载于《宏观经济研究》2012 年第 9 期，此处有删改。原文由笔者、杨来、曾凯超共同创作。

（二）我国矿产资源供需形势

我国的矿产资源主要包括有色金属、黄金和铁矿石。

（1）有色金属方面：我国有色金属行业正从国际金融危机的阴影下走出，产量加快增长，但由于需求增长速度更快，主要产品仍供给不足。

（2）黄金方面：我国是世界第一大黄金生产国和第二大黄金消费国。中华人民共和国成立以后，我国黄金产量稳步上升，但波动较大。20 世纪 90 年代以来，我国的黄金消费量迅速提高，黄金储备处于供不应求的状况。

（3）铁矿石方面：我国铁矿石进口总额一直处于高位，近些年正在逐渐增加向南非的进口，而相应减少了从澳大利亚、巴西和印度等国的进口。

（三）我国农林资源供需形势

我国的农林资源主要包括粮食和林产品。

（1）粮食方面：我国稻谷产量已持续 7 年增加，年均增速为 3. 37%；小麦和玉米的供求平衡逐渐由偏紧转变为供略大于求；棉花出现供不应求；2010 年，大豆产量降低，需求升高，供需缺口逐步加大；油脂整体呈现供不应求的状况。

（2）林产品方面：我国森林面积在全球排位靠前，但是人均森林面积只有全球平均水平的 1/6，只有俄罗斯的 1. 75%；长期以来，我国的原木供应难以满足国内木材需求的增长。

（四）我国其他资源供需形势

我国其他资源包括天然铀和稀土。

（1）天然铀方面：我国目前铀矿储量约 10 亿吨，在世界范围内并不算多，而开采储量仅占全球总量的 1. 2% 左右。即便未来加大铀资源勘查、开发力度，国内已探明的天然铀地质储量仍然无法满足核电长期发展的需求，天然铀供应也很难支持我国现行核电站维持运行 30 年。

（2）稀土方面：我国目前是全球最大的稀土生产国和出口国，2010 年我国各类稀土产品总产量为 11. 89 万吨，超过了全球产量的 96%。在稀土供应领域，我国正根据环境承受能力，加强内部生产协调，根据探明储量实施有计划的可持续开采。

三、我国重要战略性资源海外获取的主要障碍

我国既是资源生产大国，也是资源消费大国。随着我国国际地位的提升、大国地位的确立，一些国家和政客不断宣扬“中国威胁论”，这给我国重要战略性资源的海外获

取带来了很多阻碍。目前，我国重要战略性资源海外获取的主要障碍有如下几点。

（一）受到资源国鼓噪“中国威胁论”的干预

重要战略性资源问题政治化趋势日益明显，资源国往往以“中国威胁论”干预我国重要战略性资源海外获取活动。2002 年 12 月，中石油参与俄罗斯斯拉夫石油公司竞拍事件中，资源国政治势力以“中国威胁论”抵制中石油集团的海外投资项目，迫使其退出竞拍。2005 年，中海油集团收购美国的优尼科事件同样惨遭失败。2009 年，中铝集团投资澳大利亚力拓集团，在力拓集团整体持股比例由 9.3% 增至约 18%，并将提名 2 位非执行董事进入力拓集团董事会。受澳大利亚政客和媒体的影响，最终力拓毁约与其本国必和必拓集团建立合资企业。从这三个例子可以看出，一些国家打着维护国家安全的旗号，干涉正常的国际合作，保护主义盛行，给我国重要战略性资源海外获取造成很大困扰。

（二）容易引起国家间冲突

一国的地理位置及其所控制的自然资源会使一个国家享有优势或处于不利地位，一个国家对外依赖程度越高，其受制于他国的政治风险就越大。由于各国都在追求资源的自我满足，因此对重要战略性资源的争夺可能导致国家间的冲突，甚至是战争。随着全球战略资源分布的不均，资源生产国和消费国的不对称，以及战略资源对于经济的重要作用日益凸显，最终必将导致局部地区的动荡，进而使得主要战略资源价格在一段时期内持续高位动荡。

（二）资源国政治风险和全球不安全因素

当前，国际政治安全形势复杂多变，各种政治势力和安全威胁因素相互交织，影响着国际资源发展战略。世界主要资源国大多经济发展滞后，民族、宗教关系紧张，社会矛盾尖锐，加之外部势力争夺、干预、操纵，极易发生政局动荡、政策转向和暴力冲突。而我国进口的重要战略性资源主要来自动乱的中东、非洲及中亚地区，当地复杂的社会、政治、安全环境使我国资源海外获取战略面临多重风险，不仅影响我国资源的供应安全，也对我国与有关国家的合作产生影响。

（四）技术水平低严重削弱我国竞争优势

在我国战略性资源海外获取由单纯资源贸易进口向风险勘查、股权参与和并购等利益多元化方向发展的情况下，我国由“走出去购买”到“走出去生产”的转变无疑对资源生产和利用技术的要求越来越高，因此，我国企业顺利实施战略性资源海外获取的关键在于资源开发和利用技术的提高。当前，国内资源开发和利用技术虽有提高，但与国际先进水平相比还相距甚远。我国重要战略性资源企业资产规模较小，产业集中度低，浪费资源现象严重，对国外资源控制力不强。

四、促进我国重要战略性资源海外获取的体制机制建议

（一）健全我国重要战略性资源国家管理体制

1. 建议设立专门机构落实政府决策

在能源、资源、外交、商务等主管部门间建立一个跨部门的协调机构，专门负责我国重要战略性资源海外获取的专项事务；加强与联合国国际开发署的合作并积极参与其工作；加强国家对重要战略性资源信息机构的财政支持，建立完善高效的信息搜集分析系统。

2. 充分发挥行业中介组织作用

一方面开展能源战略及政策的基础研究工作，另一方面建立和完善社会中介服务体系。积极培育金融、法律、会计、咨询等市场化中介组织，积极为企业海外并购提供规范的中介服务。

3. 鼓励多元化主体参与，支持民企“走出去”

鼓励多元化的主体参与海外资源获取，旨在降低资源开发“走出去”的前期风险，减少海外地质调查、风险勘探的长期财政专项资金的消耗。

4. 探索与资源所在国的合作机制

可以通过技术合作和经济援助等方式，加强与资源国的合作，鼓励国内企业积极参股海外战略资源开采，积极探索与资源生产国建立战略伙伴关系。

（二）制定和强化各种金融支持政策

1. 增加对企业海外资源开发的融资援助

对战略性资源开发项目，允许使用政府境外专项贷款的比例更高一些，鼓励一般商业银行与国内大型能源和矿业公司在境外资源开发利用上进行更密切的合作，为境外资源投资提供更多的资金来源，建立战略性资源产业投资基金。

2. 通过产融结合加强跨国资本运作能力

借鉴国际经验，积极推动产融结合，加快与国内银团、交易所等金融机构的交叉持股，并借助金融势力实现抱团出海，进而寻求高超的资本运作办法。建立多个成熟、开

放、透明、治理结构规范并活跃的商品期货市场，提升我国企业的对外议价能力。

3. **建立海外保险体系和风险补偿机制**

对所投资国家或地区的经济状况、投资环境、产业发展及市场情况加强风险评估与管理，积极建立风险评估预警体系，加快建立海外保险体系与风险补偿机制，从而提高海外投资的成功率和收益率。

4. **设立海外战略资源勘探开发投资风险基金**

鼓励、支持、吸引更多有能力的国内企业到境外进行战略资源的勘探和开发，参与国际竞争。对基金的使用和管理，按照风险共担、利益共享的原则，严格按项目管理，建立全新的基金使用机制。

（三）拓展和维护资源通道，保障通道安全

通道安全事关重要战略性资源海外获取的成败，要确保运输安全、分散海运风险，需深入做好重要战略性资源跨区域运输通道建设。

1. **加快拓展多样化的运输通道**

为保障我国进口石油运输安全、分散海运风险，实现运输多样化及加快石油管网构架建设是我国分散海上石油运输风险的基本出路。例如，可以促成向西延伸中哈管线至滨里海地区的阿特劳，进而建设里海油区通往我国的管线。

2. **尽力维护海外能源运输通道安全**

为有效维护海外利益和能源通道安全，打破敌对势力潜在的能源封锁，建议将谋求大陆架及岛屿周边200海里（专属经济区）的绝对制海权作为国家海洋战略的基本目标，在此基础上进一步拓展海上战略空间，保卫不断增长的海洋权益。

3. **强力捍卫周边海域的资源所有权**

我国军队在捍卫海洋权益方面发挥“守护神”作用，海上军事斗争准备应在立足于稳住台海重点方向的同时，敢于在某些有争议的海域显示前沿存在和威慑力量，以“能战”之实力达成“免战”之目的。

4. **积极建设煤炭港口运输大通道**

对于海外煤炭资源获取，要将其运回国内还必须建立完善的港口航运体系。应力促国内外控股的煤炭码头泊位的深水化、大型化及基地化的发展，使其成为国家煤炭应急储备基地。

5. **借助政治、外交等手段确保稳定供应**

我国应综合运用政治、经济、外交、军事等手段，沉着应对，巧妙周旋，交替

并用，以尽力保障海外能源的安全和稳定供应。

(四) 开展全方位的资源外交

建议我国充分发挥地缘政治优势，在全球重要战略性资源配置中占据有利位置，提高我国利用国外重要战略性资源的安全性和经济性，谋求世界重要战略性资源地缘政治中我国最大的资源利益。

1. 积极推动企业间开展资源互换

未来可以周边国家为重点，以在全球重要战略性资源供应格局中占据关键地位的资源大国为关键，以资源丰富的发展中国家为基础，全面开展资源外交。

2. 充分发挥国际资源平台作用

我国要在相关国际组织中发挥更重要的作用，同时进一步地发挥区域平台的作用，加强双边合作。

3. 重视周边战略

在北边，应该点面结合，借力打力，使其相互制衡，不能过分依赖某一方面。在南边，总体上应远交近争。在东北亚，与日本在竞争中合作，与韩国在合作中竞争。在西边，需要重视、关注印度，印度在铁矿石方面有我可用之处，但在能源方面，将是我潜在的冲突对手。

4. 通过资源外交，实现获取来源多元化

我国海外资源进口方式应多渠道，把现货购买、远期合同（或期货交易）与建立国外供应基地相结合。同时，在进口来源上应多地域、多国别、多供应商，采取积极主动的措施，实施进口战略多元化。

5. 扩大政府间合作，建立双赢机制

建议及早认真研究和考虑我国参加《能源宪章条约》的问题，与中东及其他地区石油产出国建立对方石油出口和我方农业制成品出口的长期经济联系，促进我国和石油产出国双边贸易的加强。

(五) 完善海外资源获取规划和相关政策法规

建议我国从资源战略的全局出发，制定一系列综合配套的政策措施，加快建立起与企业海外投资相关的法律法规体系。

1. 组织制定总体战略和规划

我国要顺应和利用当前世界重要战略性资源市场的供需格局，按照资源勘查开发的基本规律，制定利用国外重要战略性资源的总体战略和规划。

2. 制定完整的法律框架体系

建议规范并促进海外投资行为，以法的形式，明确国家对境外投资与跨国经营的基本态度。完善双边和多边投资保护机制、区域投资保护机制；强化政策性出口信用保险和海外投资保险工具；健全利用国际期货市场和建立国内期货市场的法律框架。

3. 制定财税和外汇支持体系

建议推行新的外汇管理政策，继续简化审批手续、下放审批权限，制定适宜的外汇管理政策措施。从政策上看，对开发境外资源或利用境外资源领域开展对外经济技术合作的企业，其流动资金贷款政策应适当放宽。

4. 加强资源储备，建立安全指标体系和预警系统

建议建立资源战略储备制度，详细规定我国资源战略储备的目标、种类、范围、方式、管理体制与运行机制等；同时，建立重要战略性资源价格跟踪分析预测机制。跟踪分析预测世界及主要经济体经济发展形势和趋势，以便更准确地把握需求因素。

（六）鼓励我国企业重组，打造大型跨国集团

建议我国鼓励国内企业并购重组，开展跨国投资经营。

1. 通过并购重组加强国际竞争和全球资源掌控

以中海油在北美的并购案为例，该公司从 2005 年 3 月至 2010 年 12 月已完成 6 起并购重组案，所涉金额超过 40 亿美元，之后的加拿大尼克森并购案，涉及金额更是高达 176 亿美元。这从侧面也反映出了我国能源资源海外获取正朝着大型化、国际化的方向发展。

2. 通过并购重组打造完整产业链

在国际市场上，钢铁企业的整合重组速度非常快，组建更大的企业集团，可以增加铁矿石议价中的话语权。并购重组可以提升全产业链的竞争力，参与获取国际矿商的合作开发权，增加权益矿的份额。

3. 通过并购重组形成海外资源获取合力

建议利用市场运作，获取风险勘查权与购置采矿权；利用资本运作，购并目标公司和购买矿业股份或交叉持股购并矿业公司；利用贸易进口，直接购买铀矿产品；利用合作方式，间接获取矿产资源；利用项目融资，换取矿业项目的部分权益或长期供货合同等。

06 我国“十二五”新能源发展建议*

一、加快推进我国能源战略转型要有紧迫感

全球金融危机之后，什么将成为带领世界走出危机的新经济增长点？以美国为首的西方国家提出了以发展“新能源经济”为主的“绿色复苏计划”。而对我国而言，改革开放以来，在取得突出成绩的同时，能源发展面临一些深层次的矛盾和问题。比如，能源结构以煤炭为主体，清洁、优质能源的比重偏低。如果仍沿袭粗放发展的“老路子”，以牺牲资源和环境为代价，通过增加煤炭产量保证能源供给，将受到资源、环境和运输等多方面的制约，难以为继。因此，加快能源结构调整，实现能源战略转型，已是刻不容缓、迫在眉睫。

（一）能源战略转型是保障能源安全的需要

据统计，2009 年中国原油对外依存度已经超过 50% 的红线。中国原油需求对外依存度的提高，无疑会给中国石油安全带来很大压力。石油安全是中国能源安全的核心，关系国家根本利益和国民经济安全。在全球金融危机下，中国能源发展战略仍然只能把石油安全放在关键位置。中国石油安全问题的根源是国内日益尖锐的资源与需求之间的矛盾，同时也受到国际石油价格波动的冲击。因此，加快替代能源开发，缓解化石能源压力，是一个十分迫切的任务。

（二）能源战略转型是保护生态环境的需要

目前，我国电力产业从电源结构来看，主要是水电开发速度不快，核电和新能源发展缓慢，小火电所占的比例仍然较大，化石能源比重甚至还有增长的趋势。火电装机比重过大造成对煤炭的需求越来越大，同时，电力用煤需求不断增加，直接

---

* 本文完成于 2010 年 6 月。

导致电力行业对煤炭供应和铁路运输的依赖度越来越高，对生态环境保护造成巨大压力。

（三）能源战略转型是应对气候变化的需要

气候变化问题不仅是人类社会广泛关注的国际政治经济问题，对我国的影响也十分深远。近百年来，中国年平均气温升高了0.5℃～0.8℃，略高于同期全球增温平均值，近50年来变暖迹象尤其明显。中国科学家的预测结果表明：与2000年相比，2020年中国年平均气温将升高1.3℃～2.1℃，2050年将升高2.3℃～3.3℃。气候变化对我国现有发展模式、以煤为主的能源结构、能源技术自主创新等领域均提出了现实的挑战，而出路就在于：一方面抓能源战略转型、减缓温室气体排放，一方面提高适应气候变化的能力。

二、努力构建我国可持续的低碳能源系统

加快能源结构调整、实现能源战略转型的总体目标，就是要努力构建一个低碳、可持续的能源系统。对我国这样一个发展中国家而言，其内容主要包括：

（一）新能源与可再生能源

从世界能源发展趋势来看，各种新能源和可再生能源的开发利用引人注目。在各种新能源和可再生能源的开发利用中，以水电、核电、太阳能、风能、地热能、海洋能、生物质能等新能源和可再生能源的发展研究最为迅速。中国要下决心学习借鉴发达国家的技术和经验，大力推进水、风、太阳能、核能等多种发电形式，积极利用生物质能，并把其作为能源安全战略的重要组成部分，加快其发展，逐步降低对化石能源——石油、煤的过度依赖。可以预计，在未来二三十年内，新能源和可再生能源将成为中国发展最快的新型产业之一。

（二）节能和能效

在能源形势非常严重的情况下，构筑节能产业体系是根本。要靠产业结构节能，立法管理节能和技术节能，努力实施国家制定的十大节能工程。

（三）核能技术

核能是清洁、安全、经济和可持续的能源，世界核电发展的经验表明：发展核电是降低能源对外依存，保障国家能源安全的重要途径。加快核电发展，大幅提高

核能份额，消除公众对核电的误解，按照清洁、安全、高效的原则推进我国能源替代战略，有利于大幅提高我国能源自给率，并确保我国能源持续和安全的供给，战略意义重大。

（四）碳捕获和封存技术

另一项重要的技术就是对发电站或工业加工厂排放出来的二氧化碳的捕获和储存（Carbon Capture and Storage，简称 CCS）。研究表明，在那些大型发电站开发的早期，二氧化碳的捕获和储存示范可放到优先考虑的位置。如果我们不能将 CCS 成功应用到实践中去，那么减少二氧化碳排放的成本将要高得多。对二氧化碳的捕获和储存技术的展开，以及开发出更多的可再生能源，使用更多的核能，提高对天然气、石油和煤炭的利用效率，这些技术对于控制电力产生过程中的循环二氧化碳排放意义重大。

三、进一步完善我国新能源产业发展战略规划

自从国务院产能过剩名单中增加了多晶硅和风机设备后，市场风险再次给新能源产业敲响了警钟。因此，最近关于新能源是否过剩的议论铺天盖地。不论这种争论是否真正理解了国家的产业调整政策，一个不容忽视的问题是，我们的新能源产业发展战略规划恐怕需要进行深入思考和调整。初步来看，对于今后如何完善我国新能源产业发展战略规划，有如下原则值得重视：

（一）关注长远

新能源产业已被列入我国七大战略新兴产业。那么，新能源产业的规划应该侧重促进行业短期内快速发展、拉动内需，还是着眼于长期的战略布局？我们的建议是应该放眼于更长远，兼顾短期和中期的规划；要有前瞻性，比如说要有对 2020 年甚至 2050 年产业规划的总体设计。

（二）兼顾“新旧”

正在编制中的“十二五”新能源发展规划，要把新能源主要界定在两个方面：一是关于风电、太阳能、生物质能等新的能源品种，二是对传统的能源进行技术变革，比如对煤炭的清洁高效利用、车用新型燃料、智能电网等。这样实际上是把存量能源和增量能源中的新能源形式都兼顾到了，所谓新能源，就是应该既包括新出现的能源品种，也包括传统能源的新技术利用形式。

（三）放眼全球

能源问题是一个牵涉全球各个国家利益的大问题，特别是在我国新能源的核心和关键技术领域普遍落后的情况下，新能源产业规划更应该注重推动可再生能源与新能源国际科技合作的深入开展，解决我国能源利用中存在的关键和迫切问题，推动国际社会共同参与可再生能源与新能源的发展，共享可再生能源创新成果。

（四）重在指导

如果《规划》的指导目标规模宏大，的确会拉动大型风电、光伏发电等项目的建设，可以消化部分过剩的产能，但一个合理、适应性强的规划则更应该重在指导，通过市场机制进行行业内部横向、纵向整合，淘汰落后产能，促进行业洗牌。

（五）“三家结合”

新的规划，除了有关职能部门牵头组织编制外，在这个过程中一定要贯彻充分发挥“国家、专家、企业家”这“三家”共同作用的原则，“国家”和“专家”的参与很重要，但如果没有“企业家”的参与，这个规划就失去了调整和规范对象，执行起来也会遇到许多困难和障碍。

四、新能源产业发展有待于重启我国能源电力体制改革

我国新能源发展的关键问题，还在于要进一步深化能源电力体制改革，明确能源电力市场中各主体的权利、义务和责任。在当前国家正制定新能源发展规划之时，更应同时考虑理顺新能源管理体制，为规划能真正落实创造好的体制环境。

（一）电源与电网规划统一

目前新能源产业中存在项目审批与电网规划脱节现象，电网发展滞后于新能源开发，新能源发电上网难的问题越来越突出。欧洲发展新能源的经验是将新能源发展纳入电网规划，即先规划电网，后建电站。而我国正好相反。我国过去确定的新能源发展日标虽屡经调整仍明显偏低，应根据各类新能源技术进步情况调整制定新的发展规划。新能源电源规划要与电网规划统一，国家能源主管部门在确定总量目标的前提下，可委托电网公司制定具体的电源和电网建设规划，并要求相关发电、监管部门参与。这样既可防止出现电源发展与电网规划脱节的问题，也能充分发挥电网公司独有的电力综合规划能力。

（二）发电定价机制统一

核准和特许权招标两种电价机制并存，在一定程度上造成新能源上网电价混乱。一些地方为寻求政府核准的高成本电价及项目审批的灵活性，将大项目化小、拆分报批，这不仅影响了整体规划，而且扭曲了价格信号，扰乱了市场秩序。以后新增新能源并网发电不论规模大小，不管是国家还是地方批准的项目，原则上都应采用统一的定价机制，政府不应再逐个审批新能源电价。

（三）明确电网职能与性质

《可再生能源法》及其修订案提出，电网必须全额、保障性收购新能源发电，但到目前就有近30%的已吊装风电不能上网发电。很多人因此指责电网公司借助其自然垄断地位，成了新能源发展的“拦路虎”。电网公司也有自己的理由：协调问题、技术问题、管理问题，等等。作为有特殊使命的中央企业，电网公司不应像一般商业性公司那样简单地追求资产保值增值，国家应规定电网公司在发展新能源方面的具体义务和责任，国资委也应调整对电网公司的考核指标，允许其将对新能源的投入在公司财务中单独列支、单独考核。国家在增加对电网侧补贴的同时，可考虑利用国有资本预算对电网公司专项注资用于发展新能源。

（四）大胆探索、试行消费者和企业自行发电、自主选择供电方

各种发电和储能技术的相对优势，在不同的地理气候和人口分布条件下差别很大，采用何种技术更经济，应由分散的个体和企业各自做出选择；允许社区、乡镇和城市自行选择本地的公共电力配置，允许中小发电户将剩余电力在社区网络内调剂和交易；当各种能源获得平等竞争机会后，围绕新能源是否有前途的争议，便可交给用户和市场来回答，政府只需在税收上给予一定优惠。开放和用户自主选择条件下的新能源发展，才是基于真实需求的可持续发展，而能源多样化和分散化，也将创造有利于消费者的竞争格局。

总之，中国能源战略转型和新能源产业发展任重道远，需要各方面的力量协作努力、共同推动。只要我们认真贯彻和落实科学发展观，在能源和电力体制改革领域继续坚决解放思想，中国的可持续能源前景和经济复苏局面，就一定能尽快实现。

07 中国新能源民间投资第三方评估*

新能源不仅是世界能源发展的大势所趋，也是我国未来经济发展新的增长点，彭博新能源财经数据显示，2015 年中国再次成为全球清洁能源产业最大投资国，投资额增长了 17%，达到 1 105 亿美元。然而，2016 年前后，绝大部分民营新能源企业的投资力度与积极性同往年相比明显下降。为深入了解当前制约我国新能源民间投资的因素，受国务院办公厅、全国工商联委托，新能源商会于近期对促进新能源领域民间投资开展了第三方评估工作，旨在通过调研评估摸清影响新能源民间投资的深层次因素，分析问题产生的根源，提出对策建议。

一、我国经济新常态下的新能源民间投资状况

（一）新能源民间投资下降明显

民间投资是稳增长、调结构、惠民生的重要支撑力量。数据显示，2005—2015 年，民间投资年均同比增速为 30.3%，而 2016 年以来，民间投资增速和占比双降的趋势明显。截至 2016 年 7 月，民间投资同比增速已跌落至 2.1%，民间投资占全国固定资产投资的比重已下滑至 61.4%，比上年同期降低 3.6 个百分点。同时，民间投资增速已开始慢于总投资，这在近十多年间实属罕见。

就新能源领域来看，民间投资与往年相比也存在较大幅度下滑（见图 1）。彭博新能源财经数据显示，2016 年以来，我国清洁能源投资额大幅走低，一季度，投资额同比下降 37% 至 118 亿美元，上半年投资额与 2015 年同期相比降低 34%，至 337 亿美元。民间资本是新能源市场的主力军，在新能源行业整体投资乏力的大环境下，新能源民间投资的下降情况更为显著，2016 年前后，绝大部分民营新能源企业的投资力度与往年相比下降明显。

---

* 本文主要内容原载于《宏观经济管理》2016 年第 11 期，此处有删改。原文由笔者、李睿共同创作。

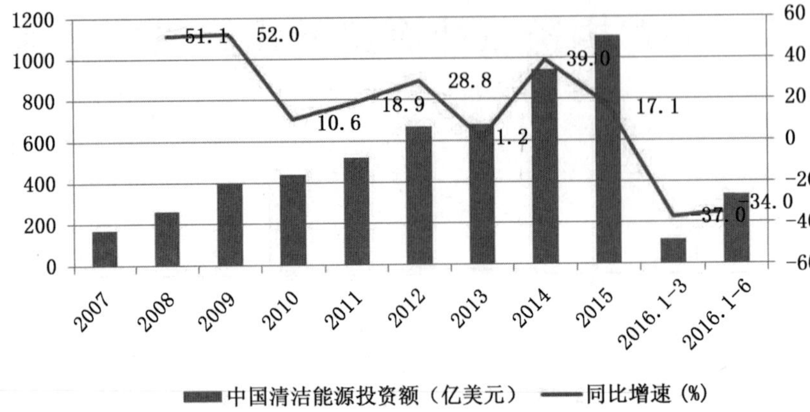

图 1 中国清洁能源投资额增长趋势

（二）新能源民间投资下降带来的影响

相对于国有企业投资而言，民间投资更代表社会资本的投资活跃度。新能源民间投资增速持续下滑将带来一系列负面影响。

（1）影响国家“十三五”能源规划目标的实现。国家“十三五”能源规划提出，到 2020 年非化石能源占一次能源消费比重达到 15% 以上。就现实情况来看，民间投资大量聚集的非水可再生能源“十三五”发展面临严峻挑战。国家能源局资料显示，2015 年年底，我国非水可再生能源电力消纳量占全社会用电量的比重仅为 5%，要实现 2020 年达到非水可再生能源消纳占比 9% 的目标，进而完成“十三五”非化石能源占比 15% 的目标，任务艰巨。在此严峻形势下，如若新能源民间投资不足，将进一步制约国家规划目标的实现。

（2）影响国家能源发展战略的部署。大力发展新能源已上升到国家战略高度，《能源发展战略行动计划（2014—2020 年）》提出，积极发展可再生能源，降低煤炭消费比重，推动能源结构持续优化。民间资本是推动新能源发展的主力军，新能源民间投资不足将影响我国能源发展战略的总体部署和实施。

（3）新能源民间投资增速快速下滑将延缓能源生产与消费革命的推进，进而对中国经济调结构、转方式的进程造成影响。

二、新能源民间投资第三方评估对象的基本情况

为深入了解当前制约我国新能源民间投资的因素，全国工商联新能源商会于近期受托对促进新能源民间投资开展了第三方评估工作。评估对象包括新能源商会近千家会员企业，涉及光伏、光热发电、生物质能、低碳减排、新能源建筑、新能源汽车等行业，会员总体投资额 5 000 亿元以上。

（一）产业结构

从评估对象的产业结构看，数量较多的五个行业分别是光伏、生物质、光热、低碳减排和新能源汽车与储能，企业数量占比分别为47%、9.1%、8.7%、8.7%和5%（见图2）。评估对象包括光伏行业的汉能集团、通威集团、无锡尚德、西安隆基等企业；生物质行业的吉林宏日、山东联星、格薪源、合力清源等企业；光热行业的日出东方、中海阳、首航节能、中投亿星等企业；低碳减排行业的中创碳投、联合优发等企业；新能源汽车与储能行业的唐骏电动车、江特电机、横河电机等企业。

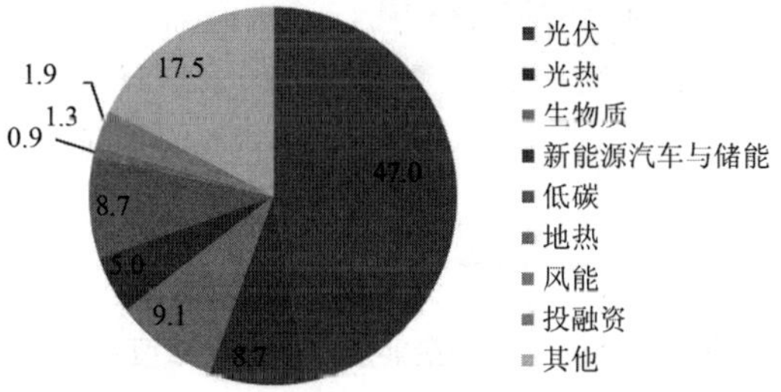

图2　评估对象的产业结构（单位:%）

（二）地区分布

从评估对象的地区分布看，本次评估对象共选取新能源企业987家，其中华东地区企业319家，占比32.3%；华北地区企业248家，占比25.1%；西南地区企业229家，占比23.2%；中南地区企业127家，占比12.9%。如图3所示。

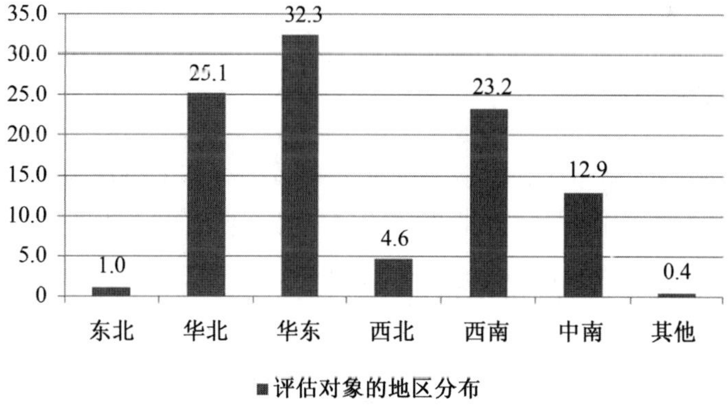

图3　评估对象的地区分布情况

注：1. 华北地区：北京、天津、河北、山西、内蒙古（5个省、区、市）。
2. 东北地区：辽宁、吉林、黑龙江、大连（4个省、市）。
3. 华东地区：上海、江苏、浙江、安徽、福建、江西、山东、宁波、厦门、青岛（10个省、市）
4. 中南地区：河南、湖北、湖南、广东、广西、海南、深圳（7个省、区、市）。
5. 西南地区：重庆、四川、贵州、云南、西藏（5个省、区、市）。
6. 西北地区：陕西、甘肃、青海、宁夏、新疆（5个省、区）。
7. 其他地区：香港、澳门、台湾及外资企业驻华办事处。

（三）企业规模

从评估对象的企业规模看，主营业务收入在2 000万~4亿元的企业，即中型企业数量最多，约占评估企业总量的一半；主营业务收入达到4亿元以上的企业，即大型企业数量占比为23.4%；主营业务收入在300万~2 000万元的企业，即小型企业数量占比为17.2%；主营业务收入在300万元以下的企业，即微型企业数量占比为9.9%。

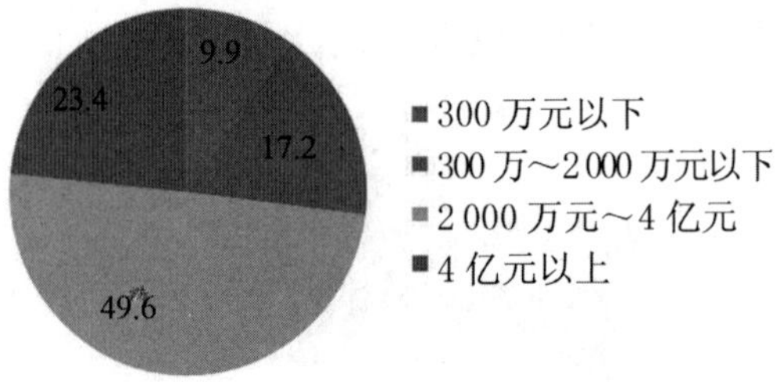

图4　评估对象的企业规模情况（单位:%）

三、我国民营新能源企业当前投资感受评估

本次评估工作重点通过问卷调查、座谈、走访企业等多种方式，深入了解评估了民营新能源企业对投资安全感、投资便捷感及促进民间投资政策的获得感情况。评估结果显示：当前，绝大多数民营新能源企业投资缺乏安全感、便捷感，并且政策获得感不强。

（一）缺乏安全感

中国经济已进入新常态，经济增速明显放缓，经济下行压力增大，市场需求不振，加之全球经济复苏乏力，整体需求同样萎靡，民营新能源企业家投资信心明显不足，大多数处于“持币观望”状态。调研评估数据显示，72.7%的被调研企业认为，近年来民营企业的投资权益保障情况较为一般，投资缺乏安全感。如图5所示。

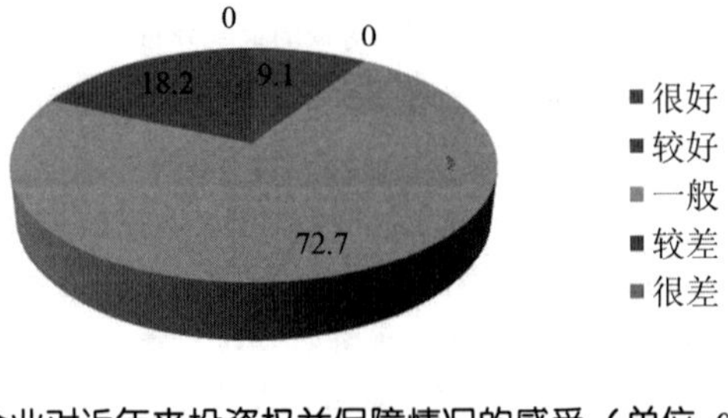

图5　企业对近年来投资权益保障情况的感受（单位:%）

在此背景下，1/3的被调研企业希望到海外投资、置业。其中，54.5%的企业

是为了利用海外技术、人才等生产要素资源；45.5%的企业认为海外生态环境更好，更利于企业发展。如图6所示。

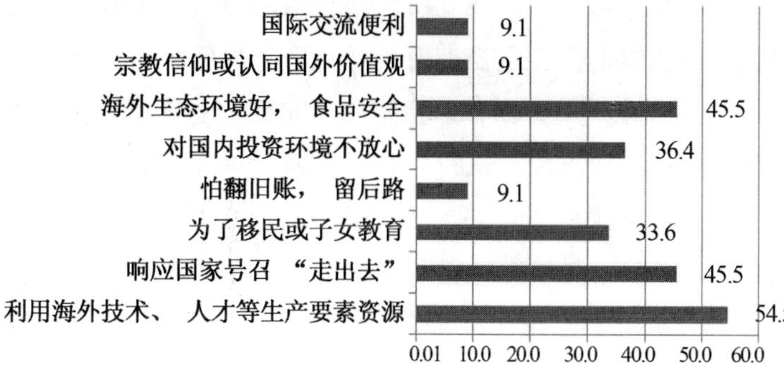

图6 企业希望到海外投资的因素占比（单位:%）

（二）缺乏便捷感

随着我国能源项目审批简政放权的持续推进，企业投资环境有所好转，但进一步推进简政放权、为企业松绑减负，仍然是民营新能源企业的一致诉求。

从政策制定层面来看，80%的企业认为已出台的促进民间投资的配套政策、实施细则，未给企业投资带来实质性便利，在保障和激发民间投资方面效果一般。如图7所示。

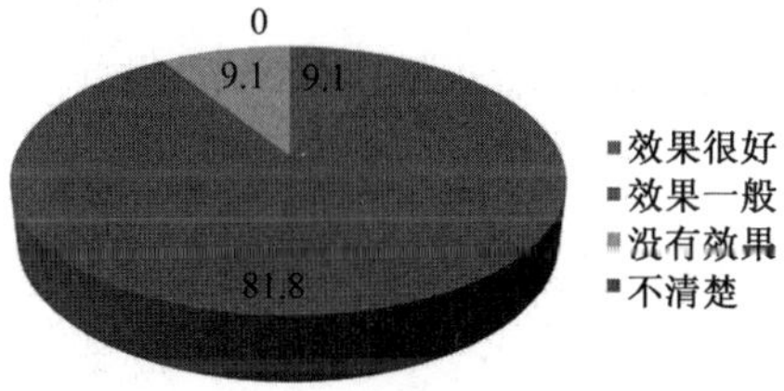

图7 已出台促进民间投资配套政策的便捷感（单位:%）

从政策执行层面来看，近半数企业认为近年来促进民间投资的行政效率改善不明显。一方面，63.6%的企业认为当前政府简政放权还不到位；另一方面，企业在办理投资业务时，省、市级政府部门的工作效能普遍不高。

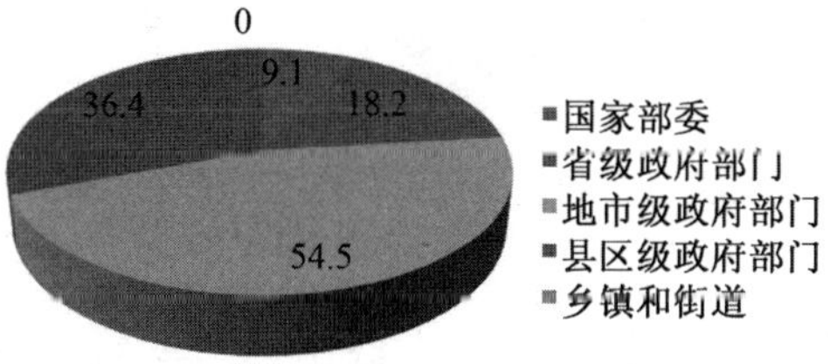

图8 企业办理投资业务时最需要哪级政府部门改进工作（单位:%）

（三）政策获得感不强

近年来，国家尽管已出台一系列支持民间投资的政策，但评估发现，民营新能源企业的政策获得感总体不强，主要表现在以下几个方面。

（1）扶持政策不到位。一方面，以生物质、储能、地热能为代表的被调研企业普遍反映其所从事的行业缺乏政策扶持。另一方面，绝大部分光伏企业反映，虽然国家各级政府密集出台多项政策促进光伏行业发展，但由于相关配套措施不同步，缺乏实施细则和操作办法，导致企业没有享受到相关政策。

（2）国家层面政策过于原则化，缺少含金量。就调研评估情况看，一半以上企业认为政府在促进新能源民间投资方面的政策含金量一般。有 54.5% 的企业认为政策优惠力度太小，解决不了实际问题，或是政策没有吸引力。如图 9 所示。

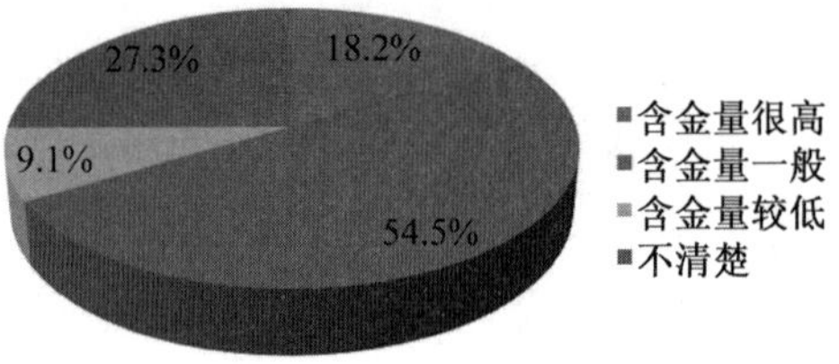

图 9　企业对民间投资促进政策含金量的感受情况（单位:%）

（3）对民营企业的制度性歧视。尽管近年来民间投资面临的“玻璃门”、“弹簧门”、“旋转门”问题得到很大改善，但调研数据仍然显示，81.9% 的民营新能源企业在投资时因为民企身份被不同程度地设置附加条件或排除在外（见图 10）。以鼓励公私合作的 PPP 项目为例，参与问卷调查的 80% 以上企业未参与过 PPP 项目，对此，企业反映 PPP 项目“看上去很美”，但当前 PPP 项目信息不透明，民间资本参与 PPP 项目还存在很多隐性障碍。

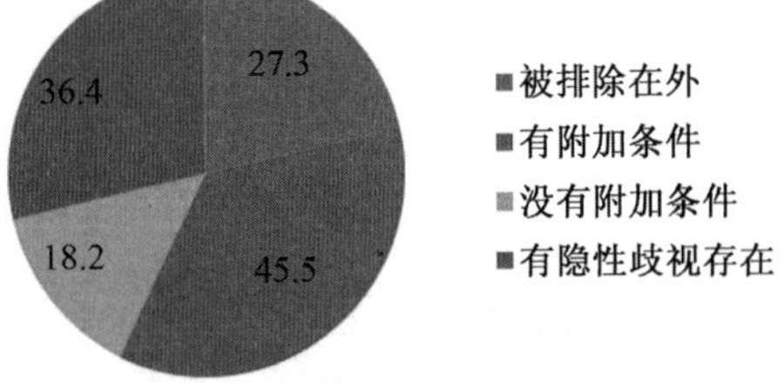

图 10　投资时是否因为民企身份被单独设置附加条件或被排除在外（单位:%）

四、制约我国新能源民间投资的主要因素分析

结合前述对民营新能源企业投资感受的调研评估，笔者通过深入研究发现，当

前制约我国新能源民间投资增长的因素主要来自六个方面：

（一）补贴拖欠

为促进新能源行业发展，国家有关部门出台了一系列补贴政策，旨在鼓励更多社会资本进入新能源领域，但在实际执行中普遍存在补贴拖欠问题。补贴拖欠的主要原因在于近年来我国光伏、风电等新能源装机规模飞速增长，实际需要的补贴资金越来越大，已远超政府预期。据国家能源主管部门统计，截至2016年上半年，我国可再生能源补贴缺口累计已达550亿元，原有补贴模式难以为继。以光伏行业为例，财政部自2013年9月组织第五批《关于公布可再生能源电价附加资金补助目录》项目申报后，就停止了相关光伏补贴申报，截止到2015年9月，已有超过20GW光伏项目未能获得补贴资金，拖欠金额已超百亿。

（二）扶持政策“苦乐不均”

当前国家层面针对新能源的扶持政策大多集中在光伏、风电等领域，政策对行业的推动效果明显，然而在其他新能源领域则存在政策缺位和不足的问题。以储能产业为例，我国尚未出台独立的储能产业发展政策和配套扶持政策，产业化发展缺乏有效的政策推动机制。又如垃圾填埋沼气发电行业，相比光伏、风电等新能源行业，其不仅存在规划滞后问题，而且在发电并网、电价补贴等方面存在明显的政策差别。具体来看，光伏发电的电价补贴是0.42元/度，沼气发电的补贴只有0.25元/度；光伏发电按实际发电量给予补贴，而沼气发电只有自发自用后盈余部分上网才享受补贴，光伏发电自发自用电量免收可再生资源电价附加、国家重大水利工程建设基金、大中型水库移民后期扶持基金、农网还贷基金等政务性基金，包括分布式沼气发电在内的其他分布式电源则不享受该政策。

（三）融资难、融资贵

目前，相当一部分民营新能源企业融资环境偏紧，企业发展缺乏资金支持。评估结果显示，63.6%的企业认为，当前影响民间投资安全感的因素主要在于资金紧张，融资困难。一方面，融资渠道较少。由于新能源企业上市门槛较高且我国债券市场发展相对滞后，导致多数企业直接融资渠道受阻。在间接融资方面，一般银行商业贷款对抵押、担保要求较高，尤其是非上市民营企业获得银行授信有限，大多数新能源中小型企业很难得到银行贷款，只能靠自身积累，甚至靠借高利贷、集资来解决资金周转困难。另一方面，融资成本偏高。相对于发达国家而言，我国民营新能源企业的融资成本普遍偏高。据统计，我国光伏企业的平均融资成本在8%左右，部分企业甚至达到10%，而境外融资成本仅为3%～5%。

（四）土地税等税负过重

客观而言，我国新能源产业仍处于发展初期，企业盈利能力较弱，但当前新能源产业链各环节需缴纳多种税费，特别是光伏行业的土地税问题尤为突出。企业反映各地对光伏电站耕地占用税及土地使用税征收标准不统一，地区差异明显，导致部分地区企业的投资收益大幅下滑甚至亏损，严重影响电站投资及整个产业发展积极性。以内蒙古地区为例，一个100MW的光伏地面电站，需要一次性缴纳4 000万元耕地占用税，每年缴纳800万元土地使用税，20年需累计缴纳2亿元税款，企业税费负担沉重。

（五）项目审批简政放权落实不到位

近年来，我国加速推进能源项目审批简政放权，但目前新能源项目审批核准仍存在诸多问题。一方面，不同审批部门权限下放不同步。当前，国家能源局、省级能源局已下放核准或备案权限，但前置审批部门或相关联部门没有同时下放相应审批权限，项目业主仍需赴上级部门办理所需手续，导致简政放权综合成效未能完全体现。另一方面，地方政府项目审批要求及流程存较大差异。例如，国家已经把光伏项目的核准审批权限下放到各省市，部分省市已出台相应的项目核准、备案细则，但省市间步调不一、要求不一，影响了企业新能源项目规划实施。此外，项目审批不够公正、透明，企业往往动员各种关系跑各种手续，无形中增加企业成本，同时也不利于新能源企业公平竞争。

要促进民间投资，应该加强哪些方面的工作？63.6%的企业认为，首当其冲的应该是深化改革，进一步简政放权，提高政府工作效能。其中，54.5%的企业认为，在办理投资业务时，地市级政府部门最需要改进工作，提高效能；54.5%的企业认为，需要进一步放宽市场准入。

（六）对民营企业及行业组织存在普遍的制度性歧视

从国家层面来看，对民营经济的支持、鼓励、发展，早已成为中国经济发展的主旋律，但实际上，当前民营新能源企业及行业组织依然不同程度地受到制度性歧视，这极大地影响了民营新能源经济投资积极性。比如，全国工商联一批直属行业商会2012年在民政部法人登记时，国家有关行业主管部门均已同意登记为“中国某某商会”，但为向国资系统的有关国家级行业组织妥协，民政部门强行将这些商会名称登记为“全联某某商会”。对此，广大民营企业家意见很大，认为是对有十多年发展历史、几十万名会员的民营行业组织的公然歧视，甚至不愿意在名片上使用这些歧视性的新名称。

五、促进我国新能源民间投资的若干政策建议

（一）完善补贴机制，简化补贴程序

进一步完善可再生能源补贴机制，简化补贴程序，为加速新能源技术进步、扩大市场、提高竞争力营造良好的环境。首先，上调可再生能源电价附加标准，保证可再生能源发电全额征收。根据目前我国可再生能源发展状况和2030年非化石能源规划目标，对可再生能源电价附加的征收水平进行上调，并保证全部电量足额征收，确保补贴资金能够满足产业发展需要。其次，制定补贴“退坡”机制。为了提高有限财政补贴资金的绩效，应形成每千瓦时补贴额度逐步降低的机制，推动企业自发进行技术创新，不断降低风电、光伏等新能源电力的成本。此外，简化补贴资金征收和拨付程序。简化可再生能源电价附加的征收和补贴申报、审批、拨付方式，规定可再生能源电价附加收支均由电网公司代为完成。

（二）完善配套政策，促进产业协调发展

推进新能源产业发展是一项系统工程，需要一系列配套政策加以支撑。应根据我国新能源发展规划目标，技术类型和特点，应用前景和获利能力，因地制宜、统筹规划，研究制定相关推广政策，逐步建立完善的配套服务体系，增强政策的前瞻性、连续性和指导性，以优越的政策环境推动新能源各行业协调发展。

（三）拓宽融资渠道，构建融资平台

应建立多层次融资支持体系，切实解决民营新能源企业融资难题。第一，降低民营企业上市门槛，鼓励其在主板市场筹资。充分利用创业板、中小板市场，为民营新能源企业开辟融资渠道。第二，政府应通过多方面引导，促进银行完善信贷担保制度，对新能源产业给予较为宽松的贷款条件和优惠的贷款利率，引导银行将优秀的新能源企业纳入信贷额度分配重点支持范围。第三，政府鼓励行业组织牵头成立新能源产业投资基金，为民营新能源企业特别是中小企业提供融资平台。

（四）规范税收标准、加大税收优惠力度

应由国家政府部门牵头对民营新能源企业税费问题展开集中调研，对涉及民营新能源企业的税收政策进行梳理，规范地方新能源发电企业土地使用税等税收标准。

与此同时，政府应适当加大对民营新能源企业的税收优惠力度，如优化高效多晶硅产品出口退税、降低垃圾为燃料等生物质能产品即征即退政策的准入门槛等。

（五）推进简政放权，加快投资项目落实

相关部门应继续加大简政放权力度，全面清理新能源项目行政审批事项，进一步缩减新能源领域投资核准范围、下放核准权限，协调、统一地方项目审批管理办法及流程，明确各方职责，进一步简化项目审批程序，提高新能源项目投资效率。此外，国家能源主管部门应强化简政放权后续监管，切实加快新能源民间投资项目的落实。

（六）消除歧视性障碍，提振民间投资信心

一方面，应继续全面清理和修订限制非公有制经济发展的法律法规和政策，消除非公有制经济发展的制度性障碍，使非公有制经济组织与其他经济组织、民营行业组织与其他行业组织享受同等待遇，实现公平竞争。另一方面，政府部门要多管齐下，稳定企业投资预期，提振新能源民间资本投资信心。一要正确引导新能源民间投资方向，鼓励技术创新、深入推进智能制造发展，充分挖掘新能源民间资本发展潜能；二要进一步转变政府管理职能，推动建立包括资金渠道、技术支持、管理咨询、信息服务、市场开拓和人才培训为主要内容的民营企业社会化服务体系。

08 民营新能源企业组织文化创新*

2010 年末以来，我国民营新能源企业的生存状况遭受到前所未有的挑战。光伏企业几乎全部陷入亏损状态，曾经的光伏“老大”无锡尚德也宣布破产重组；风电企业利润下滑非常严重，风电龙头华锐风电往日的辉煌已一去不返，深陷“裁员门”；生物质能尽管有国家几轮补贴，仍难扭行业颓势；连一直表现不错的热利用领域，也出现某知名企业连续召开新闻发布会，宣泄多年上市未果的怨气……新能源产业是一个全球化的产业，通过近些年的发展，我国的新能源产业曾取得辉煌的成绩，成为少数能与欧美先进生产力同台竞技的行业。为什么我们民营新能源企业在经历了爆发式的增长之后，就会面临当下的普遍困难呢？太阳能、风能、生物质能如此，即将兴起的地热、海洋能产业是否也会重蹈覆辙？除了国外欧债危机、贸易保护主义等外在因素与国内产能过剩、“三角债”突出等内在因素的双重困扰，以及国内总体经济环境不景气、国内市场启动缓慢等众所周知的原因外，一个值得注意的重要因素，就是我国新能源企业，特别是其中的民营新能源企业的组织文化所出现的问题。本文将在思考上述原因的基础上，对民营新能源企业的组织文化进行深入的研究和剖析，探讨可能存在的问题，并提出推动民营新能源企业组织文化创新的相关建议，希望对推动民营新能源企业的未来可持续发展带来一些帮助。

一、民营新能源企业组织文化创新内涵与核心要素

（一）内涵

所谓企业组织文化，是一个企业长期形成的、为多数人所接受的价值观、行为方式和理念的总称。而民营新能源企业组织文化创新，则是民营新能源企业面对产业内外环境和资源条件的变化，为提高企业组织效能而对企业的价值观、行为方式

---

* 本文主要内容原载于《中国能源》2013 年第 4 期，此处有删改。原文由笔者、吴丹共同创作。

和理念所做出的倡导性调整和改变的系统性活动。其实质在于企业文化建设突破与企业经营管理实际脱节的僵化文化理念和建设方式的束缚，实现向新型经营管理方式的时代性转变。其作用表现在：民营新能源企业组织文化创新是现代新能源企业竞争的核心，是新能源企业可持续发展的重要保证，也是我国新能源产业健康稳步发展的重要条件。

（二）核心要素

经过 30 多年的改革开放和近 10 年新能源产业的大发展，我国民营新能源企业组织文化也形成了一些特点，其核心要素主要表现在以下几个方面：

1. 企业文化管理中的领导者

领导者在组织文化建设中的作用非常明显，几乎每个领导在组织内都会留下自己的烙印，无论他们是有意的还是无意的、成功的还是失败的。在民营新能源企业创立、发展与成熟的不同阶段，领导者都扮演着重要角色。因此，领导者应该对各种亚文化具有足够的敏感度，并且要培养超越各种文化障碍的技巧。

2. 对伦理价值观的管理

所谓伦理，是指导个人和群体行为及进行是非判断的一套道德准则和价值观念的总和。伦理价值观为人们设定了判断行动或决策好坏的标准。组织中，伦理标准的选择是由多方面的因素决定的，这些因素包括：个人的因素、组织文化、组织系统、组织外部利益相关者。

3. 跨文化管理

随着民营新能源企业越来越多地跨越地理区域和文化界限开展经营活动，管理者要建立使所有员工赞同的强组织文化，无疑就面临着极大的挑战。致力于建设全球文化，强调多元的文化，基于各种文化的精华成分而不是民族性来建立这种文化，对进入新的文化环境感到兴奋，以开放的态度吸收其他文化中蕴涵的新思想，既敏感认识到各种文化的差异，又不受这种差异的束缚。

二、我国民营新能源企业组织文化的现状与问题分析

良好的企业文化在企业发展中起着导向作用、凝聚作用、激励作用、约束作用、辐射作用和塑造形象作用。身处国际化程度日益提升的新能源产业，我国民营新能源企业正面临着不断加大的国际竞争压力和前所未有的挑战，培育和增强核心竞争力是其当务之急，而企业组织文化作为核心竞争力的重要组成部分，已成为决定民营企业

成败兴衰的关键因素。现阶段，我国民营新能源企业组织文化正面临如下主要问题。

（一）经营意识淡薄

我国加入世界贸易组织（WTO）开始市场化经济发展时间不长，而新能源产业真正发展的历史更短，新能源企业对组织文化的真正认识和接受才刚刚开始。尽管有少部分民营新能源企业已经对组织文化的重要性有了一定的认识，但并不清楚企业组织文化到底是什么，绝大多数企业只是把组织文化当作一种口号或概念加以炒作，或者像抓思想政治工作一样抓企业文化建设，对组织文化支撑企业长久发展的意义认识不足，对于企业组织文化的理解和掌握往往依靠经营者个人的意志，随意性太强。即使有些民营新能源企业自觉推行了企业组织文化管理，但也处于自发的管理阶段，实行的是企业主长期自发形成的价值理念，与现代企业组织文化管理相距甚远，缺乏相应的文化氛围和强有力的文化支撑，具体表现为民营新能源企业由于其自身所有制特点和经营目标，更加关注企业的赢利能力，于是物质领域比精神价值受到了更多的重视。与此同时，在民营新能源企业的发展过程中，一些企业家急功近利，经营行为短期化倾向明显，在这样的财富观支配下的企业主势必把员工仅当作会说话的财富创造工具，由于企业文化意识薄弱，任人唯亲、崇尚权力的现象非常普遍，导致企业的凝聚力差，组织内部沟通协作机制不健全，对员工缺乏必要的激励机制，造成员工流失率高。

（二）国际化与本土化冲突

在全球能源供需失衡、传统能源日益枯竭的背景下，新能源产业正受到各国的高度重视和大力扶持。我国新能源产业的发展起步较晚，所以无论在技术、人才还是经营模式方面都需要借鉴和吸收国外的先进经验。我国的民营新能源企业家，要么是草根出身，不懂国际管理模式；要么是“海归”出身，不懂本土组织文化，鲜有既懂本土文化又懂国际文化的民营企业家。而新能源企业要想发展壮大，仅依靠国内的人才和力量是不够的，需要对外吸收先进的生产力，这必然会涉及国外与国内组织文化的创新与融合，这将是我国民营新能源企业组织文化创新的重大挑战。

（三）缺少差别化和创新性

企业组织文化的形成过程既是企业内部资源的整合过程，也是民营新能源企业差别化竞争优势的建立过程。形成独特的企业组织文化，加强企业组织文化的管理和创新是形成这种优势的重要途径。但由于存在概念化炒作倾向，民营新能源企业在组织文化的塑造过程中往往有模式化发展的痕迹，企业间的文化特点不可避免地雷同，而且被更多地加以形式化，忽视企业组织文化是在某一文化的背景下，将企业自身发展阶段、发展目标、经营策略、企业内外环境等多种因素综合考虑而确定的独特的文化管理模式；或者将文化理解为一成不变的思想，忽视文化的延伸和创新，这都给民营新能源企业试图建立的差别化战略发展带来负面的影响。

（四）管理方式独裁、炭化

我国的民营新能源企业家中虽然不乏“海归”派，但绝大多数往往是由核心人物白手起家，通过艰苦奋斗、百般磨炼和勇敢的冒险精神而最终成就一番事业的。在企业发展过程中，企业的核心人物凭借其对家权主义思想的认同和创办企业的功勋，以及对市场的正确判断而获得核心成员的忠诚与信任，在企业中发挥着灵魂作用。这种状况使一些民营新能源企业笼罩在浓厚的“唯老板意志是尊”的企业文化氛围中，个人英雄主义倾向严重。在这种文化氛围中，老板就是企业的绝对意志，没有人能对他的决定产生影响。这种唯意志的文化一旦根深蒂固，随着企业的发展与成长，企业整体经营管理水平和创新能力、决策能力便会不断下降。以至于如果老板的意志突然消失或决策失误，企业便群龙无首，立即处于半瘫痪甚至全瘫痪之中。这种独裁企业管理方式及与之相适应的企业文化，由于其形成的非理性和建设的主观意志性，既缺乏丰富的内容与深厚的文化内涵，又缺乏制度的保障，显得单薄而脆弱，如同炭化的纸张，经不起市场经济的风吹浪打，难以承受挫折和打击。

三、关于我国民营新能源企业组织文化创新的几点建议

通过上述问题的陈述及原因分析，结合当前新能源行业现状及企业特点，笔者在此提出几点建议，以期为处在转折点的中国民营新能源企业重整旗鼓、健康持续发展，提供借鉴与参考。

（一）重视组织文化创新以促进企业可持续发展

我国民营新能源企业由于其所处的特殊历史阶段，一般均具有规模小、生存寿命短的特点。据相关统计资料显示，我国民营企业的平均寿命大概为 3 年，所谓“3 年不死、想死也难”。这么短的生存周期使我国民营企业在我国国民经济发展过程中，远远没有发挥其应有的作用。而民营新能源企业的生存在很大程度上与政策密切相关，在发展上具有更大的不确定性。所以，大部分的民营新能源企业家都存在着只顾当前利益的小农经济意识，不注重企业的长远发展，因而不可能有意识地去培养自己核心的组织文化。现代生活方式的快速变换，使得民营企业生产的产品

很容易落后于人们生活方式的变化而淘汰，我们很容易看到，有些民营企业即使是做了一二十年，却始终不能与那些跨国企业并驾齐驱，甚至时常面临被淘汰的威胁；当然，造成这一现象的原因可能还有融资难、行业进入门槛高等。但我们会发现，那些能够在市场竞争中长盛不衰的民营企业往往都是具有自己核心组织文化的企业。我国的民营新能源企业家需要转变观念，重视组织文化创新，真正实现做强、做大企业。

（二）融合中西方企业文化精华

美国人富于冒险、开拓和创新精神，奉行物质主义和实用主义，其文化更多宣扬的是利润最大化和创新；日本民族有强烈的民族昌盛愿望和一种永不满足的学习精神，具有强烈的团队精神和“家族”精神，日本企业文化常常把经营理念放在首位，同时追求经济效益和报效国家的双重价值目标，倡导“以人为本”的团体主义和团队协作精神，努力激发员工的自主性、创造性，崇尚的是人文管理；欧洲文化则颂扬人文主义和理性，受其影响，欧洲的企业文化更多的是注重对员工的培训和考核。这些西方企业文化建设的有益经验，对我国企业文化建设有参考借鉴价值，我们应该用批判的精神加以吸取和借鉴，最主要的是借鉴他们在培育、发展企业文化过程中所经历和采用的模式，寻找适合我们自己企业文化建设的途径。企业文化建设最终要形成自己的风格与特色，走自己的路。在民营新能源企业的发展中，要对自身产业有清醒的认识，新能源产业不是哪个国家的产业，而是全球性的大产业。无论是企业家还是下属的员工，都应该对企业文化更加包容，更多理解，将中西方文化更好地融合起来。

（三）建立学习型组织文化

学习型组织文化的内涵是指以系统思考为主线，把自我超越和改善心智模式这两项理念的突变与团队学习这项组织制度结合起来，建立一个强有力的动力机制——共同愿景，并以此形成一种组织长期生存、发展的信念和精神力量，使整个组织充满鲜活的创造性，具有较强的学习能力，能够自觉地、不断地修正自己，让自己在竞争中立于不败之地。我国民营新能源企业在建设学习型组织时要注意组织学习，注重组织群体智力的提高，而不单是组织成员的学习；组织的学习能力是组织认知能力、适应能力和创新能力的集中体现；组织学习能力的提高需要组织结构的相应改造；学习型组织需要调整组织的文化战略。学习型组织的文化是倡导民主平等、鼓励自我超越、鼓励冒险并宽容失败的文化。前些年，新能源发展迅猛，即使缺乏组织文化的企业也能收获丰盛的果实，但是，伴随着产业陷入低谷，组织文化的独特性和创新性已经成为提升竞争力的法宝。

（四）努力培养现代民营企业家

企业领导在组织文化的形成过程中发挥着关键作用，其中既包括超越企业领导者自己，使个人的经营理念不凌驾于组织文化之上，又包括选择能继承企业基本理念系统，并能发扬光大的文化传人。从某种意义上讲，企业文化就是企业家文化。培养企业家，必须通过更新企业家的知识结构来提高家族企业家素质，使民营企业家从只为自己家庭积累财富和权势的狭隘利益观念中超脱出来，成为诚商、智商、和商、儒商，从而不断提高其决策民主化的能力。新能源产业是造福全人类的产业，民营新能源企业家也可以说是为了人类的可持续发展在奋斗，因此，一个真正有着崇高理念的现代经营管理者，不仅能够保持企业的良好发展，更能为产业愿景的实现保驾护航。

四、结论与展望

经济全球化的发展，使企业面临更加严峻的国内外市场的竞争，要想保持竞争优势，企业必须培育并提升自身的核心竞争力，从而在竞争中拥有独特的、不可模仿的竞争力。企业组织文化对企业的重要作用已不可否认。我国民营新能源企业正面临着组织文化经营意识淡薄、国际化与本土化冲突、缺少差别化和创新性，以及管理方式独裁、炭化等问题，应通过重视组织文化创新、融合中西方企业文化精华、建立学习型组织文化，以及努力培养现代民营企业家等措施来加以解决。

展望未来，笔者相信，陷入低谷的民营新能源企业真正经历过这样一段组织文化创新之后，在未来的发展中一定会更加理性地制定发展战略、重视组织文化的建设，使新能源产业早日回归正轨，占领全球新能源产业发展的制高点。

09 我国光热利用亟待提升技术、规范市场*

我国“太阳能热利用”主要以太阳能热水器为主，这一产业包括太阳能热水、太阳能干燥、采暖空调、海水淡化、工农业利用、太阳房等。经过近四十年的发展，这一产业在我国的新能源与节能减排事业中扮演了非常重要的角色，为全球应对气候变化做出了杰出贡献。但其发展仍面临技术提高和市场规范等问题，应引起我们的高度重视。

一、我国太阳能热利用产业发展现状

目前，我国已成为世界上最大的太阳能热利用产品的生产和应用国，并仍以每年20%～35%的速度递增。2011年，经过初步统计，太阳能热水器真空管生产约800万支，集热面积新增5 760万平方米，增长了17.6%，产值达到约935亿元人民币。很多企业投巨资进行技术改造，使得低温热水应用系统向高效、全天候、辅助能源、智能化控制系统发展。平板太阳能热水器产业的镀膜工艺和生产装备开发等方面有了新突破。企业规模不断扩大，布局日趋合理。许多大型骨干企业在政策激励和市场引导下实施扩张战略，异地建立分厂，缩短运输里程，降低物流成本，让利消费者，扩大产能和市场份额。此外，在中国标准化研究院等单位的支持下，我国太阳能热利用行业共完成了32项国家标准，2007年修订了3项国家标准、新立项4项标准，基本形成较为完善的太阳能热水器标准体系，国家级的太阳能热水器能效分级强制标准也已于2012年8月1日正式实施。

二、我国太阳能热利用产业面临的问题

（一）技术水平尚有欠缺

目前，我国太阳能热利用主要是低温热水，只能满足洗浴的需要。如何扩大应

* 本文完成于2012年12月，系首次公开发表。

用是当前产业发展的制约因素之一，制冷和采暖是建筑业的热能利用重点，约占建筑能耗的55% ~60%。太阳能空调使用的技术和产品热效率低，要发展新型集热技术，也要有制冷机的创新和进步，提高效率，促进应用。要继续扩大太阳能热水在工农业生产领域的应用，如纺织、医药、食品等工业用热水和农副产品干燥用热水；要开发中高温集热储热技术，开发太阳能热发电技术，其关键是高温集、储热技术和产品开发。

（二）市场秩序有待规范

目前，我国的太阳能热水器厂商有3 000 ~4 000家，绝大多数属于小规模企业，缺乏具有龙头作用的大企业。整个行业呈现厂家数量多、分散，企业装备水平低、规模小、同质化严重，个别企业以假乱真、以次充好、无诚信服务的特点。部分企业只出厂主机，或者出厂各种配套零配件，任由经销安装商选配件的做法，使产品的匹配性能得不到有效保证，为有些经销商以次充好提供机会。现有国家标准缺乏相应的检测指标和方法，产品的总体技术水平和质量需要进一步提高；多数企业还缺乏技术创新能力，发展后劲不足。

（三）对内依存相对过高

尽管我国太阳能热利用规模很大，产量也很高，但是基本还是依赖国内市场。2010年我国太阳能热利用总产值为735亿元，出口额达到7.31亿美元（人民币兑美元汇率以6.77计算），出口占比0.99%；2011年我国太阳能热利用总产值为935亿元，光热产品出口额达到8.01亿美元（汇率以6.46计算），出口占比0.86%；2012年1—7月份出口达到6 120.2万美元，同比下降6.22%。作为一个具有全球竞争优势的产业，我们的出口比例相对过小。这将使我国的太阳能热水器缺乏在国际市场的定价权，从而也降低了我国热水器的国际竞争力。

（四）与建筑结合不够完美

多数太阳能热水器是由家庭购买、安装的，是建筑的后置部件，在安装和使用的过程中存在着生硬结合的问题，影响了建筑的功能和美观，致使一些大中型城市提出禁装的规定，严重阻碍了太阳能热水器的推广和应用。如何促使太阳能热水器实现与建筑的规划、设计和施工同步进行是解决该问题的关键。现在，在国家发展改革委、科技部和建设部的共同努力下，已经开展了一系列的工作促进太阳能热水器与建筑的结合，包括产品的研发和改进、编制民用建筑太阳能热水系统工程技术规程、编制设计实用手册，开展工程项目试点示范和案例研究等工作，并取得了一些阶段性的成绩。但是，要实现太阳能热水器与建筑完美结合，还有许多工作要求，还需太阳能热利用行业和建筑行业的共同努力和相互支持。

三、促进太阳能热利用产业发展的对策建议

（一）加强研发投入，提高技术水平

太阳能光伏、风电、生物质能等新能源产业，在其发展过程中总是能得到政府的资金支持，唯独只有市场应用最广、成本最具竞争力的太阳能热利用产业，却几乎没有得到过国家的任何财政补贴。依靠企业的自主发展，我们已经成为全球最大的太阳能热水器生产和应用国。面对当前的技术瓶颈，建议政府划拨专项资金，出资成立国家级的太阳能热水器研发基地，整合最权威的专家资源，进行技术攻关，争取在平板技术、中温技术和太阳能建筑结合等方面，早日赶超世界先进水平，使我国不仅成为太阳能热水器的应用大国，而且成为应用强国。

（二）规范市场秩序，制定行业标准

我国拥有广阔的太阳能热水器市场，但是市场运作机制上还缺乏规范性。因为太阳能热水器生产行业进入门槛较低，所以从事太阳能热水器生产行业的企业水平参差不齐。这不但影响我国推广太阳能热水器强制安装政策，而且对太阳能热水器产业长期发展十分不利，因此规范市场秩序，制定行业标准关系到国内太阳能热水器产业的长远发展。目前，国内批准的对太阳能热水器产品进行认证的机构只有两个，一是北京鉴衡认证中心，另一家是中环联合（北京）认证中心有限公司，通过这个两家认证公司认证的企业总共没有超过42家。因此，国家应该继续鼓励太阳能热水器产品的标准制定，加快建立太阳能热水器产品认证体系；并制定配套法律法规，严格把关市场上的太阳能热水器产品质量。

（三）出台相关政策，引导企业“走出去”

我国政府应尽快出台政策，加快推进太阳能热水器行业国际化进程，鼓励龙头企业“走出去”，在国际市场上与相关企业同台竞技，增强自身的竞争力。世界上很多国家的消费者在使用太阳能热水器产品时都有补贴，比如德国最高补贴达到60%、英国每套系统补贴500英镑、奥地利政府对每个家用太阳能热水系统补贴2 000欧元，等等。目前，我国尚无太阳能热利用方面的优惠政策，国家应该从发展可再生能源的角度出发，采取相应措施，鼓励、支持太阳能热水器企业开展技术研

发和产品升级换代活动，提高生产和消费的积极性。

（四）制定强制安装政策，鼓励光热建筑一体化发展

目前，我国的太阳能热水器强制安装政策已经在北京、江苏、浙江等地进行试点，尽管存在一些问题，但总体来说实施的效果还是不错的。由于我国地域、经济、人口环境复杂多样，所以应根据当地的条件不同，制定适合的太阳能热水器强制安装政策，保证其成为带动国内太阳能热水器产业发展、节能减排等目标的有效手段。国外尽管在产量和市场份额上不及我国，但是其热利用水平已经向工程化、工业化、高温化方向发展，尤其在光热与建筑结合方面，已与中国形成了一定的差距。因此，我们应该迎头赶上，在光热建筑一体化上有所建树，提高我们在国际市场的竞争力。

10 薄膜太阳能电池技术现状与趋势*

一、引言

在全球能源危机、环境污染和温室效应等问题困扰的背景下，太阳能作为一种取之不尽、用之不竭的新能源，越来越受到世界各国政府和企业的青睐。太阳能电池是人们利用太阳能的一种重要方式。近些年来，世界太阳能电池的产量快速增长，科学家预言，在21世纪中期，太阳能光伏发电将成为重要的发电方式。

太阳能电池主要分为晶体硅电池和薄膜电池两类。晶体硅电池具有原材料用料多、能耗高、制备工艺复杂等问题，已成为制约大规模应用光伏电池的主要障碍。薄膜太阳能电池作为一种新型光伏电池，由于其原材料用料少、生产成本低、便于大规模生产，因而具有广阔的市场前景。近几年薄膜太阳能电池迅猛发展，成为当今太阳能电池主流技术。

二、薄膜太阳能电池研究现状

根据材料种类不同，薄膜太阳能电池主要分为硅基薄膜类太阳能电池、化合物薄膜类太阳能电池和新材料薄膜类太阳能电池三种，具体如表1所示。目前已产业化的薄膜电池材料有：非晶硅（a-Si）、碲化镉（CdTe）和铜铟镓硒（CIGS），其中，非晶硅薄膜电池生产比重最大。

---

* 本文完成于2011年8月。

表 1　薄膜太阳能电池分类

	电池种类	商业化阶段
硅基薄膜类	非晶硅薄膜电池（a-Si：H）	产业化
	多晶硅薄膜电池	实验室生产线
化合物薄膜类	铜铟镓锡系列薄膜电池（CIGS）	产业化
	碲化镉系列薄膜电池（CdTe）	产业化
	砷化镓薄膜电池（GaAs）	中小规模商业化
新材料薄膜类	染料敏化薄膜太阳电池	中试初期
	有机聚合物薄膜太阳电池	研发初始阶段

硅基薄膜太阳能电池采用 PECVD（等离子体增强化学气相沉积法）进行生产制造，具有技术成熟度较高，材料和制造工艺成本低，易于形成大规模的生产能力，可以在玻璃、塑料等廉价衬底表面进行沉积等优点。因此，无论从节约角度还是降低能耗角度均具有不可比拟的优势。目前，日本 Sharp、Kyocera 和 Sanyo 公司，德国 Q-cells、Schott Solar 及 Ersol 公司均已实现产业化。但是，该类电池转化效率相对晶硅电池较低，目前稳定转化效率在 7.5% ~10%，且存在光致衰退现象。为此，美国 United Solar 公司、日本 Kaneka、三菱重工等公司正继续研究，重点研究的是多结构、叠层型太阳能电池。

化合物薄膜太阳能电池具有光电转化率高、性能稳定、易于薄膜化等优点，因此世界各国都开展此类电池的研发。目前已产业化的主要有碲化镉、铜铟硒太阳能电池等。碲化镉电池主要采用近空间升华法进行生产制造，具有制造成本低、稳定性好和转化效率高等优点，实际生产转化效率达到 10.1%，实验室高至 16.5%，故而产业化速度较快。目前主要的制造商包括美国 First Solar 和德国 Autec 公司。但是，CdTe 所含有的碲、镉均为稀有金属，并且碲、镉是有毒的，制备 CdTe 薄膜时在废气和废水中会有所残留，电池加工和失效后还需回收处理，因此，给大规模工业应用带来了问题。

CIGS 太阳能电池采用磁控溅射法、后硒化法和共蒸发工艺制造，具有吸光范围广、稳定性好、转换效率高、制造成本低、抗辐射性能好等优点，因此具有很大应用的潜力。CIGS 太阳能电池实验室最高转化效率达到 19.9%，目前主要制造企业有美国 Global Solar Energy、德国 Q-cells 和 Wurth Solar 等公司。但是，铟、硒资源是有限的，这就使得大规模生产变得很困难。

GaAs（砷化镓薄膜太阳能电池）虽然转化效率高、抗辐射性能强，由于生产设备复杂、能耗大、生产周期长，导致生产成本高，难以与硅基薄膜太阳能电池相比，故而仅用于不计成本的空间太阳能电池上。

新材料薄膜太阳能电池主要包括染料敏化薄膜太阳能电池和有机聚合物太阳能电池。染料敏化太阳电池主要是模仿光合作用原理研制出来的一种新型太阳电池，其主要优势是原材料丰富，所有原材料和生产工艺都是无毒、无污染的，部分材料可以得到充分的回收，对保护人类环境具有重要的意义。目前，美国 KonarKa 和英国 G24 Innovations 公司已开始生产这种太阳能电池。但是，染料敏化二氧化钛太阳能电池实验室最高效率仅为 12% 左右，并且该种电池要使用液态的电解质，因此产业化生产和应用的可靠性还需进一步验证，在未来的数年内还处于产业化中试阶段。

有机聚合物太阳能电池作为一种新型光伏电池，其制备工艺简单、价格低廉、柔性、质轻，为人类解决能源问题提供了一种崭新的途径。但是，有机聚合物太阳能电池还处于研发初始阶段，短期内无法达到应用。

三、薄膜太阳能光伏技术发展趋势

（一）硅基薄膜类太阳能电池

目前，大规模产业化的硅基薄膜类太阳能电池的稳定转化率约为晶体硅生产的转化率的一半，这在一定程度上限制了它的应用范围。为实现薄膜光伏发电平价上网，必须对其开展持续研究。目前，硅基薄膜类太阳能电池存在的主要问题是：光电转化率低；存在光致衰退，性能不够稳定；成本优势不明显。今后研究的重点应该是提高硅基太阳能电池的光电转化率，降低光致衰退效应，以及降低成本。

1. 提高光电转化率研究

在光电转换的过程中，并不是所有的入射光都能被电池所吸收，并完全转化成电流。有一半的光谱能量小于半导体的能隙，对电池的输出没有贡献，而另一半被吸收的光子中，除了产生电子-空穴对所需要的能量外，大概有一半的能量以热量的形式浪费掉。如何最大限度地吸收光能，并将光能转化成电能也是今后研发的重点。可通过下述方法提高薄膜太阳能电池光电转化率：

（1）采用具有一定绒度的 TCO（透明导电氧化物）薄膜，入射光线在 TCO 绒面和背电极处反射，由于散射光在薄膜中具有更长的光程，起到增透减反射效果。

（2）采用叠层电池结构以拓宽对太阳光谱的响应范围，采用非晶硅/非晶硅锗/微晶硅锗三叠层可以使光谱的响应范围扩展到 0.35 ~ 0.90μm，占太阳光谱总能量的 66.85%。

（3）采用 p 型 a-SiC:H 代替 p 型 a-Si:H，减小 p 型层对光的吸收，增强光透射到吸收层强度，提高电池的短路电流和开路电压。

2. 非晶硅电池的稳定性研究

对于非晶硅电池，由于存在明显的光致衰减效应，一定程度上削弱了非晶硅电池的导电率和转化效率，因此，要克服非晶硅薄膜太阳能电池的光致衰退效应。可通过以下方式开展研究：

（1）高质量非晶硅材料的研究，减少本征层的氢含量，降低光生亚稳态密度，提高稳定性。

（2）改善非晶硅电池内部界面，降低界面态，增强内建电场，提高电池的稳定性。

（3）优质 a-SiGe 合金材料的研究，用于本征层，提高短路电流和填充因子，进一步完善多带隙叠层非晶硅电池结构，提高效率和电池的稳定性。

3. 降低电池生产成本研究

目前，薄膜太阳能电池相对晶硅电池在成本上还不具备优势，如何降低薄膜太阳能电池的成本将是今后研究的方向之一。可以通过以下方法降低电池生产成本：

（1）采用柔性衬底非晶硅太阳能电池，大面积连续生产降低生产成本。

（2）采用集成型电池，它可以从一个衬底上得到较高的电压，相应的就简化了制造工艺。此外，基于薄膜技术的第三代高性能太阳能电池概念的提出，在提高太阳能电池性能方面更具吸引力。

（二）化合物薄膜类太阳能电池

对于化合物薄膜类太阳能电池，具有高效、稳定、强抗辐射性等独特性能。但是，由于制造成本较高，尚未大量进入地面应用市场，主要应用于空间太阳能电池。目前主要采用单结结构，只能吸收和转换特定光谱的太阳光，效率提高受到限制。因此，采用叠层结构，利用不同能隙宽度的材料从宽至窄叠合起来制成太阳能电池，选择性地吸收和转换太阳光谱的不同能量，进一步大幅度提高电池的转化效率。同时，由于铟、镓、硒等材料的地球储藏量有限，制约了化合物薄膜类太阳能电池的发展，寻找可以代替这些稀有金属的材料也是今后研究的方向。

（三）新材料薄膜太阳能电池

有机聚合物太阳能电池具有材料潜在的低价格、加工容易、可大面积成膜、分子及薄膜性质的可设计性、质轻、柔性等显著优点，但有机半导体的载流子迁移率较无机半导体低、稳定性差。目前，有机聚合物太阳能电池光电转换效率很低，大多数停留在实验室阶段，只有将光电转换效率提高到5%以上才可能大规模应用。

对于染料敏化薄膜太阳能电池，其中一个关键问题仍然是染料问题。由于染料制备过程较复杂，因而价格比较昂贵。因此，寻找低成本且性能良好的染料成为当前研究的一个热点。此外，现在大多数染料敏化太阳能电池仍采用液态电解质，电极腐蚀、电解液泄漏、寿命短等一系列问题还有待解决。今后，寻找合适的固态空穴传输材料来代替液态电解质，制备全固态的染料敏化太阳能电池，将是一个重要的研究方向。

四、结束语

总体看来，由于化合物薄膜主要由稀有金属制备，但是稀有金属的储量有限，即便转化效率很高，将来也不可能占据主导地位。而新材料薄膜太阳能电池的技术不是很成熟，尚处于摸索阶段，短期内不可能代替硅系太阳能电池。因此，对于薄膜太阳能电池，无论从转换效率、技术成熟度，还是从材料的来源角度讲，今后发展的重点仍是硅基薄膜太阳能电池。

11 我国光伏发电的“弃光”现象与对策*

一、引言

长期以来，我国的光伏产品几乎全部依赖出口，因为“把污染留给自己，把清洁出口国外”而饱受诟病。从2009年开始，我国政府陆续出台了“金太阳示范工程”、“太阳能光电建筑应用示范项目”等鼓励性政策，但效果并不尽如人意。2011年7月，光伏人士盼望已久的光伏发电标杆上网电价终于出台。短短半年的时间里，我国的光伏发电装机规模达到了300多万千瓦，一举成为全球第三大太阳能安装国。然而，新增装机的快速增加，却造成了电网建设的严重滞后。据电监会发布的报告显示，到2011年底，光伏电站并网装机量仅为220万千瓦，仅占到全部装机的约70%；40%工程电站没有上网，甚至浙江一个省都没上网。另据业内人士透露，青海格尔木2~3月份之间有1个月的时间处于限电状态。这种“建而不并，并而被限”的现象，不仅对光伏企业的积极性造成了很大的伤害，而且对光伏产业的健康发展造成很大的影响。

二、我国光伏发电现状

（一）光伏发电相关政策

1. 光伏上网电价正式出台

2011年7月，国家发展改革委发布《关于完善太阳能光伏发电上网电价政策的通知》，正式开始施行光伏上网电价政策。当前电价在全国范围适用，且统一标准，主要内容如下：

---

* 本文完成于2012年12月。

（1）对既有项目，如果同时满足7月1日前完成核准，及年底前建成投产，则享受每度1.15元（含税）。

（2）对新项目（7月1日及以后核准的，以及年底前仍未建成投产的），西藏维持每度1.15元，其他地区执行每度1元；并将根据投资成本变化、技术进步情况等因素适时调整。

新政暂未按各地光照资源不同而施行阶梯电价，但依然促进当年的光伏装机容量大幅增长。在中、西部等光照丰富的地区，电站能得到较高的投资收益；东部如江苏、山东、辽宁等省份，政府在国家上网电价的基础上进行额外补贴，以吸引投资。

2. 可再生能源电力附加翻倍

2011年11月底，国家颁布《可再生能源发展基金征收使用管理暂行办法》，将可再生能源附加由每度4厘钱提高至8厘钱，主要用于补贴可再生能源发电。该调整是达成2020年可再生能源规划目标的必然举措。调整后，每年可收取200亿~240亿元可再生能源电力附加；加上大约每年100亿元可再生能源专项基金，每年政府有300亿~340亿元的资金用于拉动可再生能源市场。

3. 大幅调整光伏发电规划目标

由工业和信息化部制定的《太阳能光伏产业“十二五”发展规划》已出台，该规划对未来5年我国光伏行业的生产、成本、环保、规模均做了详细的规定，并将2015年的国内光伏发电装机规模从原先的10GW提高到了15GW，即在今后的几年中，我国每年新增光伏装机容量将达到3GW。

（二）光伏发电装机情况

1. 总体装机情况

2004—2011年，我国光伏发电新增及累计装机容量如表1所示：

表1 2004—2011年中国光伏发电新增/累计装机容量

年份	2004	2005	2006	2007	2008	2009	2010	2011
年装机（MW）	10	7.9	10	20	40	160	500	2 200
累计装机（MW）	62.1	70	80	100	140	300	800	3 000

由于不断下跌的系统成本和2012年1月之前每度1.15元的光伏发电上网电价，中国大陆地区的光伏市场投资回报丰厚，吸引了众多的国有发电集团和民营企业参与到年底的项目开发中。再加上此前的“金太阳”等补贴政策，使中国成为2011

年全球第三大光伏市场。

2. **各省装机情况**

根据 Solarbuzz 报告显示，其所统计的 1 449 个容量在 50kW 以上的中国非住宅光伏项目（包括已安装，正在安装，规划、招投标等前期开发阶段的项目）中，有 331 个光伏项目经核实在 2011 年完成组件安装，安装总量达到了 2. 7GW。同时，项目储备持续增长，目前已接近 25GW。统一的上网电价使 2011 年的中国光伏项目进一步向大型地面电站发展，预计占全部安装量的 88%。作为最早推出每度 1. 15 元上网电价政策的省份，青海省的安装量也最多，占全部安装量的 36%，其后依次为宁夏、江苏、甘肃、新疆、山东、内蒙古、河北、西藏和山西，这 10 个省份的安装量占到了全国总量的 92%。如图 1 所示。

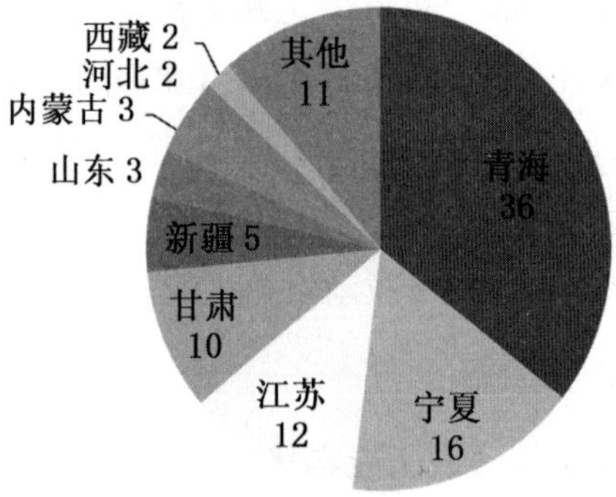

图 1　2011 年我国光伏新增装机量按省分布（单位:%）

资料来源：Solarbuzz。

三、我国光伏发电大面积“弃光”的原因分析

我国光伏发电“弃光”现象的出现，除了本身存在的发电不稳定、技术不成熟等问题以外，还存在如下问题。

（一）电网建设速度滞后，无法满足光伏电站上网的需求

按照《可再生能源中长期发展规划》，到 2010 年，太阳能发电总容量达到 30 万千瓦，到 2020 年达到 180 万千瓦。其中在西藏、青海、内蒙古、新疆、宁夏、甘肃、云南等省（区、市），到 2010 年，建设约 10 万千瓦太阳能光伏电站。到 2011 年，仅青海地区新增光伏装机量就达到 100 万千瓦，达到 2010 年规划目标的 10 倍。当初电网建设的规划是与中长期规划相配套的，实际发展却远远超过了电网的承受力，使得光伏发电步风电后尘出现“弃光”现象。

（二）电站建设缺乏合理规划，造成电站与电网建设不相匹配

2011年新增装机中，青海、宁夏、江苏、甘肃、新疆居于前五位，它们的装机量占到了全国的79%，而这五个省除了江苏以外，其他都属于用电需求量比较少、电网建设相对薄弱的省份。如果没有一个坚强智能的电网将发出的电输送到其他省份，势必造成这些光伏发电的浪费。国家当初在制定上网电价的时候，只是考虑了要通过固定电价的出台，在阳光资源丰富的地区（如西部）进行示范电站的建设，进而带动全国的光伏产品应用。因此，造成了在电网相对发达、缺电的地区，无条件建设光伏电站，而在电网相对不发达、供电充分的地区，建设了过多的电站，造成能发电的地区不缺电、缺电的地区发不了电的尴尬局面。

（三）电站建设标准缺失，电网接入困难重重

光伏电站一般的使用期限是20～25年，如何保证这25年中不出现重大的问题，这就需要有严格的施工、安装和建设标准的制约。标准的制定关系到未来光伏电站的发电效率、使用寿命，以及运行安全等问题。目前，我国严格规范的标准尚未形成，现行标准大多集中在电池组件生产领域，基本没有光伏电站建设、施工国标。相比组件标准而言，制定电站建设施工标准要复杂得多，影响因素复杂，要考虑不同地区的水文、地质、日照等自然条件及业主的需求，还要考虑造价，很难统一。据了解，现在建设的大部分光伏电站，因为没有强制性的建设国标，企业都是按照自己的设想建设，至于建成后，谁来检测验收，按照什么标准验收还是个问题。总体来看，我国光伏领域的国标是不完善的，电站检测验收标准缺失更是突出。标准的缺失也成为限制光伏电站并网的一个重要因素，进而形成了目前的“弃光”现象。

四、“弃光”对我国光伏产业的影响

（一）对产业本身发展的影响

我国的光伏产业经历了从制造大国的蜕变，正在向应用大国转变。尽管国外已经有很多光伏应用的成功经验，但是结合我国具体国情和现实条件，发现许多经验并不适用。我国的光伏应用正在摸索中前行，“弃光”现象无疑成了这条道路上的绊脚石。无论从国家层面还是政策层面，我们都希望光伏产业能够得到良好的发展。这样不仅能更好地改善我们的生存环境，而且能实现我国节能减排的国际目标。光

伏产业是新能源产业中资源最丰富、前景最广阔的产业，大家都对此给予了厚望。大规模“弃光”现象的产生，短期内必然会对光伏行业造成一些波动，对光伏产业的发展造成不利影响。

（二）对电站开发商的影响

光伏产品真正开始规模化的生产与应用的时间并不长，技术尚不成熟。目前，我们对光伏电池的使用寿命和衰减率仅仅停留在理论层面，这对收益率的计算存在很大的不确定因素。另外，部分地区的“弃光”现象也是收益率难以确定的又一关键性因素。目前，大多数电站开发商贷款利率已经非常接近内部收益率，如果在这期间，因为种种原因导致“弃光”现象的发生，将会面临很大的经营困难。近期，在全联新能源商会主办的一次内部研讨会上，就有某大型电力公司高层透露，其在青海格尔木建设的光伏电站，被停运一个多月，本来决策的时候收益率仅为 8% 左右，现在少了一个月的收入，对经营造成的伤害可想而知。

（三）对产品制造商的影响

长期以来，我国的光伏产品一直依赖出口，造成了我国的光伏制造产业长期处于被动局面。自欧债危机爆发以来，欧洲光伏应用大国大幅调整电价补贴，使其对光伏产品的需求大幅缩水。在此背景下，我国的光伏市场得以迅速打开，缓解了光伏产品的出口压力。“弃光”现象在影响光伏开发商积极性的同时，必然会对我国的光伏电站建设造成影响，进而影响到光伏制造商的产品销售。在内忧外患的影响下，我国的光伏产品制造商很有可能会竞相压价，形成恶性竞争，最终造成资源的严重浪费。

（四）对外来投资者的影响

一个产业的兴起，离不开充足的资金支持，光伏产业也不例外。前几年，光伏产业作为战略性新兴产业，受到投资者的广泛“追捧”，产业发展也展示了蓬勃的生机。“弃光”现象的产生，导致开发商收益无法保证，制造商产品供过于求，产业呈现下滑趋势。在这样的形势下，投资者将会将原先拟投资于光伏产业的资金重新投入到其他行业。

五、应对我国光伏“弃光”现象的对策建议

我国的光伏应用正处于起步阶段，在成长过程中难免会遇到这样或那样的问题，

我们在批评的同时，也应该给予理解和包容。毕竟任何新兴产业的兴起都不是一蹴而就的，都需要有一个复杂而艰辛的过程。我们希望这个过程能够更短一些，也希望其未来的发展能够更加顺利和健康，特提出如下几点对策建议。

（一）建设能够适应光伏电站大规模接入的智能电网

光伏发电因为其间歇性和不稳定的特性，不受普通电网的青睐。从目前光伏行业发展的趋势来看，未来光伏发电必然成为替代传统甚至取代传统能源的新品种。因此，建立一个坚强的智能电网将是自然选择。所谓智能电网（smart power grids），就是电网的智能化，它是建立在集成的、高速双向通信网络的基础上，通过先进的传感和测量技术、先进的设备技术、先进的控制方法，以及先进的决策支持系统技术的应用，实现电网的可靠、安全、经济、高效、环境友好和使用安全的目标，其主要特征包括自愈、激励和包括用户、抵御攻击、提供满足21世纪用户需求的电能质量、容许各种不同发电形式的接入、启动电力市场，以及资产的优化高效运行。要想彻底解决光伏“弃光”现象，智能电网的普及将是一个非常重要的途径。

（二）光伏电站的选址应当与电网建设水平相匹配

从当前光伏电站和电网建设水平来看，短期内要想解决全国范围内的光伏电站接入电网并不是很现实。因此，在太阳能光伏发电方面，我们需要往二类、三类地区发展，通过更靠近电网来解决并网困难的问题，争取在经济较为发达、土地资源相对宽松的地区建设光伏电站。尽管可能导致发电成本相对高一些，但是可以达到全生命周期发电的效果，这样我们的发电成本就能处在可控的状态下。就目前来讲，在太阳能电站开发方面，大多数发电商收益与融资成本基本是接近的，如果无法保证发出的电量都能转化成收入，那对电站建设方的发展将是极为不利的。如果长期处于这种局面，必将影响到太阳能光伏产业的正常发展。

（三）通过分布式光伏发电摆脱电网的束缚

按照国家能源局所下的定义，“分布式发电是指位于用户附近，装机规模较小，电能主要由用户自用和就地利用的可再生能源、资源综合利用发电设施或有电力输出的能量梯级利用多联供系统，并网电压等级在110千伏及以下”。分布式光伏发电靠近用电侧，可以就地消纳，很好地解决大型光伏电站的电力受到电网送出能力的限制。至2010年年底，全球分布式系统的累计装机容量约有23.4GW，占光伏累计装机容量的66.8%，欧美国家分布式发电所占比重更高。欧美等国家光伏发展的经验已经表明，分布式发电是解决光伏并网的一个行之有效的办法。随着土地成本的增加，大规模电站因为电网问题的影响，其经济性正在遭受人们的质疑。未来分布式光伏发电将成为主流趋势。例如，较为典型的是光伏建筑一体化，在我国正在逐步推广与实施。我国拥有丰富的屋顶资源，可以充分地将阳光资源转化为清洁、无污染的电力。

（四）成立专责机构统一标准管理归口

希望国家尽快设立一个专责并且是综合的管理部门，制定光伏电站的标准，并实行严格的监管。过去我们光伏发电在电力供应中所占的份额非常小，所以相关责任部门没有重视，但是未来我们的光伏发电必然会日益壮大起来，这是一个必然的趋势。如果没有一个统一严格的电站建设标准，光伏电站的质量就得不到保证，使用寿命就会缩短，它的负面影响是显而易见的。标准只是个框框或者说手段，尽管如此，它也是必须恪守的一条底线。

12 我国光伏建筑一体化应用建议*

近几年，随着我国经济的快速发展及城市化的推进，建筑业飞速发展。我国每年新增建筑面积约 20 亿 m^2，接近全球年新增建筑总量的一半，建筑能耗已经接近我国全社会能耗总量的 40%。我国已成为全球第二大能源消耗国，CO_2 及 SO_2 排放量已经居世界首位。如何降低建筑能耗、实现节能减排已经迫在眉睫，绿色建筑推广势在必行，其中，光伏建筑一体化的应用将发挥重要作用。光伏建筑一体化（building integrated photovoltaics，以下简称 BIPV）是指用光伏材料部分地代替传统建筑材料，运用到屋顶、玻璃天窗及幕墙等建筑外层上，并通过太阳光的照射为建筑提供绿色电力。

根据欧洲的一份报告显示，即使在 5% 的转换率条件下，在良好的光照下，欧洲 14 个国家 230 亿 m^2 的屋顶和幕墙上能够产生超过 1 000GWp 的能量，相当于建造 1 000 座核工厂。另外，光伏建筑一体化的应用还具有如下优点：可原地发电、原地使用，减少电流运输过程的费用和能耗；避免了光伏组件阵列占用额外的空间，省去了单独为光电设备提供的支撑结构；节约了昂贵的外装饰材料（玻璃幕墙等），减少建筑物的整体造价，并使建筑外观更有美学价值；舒缓了电网在电力高峰时的压力，缓解电网峰谷供需矛盾，具有极大的社会效益；避免了燃料发电所带来的空气污染，为子孙后来留下一片蓝天；避免了墙面和屋顶温度过高，降低了空调负荷，并改善了室内环境。

一、光伏建筑一体化应用的重要意义

（一）促进建筑节能的重要内容

随着我国工业化和城镇化的加快和人民生活水平的提高，建筑用能迅速增加。

---

* 本文完成于 2012 年 1 月。

我国太阳能资源丰富，开发利用太阳能是提高可再生能源应用比重、调整能源结构的重要抓手。城乡建设领域是太阳能光电技术应用的主要领域，利用太阳能光电转换技术，解决建筑物、城市广场、道路及偏远地区的照明、景观等用能需求，对替代常规能源、促进建筑节能具有重要意义。

（二）促进我国光伏产业健康发展的现实需要

近年来，我国光伏产业呈现快速增长态势，目前已经成为世界第一大太阳能电池生产国，有一批具有国际竞争力和国际知名度的光伏电池生产企业，已形成具有规模化、国际化、专业化的产业链条。但目前国内市场需求不足，过度依赖国际市场，加大了市场风险，在一定程度上影响了产业发展。推动光伏建筑一体化应用，拓展国内应用市场，将创造稳定的市场需求，促进我国光电产业健康发展。

（三）扩内需、调结构、保增长的重要着力点

推动光伏产品在城乡建设领域的规模化、专业化应用，可以有效带动高新技术及节能环保领域的资金投入，同时促进建材、化工、冶金、装备制造、电气、建筑安装、咨询服务等多个相关产业的发展。对于实现产业结构调整，促进经济增长方式转变，扩大就业，具有十分重要的现实意义。

二、国内外光伏建筑一体化的应用现状

（一）国外应用现状

国外对太阳能光伏建筑一体化系统的研究已有较长时间。其发展是从示范到推广，从屋顶光伏到与建筑集成，进而将光伏组件作为一种新型的建筑材料发展。一些发达国家，特别是美国、德国和日本，在光伏建筑一体化方面，已经有了相当成熟的设计经验和技术。

1. 发展历程

美国是世界上能量消耗最大的国家，为降低能耗，减少污染，调整能源结构，政府制定了一系列政策和计划，科研机构和有关公司纷纷响应，积极推进光伏建筑一体化项目的实施，有“百万太阳能屋顶计划”、“光伏建筑良机计划”。国会也通过了“节约能源房屋建筑法规”等鼓励新能源利用的法律文件；在经济上也采取有效措施，不仅在太阳能光伏利用研究方面投入大量经费，而且由国会通过一项对太阳能光伏系统买主减税的优惠办法。因此，美国太阳能光伏建筑的发展极为迅速，

处于世界领先地位，并在国内形成了完整的太阳能建筑产业化体系。

德国是世界上应用太阳能、实现太阳能建筑一体化的强国。1990 年首先开始实施“千屋顶计划”，在私人住宅屋顶上推广容量为 1 ~ 5kW 的户用联网光伏系统。1998 年 10 月提出了在 6 年内安装 10 万套 PV 屋顶系统，总容量在 300 ~ 500MW。德国在 1999 年开始实施“十万太阳能屋顶”计划，单是在 2003 年就安装了 120MW。2004 年通过了《优先利用可再生能源法》，使得德国成为光电应用增长最快的国家。2006 年德国当年光电安装 75 万 kW，累计装机 253 万 kW，居世界首位。

日本政府在 20 世纪 90 年代中期制订了一个庞大的太阳能光伏发电“屋顶”计划，计划在 10 ~ 15 年内，在日本民用住宅的屋顶上安装户用太阳能光伏发电系统，总装机容量将达 200MW。为此，日本政府一方面拨出 80 亿日元巨资用于大规模生产太阳能光伏电池；另一方面资助一些大学、研究所和公司进行开发研究。自 1993 年开始实施“新阳光计划”，率先推动光电商业化应用；2001 年制订“先进光电 PV 计划”，旨在推进光电技术进步，建立光伏产业集团。

2. 相关政策

德国 2004 年通过了《优先利用可再生能源法》，强制太阳能光伏电力入网，并给予并网电价补贴，使其成为光电应用增长最快的国家。日本政府在 1994—2003 年间成功实施一轮补贴，使得 2004 年日本光伏累计安装量达 1 100MW，成为当时全球光伏装机容量最大的国家。但日本政府于 2006 年 3 月停止对太阳能行业的补贴。美国自 2005 年起施行光伏投资税减免政策，使其光伏产业得到较快增长。该政策规定：居民或企业法人在住宅和商用建筑屋顶安装光伏系统发电所获收益享受投资税减免，减免额相当于系统安装成本的 30%，单户居民住宅的减免额不超过2 000 美元。

（二）国内应用现状

我国的太阳能光伏建筑起步较晚，随着应对气候变化和节能减排的压力日益增大，以及我国光伏电池制造大国地位的确立，积极探索光伏建筑的开发和应用成了一项重要任务。

1. 发展历程

“九五”期间，我国在深圳、北京分别成功建成 17kW、7kW 的光伏发电屋顶并实现并网发电。上海、江苏和广东等地均已制订规划，率先较大规模地建设“光伏屋顶”，实施“屋顶计划”示范。上海的“10 万屋顶”计划，旨在使 10 万个屋顶安装上太阳能发电装置，每个屋顶利用 $30m^2$，全市共计 300 万 m^2，占上海全市屋顶面积的1.5%。上海地区的单位面积日照辐射能为1 000W/m^2，太阳能电池光电转换效率如以16%～18%计算，可转换电功率为160～180W/m^2，每一屋顶发电容量可达到3.9～5.4kW。无锡、苏州等地也在策划有关光伏推广计划。广州中山大学太阳能系统研究所已经向有关部门提出了在广州发展“十万光伏屋顶计划”的建议，并正在策划“广东十万太阳能屋顶计划”。就具体项目而言，中国馆、主题馆、世博中心和城市未来馆四座标志性建筑上都采用了这种技术。上海世博会上，光伏建筑的太阳能发电规模达到4.68MW，年均发电可达406万KWh，减排CO_2总量逾3 400吨。英国零碳馆屋顶上的深色太阳能电池板本身就是屋顶建材，通过吸收太阳能所产生的能量不仅用于发电、供暖，还与风能和地源热能共同带动室内通风，调节屋内的温度和湿度；法国阿尔萨斯案例馆的“水幕太阳能墙”，外层同样覆盖太阳能电池板，能把照射到墙体外层的太阳光转换成电，维持“水幕太阳能墙”不断运作的同时，为建筑带来冬暖夏凉的感觉。

2. 相关政策

为加快推进我国太阳能光电建筑应用，2009年3月，财政部会同住房和城乡建设部发布了《关于加快推进太阳能光电建筑应用的实施意见》及《太阳能光电建筑应用财政补助资金管理暂行办法》；2010年9月，财政部、科技部、住房和城乡建设部、国家能源局共同发布了《关于加强金太阳示范工程和太阳能光电建筑应用示范工程建设管理的通知》；2011年12月，财政部与住房和城乡建设部发布了《关于组织实施2012年度太阳能光电建筑应用示范的通知》。这些“光电新政”的发布，旨在通过财政补助支持开展光电建筑应用示范项目，解决太阳能光电建筑一体化设计及施工能力不足、相关应用技术标准缺乏、与建筑实现构件化的太阳能光电组件生产能力薄弱等问题，从而启动太阳能光电在城乡建筑领域的应用市场，带动太阳能光电产业发展。

三、我国太阳能光伏建筑一体化面临的问题

虽然太阳能光伏建筑一体化有高效、经济、环保等诸多优点，并已在世博场馆和示范工程上得以运用，但光伏建筑还未进入寻常百姓家，大规模使用该技术的民宅社区并未出现。这是由于太阳能光伏建筑一体化还存在如下一些问题。

（一）BIPV标准缺失

我国的光伏建筑一体化的应用属于起步阶段，在技术标准和行业认证上尚存空白。BIPV技术涉及面广，实践性强，专业分工繁多，发展变化迅速，我国不少幕墙

企业对 BIPV 比较生疏，也没有展开深入的研究和进行必要的技术储备；而光伏组件及光伏系统的生产商缺少 BIPV 设计方面的技术，对幕墙、屋顶等的安装要求知之甚少；太阳能光伏与建筑结合，即从技术、工艺、结构等方面实现完全意义上的一体化，还需要在技术上进一步完善。

（二）光伏建筑招标管理不规范

光伏建筑工程不像其他成熟的幕墙屋顶工程那样规范，也不存在一个成熟的有竞争性的光伏工程市场。随着节能减排的压力日趋严重，光伏工程需求日益增多，参加光伏工程竞标的竞标方，大部分是随市场应运而生的光伏产品制造商，缺乏相应的工程经验；而招标方也少有专业人士。招标方和竞标方都对光伏工程技术缺乏足够的了解。这种背离专业、盲目追赶市场的做法，给工程留下很多隐患。

（三）发电成本过高，发电量不稳定

目前，太阳能发电的成本仍高于常规的水电、火电发电成本。太阳能光伏发电不稳定，受天气影响大，发电稳定性差，因此，如何解决太阳能光伏发电稳定性差、如何降低发电成本，是光伏建筑大规模使用必须解决的两大难题。

（四）光伏建筑观念尚未深入人心

光伏建筑一体化是确保我国能源安全、环境保护和实现节能减排的有效手段。但是，作为一个新兴事物，普通的民众并不是很了解，反而对光伏建筑形成了如发电稳定性差、存在安全隐患、影响建筑美观度等误解。

四、加快推动我国光伏建筑一体化的政策建议

（一）尽快编写 BIPV 技术标准和工程技术规范

为适应 BIPV 飞速发展的形势，确保 BIPV 工程的质量，我国应该尽快编写 BIPV 技术标准和工程技术规范、许可证和设计、施工资质审查制度，建立健全我国 BIPV 光伏产品认证体系。

（二）加强光伏建筑招投标管理

光伏工程的招投标不能简单地套用现成的招投标模式。建议相关职能部门组织专家对现有的光伏建筑工程进行认真评估，制定一套符合我国国情的相关招投标管

理办法，以规范光伏建筑工程的招投标工作，做到科学、透明、公平、合理，确保我国光伏建筑市场的健康发展。

（三）充分发挥薄膜光伏优势，推动光伏建筑一体化发展

在美对华发起“双反”调查之后，晶硅太阳能电池企业面临着巨大的出口风险。在此形势下，具有成本低、弱光性好、易于与建筑结合等优势的薄膜太阳能电池再次进入大家的视野。国内某大型集团公司预测，到2012年该公司的薄膜光伏电池成本将降至每瓦0.7美元。薄膜电池相比晶硅电池具有弱光性好的优点，其在光照条件较差的情况下也能较为稳定地产生电能，并且在与建筑相结合方面也具有晶硅电池不可比拟的优势。因此，大力发展薄膜光伏与建筑的结合，将可改变当前光伏建筑一体化发电成本高、发电量不稳定的局面。

（四）加大对光伏建筑理念的宣传

光伏建筑未来必然成为一种绿色发展趋势，应在全社会加强对光伏建筑宣传，普及光伏建筑知识，提升公众对光伏建筑的认可度，培育光伏建筑工程市场的基础。

（五）对光伏建筑应用示范工程予以资金补助

中央财政安排专门资金，对符合条件的光电建筑应用示范工程予以补助，以部分弥补光电应用的初始投入。补助标准将综合考虑光电应用成本、规模效应、企业承受能力等因素确定，并将根据产业技术进步、成本降低的情况逐年调整。鼓励地方政府出台相关财政扶持政策，充分调动地方发展太阳能光电技术的积极性，出台相关财税扶持政策的地区将优先获得中央财政支持。

13 福岛核泄漏与我国核电发展*

一、日本福岛核泄漏事件及其影响

自2011年3月11日日本发生9.0级地震并引发罕见海啸地震以来，福岛核电站6个机组中已有4个机组分别发生过爆炸，另外两个机组也处于不稳定的状态。爆炸引起的核泄漏已威及日本首都东京等地及其周边国家。尽管日方正在采取一切可能的措施缓解事故影响，但无影无形的核辐射已引起本国和周边国家民众的恐慌。同时，福岛核事故也引发了一场关于核安全的争论，要不要发展核电已受到一些人士的质疑。

其实，在世界核电发展史上，“谈核色变”并非第一次，美国三里岛核电站事故及苏联切尔诺贝利核泄漏事故也曾令核电发展迅速降温，但最终全球核电建设的脚步依然前行。多国政府已表示，日本福岛核事故不会影响本国发展核电的计划。就在3月15日，白俄罗斯和俄罗斯两国政府还签署了协议，俄罗斯将帮助白俄罗斯建设该国第一座核电站。

目前，美国、法国等核能利用大国纷纷采取措施，加强本国核设施安全检查。我国3月16日召开的国务院常务会议决定，全面审查在建核电站，严格审批新上核电项目，抓紧编制核安全规划，调整完善核电发展中长期规划。在核安全规划批准前，暂停审批核电项目包括开展前期工作的项目。国务院紧急召开会议部署核电项目规划和审批，表露出我国政府和民众对未来核电安全的关切程度，其主要原因是：按照原有的在建和远期项目规划，我国即将进入核电建设的爆发性增长期（全球增长最快）。核安全因素的增强，对现役核电项目运营影响不大，但对未来中长期核电发展规划有实质性影响，主要体现在在建项目的进度可能放缓、部分审批项目可能被取消、长期规划总量可能会缩水。

---

* 本文完成于2011年8月，由笔者、杨丽共同创作。

世界能源理事会主席皮埃尔·加多内3月16日呼吁，核安全已经成为一个国际问题，应该对其进行“全球化管理”，建立“共同安全目标”。

二、我国核电发展现状

起步于20世纪70年代的我国核电，近年来呈现快速发展的态势。截至2010年年底，国家已核准核电机组32台，装机容量3 486万kW。其中，已开工25台，装机容量2 773万kW。目前已运营商用核电机组13台，装机容量1 080万kW。已运营和核准的核电机组达4 393万kW，超过国务院批准的2020年核电4 000万kW的装机规模。而全国已完成核电厂址初步可行性研究，准备新上的核电项目总规模为2.26亿kW。

2003年，全国核电建设工作会议提出，核电要统一组织领导，统一技术路线，引进国外先进技术，加快自主化建设。“十一五”规划提出“积极发展核电”的方针。为加强对核电建设的统一领导，成立了国家核电自主化工作领导小组。“十二五”规划提出“在确保安全的基础上高效发展核电”。

通过开展三代核电技术国际招标，我国从美国西屋公司引进AP1000核电技术、建设4台核电机组。同时，成立国家核电技术公司，作为引进、消化、吸收和再创新的平台，开发具有自主知识产权、中国品牌的先进核电站。

三代核电技术引进、消化、吸收、再创新进展顺利，大批核电项目开工建设，核电设备国产化率不断提高。为了适应新的核电发展形势，能源主管部门提出对核电中长期发展规划进行较大幅度调整，比刚刚执行4年的规划目标翻了一番多。

经过近四十年的探索，我国在核电技术研发、工程设计、设备制造、工程建设、运营管理等方面，积累了丰富经验，培养了一大批具有较高业务水准和实践经验的技术与管理人才，为核电进一步发展创造了有利条件。但从发展阶段看，我国的核电发展还处于自主技术成熟化和批量建设的准备阶段，而法、美等核电强国已经走过了批量建设的阶段，由于技术先进成熟，它们已处于技术输出阶段。我国核电发展还存在不少问题，受诸多因素的制约。

三、我国核电发展中存在的问题与制约因素

（一）过多过快上马二代机型带来长期风险

20世纪50年代以来，全世界核电发展经历了三代技术。第一代技术证明了核

能发电技术上可行，第二代技术证明核电在经济上可行。但苏联切尔诺贝利、美国三里岛核电站及日本福岛核电站的三次重大核事故说明，二代核电站的设计低估了发生严重事故的可能性。90 年代，美国和欧洲明确要求新建核电站必须在预防和缓解严重事故上满足一定条件，国际上把这类核电站看作是第三代核电站，其严重事故概率是二代的 1% 。

经过招标，我国选择了美国西屋公司三代 AP1000 作为核电发展的技术路线。但是，由于 AP1000 首台机组开工建设两年后，也就是今年才能批量化发展，国内不少地方和企业为了快上核电项目，纷纷选择了二代改进型。

这种机型缺乏预防类似切尔诺贝利和三里岛核电站严重事故的安全措施。目前，国际上特别是发达国家新建核电厂大都采用第三代技术，已运行的 400 余座二代或二代改进型核电机组将在未来的 20 年左右陆续退役。只有中国还在大量批准新上二代机组。

如果在现有 9 个二代机组厂址上继续扩建同样机型，二代机组将达到 57 台 5 314万 kW，运行寿期达 60 年。假设这些机组到 2020 年全部建成，意味着它们要到 2070—2080 年才能退役。到那时，三代核电机型早已落后，具有固有安全特性的第四代核电机组已经普及，甚至第五代可控核聚变示范堆已经开始运行。而在这六七十年中，世界上只有中国仍有大量设计安全水平较低的二代核电机组在运行，安全风险远远高于其他国家。因此，批量建设二代机组应十分谨慎，规模不宜过大。

（二）加快发展核电的要求有些未充分考虑实施条件

尽管能源主管部门提出对核电中长期发展规划进行较大幅度调整，比刚刚执行 4 年的规划目标翻了一番多，但仍不能满足地方和企业加快发展核电的要求。例如，东、中、西部地区都提出要上核电，不少省份甚至由省委、省政府主要领导“挂帅”抓核电项目，不断向能源主管部门提出，希望将本省项目纳入规划，已经纳入规划的省份都要求提前开工。新上核电项目带来的巨额投资可以拉动 GDP，但由于缺少足够的实施条件，项目开工和运行后会带来很多新问题，对此应当予以高度重视。

（三）人才资源稀释严重

核电建设需要大量高素质、有经验、专业化的工程技术和管理人员。电站投入运营后，两台百万千瓦级核电机组需要 800 ~ 1 000 人的队伍，其中核相关专业需要约 400 人。近几年，随着大批新建核电项目开工，高端人才不断稀释，新人成长缺乏足够的培训和积累。

虽然全国已有一批高校开设核学科和核专业，但一个学生从大学毕业到成为合格的核工程技术人员，需要4~8年不等，而要培养起安全至上的价值观，则需要更长的时间。与此同时，一批有经验的技术和管理人才陆续退休，核电行业普遍出现人才资源短缺。今后几年，新上核电规模若超出人才供给能力，将为核电安全运行带来隐患。

（四）核电装备制造水平不高

据核电装备企业反馈，经过多年努力，我国已拥有每年制造多套百万千瓦核电机组装备的能力。但实际情况是，由于产品质量不稳定，技术标准不统一，设备拖期现象十分严重，每年连完成一套百万千瓦机组的成套装备都很困难。我国现在的核电装备企业以往主要制造常规电力设备，制造核级装备时质量保证体系不够健全，因为赶工期导致质量问题屡有发生。

（五）核安全监管能力需进一步强化

常规能源的安全责任主要在地方和企业，核安全责任则是在中央。中国已向国际社会承诺，承担核安全的国家责任。但是我国核安全监督工作在机构设置、人才、经费、技术基础等方面仍面临不少困难。国外核电大国的经验表明，平均每台核电机组需要的监管人力为30~40人。即使经过机构调整，我国核安全监管的总人数仍然不到1 000人。而且，监管人员收入远低于核电站工作人员，直接影响了队伍稳定和优秀人才的汇集。监管部门独立性也不够。特别是，我国至今没有一部涉及核安全的基本法，更谈不上核安全法律法规体系。

（六）核燃料供应与后处理能力不足

核燃料循环工业包括前端（核燃料获取、铀浓缩、燃料元件加工制造）和后端（乏燃料的后处理、放射性废物的处理与处置、铀和钚的回收）。我国核电站建设偏快，前端、后端能力较弱，而且在短时间内不可能大幅度提高生产能力。目前，国内仅有一座乏燃料后处理中试厂，新的后处理厂何时建设还不确定。

（七）行业投资风险加大

核电企业超出自身能力和配套条件，争厂址、争资源现象十分突出。核电融资规模大、投资回收期长。按照现在的发展速度，到2020年核电需要新增投资规模1万亿元左右，这还不包括在建的未投产机组。核电项目对资本金要求高，主要核电企业在自有资金不足而又无法上市融资的情况下，将主要依靠高负债扩大投资规模。

加上受制造能力的限制，可能出现项目拖期，将大幅增加企业的财务成本。目前我国核电建设还未进入高峰期，核电业主的资金链就已经绷得很紧，未来投资风险不可小视。

四、关于我国核电发展的几点思考

核电不同于其他能源形式，对安全性的要求非常高。日本福岛事件更是提醒了这一点。为确保核电稳步发展，应实事求是地制定和调整核电发展规划，统筹考虑核电发展规模与人才、燃料、制造等方面的关系，处理好速度与安全的关系，适当控制核电发展规模，合理把握开工节奏，促进核电装机与相关产业的协调发展。

（一）核电发展目标不宜过高

经过近几年发展，核电在建和核准项目规模已突破2006年制定的规划。大多数核电业主和配套企业是按照装机1亿kW以上制定自身发展规划。为防止一些地方和企业不顾客观条件，过多、过快开工核电项目，国家应当通过规划调整国内外各方面对未来的预期，将2020年的运行装机容量控制在7 000万kW以下，加上在建机组，总规模控制在1亿kW左右。在规划期内，国家根据需要与可能，实事求是地安排建设规模和开工节奏，尤其要控制近期核电建设规模。

（二）坚持AP1000的技术路线

核电发展应当继续坚定不移地贯彻党中央、国务院的决策部署，集中力量进行AP1000核电站自主建设，加快国家重大专项CAP1400的研发与示范工程建设进程。今后除已核准的二代改进型机组外，新上核电项目原则上应以三代AP1000系列机组为主。

（三）加强核电人才培养

进一步搞好人才规划与核电发展规划的衔接。加强对高校有关核专业办学的统筹规划，建立完整的核工程专业教育体系。鼓励高校与核电企业合作培养核电人才，提高高校教育的针对性，缩短新人实际经验积累的时间。

（四）打破装备制造瓶颈制约

国家应尽快制定发布三代AP1000和二代改进型机组的设备设计与制造技术标准。提升制造企业的设计和制造水平，稳定产品质量。在目前设计能力短时间内无法与制造企业相结合的情况下，应提倡联合攻关，提高关键设备制造能力。

（五）提高核安全监管水平

强化安全管理职能，保持安全监管技术的先进性。国家核安全局应成为国务院直属的实体局，使其成为具有权威性的独立监管机构。鼓励社会组织参与监管，为社会组织的参与提供资源和能力建设，提高监管的独立性和有效性。

（六）提高核燃料供应和后处理能力

深化核燃料体系改革，建立独立的核燃料企业集团。加快实施燃料“走出去”战略，力争未来 5～10 年，在铀资源开发、铀浓缩、燃料元件制造和乏燃料后处理等关键环节取得重大突破 。

（七）加强核安全法律法规建设

完善核电开发和核安全监管立法，待时机成熟时制定核开发与核安全基本法，逐步健全核安全法律法规体系。

福岛核泄漏事故再次为全球核电的发展敲响安全的警钟，但核电作为一种清洁能源，其发展脚步不会因为福岛事故而停滞。对我国来说，除了全面的安全检查与防范、暂停新的核电项目审批，更重要的是，他国事故促使我国再次全面检视我国发展核电的有利因素与制约条件，量力而行，稳步推进核电的安全发展。

14 我国水电开发的价值分析与路径选择*

一、我国水能资源与水电开发现状

（一）我国水能资源

水能资源作为清洁能源，在能源和经济可持续发展中占有重要地位。我国水能资源居世界首位，大陆地区水电理论蕴藏容量为6.944亿kW（按8 760运行小时计），年发电量6.082 9亿kWh，理论蕴藏量在1万kW及以上的河流共3 886条，单站装机容量500kW及以上水电站的技术可开发装机容量5.416亿kW，年发电量2.474万亿kWh，经济可开发装机容量4.027 9亿kW，年发电量17 534亿kWh，已查明的优良抽水蓄能电站站址250余处。

我国水能资源在地域分布上不平衡，西部多，东部少。按技术可开发装机容量统计，我国西部云、渝、贵、甘、陕、宁、新、青、桂、藏、内蒙古等12个省（自治区、直辖市）水力资源约占全国总量的81.46%，特别是西南地区云、贵、川、渝、藏占66.70%；其次是中部的晋、黑、吉、豫、鄂、皖、湘、赣等8省占13.66%；而经济发达、用电负荷集中的东部辽、京、津、冀、鲁、苏、浙、沪、粤、闽、琼等11个省、直辖市仅占4.88%。水力资源集中的金沙江、雅砻江、澜沧江、大渡河、乌江、长江上游、南盘江红水河、黄河上游、湘西、闽浙赣、东北、黄河北干流及怒江等，其总装机容量约占全国技术可开发量的50.9%。地区与河流水能资源集中，具备实现流域、梯级、滚动开发与建成大型水电基地的条件。可以充分发挥水能资源的规模效益，西部水能资源开发不仅可以满足自身需求，还可实现“西电东送”，满足东部地区的电力需求。水电是我国仅次于煤炭的第二大常规能源资源，更是目前可再生和非化石能源中资源最明确、技术最成熟、最清洁和最

---

* 本文主要内容原载于《中国能源》2011年第6期，此处有删改。原文由杨丽与笔者共同创作。

经济的能源。

（二）我国水电开发现状

从20世纪初小型的石龙坝电站，到21世纪初的长江三峡工程，中国水电走过100年历程，建成了大中小型水电站45 000余座，总装机容量突破2亿kW，水电总装机容量居世界第一。百年沧桑，中国的水电事业经历了从无到有、从小到大、从弱到强的发展历程。水电属非化石能源，是可再生能源。随着国家清洁能源战略的实施，我国水电开发速度逐渐加快，水电发电量逐年上升。2008年，水电、风电和核电发电量之和比2005年增加了将近一半，增速超过火力发电。2009年，中国新增的可再生能源发电装机容量，占世界新增装机容量的46.25%，全国水电装机容量达到19 629万kW，年发电量5 717亿kWh，非化石能源发电量占我国总发电量的18.2%（见表1）。“十一五”期间，各类非化石能源中，水电装机容量增加最多，平均每年增加2 000万kW，约为“十五”期间平均增速的2.6倍，2010年水电总装机容量突破2亿kW。截至2010年8月，我国水电百年累计发电量72 990亿kWh，相当于替代了27亿tce的能源使用量。21世纪，安全可靠、清洁的能源资源供给已成为经济平稳、长期健康发展的重要保障。但环保、移民等突出问题成为水电发展的制约因素，发展水电机遇与挑战并存。

表1　2005—2009年各类电源占总发电量的比例　　单位：%

年份	水电	火电	核电	风电
2005	15.88	81.9	2.12	0.05
2006	15.21	82.7	1.91	0.09
2007	14.79	83.0	1.89	0.17
2008	16.88	80.5	1.97	0.38
2009	15.88	81.8	1.90	0.75

二、我国水电开发的制约因素与存在问题

（一）水电资源整体开发程度低

水电作为技术最成熟、供应最稳定的可再生清洁能源，在全球能源供应中占有重要地位。我国是世界上水电资源最丰富的国家，但开发利用程度远远低于发达国家。以目前的1.85亿kW（常规水电）计算，我国水电开发利用率还只有34%左右，远低于发达国家60%~70%的平均水平。我国虽然有8万多座水库，但这些水

库大多用于防洪、灌溉，具备发电功能的较少，水电开发程度不到全球平均水平，而且地区差异很大，东部较高，西部较低，西藏只有1% 左右。按照2011 年消费31 亿 tce 来推算，2020 年我国需要消费48. 5 亿 ~53. 5 亿 tce，届时只有总量控制在51 亿 tce，才能保证实现非化石能源占比达到15% 的目标。这就要求水力发电达到1. 25 万亿 kWh，也就意味着2010—2020 年能源需求年递增率必须控制在4. 7% 。水电要在未来十年实现 1. 25 万亿 kWh 发电量绝非易事，这意味着水电开发程度要提高到80% ~90% 。

（二）移民问题

除了低水头径流电站，水电开发需要修坝建库，总是淹没一些土地，动迁一些居民。当前大中型水电工程建设，移民迁移从开始就滞后于主体工程的建设进度，成为截流和蓄水的主要制约因素。如广受关注的金沙江向家坝、溪洛渡工程需要移民18 万人，依据建设规划，库区移民将分别于2011 年 5 月、11 月前全部搬迁安置完毕，然而，截至2010 年8 月，仅完成搬迁4 万人，要如期完成搬迁余下的14 万人，任务异常艰巨。长期以来，水电开发项目提供的移民补偿也很难满足移民的生活需要。国务院 047 号令下达之后，每人每年600 元的后期扶持基金如何下发也是一个问题。地方政府如何下发这笔钱？是政府直接发放还是政府委托社会组织发放？是直接给钱还是用这笔钱设立移民扶持基金，带动地方特色产业发展？国家如何保障移民款如实发放到移民手中，是否可以借鉴清洁发展机制（CDM）引入第三方核查机构？诸多问题值得考虑。

（三）生态环境问题

水电开发带来诸多生态与环境问题。水电工程建坝蓄水发电运行后，连续河道变成了分段型河道，使天然河流的流量、流速、水位等水文、泥沙情势发生明显变化，年内径流量均化，引起水生生态环境发生显著变化，工程建库蓄水将淹没一定数量的原有植被，可能导致一些珍稀动植物消失；工程施工、移民安置期间因平整、占压、开挖、新开耕地、改田改土等活动将对地表植被造成破坏，造成新的水土流失，一些工程还可能会涉及自然保护区、风景名胜区及水源保护区等生态敏感区。建高坝大库，将改变天然河流水温，坝前垂向水温呈现出明显分层现象，水温分层将使水库下层的水体水温常年维持在较稳定的低温状态，特别是连续的高坝大库梯级开发，将使水温更难以恢复。河段水温的改变，将对水生生物等产生一些不利的影响。另外，水电工程施工期间也对环境产生影响。水电工程一般施工规模较大，周期较长，施工人数和施工机械较多。在施工过程中，因工程占地、采石、取土、弃渣等活动对地表植被影响较大，防护措施不当易产生严重的水土流失。施工活动的地表扰动，有可能影响到有些陆生动物的栖息地，而施工生产生活区产生的废水对周围水环境也会造成一定影响。

（四）水电同网不同价问题

目前，制约水电大规模开发的表面制约因素主要是移民补偿与生态环境问题。长期以来，水电开发项目提供的移民补偿难以满足移民生活和当地生态环境的可持续发展，深层原因在于我国长期以来对水电上网电价实行低价政策，而“被低价”直接导致水库移民安置补偿和生态环保工作的低投入政策，不仅引发诸多矛盾，也影响到其他水电项目的正常核准。电力改革之后，水电同网不同价问题依然没有实质性进展。国家发展和改革委员会 2010 年将三峡输变电工程输电价格由当时平均每千瓦时 0.07 元下调至 0.064 元。按照市场竞争优胜劣汰的原则，优质水电本应比火电具有更强的竞争力，高峰时段电价上涨，电力商品不分水、火、核，价格都应该一样，然而当今水电价格不仅没有如风电一样的并网补贴，优质水电反而是低价，根本无法体现市场供需变化与规律。另外，电价问题涉及的利益千丝万缕，大家都不愿也不敢碰这个“烫手山芋”。

（五）忽视水电开发后的跟踪调查评价

水电开发后的跟踪评估没有引起足够的重视，是我国水电开发及其研究的一个薄弱环节。水电开发前一般都要进行生态环境、移民、对下游的影响等相关问题调研，以便确定水电开发的影响程度和范围，并在此基础上做出是否开发的决策。然而，事前调研不能也无法取代事后的实际跟踪评价，总有不少因素是事前考虑不到的，尤其是移民带来的移民地区民族文化的保存、发展，以及社会稳定等问题。

三、加大我国水电开发的价值分析

（一）大力发展水电为主的可再生能源，是实现我国绿色发展的重要途径

水能资源可以再生，我国水能资源开发潜力巨大，剩余水能资源约占全球的 20% ，积极开发水电是我国能源战略的重要内容，也是实现绿色发展的重要途径。绿色发展是一种低能耗、低排放、低污染的社会经济发展形态，特点是通过实体经济的技术创新、组织创新、发展模式转型来减少对化学燃料的依赖，以降低温室气体排放，适应和减缓地球气候变暖。“绿色”与“低碳”，其意义不限于经济和技

术。我国的绿色发展之路与发达国家不同。我国是一个发展中国家，人口众多，人均资源少，经济发展水平低，科技水平相对落后，区域经济发展差距大，城市化进程远未结束，而且生态环境脆弱，易受气候变化的不利影响。而发达国家已经走过工业化阶段，正朝着全面信息化的方向发展。我国的绿色发展之路要比发达国家复杂艰难得多。要实现 2020 年及“十二五”期间的节能降耗目标，核心是低碳能源战略，大力发展水电为主的可再生能源是实现我国绿色发展的战略选择。

（二）水能资源是清洁能源，是我国发展非化石能源的主要能源

水能资源是一种清洁能源，不消耗矿物资源和水资源。2009 年，中国水电、风电、核电、太阳能等新能源、可再生能源在一次能源消费结构中的比重由 2008 年的 9% 上升为 9.9%。其中，水电占一次能源的比重由 2008 年的 7.4% 上升至 8.9%。即使按目前的速度发展，到 2020 年也难以实现非化石能源占能源需求比重达到 15% 的目标。我国应当进一步加快水电、核电、风电、太阳能等清洁能源的发展速度，而水电则是我国发展非化石能源最理想的选择。

（三）水电技术与产业相对成熟，具备规模开发可行性

水电开发对我国未来的能源安全和结构具有重要战略意义，是我国经济社会发展的必然选择。根据规划，为实现 2020 年节能减排目标，届时水电装机容量须达到 3.8 亿 kW，其中常规水电 3.3 亿 kW，抽水蓄能 5 000 万 kW。水电是目前各类可再生及新能源中技术最成熟、最具商业投资开发、成本最低的产业，具有规模开发可行性。以 2009 年三峡工程的完工为标志，我国水电开发与运行技术水平不断提高。影响区域内的水电站经受住了汶川大地震的考验，我国的高坝建设技术、混凝土快速施工技术、大型水轮机组设计安装制造技术等都走在世界前列，为我国水电开发奠定了良好的技术基础。同时，经过几十年的发展，我国水电建设和运营管理能力得到较大提高，形成了比较完整的产业体系。利用水能资源的水电工程一般兼具防洪、发电、供水、航运等综合效益。从经济政策环境、技术与综合效益等各个方面来看，水电规模开发均具有可行性。

四、我国加大水电开发的路径选择

能否重启与实现水电的大规模开发，关系到我国能否实现“到 2020 年非化石能源占一次能源需求比重达到 15%”的目标。依此目标，以 2020 年一次能源消费总量为 51 亿 tce 测算，2020 年我国水电装机规模需达到 3.8 亿 kW。2009 年，我国

非化石能源消费占比为9.9%。有专家预测，要实现“到2020年非化石能源占一次能源消费比重达15 %”的目标，由于风电、光伏等可再生能源发展速度有限，核电又因日本核辐射事件而放慢了脚步，水电必须承担起大约10%的重任。2010年，水电装机规模刚刚超过2亿kW，而水电的建设周期一般需要四五年的时间，如此推算，只有在2015年之前完成对新增水电装机的审批，才能保证这部分新建水电能在2020年贡献电量。因此，能源结构调整使水电规模化发展势在必行。

（一）推进水电电价市场化改革，统一调度大电网

“电网离不开水电，水电离不开电网”，推进水电电价市场化改革，将水电站纳入大电网统一调度运行，一方面可使水电上网电价过低的局面得到改观，水与火、气、核各种电源各得其所，水火互补，还可取得错峰效益。电网越大，越有利于灵活科学调度，综合效益越大，水电越能最大限度地被吸纳利用，从而最大限度地降低燃煤量。水能资源地域的分布不均问题，可通过电网的加强及扩大与全国联网予以解决。另一方面，通过水电上网电价市场化改革，可用同网同价的水电资金填补移民补偿和生态维护的资金缺口。如可以考虑从东部受电地区的电价收益抽调一部分，作为生态和移民补偿基金返还给水能资源输出地区。

（二）做好战略规划，重视环境保护

战略规划对于水电开发中的环境保护具有非常重要的指导意义。真正转变观念，坚持人水和谐、统筹合理的理念制定并落实战略规划。按照优先、重点、限制和禁止开发的不同要求，坚持“开发中保护，保护中开发”的原则，加大环境保护力度，完善环境保护措施。加强水电开发的前期研究和论证，明确不同河流或不同河段的功能定位，制定相应的开发和保护措施，在合理开发利用水资源的同时，维持河流的健康生命，确保水资源开发利用与其承载能力相适应，与经济社会发展相协调，与生态保护相结合。规划要科学合理，具有可操作性与严肃性，单项工程建设服从整体战略规划，确保资源的有效、合理利用。在开发水电的同时，重视生态恢复和建设，保护生物多样性，加强水电施工中水土保持生态环境建设，最大限度地减少由水电站的建设和运行对环境产生不利影响。

解决生态环境问题，非一日之功，需要客观评价，理性面对，尤其需要改变水电开发对生态环境保护工作中“重前端审批、轻过程监管”的弊病和“环保风暴”式的管理办法。首先，要培养环境保护与生态保护意识，承认水电开发带来泥沙、水质污染和其他生态问题；其次，用事实说明这些问题是可以解决的；再次，用事实说明水电建设对生态环境也有很好的正面效益，如防洪、减排甚至美化环境等。

泰安抽水蓄能电站就是一个很好的案例，电站的主要建筑物全部采用泰山民居及风景园林建筑，不仅将对泰山的自然环境影响降低到最小，同时也成为泰山风景区的一道新景观。最后，加强环境影响评价制度的落实。在规划层次上实施环境影响评价，从源头上规避或减轻生态环境影响；将环境影响评价制度全面纳入工程建设管理程序，实现环境影响评价制度化与程序化；加强水电工程建设后环境影响评价，实现全程环境影响评价的过程化与动态化管理。

（三）坚持可持续发展，做好移民安置工作

移民工作对于水电站建设是关键性环节，妥善处理好移民安置问题对水电站建设及后续运行，实现水电可持续发展至关重要。过去最大的失误是水电开发把效益给了下游的发达地区，把困难和问题留给了库区和移民。其实，移民工作必须由国家与多方利益相关者全面规划、组织、协调和监督才能完成，发电企业无力独立承担。要确保移民能分享工程效益，特别关注移民的社会问题，加强民族文化保护，进行跟踪调查研究。真正做到建设一座电站，振兴一方经济，富庶一批人民，美化一方环境。因地制宜制定移民政策并落到实处。全面认真地研究移民的可行性，充分征求移民的意见，创新移民安置方式，有计划地分类改变山区移民的农民身份，建立社会保障，完善基础设施，将市场机制引入移民的长期发展，扭转“业主获效益、政府背包袱、移民做牺牲”的被动局面。根据库区农民的类型引导出路：对于农业中坚力量，可以鼓励其继续做大做强特色农业；对于年轻一代，可以通过专门培训而使其脱离农业，创业致富；对于鳏寡孤独、老弱病残和失去土地一时无法安排的人，则建立可靠的生老病死社会保障。多方筹措并落实移民资金。可从几个渠道筹措移民资金：一是开发部门提供的移民费用；二是实施电力同网同质同价、优质优价、水电享受可再生能源的政策优惠等，由此而增加的效益用到上游和库区；三是国家投入；四是民间资本投入。引入市场机制，将淹没耕地作价入股，以保障移民长期稳定受益，真正实现移民“搬得出、稳得住、逐步能致富”。

（四）鼓励社会组织积极参与，培育支持水电领域行业协会的发展

社会组织是环境保护的生力军，也是推广、监督水电技术研发应用及应对气候变化过程中不可忽视的重要力量，它们代表了民间力量中最先“觉醒”的一部分，是公众低碳与环保意识重要的推动者。一些社会组织掌握相关专业知识并具有很强的实践能力，能在我国水电开发建设中发挥独特作用。社会组织既可率先垂范参与移民安置、水电技术的研发与推广，推动企业和个人为社会责任而保护环境、关注移民权益，还可在水电项目设计、技术评价、技术推广，以及民间资本投入等方面发挥可持续论证、

公众质疑、标准创建、融资、监督、跟踪调查等作用。各级政府应鼓励社会组织积极参与水电开发，为其登记注册、项目活动提供更加宽松的制度和政策环境，并购买跟踪调查等专业服务。与此同时，政府要积极培育支持水电领域行业协会的发展。近年来，随着国际气候谈判陷入僵局，国际气候博弈加剧，我国的减排压力越来越大，水电等清洁能源行业协会可积极行动起来，参与国际谈判，传播我国清洁能源技术及其应用中取得的成果，更好地发挥行业共同体的作用。

（五）重视水电开发跟踪调查研究，构建水电开发的定量系统模型

水电开发争议大部分来自开发后的生态环境、移民等问题。虽然目前对生态环境的影响、移民补偿等问题研究众多，但都是从理论上的一般性探讨较多，实际的定量分析过少，而且研究问题过于简单化。如移民问题，目前的研究集中在移民补偿、利益共享机制等，对移民后的社会问题没有实际的跟踪调研。可以成立水电开发调查研究小组，也可以购买服务，委托行业组织与其他社会组织，全面、不定期地对水电开发的相关问题进行实地跟踪调研。定性分析可增强研究的逻辑性和系统性，但定性分析无法表明水电开发的真实利与弊。水电开发是一项庞大而复杂的系统工程，没有比较全面的定量评价系统，容易陷入无结果的争论，也无法说服反坝组织、环保组织及其他对水电开发心存疑虑者。构建水电开发定量系统模型，合理评估水电开发的得失，也是水电开发可以加强的一项工作。

（六）完善移民和可再生能源领域法律法规建设，加强执法

与移民权益、水能开发和利用相关的低碳、环保、节能法规建设是开发水电的法律依据和前提。发展我国的水电事业，首先必须健全相关的配套法律法规，并强化执法力度。需要进一步完善有关移民的法律法规和政策，加强宣传培训，保护移民的合法权益。目前，我国以《可再生能源法》和《节约能源法》及其配套法规为主体，以财政补贴、税收优惠、定价机制、规划支持、研发支持、技术标准与产业支持等为支撑的法律法规和政策体系框架正在形成。2010 年修订的《可再生能源法》，将强制上网制度修改为全额保障性收购制度，将专项基金制度修改为发展基金制度。这些制度的确立和不断完善，为水电等可再生能源的发展提供了良好的制度环境。进一步完善我国《大气污染防治法》及相关的环保标准和实施细则，有效实施《可再生能源法》和《节约能源法》，制定和完善强制淘汰高耗能、高污染设备及使用清洁能源等相关法规与实施细则，并严格实施，将大力推动水电的规模开发。

15 我国页岩气开发对策*

2012年3月16日，国家能源局发布《页岩气发展规划（2011—2015年）》（以下简称《规划》），计划2015年页岩气产量达到65亿 m^3，财政部也将出台优惠财税政策支持页岩气开发。当前，我国对于煤、石油、天然气等资源的需求不断攀升，对外依赖程度越来越大。到2011年年底，我国的石油对外依存度已高达57%，《规划》的出台，将对页岩气在我国的发展起到极大的促进作用，为减少石油对外依存度，缓解能源供应压力提供重要支撑。

一、全球能源需求趋势与页岩气开发

（一）页岩气开发在全球能源供给的地位日趋重要

据世界环境组织（WEO）预测，石油需求将从2010年的每天8 700万桶增长到2035年的9 900万桶，增长主要来自交通运输。汽车保有量将成倍增长，2035年预计达17亿辆。可替代技术如混合动力和电动车，被市场接纳仍需要时间。煤炭的使用，在最近的10年里，几乎占到全球能源需求增长的一半，2035年将达到65%。对于煤炭来说，其对能源政策更敏感，尤其在我国，目前占全球需求量的一半。天然气的未来发展很明确：其在能源增长中所占比例和使用量都可以和煤炭消费量相比较。根据WEO最近的一份特别报告指出，全球或许正在进入“天然气黄金时代”。

全球市场对所有燃料的需求都在上升，但化石燃料在全球一次能源消费中的占比会从2010年的81%小幅下滑到2035年的75%；到2035年之前，天然气是唯一一种在全球能源结构中占比增加的化石燃料，全球供应量增长1.7万亿 m^3，其中非常规天然气（主要是页岩气）占40%，但需要采用方法应对环境方面的挑战。在未

---

* 本文主要内容原载于《中国人口·资源与环境》2013年第3期，此处有删改。原文由笔者、杨来、曾凯超共同创作。

来的10年里，经济的发展、繁荣和人口的增长势必增加对能源的需求，但我们不能继续依赖以不安全的、破坏环境的方式来使用能源。政府必须采取更强有力的措施推动对高效和低碳技术的投资。页岩气作为一种储量丰富、清洁环保的非常规天然气，将会担负起重要的角色。

（二）全球页岩气分布与开发概况

页岩气是指主体位于暗色泥页岩或高碳泥页岩中、以吸附或游离状态聚集的天然气，是一种重要的非常规天然气资源。作为一种新的能源品种，它既是常规天然气的潜在替代能源，也是清洁环保能源。与常规天然气相比，页岩气开发具有开采寿命长和生产时间长的优点，大部分可产气的页岩分布范围广、厚度大，且普遍含有页岩气，这使得页岩气井能够长期以稳定的速率产气。页岩气开发在美国和加拿大已经起步，并且已成为重要的替代能源，正广泛应用于燃气化工、汽车燃料等行业。

全球页岩气资源分布广泛，储量约为$456\times10^{12}m^3$，相当于煤层气和致密砂岩气的总和，主要分布在北美、中亚和中国、中东和北非、拉丁美洲、苏联等地区（如表1）。

表1　世界主要地区页岩气资源前景

地区或国家	页岩气储量/$10^{12}m^3$
北美	108.7
拉丁美洲	59.9
西欧	14.4
中欧+西欧	1.1
苏联	17.7
中东+北非	72.1
撒哈拉以南非洲	7.8
中亚+中国	99.8
太平洋地区（经合组织）	65.5
其他亚太地区	8.9
南亚	
世界（合计）	456.0

目前，全球对页岩气的勘探开发并不普遍，仅美国和加拿大做了大量工作，美国是最早进行页岩气研究和开采的国家。1821年，北美最早的页岩气井钻于美国东部纽约州泥盆系页岩中；1926年，在阿帕拉契亚盆地成功实现了页岩气的商业开

发。据统计，20 世纪 70 年代中期，美国页岩气步入规模化发展阶段。70 年代末期，页岩气年产量约 $19.6\times10^8 m^3$。2000 年，美国页岩气生产井约 28 000 口，页岩气年产量约 $122\times10^8 m^3$。2007 年，页岩气生产井增加到近 42 000 口，页岩气年产量为 $450\times10^8 m^3$，约占美国天然气年总产量的 8%。2009 年，美国页岩气产量接近 1 000 亿 m^3，超过我国常规天然气的年产量（2009 年我国天然气产量 830 亿 m^3），基本弥补了美国天然气的市场缺口，也摆脱了美国对外天然气市场的依赖，从而直接影响了世界天然气市场的价格，具有重要的政治和经济双重意义。2010 年，美国页岩气产量超过 1 379 亿 m^3，占全国天然气年总产量的 23%，超过俄罗斯成为全球第一大天然气生产国。2011 年，美国页岩气产量约 1 800 亿 m^3，而我国天然气产量为1 025 亿 m^3。加拿大页岩气资源分布广、层位多，开发条件相对较好。目前，已有多家油气生产商在加拿大西部地区进行页岩气开发试验，2007 年，该区页岩气产量约为 $8.5\times10^8 m^3$，其中 3 口水平井口产量较高，达到 $9.9\times10^4 \sim 14.2\times10^4 m^3$。2011 年，加拿大页岩气产量约为 40 亿 m^3。

除美国和加拿大以外，澳大利亚、德国、法国、瑞典、波兰等国家也开始了页岩气的研究和勘探开发，页岩气勘探开发正由北美向全球扩展。2009 年 12 月，石油巨头埃克森美孚石油公司以 310 亿美元巨资收购非传统天然气公司 XTO 能源公司，这是迄今为止最大金额的页岩气合同；2010 年 1 月，法国道达尔石油公司以 8 亿美元的价格获得切萨皮克石油公司位于得克萨斯州的 Barnett 页岩气项目的 25% 股权。页岩气已成为全球油气资源勘探开发的新亮点，必将改变世界油气资源勘探开发的格局。

二、美国页岩气开发的主要模式和经验

十年前，美国页岩气的开发量占天然气开发总量的比例微乎其微，如今已经占到国内天然气总产量的 1/3。事实上，2000—2006 年，美国页岩气产量年平均增长率是 17%，2006—2010 年是 48%。预计到 2035 年，页岩气产量将占到全美天然气总产量的 46% ~60%。未来，美国在页岩气领域的发展及其对国内国际产生的影响都将有巨大的研究价值，因此，本文主要分析美国页岩气开发的模式和经验，希望给我国的页岩气开发带来一些帮助。

（一）规范的市场监管保障了产业发展

美国的能源监管权分属联邦和州两级，联邦监管标准较州的要求低，倘若两者冲突，则以联邦监管制度为准。1978 年，美国通过了《天然气政策法案》，放松了

对天然气价格的控制，进一步促使天然气市场成为非常有竞争性的市场。美国采取天然气开采和管道运输业务垂直分离模式。目前，美国有 40 多万 km 的天然气管道，天然气管网设施较为发达。美国对天然气开发商和管道运输商进行不同的政策监管，在监管管道输送费用的同时放开天然气价格，保证天然气生产商和用户对管道拥有无歧视准入条件。监管形式上，州内管道由州与地方法律监督和约束，州际管道则由联邦能源管理委员会、州、地方法律监管和约束，同时运输价格受到监管，市场运输准入受联邦能源管理委员会的控制。

（二）众多中小公司的参与促进了技术进步

美国在页岩气开发技术方面走在世界前列，已探索出先进的页岩气开采技术，包括水平井加多段压裂技术、清水压裂技术、同步压裂技术和深层地下爆破技术。近年来，页岩气开采技术的突破扩大了页岩气渗入面积和开采深度，使美国天然气储量增加了40%，页岩气开发商也因此获得了更为丰富的页岩层资源。美国页岩气开发的主角是数量庞大的中小公司。在美国，石油天然气领域的企业有 8 000 家左右，而 85% 的天然气是由中小公司生产。市场化的商业环境、激烈的竞争促使众多中小企业不断进行技术创新，一项技术从研发到商业化甚至会经历数个公司间的更替。这些公司不断进行技术革新，成为推动美国页岩气开采技术快速发展的主要动力。中小型独立油气开发商在技术革新行动上更快捷，而大公司可以在长期性和财务稳定性上给予更多保证，因此，出现了中小公司取得技术和产业突破，大公司则对中小公司进行收购和兼并的现象。当然，这丰富和完善了产业链，促进了美国页岩气产业的快速发展。

（三）优惠的税收政策推动了产业发展

非常规能源开发的税收抵免促进了包括页岩气在内的非常规能源的发展。美国 1980 年通过的《原油意外获利法》对 1979—1993 年钻探的非常规油气和 2003 年之前生产和销售的页岩气与致密气实施税收减免。除此之外，对油气行业实施其他 5 种税收优惠，包括无形钻探费用扣除、有形钻探费用扣除、租赁费用扣除、工作权益视为主动收入、小生产商的耗竭补贴等。上述税收优惠常年存在，鼓励了小企业的钻探开发投资，促进了油气行业的发展。

（四）完整的法律法规体系进一步保障了产业发展

美国土地的地表权和矿业权分开，有利于开发商获取页岩气上游资源。在私有土地上，开发商必须和矿业权利人签署租约，在设钻井与铺管道的土地上与地表权利人签署单独的协议，并取得州管理机构的许可。美国联邦政府在全美拥有11%左右的土地。联邦法律规定对公有土地使用实行竞标拍卖，规划每10年审核一次，公众广泛参与，私营公司可竞标获取在公有土地上的钻探权，并支付给政府相应的租金及矿区使用费等。

三、我国页岩气资源与开发现状

（一）我国页岩气资源分布

我国页岩气资源丰富，开发潜力大，商业化条件好。2012年3月，国土资源部召开新闻发布会，初次披露了我国页岩气资源的官方评估数据。我国陆域页岩气地质资源潜力为134.42万亿m^3，可采资源潜力为25.08万亿m^3（不含青藏地区）。与常规天然气关键在“找气”不同的是，页岩气开发的关键在“采气”，在相对确定的产气区块上，一旦资金大规模投入，极有可能在较短时期内实现规模化发展。我国海相沉积面积广，烃源岩发育良好、演化程度高。在四川盆地、鄂尔多斯盆地、渤海湾盆地、松辽盆地、吐哈盆地、江汉盆地、塔里木盆地、准噶尔盆地等均有页岩气成藏的地质条件，局部有机碳含量在30%以上，发现了典型页岩层中局部的天然气富集。富集层位主体存在于中、古生界地层中，以及东部地区的新生界。

（二）我国页岩气开发现状

作为一种新兴的非常规能源，页岩气资源的开发需要大量技术、资金和技术人员作支撑，而我国页岩气资源的勘探刚起步，技术不成熟，经验匮乏，页岩气资源的规模开发还有很长的路要走。我国页岩气藏储层与美国相比有所差异，如美国页岩气层埋深为800~2 600m，而四川盆地页岩气层埋深为2 000~3 500m，页岩气层埋深的增加无疑增加了开发难度。

近几年，我国在对外合作方面也已迈出了可喜的步伐。2007年10月，我国石油天然气集团公司与美国新田石油公司签署了《威远地区页岩气联合研究协议》，研究内容为四川省威远地区页岩气资源勘探开发前景综合评价，这是我国页岩气开发对外合作签署的首个协议。页岩气的合作开发对我国非常规油气资源的开发有着深远的影响。2008年11月26日，由中国石油勘探开发研究院实施的我国首口页岩气取心浅井在四川省宜宾市顺利完钻。该井设计井深为200m，全井段取心，共取心154m，采集TOC（有机碳含量）等地化样品和岩矿样品200多个，页岩吸附气样品14个，GR值（放射性元素）测定780个，对页岩吸附气含量等多项数据进行了全面分析。2009 年 11 月 10 日，中国石油与壳牌公司在北京签订《四川盆地富顺-永川区块页岩气联合评价协议》，吹响了我国页岩气勘探开发的号角，标志着我国首个页岩气合作开发项目正式进入实施阶段。目前，我国天然气需求旺盛，若在四川盆地能完成页岩气的开采工作，可缓解供需紧张的矛盾。中国石油西南油气田公司作为项目的执行者，将按照协议，与壳牌公司一起，把我国首个页岩气合作开发项目建成示范型项目。中国国土资源部举办了两次页岩气资产拍卖，2011 年拿出 4 个区块面向 6 家国企招标，2013 年又拿出 20 个区块，面向数十家国企和非国企招标。但是，这两次拍卖都不太可能引起开发活动热潮，中国三家最大的能源公司，其中最主要的中国石油天然气集团公司，拥有国内大部分页岩资产，主导着中国的页岩开发格局。

四、我国页岩气开发面临的困难与障碍

（一）资源勘探水平相对落后

我国页岩气资源潜力大，但要大规模勘探开发，尚需确定有利目标区及各地区可采资源量，工作难度高，资金投入大，实施周期长。目前，尚未系统开展全国范围内页岩气资源调查和评价，资源总量和分布尚未完全掌握，现有的数据只是根据 EIA 等国外机构与国内初步勘探结果来推断的。地质评价滞后，我国页岩气预测储量仅限于地质分析，不是实际勘探的结果。情况不明，勘探和开发就是盲目的。中国石化勘探南方分公司认为，对开发前景较好的四川盆地页岩气做地质评价，“可能需要 1 到 2 年时间”。对页岩气资源潜力进行勘探有待加力，资源情况尚不清楚。

（二）核心技术尚不成熟

我国在页岩气开发的核心技术如水平钻井和水力压裂技术方面尚不成熟，前者主要包括欠平衡钻井技术、控制压力钻井技术及旋转导向钻井技术等，后者主要包括多级压裂、清水压裂、同步压裂、水力喷射压裂及重复压裂等。另外，我国页岩气藏的储层与美国相比有所差异。我国页岩沉积时代较早、埋深大多在 3 000 米以上，气藏结构相对复杂，勘探开发的难度较大；而开发页岩气较为成功的美国，主要气田的深度较浅，其中美国规模最大的马塞勒斯页岩气田，其埋藏深度是 700 ~ 3 000米。这意味着我国页岩气开采难度可能更大。

（三）制度建设有待完善

1. **矿种界定和矿权管理不明确**

我国页岩气资源条件好的区块与几大国有油企登记的常规油气区块大面积重叠，按目前的做法就只能由现有油企主导开采。国有油企业务重心是常规油气，对页岩气投入有限，实质性的开发进程很难加快。如美国 Barnett 地区面积约 12 000km^2，仅 2008 年一年就新增 3 300 口井。到 2008 年该地区钻井总量已达 12 125 口（不含因产量下降关闭的井），每千平方公里打井数达 1 000 口。2008 年 Barnett 地区完成页岩气投资约 126.6 亿美元，当年产气量达到 458 亿 m^3。而如果要求我国国有油企在其登记区实现相当的开采速度，在目前的体制框架下几乎是不可能的。

2. **准入体制有待拓宽**

参考我国煤层气开发的历史，严格的准入制度使得只有大型能源企业才能进入煤层气开发领域，但这些企业业主往往都有较好的利润水平，反而不愿意积极投资开发煤层气。这就导致了有积极性的企业开发不了、有开发权的企业没有积极性的后果。

3. **缺乏相关扶持政策**

美国页岩气开发的成功，在很大程度上得益于美国政府在页岩气产业发展不同阶段实施不同的产业扶持政策。页岩气开发初期投入较大，在投入产出效益不确定的情况下，投资规模不足将影响页岩气的快速发展。我国页岩气勘探开发尚处于初期，产业发展具有风险大、成本高的特点，亟须政府在相关产业政策方面给予一定的支持。

（四）基础设施建设亟待完善

页岩气资源的最终输出需要依靠我国天然气管网的建设。经过近些年的不懈努力，目前我国已在川渝、华北、长三角等地区形成了较为完善的区域性支干管网。然而，我国的页岩气资源富集区很多集中在中西部山区，管网建设难度大、成本高，不利于页岩气外输利用和下游市场开拓。要想页岩气得到充分的利用，真正地缓解目前我国面临的能源危机，需在中西部等地区也建设较为完善的管网设施。

（五）环境影响尚难消除

目前，世界上页岩气开采使用的主要是水力压裂法，会消耗大量的水资源。水力压裂完成之后，所用的水可以被捕获、处理和重新利用，并回收利用到下次水力压裂中。但水力压裂用水加入了化学药品，也加入了杀菌剂，这些化学用品会随水渗透到地下水位以下，贻害无穷。我国初步勘探出的页岩气主要分布在中西部地区的四川盆地、鄂尔多斯盆地等处。页岩气开发所必需的压裂技术需要消耗大量的水资源，这种消耗往往以万吨计。由于需要穿透蓄水层，钻井所用的化学添加剂也可能对我国中西部地区的地下水源构成威胁。

五、促进我国页岩气开发的对策建议

目前我国页岩气资源的开发刚刚起步，经验匮乏，技术不成熟，页岩气埋藏较深，这些因素制约着我国页岩气的发展，页岩气资源的规模开发还有很长的路要走。美国通过近30年的努力，取得了极大的成功，其先进经验值得我们借鉴和学习。但同时我们也应该看到我国与美国在页岩气开放上的诸多不同之处。例如，我国页岩气形成的地质年代晚于美国，页岩气藏储层与美国的页岩气藏储层相比差异巨大，总体上有机质热演化程度高，埋藏深度较大；我国的土地所有权与美国不一样，页岩气矿产开发的权属划分也不一样，土地权与矿业权没有实现分离，不利于开发商特别是众多非国有企业获得页岩气资源；我国与美国在常规石油天然气领域资源的探矿权和采矿权的市场化程度不同，等等。因此，在学习美国经验的过程中，我们应该是有保留、有思考的借鉴吸收。

（一）加速资源调查，提高勘探水平

我国对页岩气的高度关注是近几年的事，目前对国内页岩气资源的认识程度还远远不够，有利勘探开发区域和层系尚不明晰。页岩气的成功开发，最重要的前提就是要搞清楚其在国内的蕴藏情况，因此，资源调查将是未来工作的重点。第一，通过开展页岩气资源的战略调查和资源评价工作，查清我国的页岩气资源状况，建立我国页岩气调查与选区的技术标准，在此基础上评价优选勘探开发有利目标区和富集区，使我国的页岩气尽快实现商业性开发，以缓解天然气供需的紧张局面，促进地方经济快速发展。第二，建立页岩气勘探开发新机制。加快引入有实力的企业参与页岩气勘探开发，推进投资主体多元化。同时，要制定准入门槛和资质，推动矿权招投标制度、区块退出机制及合同管理，大幅度提高最低勘查投入，杜绝“跑马圈地”等现象。石油天然气、煤层气矿业权人应综合勘探开发矿业权范围内页岩气资源。页岩气勘探开发要与其他固体矿产矿业权、整装勘查区相互衔接，协调处理好矿业权重叠，确保安全生产。

（二）依靠科技攻关和国际合作突破核心技术

通过国家科技重大专项等，加大对页岩气勘探开发相关技术研究的支持力度，在“大型油气田及煤层气开发”重大专项中将“页岩气勘探开发关键技术”列为重点项目，增设“页岩气勘探开发示范工程”。加强国家能源页岩气研发（实验）中心和其他页岩气重点实验室建设，建立高层次人才培养和学术交流基地。鼓励国内企业及院所间开展勘探开发关键技术联合研究，开发具有我国特色的勘探开发核心技术。同时，我们也应该加强与世界先进国家的页岩气管理和技术交流，深入研究国际经验，提升核心技术水平；也可以借助金融危机的契机，通过收购兼并美国等国的页岩气企业来获得核心技术。

（三）健全页岩气开发的相关制度

1. 建立页岩气矿权管理制度

将页岩气确立为区别于常规天然气的独立矿种，建立专门的页岩气区块登记制度。探索建立更有利于加快开发、更有利于调动地方政府等多方积极性的矿业权管理制度。按新矿种进行页岩气区块登记，矿权出让采取竞争的方式。强化矿权退出机制，对拥有矿权但投资达不到要求，或在规定期限内达不到产出的，要强制退出。

2. 放宽页岩气的市场准入

目前国内民间资本多，参与开发页岩气的积极性高，适当放开页岩气的投资准入，对引导民间投资、调动地方积极性、加快页岩气开发进程有重要意义。另外，可以通过借鉴国外先进经验，制定民营资本、中央和地方国有资本等以独资、参股、合作、提供专业服务等方式参与页岩气投资开发的具体办法。

3. 制定财税支持政策

我国可考虑将对煤层气的支持政策，以及美国、加拿大对页岩气的支持政策进行充分融合，并结合我国具体国情制定一套适合页岩气发展的财税政策。通过实行页岩气开采的资源税、增值税、所得税等减免税政策，对依法取得页岩气探矿权、采矿权的矿业权人或申请人可按照相关规定申请减免页岩气探矿权和采矿权使用费；对页岩气勘探开发等鼓励类项目进口的国内不能生产的自用设备（包括随设备进口的技术），按有关规定免征关税等。通过这些政策的实施，达到鼓励企业进行设备投资和降低成本的目的。

（四）完善页岩气利用配套基础设施

页岩气开发的最终目的还是利用，基础设施将是页岩气利用的关键。一是在天然气管网设施比较完善的页岩气勘探开发区，积极建设气田集输管道，将页岩气输入天然气管网；二是对于远离天然气管网设施，初期产量较小的勘探开发区，建设小型液化天然气（LNG）或压缩天然气（CNG）利用装置，防止放空浪费；三是根据勘探开发进展情况，适时实施建设页岩气外输管道。具体做法可以借鉴美国经验，开放竞争，加强市场监管。在管网设施建设上，要让众多的中小私有公司运用市场机制，通过竞标获取建设权，建成后可以通过收取管网租金的方式收回投资。

（五）加强监管，保护环境

鉴于在页岩气开发过程中所造成的环境污染，我国需要采取环境保护措施，加强保护环境意识，如在水库和蓄水层周围建造隔离缓冲区，避免造成污染，还应颁布法令来规范开采行为。同时，也可以借鉴美国经验，加快研究制定包括地下水、地质、土壤、生态等多方面，覆盖采前、采中和采后多环节的全方位监管制度。通过人大立法机关制定强制的排污标准，以法律的形式加强监管，保护环境。

16 我国洁净煤产业发展策略*

作为一种高碳能源，煤的含碳量高达80%以上。为了减少直接燃煤产生的环境污染，洁净煤技术的开发和应用受到世界各国的重视。我国是煤炭大国，75%的发电装机来自火力发电，80%的电量来自火电，80%以上的二氧化碳排放来自煤炭燃烧。预计未来二三十年，化石能源的主要能源地位很难改变，煤炭仍是主导，我国对煤的依赖度很难降到50%以下。当前与今后一定时期，煤的低碳利用是低碳能源的核心问题。发展洁净煤技术，推进清洁技术产业化，提高能源效率，减少环境污染，实现能源从高碳向低碳转型，是实现我国"十二五"及中长期能源目标的重要手段，也是积极应对气候变化，促进我国能源、经济、环境协调发展的重要途径。

一、研发洁净煤技术，实现洁净煤技术产业化的必要性

（一）煤炭在我国能源中的主导地位难以改变

我国是世界产煤大国，也是煤炭消费大国。就资源禀赋而言，我国多煤少油，煤炭资源丰富，煤种齐全，煤炭资源探明储量占我国化石能源的90%以上，煤炭在一次能源生产和消费结构中占2/3以上。作为中国能源的支柱产业，2010年全国原煤产量为32.4亿t，比2009年的30.5亿t，增加了1.9亿t，同比增长8.9%。煤炭是目前保障我国能源安全供应的最可靠能源，同时也是现阶段最廉价的可利用能源。中国的能源储量、生产和消费结构决定了煤炭在今后一段时期内依然是我国的主要能源。煤电在我国电力构成中一直占绝对主导地位，2010年，火力发电33301.3亿kWh，同比增长11.6%，占总发电量的79%。尽管我国新能源和可再生能源的开发利用技术近年来已取得较大进展，但尚未大规模投入商业运行，作用比较有限。2011年日本因地震、海啸引发的核泄漏事故延缓了我国核电发展的进程。预计21世纪中叶以前，我国探采的煤炭将有65%以上用于发电，煤电比重将继续

* 本文主要内容原载于《煤炭经济研究》2011年第6期，此处有删改。原文由杨丽与笔者共同创作。

保持在70%以上。

(二) 煤炭的非洁净开发利用带来多重压力

煤炭与石油其实都属污染性能源，石油行业因重视原油的炼制和提纯，成为比较洁净的能源，而煤炭行业对洁净利用重视不够，加工、转化和利用都造成严重的环境污染。我国以煤炭为主要能源，煤炭开发与利用带来巨大的环境压力。煤炭开采造成土地塌陷、矸石积存与自燃、煤层气排放，煤炭直接燃用造成烟尘和二氧化硫污染，煤炭利用效率低造成能源浪费，这都或产生或加重了环境污染。我国是能源消费大国，温室气体与二氧化碳排放总量位居世界前列，随着我国经济发展和人均能源消费增加，二氧化碳排放量还将继续增加，大气与环境污染有可能更加严重，这不仅面临国内压力，也面临较大的国际减碳压力。

(三) 洁净煤技术的特点与作用

"洁净煤"（Clean Coal）一词，20世纪80年代初由美国和加拿大负责关于解决两国边境酸雨问题谈判的特使德鲁·刘易斯（Drew Lewis，美国）和威廉姆·戴维斯（William Davis，加拿大）提出。洁净煤技术（clean coal technology，CCT）是旨在减少污染和提高效率的煤炭加工、燃烧、转化和污染控制等新技术的总称，涵盖从煤炭开发到利用的全过程，是使煤作为一种能源应达到利用最大化，污染最小化，实现煤的高效、洁净、经济利用的技术体系。

洁净煤技术的构成有洁净开采技术、燃前加工与转化技术、燃中处理及集成技术和燃后处理技术。洁净煤技术具有如下特点：首先，洁净煤技术以高硫煤为原料，以一碳化学为基础，采用多样化工艺，实现煤炭资源的优化配置、高效和清洁利用；其次，洁净煤技术涉及物理学、化学、生物学、地质学等多学科，化工、热工、环境等多技术，是一项多层次、多学科、综合性很强的系统工程；最后，洁净煤技术注重综合效益，实现了环境友好和经济发展的双重效益，是"经济"和"环境"的双赢。推进洁净煤技术发展与产业化，将解决我国能源四个方面的问题：减少污染物，降低温室气体排放量，促进能源技术的发展，降低石油的进口依赖，提高能源利用效率。

(四) 洁净煤技术及其产业化是解决我国能源与环境问题的必然选择

煤炭污染并非煤炭自身的问题，而是由于开采、加工和利用方式不科学、不绿色、不低碳所引起的。煤炭在开采、转化、发电与终端消费等过程中存在着巨大的清洁空间。煤炭不仅是我国的能源消费主体，它在世界能源消费中至今依然占相当比重。世界主要能源生产和消费国都高度重视洁净煤技术，将其作为石油的后备替代能源进行技术开发，视其为实现能源、经济、环境协调发展的一种主导技术。

我国2010年煤炭年产量为32.4亿t，其中只有一半左右符合科学产能的要求，多半产能达不到安全生产和保护环境、生态的国际标准。未来20年，我国不仅将遭遇严重的能源“瓶颈”，还将面临因煤炭的非清洁利用而造成的严重环境污染，对我国的可持续发展形成重大威胁。就煤炭行业而言，突破“瓶颈”、解决矛盾的出路只有一条，即发展洁净煤技术，实现洁净煤技术的产业化。

二、我国洁净煤技术及其产业化现状

自20世纪80年代开始，世界上许多国家着眼于长远的能源发展，相继开始“洁净煤技术”的研发。发达国家投入大量人力、物力与财力，在洁净煤技术的一些主要领域取得了重大进展，并实施商业化推广。如美国能源部2002年提出CCPI（Clean Coal Power Initiative）计划，以解决当时能源系统的环境污染问题，开发具有二氧化碳处理功能的电力和清洁燃料联产，污染物近零排放的能源系统。2003年宣布Future Gen示范项目，建立世界上首个污染物零排放、电力和氢联合生产的大型实验基地。此外，欧洲、日本、加拿大、澳大利亚等地也分别提出各自的洁净煤技术路线图。这些技术无一例外地采用了以煤气化为基础，以煤制油、煤制氢或煤制化学品与燃气、蒸汽联合循环发电为主线的多联产体系，辅助碳捕捉与封存（CCS）技术，实现二氧化碳的零排放。

我国自1990年初提出发展洁净煤技术以来，国家从政策和资金等方面支持洁净煤技术的发展。国务院1995年批准《中国清洁煤技术“九五”计划和2010年发展纲要》；科技部门加强洁净煤技术研发，如国家“863计划”设“洁净煤技术”主题以研发示范重大洁净煤关键技术；产业部门出台一系列政策，支持洁净煤技术发展；2006年，推进洁净煤发电纳入国家“十一五”规划，2007年的《国务院关于印发中国应对气候变化国家方案的通知》与国家发展改革委“能源发展‘十一五’规划”再次强调煤的清洁高效利用与发电；2011年，推进能源多元清洁发展纳入国家“十二五”规划，洁净煤技术产业化将稳步推进。通过技术引进、消化和自主开发，我国洁净煤技术的研究开发、示范及其推广应用取得了较大进展，取得了一批具有自主知识产权的关键技术成果，缩小了洁净煤领域与发达国家的差距，为我国稳步推进洁净煤技术的产业化奠定了基础。

（一）煤炭洗选取得突破

煤炭洗选加工是洁净煤技术的源头，在煤炭洁净利用的产业链条中起着关键作用，大量煤中杂质和有害物质在洗选中脱除，包括 50% ~70% 的灰分、60% ~70% 的无机硫、约 30% 的汞等，煤炭热值提高 700 ~1 000 kcal/kg，为钢铁、建材、电力、供热等煤炭用户节能降耗起到支撑作用。我国选煤技术取得突破，煤炭洗选量由 2000 年的 3.7 亿 t 增加到 2009 年的 13.5 亿 t，2010 年的入洗率约达 47%。大型高效选煤厂发展迅速，年入选原煤能力千万吨级及以上的超大型洗选厂已建成 15 座，最大规模为 31Mt/a。煤炭洗选技术的发展，促进了用煤技术的进步，很多设备由"吃粗粮"改"吃细粮"后，能效和环境得到较大改善。有研究表明，工业锅炉使用洗选煤后，锅炉效率最高能达到 88%，节能率达到 26%。目前我国煤炭总体洗选率虽约达 47%，"十二五"期间要求逐步提高到 50% ~60%，但与发达国家 80% 的洗选率相比，尚有一定差距。

（二）煤化工转化快速发展

从 1993 年起，我国从石油净出口国变为净进口国，石油需求急剧增加。2010 年，我国原油净进口量大幅攀升，原油对外依存度继续上升。2010 年全年我国进口原油 2.39 亿 t，同比增长 17.5%，共花费超过 1 351 亿美元，同比增长 51.4%。与此同时，我国出口原油继续减少到 303 万 t，涉及金额 16.51 亿美元。石油依存度的持续上升在一定程度上成为影响经济和社会发展的重要问题，威胁到我国的能源安全。以先进煤化工转化技术生产洁净能源和化工品，是实现能源安全的重要途径之一。我国一批煤化工关键技术取得突破达到国际先进水平，煤化工转化产业化走在世界前列。先进的煤化工转化技术包括大型煤炭气化技术、煤制油、煤制天然气和煤制烯烃等。

1. 煤炭气化技术取得突破性成果

研发具有自主知识产权的干煤粉气化技术、水煤浆气化技术、灰融聚气化技术等关键技术，一批大型煤气化技术与装备相继进行示范和投入工业化运行，尤其是多喷嘴水煤浆气化技术取得突破性成果，有十多套大型装置投入运行，性能指标达世界先进水平。

2. 煤炭直接液化进入工业试运行阶段

我国建立了百万吨煤直接液化示范工程，取得了一系列技术和工程成果，包括催化剂制备的关键技术、煤制油的关键技术和工艺、直接液化的工程技术，成为世界上第一个掌握百万吨级煤直接液化技术的国家。2008 年 12 月 30 日，神华煤直接液化百万吨级示范工程开始了投产试车，2009 年 8 月开始第二阶段运转，实际油收率超过了 52%（设计值为 56%），最高负荷为 85%。截至 2010 年 12 月，全套装置的负荷率最大达到设计的80%～85%；煤转化率达到设计的91%，产品收率达到了57%；残渣固体含量接近设计的50%。神华煤直接液化装置自2008年投产至2011年3月，已累计运行超过6 400小时，目前技术人员正通过技术改造消除装置存在的氢气供给不足、油煤浆加热能力欠缺及产品轻质化等问题，确保进一步提升生产负荷和产品品质。

3. **煤炭间接液化技术示范取得成功**

我国自主研发了低温浆态床F-T合成关键技术，目前有3个间接液化煤转油示范厂3套16万～20万t/a规模的装置正在试运行，技术正在得到检验，产品也开始应用。工程化技术不断完善，为更大规模的装置建设积累工程经验。山西潞安集团间接液化煤转油示范厂2008年12月22日开始投料试车，标志着我国煤炭间接液化示范项目的工艺主装置已经进入实质性操作阶段。该厂目前已第三次开车，连续运行148天，产成品油共计20 400t，主产品是液化石油气（LPG）、石脑油、柴油、尿素。内蒙古伊泰集团间接液化煤转油示范厂，2009年3月27日出合格柴油，8月21日第二次试车，装置负荷70%。目前该厂已第三次开车，连续运行190天，产成品油共计70 788t，柴油收率63%～68%。神华间接液化煤转油示范厂，2009年12月9日投料试车，生产出合格油品。（这三个示范厂现属中科合成油技术有限公司，该公司是在中科院山西煤炭化学研究所合成油品工程研究中心的基础上，2006年由内蒙古伊泰集团、神华集团、山西潞安矿业集团、徐州矿务集团和连顺能源有限公司共同投资组建的高新技术公司。）2010年10月30日，潞安集团煤制油多联产项目通过由山西省科技厅组织的技术鉴定，与会专家建议国家尽快批复百万吨级产业化项目。

4. **煤制烯烃技术陆续投产**

煤制烯烃是煤制甲醇与甲醇制低碳烯烃的技术组合，技术难点在于甲醇转化为烯烃。中国科学院大连化物所2005年在陕西建成世界第一套万吨级甲醇制烯烃工业试验装置，进行了3个阶段历时1 150小时的工业化试验，装置规模、技术指标均处国际领先水平。神华包头采用该技术建立的60万t/a工厂已于2010年10月投料运行。清华大学开发的新型流化床甲醇制烯烃技术建设了处理3万t/a甲醇的装置，2009年10月实现了470小时连续稳定运行。我国采用国外MTP（利用甲醇生产单一的丙烯产品）技术，2009年7月建成46万t/a聚丙烯装置，并进行了试运行，成功生产了首批Aim级聚丙烯树脂，实现重大突破。大型能源化工企业纷纷实施原料多元化战略。中国石化对中原乙烯进行原料改造，在河南鹤壁规划大型工业项目。华能集团在内蒙古和宁夏开展前期工作。神华陶氏已经在陕西榆林完成可行性研究。

道达尔通过甲醇制烯烃与烯烃裂解单元（MTO+OCP）的整合，在世界上首次以甲醇为原料，成功生产商品级聚丙烯产品，道达尔也有在中国投资大型煤制聚烯烃项目的意向。宁波禾元启动了以进口甲醇为原料的甲醇制烯烃项目。随着神华包头、神华宁煤、大唐多伦三大项目陆续投产，中国将成为世界煤制烯烃的中心。

5. 煤制天然气、乙二醇项目建设进展顺利

煤制天然气技术通过煤气化、煤气净化和煤气甲烷化的过程，产品气中甲烷含量可高达 95% 以上，完全可以替代天然气使用。煤制乙二醇技术取得较大进展。2009 年 8 月 30 日，首个经国家发展改革委核准的大唐国际 40 亿 m^3/a 示范工程在内蒙古克什克腾旗开工建设。预计 2012 年投产后向北京提供天然气。2009 年 12 月，首个民营企业投资的 16 亿 m^3/a 煤制天然气项目通过国家发展改革委的核准。2009 年 12 月 7 日，通辽金煤化工有限公司经过 1 周试运行，打通煤制乙二醇全流程。2010 年 10 月，博源投资集团内蒙古苏尼特碱业公司 20 万 t/a 乙二醇项目全面开工建设，总投资预计 23 亿元，分两期建设，一期 10 万 t/a 乙二醇项目预计于 2012 年 9 月进行单机试车，投资 13 亿元；二期项目计划投资 10 亿元（该项目位于内蒙古锡林郭勒盟，目前工程已进入地下管网基建及土建阶段）。

（三）洁净煤发电进步很大

超临界发电机组发展很快，新投产单机容量 60 万 kW 超临界发电机组占火电机组的 60% 以上。1 000MW 发电机组已经达到 16 座，华能玉环电厂 2×1 000MW 电厂供电煤耗为 283.5gce/kWh，比全国火电机组平均煤耗低 65gce/kWh，下降幅度约为 19%。

整体煤气化联合循环发电（IGCC）取得积极进展。整体煤气化联合循环加上多联产，被认为是目前最具发展前景的清洁煤技术，它在燃烧前先去除烟气中的污染物，常规污染少，效率高，有利于综合利用煤炭资源，能同时生产甲醇、尿素等化工产品，等等。国际上，美国还只有 IGCC 和制氢的联产，真正用煤制化工产品，并且实现 IGCC 发电的，山东兖矿集团算全球第一家。据悉，该装置是一台小规模的多联产示范装置，以甲醇为主发电为辅——20 万 t 甲醇辅以 8 万 kW 的发电，已经稳定运行了 3 年，经济性和二氧化碳减排效果都很好，目前正在准备发展第二代装置，进一步提高效率。另外，国家能源局对 IGCC 持谨慎态度，目前为止只批了一家示范电厂。2009 年，我国首座自主设计、制造并建设的 IGCC 电站——华能天津 IGCC 电站示范工程在天津滨海新区开工，计划建设 1 座 25MW 级发电机组，预计 2011 年 6 月投产发电。

烟气脱硫技术基本成熟。到 2009 年年底，全国火电装机容量 6.51 亿 kW（其中煤电 5.99 亿 kW），占全部装机容量的 74.49%，其中烟气脱硫机组容量占火电机组容量的 71% ~72%。烟气脱硝取得了较大进展，到 2009 年年底，采用烟气脱硝技术机组容量达到 4 400kW，占火电机组容量的 6.7%。

（四）褐煤预干燥洁净煤技术进入产业化实施阶段

我国总发电量的近 80% 为火力发电，随着优质煤炭资源日益枯竭，开发褐煤这一低品质煤资源被提上日程。但外表多为褐色、含有 20% ~50% 水分的褐煤，如果直接参与燃烧，极易发生爆炸，同时水分蒸发又带走大量热能。如何实现洁净高效燃烧，减少二氧化碳排放等问题一直困扰着褐煤开发者。

研究表明，在褐煤燃烧前进行干燥，发热量就可显著提高。山东省科学院与山东省天力干燥设备公司合作研发的“褐煤预干燥洁净煤技术”便是利用这种原理。利用该技术研发的“高床层过热蒸汽褐煤预干燥洁净煤成套装置”，可在干燥褐煤时，回收全部水分和余热。与普通煤相比，发热量增加 1.6 倍，燃料消耗减少3% ~5%，二氧化碳最高减少 8%。与国外相关领域同类最为成熟的技术相比，该项目产能高出 2 ~3 倍，节省投资 60%。天力干燥设备公司 2010 年已经与华能五台电厂、上海电力等展开合作。按照 2010 年我国褐煤总装机量 28GW 计算，应用该技术后，发电煤耗降低 10 ~12g/kWh，上网电价降低 0.8 ~1.5 分/kWh。我国褐煤探明保有资源 1 291.32 亿 t，占全国探明保有资源量的 12.69%，主要分布于内蒙古东部、黑龙江东部和云南东部，特别是在东北和内蒙古东部地区，褐煤资源量约占该地区煤炭资源量的 70% 以上。在国内优质煤炭供应紧张的前提下，此项技术可望解决未来煤电业主力能源供应困境。

（五）碳捕捉与封存技术的国际合作与示范项目提速

通俗而言，CCS 技术就是在二氧化碳排放之前就对其捕捉，然后通过管线或者船舶运到封存地，最后压缩注入地下，达到彻底减碳的目的。对二氧化碳的封存与捕捉技术可以降低 90% ~95% 的二氧化碳排放，可以为节能减碳做出贡献。国际能源署（IEA）的研究数据充分说明了 CCS 技术在节能减碳中的作用：在 2℃ 温升情景下，2020 年、2030 年和 2050 年由提高能效带来的减排量将分别占当年能源相关减排量的 65%、57% 和 54%。但由于提高能效技术的“大花板效应”逐渐显现、替代能源资源由易开发逐渐转为难开发等原因，CCS 技术的减排贡献将从 2020 年占总减排量的 3% 上升至 2030 年的 10%，并在 2050 年达到 19%，成为减排份额最大的单项技术。IEA 在综合分析了各类减排技术的长期减排成本后认为，CCS 技术可能是长期成本最低的减排技术。

在我国，煤化工中已经存在大量容易收集的纯二氧化碳，如我国目前甲醇用量1 200万t，年排放二氧化碳3 000万t。甲醇是一种重要的化工中间体，将来可以用作燃料，需求量很大。这些二氧化碳最容易收集，基本上已经捕获，但现在都没有利用起来。如果加强二氧化碳利用系统的科研工作，发明新型的二氧化碳化工利用体系和高附加值的产品，将会增加二氧化碳减排量。2010年12月14日，中国国家能源局与澳大利亚联邦资源、能源与旅游部在北京签署《中澳燃烧后二氧化碳捕集与封存项目可行性研究谅解备忘录》。该谅解备忘录确认澳大利亚联邦科学与工业研究组织和中国华能集团清洁能源技术研究院将为此可行性研究起草初步的工作方案，力求在燃烧后捕集可行性研究的最佳方案上达成共识。同时，双方还将考虑为该燃烧后捕集项目确定潜在的资助，以及项目的实施地、规模、捕集率、二氧化碳封存或再利用的可选方案。可行性研究预期成果包括建议最适合的捕集、封存地点，投资及运行费用评估，示范工程实施的时间表，对电厂的影响，环境影响评估，公众教育和交流等。据悉，目前国内有9家企业正在建设或规划碳捕集与封存项目。华能集团已分别在北京和上海自主建设投运了两座CCS示范工程。神华集团位于内蒙古的碳捕捉和储存工厂2011年将开始注入二氧化碳。据国家发展改革委统计，截至2008年5月，国内在建煤化工项目有30多项，总投资达800多亿元，这些项目将新增甲醇生产能力近1 000万t、二甲醚340万t、烯烃110万t、煤制油248万t。截至2010年年底，仅新疆就吸引了神华、华能、华电、中电投等数十家大企业、大集团进驻开发煤炭、煤电、煤化工项目，新建和改建煤矿建设项目达207处，已开工建设的项目86处，年产规模达1.88亿t。我国以煤制油、煤化工、煤制氢和煤气化联合循环（IGCC）发电为代表的新型煤炭清洁转化产业正在形成。

通过引进、消化和自主开发，洁净煤技术的研究开发、示范及其推广应用取得了较大进展，我国在洁净煤技术领域同发达国家之间的距离有所缩小。但总体发展水平与发达国家相比还相差甚多，与国家对清洁能源、环境保护、气候变化应对等需求尚有差距。我国洁净煤技术产业化程度较低，传统洁净煤技术的利用还不普遍，先进的洁净煤技术虽取得一定突破，但形成工业化技术的领域还不多。我国洁净煤技术及其产业化发展过程中依然存在一些问题。

三、我国洁净煤技术及其产业化中存在的主要问题

（一）资金多元投入不足，社会参与不够

洁净煤技术在发展初期往往风险很大，我国基本靠国家投入，虽然近年来也有

民间资本开始加入，但只占较少部分。而国外，除极少项目是国家投入外，大部分由民间资本投入，如我国大量引进的大型采选设备、煤化工设备等都来自国外私有企业。国外有良好的制度刺激民间资本的投入，而且企业也因不愿支付巨额的环保成本，积极主动地多方融资，通过高投入产生高性能技术。正因为如此，国外的中小企业也比我国活跃，而我国中小企业虽看好洁净煤技术，但因财力有限只好放弃高投入项目。多年来，有关洁净煤技术领域的研究开发和产业化推广应用速度较慢，较多的技术成果停留在小试阶段或研究室内，其中一个主要原因是扩大试验、工程示范经费严重不足。资金缺乏导致我国不少先进技术闲置于实验室。另外，囿于社会组织比较严格的双重管理体制，许多低碳、环保、节能等社会组织无法进入洁净煤的研发、生产、运输与消费等领域，影响了社会组织倡导、参与、监督等作用的发挥。

（二）市场机制不健全，缺乏内在驱动

我国洁净煤技术产业化市场仍处于培育阶段。政府部门条块分割，对洁净煤技术及其产业化的投入与政策缺乏统一与协调，调控手段缺乏多样性与有效性，政府、企业、用户与公众的环保节能与低碳意识有待提高等，影响了市场的发育。煤炭企业中，不管是上规模的国有企业，还是分散的小公司，企业内部基本缺乏发展清洁技术的自我规范与自我激励机制，没有关于清洁技术、清洁生产、清洁商品、清洁销售、清洁服务、清洁消费的意识，甚至有些企业借清洁技术跑马圈地，客观上没有形成竞争有序的市场。另外，厂网分开不到位，电厂自身缺乏市场化运作机制，也在一定程度上制约了洁净煤技术的发展。

（三）政策、标准不配套，实施不到位

诸如财政、税收优惠等配套鼓励政策的缺乏或不到位，现有环保政策可操作性不强，极大影响了洁净煤技术的推广应用。洁净煤经销与原煤经销，公司税率相同，洁净煤用户与原煤用户也没有明显的差别待遇。洁净煤、优化动力配煤与原煤处于平等竞争的地位，煤炭质量标识和燃煤设备的煤质标准不规范，洁净煤市场缺乏内在驱动力。没有内在节能环保动力，煤炭用户自然追求利润最大化，这使得洁净煤的生产销售单位只能自我承担洁净煤的研发、生产与销售的额外成本，客观上造成牺牲自己的经济利益来承担部分外部公共利益，使得洁净煤生产、经营者的积极性受挫。比如，煤厂与用户都看好煤炭洗选在洁净煤生产中的作用，但推行多年效果不佳。有煤炭企业建立了选煤能力约 15 亿 t/a 的选煤厂，主要用户却是国外用户、钢铁企业与炼焦企业。国外企业用洗选煤，因为它们有用煤标准；钢铁与炼焦企业

需要洗精煤，因为产品有严格的用煤要求。而电力、工业锅炉等用户没有用煤标准，或者这些炉子根本不能烧洗选煤。随之产生一系列问题，如煤炭企业生产的洗选煤，却被中间环节掺入煤矸石，销给中小用户，效率低下。另外，我国现有的污染控制标准与国际标准相比，还处在较低的水平。

（四）行业管理分散，宏观调控能力弱

洁净煤技术及其产业化涉及多行业、多学科、多个地区，是一项巨大的系统工程，发展难度比较大。尽管国务院批准实施了《中国洁净煤技术“九五”计划和2010年发展纲要》，也有煤炭行业的“十一五”规划，在洁净煤技术及其产业化发展方面投入了许多人力、物力和财力，但“规划赶不上变化”，由于缺乏统一布局和协调，多个政府部门之间条块分割缺乏协调，各项技术的发展没有统一的规划和布局，行业管理力度弱，造成力量分散、重复投资，甚至规划成为一纸空文。

（五）相关法律法规不健全，执法不严

洁净煤技术的开发及其产业化需要配套法律法规的支持与保障。虽然我国《煤炭法》《节约能源法》《大气污染防治法》等涉及洁净煤技术，但缺乏相关配套法规与实施细则，对低效率、高污染、技术落后部门和企业的规制和惩罚，对研发应用新技术、效率高、环境效益好的企业与项目的鼓励和扶持等不具体。同时还存在有法不依、执法不严的问题，对发展洁净煤技术没有起到应有的规范和促进作用。

四、推动我国洁净煤技术及其产业化发展的对策建议

（一）加强低碳能源教育培训，提升低碳环保意识

洁净煤事业是环境保护事业的一部分，同时，因煤炭开发和使用点多面广，又是关系千家万户和每一个公民的社会问题。为推动洁净煤技术的发展创新，必须加强宣传，统一全社会的认识，营造社会推动力。洁净煤主管机构、企业与社会组织可利用多种新闻媒介，宣传研发和推广应用洁净煤技术的必要性和重要性，提高全民节能、环保与低碳意识。也可组织培训班，对各级政府能源和环保主管机构的工作人员、主要耗能企业的领导与员工进行培训。公开环境信息，普及公民对污染企业的有奖举报，建立全方位监督机制，使研发推广洁净煤技术成为企业的必然选择。

（二）加大投入，推动洁净煤技术的自主创新

洁净煤技术具有很好的社会效益，具有社会公益性，起步阶段，国家应给予必

要的扶持。尤其是多方筹措资金，增加对洁净煤技术的投入，解决洁净煤技术项目启动工程的初期资金与发展资金问题。按照“统筹规划、分头实施、多方筹措”的原则，洁净煤项目资金筹集根据项目性质的不同，采取不同的办法，在国家投入基础上，广泛吸收企业、外资与民间资本的投入。如列入国家重点科研计划的项目，以科研拨款为主；企业研究开发项目，以企业投入为主。示范工程的资金筹集，可借鉴国外的成功经验，由国家和企业共同负担。对影响经济、环境可持续发展及技术产业化的大型洁净煤及其他环保节能技术与应用推广项目，国家有关部门应优先立项，纳入国家基建、技术改造和资金计划，统筹安排，促进和引导洁净煤技术的创新发展。还可建立专项技术发展基金，加强国际合作，保障洁净煤技术的资金支持。

（三）制定落实金融、税收等配套政策

洁净煤技术中有相当一部分属高新技术，同时又具有显著的环境和社会效益。但不少洁净煤项目在起始阶段没有经济效益或经济效益不明显，洁净煤技术的发展需要金融、税收等经济政策的配套扶持。为使洁净煤技术的推广应用产生一定的经济效益，提高企业发展应用洁净煤技术的积极性，一是出台相关政策鼓励洁净煤项目多方融资，并予以贷款倾斜与贷款优惠。二是实施税收优惠，并对技术应用企业及时返还排污费等。税收上，国家对洁净煤技术项目投资方向调节税适用零税率，对影响面广、环境效益明显的洁净煤项目给予优惠待遇，将洁净煤技术推广应用的基建和技改项目列入优先给以政策性贷款扶持的范畴，在安排优惠贷款时予以倾斜。对列入电力建设计划的洁净煤试验示范项目，在其上网电价上予以优惠，以使项目得到合理回报率。另外，科学制定具有可操作性的低碳环保政策，并加强实施力度，逐步使应用环保脱硫等洁净技术变成企业的自身需求，将外部成本内部化。如提高排污收费标准、加强用煤企业的煤质抽测及长效动态管理、对洁净煤技术应用单位及时返还排污费、加强对电站锅炉污染排放的管理力度、完善排污许可证交易制度、开展碳交易试点等，推动清洁煤技术及其产业化进程。

（四）加强协调落实，优化行业管理，完善相关标准

加强统一规划与协调管理，不搞“一刀切”，国家、地方、行业发展规划基本协调而且能落到实处，充分发挥部门、地方、企业、用户的积极性，形成良好的技术与产业发展布局和发展层次。对影响到经济、环境可持续发展及技术产业化的大型洁净煤及其他环保节能项目，尤其是对有推广前景的关键技术攻关及示范基地建设纳入国家总体发展规划，逐步落实研究开发、试验示范和推广应用。研究开发一

批先进、高新技术，就试验示范并推广应用一批成熟技术，实现科研、示范和推广协调发展。建立煤炭产品质量标识和燃煤设备的煤质标准。建立洁净煤技术与产品的识别、筛选、评价体系，以及产品使用与减碳监督体系，持续改进，促进洁净煤技术及其产业化发展。可喜的是，国家煤炭清洁转化产品质量监督检验中心 2011 年 3 月 29 日已在贵州六盘水市红桥新区正式开工建设，预计 2012 年 6 月建成并投入使用。

（五）健全市场机制，促进洁净煤技术的产业化

洁净煤技术的研发、推广及其产业化，需要政府的产业与政策引导，更需要市场与企业的内驱推动。加强低碳能源市场的培育与规范，鼓励投入和竞争，打击恶性、无序竞争。推进低碳节能企业的体制机制建设，发展安全高效煤矿，推进煤炭资源整合和煤矿企业兼并重组，组建多元化的按现代企业制度运行的高科技公司，发展大型煤炭企业集团。利用高效洁净煤发电，提高煤电机组热效率，减少污染物排放，通过市场之手推动洁净煤产业的快速发展。

（六）鼓励社会组织积极参与，培育支持有关行业协会的发展

社会组织是环境保护的生力军，也是推广、监督清洁技术研发应用及应对气候变化过程中不可忽视的重要力量，它们代表了民间力量中最先“觉醒”的一部分，是公众低碳与环保意识重要的推动者。有些社会组织掌握相关领域的专业知识并具有很强的实践能力，能在我国清洁煤技术应用市场建设中发挥独特作用。社会组织既可率先垂范参与洁净煤技术的研发与推广，推动企业和个人为社会责任而自愿减排，还可在洁净煤项目设计、技术评价、技术推广，以及民间资本投入等方面发挥可持续论证、公众质疑、标准创建、减碳监督等作用。为此，各级政府应鼓励社会组织积极参与洁净煤研发、示范与产业化实践，为其登记注册、项目活动提供更加宽松的制度和政策环境。与此同时，政府要积极培育支持洁净煤领域行业协会的发展。近年来，随着国际气候谈判陷入僵局，国际气候博弈加剧，我国企业受到来自各方面的低碳减排压力，煤炭等行业协会可积极行动起来，参与国际谈判，积极表达诉求，维护企业合法权益，更好地发挥行业共同体的作用。

（七）完善低碳环保等法律法规建设，加强执法

与煤炭的开发和利用相关的低碳、环保、节能法规建设是发展洁净煤技术的法律依据和前提。发展我国的洁净煤事业，首先必须健全相关的配套法律法规，并强化执法力度。进一步完善我国的《大气污染防治法》及相关的环保标准和实施细

则，有效实施《节约能源法》《可再生能源法》，制定和完善强制淘汰高耗能、高污染设备及使用洁净煤技术的行政法规，时机成熟时可以考虑制定《气候变化应对法》，以此作为推动洁净煤技术发展的外部强制推动力。

社会节能、总量控制、发展可再生能源都是实现低碳经济的道路，但最后必须要落实到煤的清洁利用上，煤的清洁利用也是一种新能源。能源的来源、转化过程、运输过程、终端利用过程四个环节都属于能源问题，清洁不清洁要看全生命周期。这四个环节中一个或几个有较大的变化，能够减少二氧化碳排放，提高效率，就应称为新能源。从这个意义上讲，可再生能源、煤的清洁利用、天然气的高效利用都属于新能源。新能源的概念因时因地不同、因各国国情不同而有所不同，不能一概而论。如核能在法国发展了很多年，称不上新能源。而太阳能、风能古人也在几千年前就已利用。对于中国这样一个煤炭大国，新能源的主要力量除了发展可再生能源之外，煤的科学、合理、高效、低污染利用是重点。

煤炭的清洁利用及其科学、绿色、低碳、多方参与的实现路径，不仅有助于我国的能源安全，实现我国从煤炭大国向煤炭强国、从高碳能源向低碳能源的转变，也有助于我国资源节约型和环境友好型社会的建设，实现我国的可持续发展。

17 我国新能源国际合作进展与对策*

一、引言

自2006年《中华人民共和国可再生能源法》颁布以来，我国的新能源产业得到了蓬勃的发展，创造了多个世界第一。2011年，我国的光伏安装量达到2.2GW，首次突破GW级，成为全球第三大光伏安装国；太阳能热水器的总产量和保有量分别为5 760万㎡和21 740万㎡，均居全球首位，遥遥领先于其他国家；风电新增装机高居全球之首，达到1 760万kW，约占全球新增装机的43%；生物质发电装机达到550万kW，完成了《可再生能源中长期发展规划》确定的目标；地热能发电累计装机达到2.42万kW；海洋能发电累计装机达到0.6万kW。

发展新能源产业对调整我国能源结构，保障能源安全，促进节能降耗，减少温室气体排放，发展低碳经济，实现经济与社会可持续发展等均具有重大意义。2012年1月10日，全国能源工作会议上提到，要深化和扩大能源国际合作，即积极开展对话交流，加强与重点国家和地区的务实合作，做好能源国际合作的宏观指导和服务；坚持平等互利的原则，深化上游与下游、资源与非资源、投资与贸易等方面的合作。可见，国际合作将成为未来能源发展，尤其是新能源发展的重要方式和手段。

二、新能源国际合作的内涵与路径

（一）新能源国际合作的内涵与特点

国际经济合作是指世界上不同国家（地区）政府、国际经济组织和超越国际界限的自然人与法人为了共同利益，在生产领域和流通领域（侧重生产领域）所进行的以生产要素的国际移动和重新合理组合配置为主要内容的，较长期的经济协作活

---

* 本文主要内容原载于《中国能源》2012年第7期，此处有删改。原文由笔者、杨来、曾凯超共同创作。

动。新能源国际合作属于国际经济合作的范畴。

新能源国际合作具有如下特点：一是国际合作的主体是不同国家（地区）政府、国际组织和各国的企业与个人；二是国际合作的主要内容是不同国家生产要素的优化组合与配置；三是国际合作的范围主要集中在生产领域；四是国际合作是不同国家间进行的较长期的协作活动；五是国际合作参与者之间是平等互利的合作关系。

（二）新能源国际合作的路径

新能源国际合作按合作的内容、主体、参加方数量、发展程度和模式的不同可以分为如下几个方面：

（1）按内容的不同，可以划分为资金合作、技术合作、政策合作和市场合作。在核电领域，面对核电站安全隐患大、技术成熟度不高的现实，各国应该在资金和技术方面展开合作，发展更加安全的核电装备技术，避免悲剧的发生；在太阳能光伏领域，中国具备全球最大的光伏产品制造能力，而欧洲拥有全球最大的应用市场，因而中欧之间可以在政策与市场方面展开合作，共同推动光伏产业的发展。

（2）按参加主体的不同，可划分为宏观国际合作和微观国际合作，即国家层面的合作和公司层面的合作。在国家层面上，中国需要积极参与一个全球性的能源组织，这或许可以通过拓展 IEA 的成员国范围来实现；在公司层面，中国的新能源企业可以通过加入新能源相关行业组织如全联新能源商会等机构来参与国际合作——分享经验、共同建设能源基础设施项目、开展技术研发，以及携手投资全球新能源项目。

（3）按参加方的多少，可划分为双边国际合作和多边国际合作。新能源产业属于兴起中的产业，无论在技术研发、政策制定、资金筹集方面都属于探索阶段，因此需要集合两国甚至多国的力量来推动这个新兴产业的发展。

（4）按合作的范围不同，可划分为北北合作、南南合作、南北合作和区域经济一体化。新能源产业在各国的发展程度不同，如中国在光伏产品的制造方面发展比较靠前，而南非拥有充足的阳光资源，但是光伏产品制造水平低下，因此两国可以展开合作；巴西的燃料乙醇生产技术成熟，而中国在技术方面相对落后，但是中国拥有非常丰富的生物质资源，因此两国可以展开合作。

（5）按模式的不同，可划分为国际贸易合作、国际投资合作、国际援助合作和国际论坛合作。例如，全联新能源商会每年都要举办一次新能源国际论坛，目的就是为全球新能源领域业内人士提供一个沟通交流的平台，以此促进新能源产业更好更快地发展。

从长期看，一个双赢的合作路径不仅有助于保障中国的能源安全，也将为全世界的能源安全做出贡献。新能源领域全方位、多层次的国际合作，更实际有效地利用国际资源和技术，比闭关自守、垄断经营更能有效地应对中国所面临的能源安全挑战。

三、我国新能源国际合作现状

新能源产业的发展，不仅需要政策、资金的支持，而且必须要有全球化的视野，创新性的思维，必须在全球范围内整合资源、技术和人才，因此，国际合作将是重要途径。近年来，我国在新能源国际合作上已经取得了一些成绩，与美国、欧洲、日本和俄罗斯的新能源合作中成果斐然，与印度、南非、以色列等国家也开展了广泛的合作。总体来看，我国与美、欧、日、俄的新能源合作已广泛存在于彼此建立的成熟的合作机制当中，而且近年在合作议题中的地位明显上升，形成了首脑会谈确立战略框架，职能部门提供政策支持，地方政府、科研机构和企业具体落实的全方位合作态势（康晓，2009）。

（一）中美新能源国际合作进展

中美之间的新能源合作在两国建交初期的能源合作中就已经存在，进入 21 世纪，中美新能源合作进一步加强，先是 2000 年 4 月我国科技部与美国能源部续签了《中美能源效率和新能源科技合作协定》，然后是 2001 年 8 月双方在北京举办了“中美清洁能源技术论坛”，接着 2004 年 4 月两国签署了《双边能源政策对话谅解备忘录》，从而使中美双方探讨新能源合作拥有了一个新的机制化平台。2006 年，中美战略经济对话为两国新能源合作提供了又一个全新平台，双方在第一次对话期间就签署了《能效与新能源合作议定书》。

在 2008 年年底召开的第五次中美战略经济对话中，双方又签署了《中美能源环境十年合作框架下的绿色合作伙伴计划框架》和《关于建立绿色合作伙伴关系的意向书》，其中就包括中国华电集团公司与美国未来能源控股公司，以及我国唐山市曹妃甸新区与美国浮海风电有限公司结成伙伴共同开发清洁能源发电和风能的合作项目。

2011 年新年伊始，时任国家主席胡锦涛率团访美成为国际舞台的重大事件，中美新能源合作成为其中最大的亮点，中美两国企业也签署了多项合作协议，如通用电气（GE）与中国华电公司、神华集团，美国铝业公司和中国电力投资集团签署了上亿美元的协议；与此同时，第二届中美清洁能源论坛上更是签署了多达 13 项清洁能源领域协议，《中美联合声明》同样强调了能源环境合作与技术研发的重要性。

（二）中欧新能源国际合作进展

我国与欧洲在能源领域的合作始于20世纪80年代，目前双方已在政策层面、双边合作和科技交流方面形成了能源合作机制。近年来，双方更将新能源作为合作的突破口，中欧新能源国际合作领域不断扩宽，合作机制逐步深化。

1. 新能源合作领域不断拓宽

随着全球变暖趋势日益严重，发展低碳经济正逐步成为全球意识形态和国际主流价值观，而且煤、石油等传统能源的储量也日益匮乏，发展新能源势在必行。以风能、太阳能、核能、生物质能等为代表的新能源将成为未来能源的发展方向，这已成为中欧新能源界的共识。

风能产业是中欧之间合作相对比较成熟的领域。欧洲是世界风电制造的重要技术供应商，在整机制造方面，维斯塔斯、歌美飒、西门子、安纳康等一批世界顶级的风电制造企业都已经以独资或合资的形式在我国安家。随着“千万千瓦风电基地”和“坚强电网”建设的配合，我国风电将在2020年达到1.5亿kW的装机规模。而中欧企业在关键配件、电控系统、整机和电场开发管理的相关专业人才培训等方面的合作，将随着市场的持续扩大而进一步深入。在生物质能发电领域，丹麦BWE公司是全球生物质发电技术的领导者，中国国能生物发电集团有限公司和BWE公司于2006年起开始在秸秆发电领域合作，通过引进吸收丹麦的层燃技术和循环流化床技术，取得了很好的社会效益并实现了微利经营。

2. 新能源合作机制逐步深化

我国以加强政治友好为先，重视经济贸易，推动新能源外交机制化，把新能源外交和节能减排相结合，增强中欧的新能源合作，不失时机地吸收和引进国外新能源技术、设备和成果，以不断增强我国在新能源产业的竞争力。

（1）中欧领导人年度会晤机制下的可持续发展对话与合作。2010年7月，德国总理默克尔访华期间，与我国签署了气候保护和电动交通工具合作的谅解备忘录，并一致同意在清洁能源、低碳经济、环境保护等方面开展合作。2010年11月4日，中法两国发表了关于加强全面战略伙伴关系的联合声明，一致同意大力推进核电等领域合作，在节能环保、新能源、新材料、电动汽车等领域进一步挖掘合作潜力，打造合作新支柱，带动两国经贸关系转型升级，使两国成为更紧密、可持续发展的经贸伙伴。

（2）中欧工商峰会机制下的可持续发展对话与合作。2009年11月，第12次中欧峰会举行，双方签署《启动近零排放碳项目第二阶段合作谅解备忘录》，就可再生能源、清洁煤炭、生物燃料和能源效率领域开展具体的合作达成共识。中欧清洁能源中心项目已于2010年4月30日在北京启动，资金规模达1 240万欧元，执行期限为5年。该中心着力于实现欧洲清洁能源和节能技术在我国的本土化，并将为我国提供能够有效回报政府和企业在清洁能源和节能领域投资的技术方案，涉及清洁煤、可再生能源、低能耗建筑及智能电网等领域。自2009年开始，从开展“中欧能源对话”到签署《中欧清洁能源中心联合声明》，从达成《启动近零排放碳项目第二阶段合作谅解备忘录》到成立中欧清洁能源中心，欧盟进入我国清洁能源市场不断提速，中欧新能源合作硕果累累。

（三）中日新能源国际合作进展

中日之间的新能源合作也由来已久，两国1998年就开始在我国新疆进行了太阳能发电合作。2007年4月温家宝总理访日期间，在确认双方将建立“基于共同利益的战略互惠关系”的同时，特别强调中日应在新能源领域加强合作，双方签署了《关于进一步加强环境保护合作的联合声明》。同年12月，我国广东省政府和日本贸易振兴机构联合主办了以“节能减排、合作发展”为主题的中日节能环保合作论坛，共同探讨双方在节能环保方面开展合作的新途径。同月，两国科技部门又签订了《中日关于进一步加强气候变化科技合作联合声明》，商定加强双方在包括新能源方面的技术合作，以提升两国应对气候变化的能力。2008年5月胡锦涛主席访日期间，与福田康夫首相签署了《中日关于全面推进战略互惠关系的联合声明》，为双方新能源合作提供了新的机遇。在此基础上，两国发表了《中日关于气候变化的联合声明》，其中商定技术合作的第一个重点就是“节能、提高能效和新能源”。

（四）中俄新能源国际合作进展

我国与俄罗斯在新能源合作度也较高。1992年，我国引进俄罗斯技术的江苏连云港田湾核电站一期合作项目成为两国核能合作的标志。1997年12月29日，中俄签订合作建设核电站总合同。2009年12月1日，中国科技发展集团有限公司与俄罗斯能源投资集团有限公司签订战略合作协议，双方将优势互补、共同开发中俄两国清洁能源项目。2010年9月27日，中俄又签署了田湾核电站3号、4号发电机组建设的技术设计方案合同。2011年6月11日，中国长江电力股份有限公司与俄罗斯能源集团有限公司签订有关水电合作的框架协议。2011年5月31日，中俄两国举行能源谈判代表第七次会晤，双方就全面启动能效与可再生能源领域合作达成一系列重要共识。2011年6月16日，中国国能生物清洁能源集团公司与俄能源署、俄国际统一电力集团公司签署了《可再生能源和能源效率领域合作框架协议》，标志着中俄两国在新能源领域合作的重要起步。

四、我国新能源国际合作面临的问题

近年来，我国在新能源国际合作中，取得了喜人的成绩，但是也存在诸如合作地位不对等、知识产权保护、互信不足等问题，主要表现在如下四个方面。

（一）互补型合作地位不对等

互补型合作是基于参与方能力互补性进行的合作。这种合作是相互的，缺少任何一方合作，目标就无法实现，因此不存在“搭便车”问题，合作也更容易达成（宋秀琚，2006）。但是，这种互补型合作容易实现的前提条件是双方能力的互补性，而发展中国家和发达国家间能力的互补性往往意味着双方能力的非对称性，即发展中国家拥有的是广阔的市场，而发达国家拥有的是充足的资金和先进的技术。这使得合作的结果往往是发达国家以昂贵的价格出售技术，并通过发展中国家市场的规模效应赚取高额利润，但发展中国家却无法获得发达国家的核心技术。我国与发达国家的新能源合作正是如此，这导致我国的新能源产业虽然已有世界第一的投资规模，却仍然处于较低层次的水平上。

（二）核心技术和知识产权保护严重

有关新能源核心技术的问题已经成为国际新能源合作的障碍。新能源是人类的又一次新技术革命，但我国新能源自主创新能力不足，许多高技术材料和设备仍依赖进口，一些核心、关键、前沿技术尚未突破。目前，我国希望从美、欧、日等发达国家进口新能源技术。然而，一方面，发达国家希望保持其在核心技术和知识品牌方面的领先优势，担心我国在知识产权保护方面的漏洞，在技术转让方面持谨慎态度，发达国家在华跨国公司在促进我国企业技术升级换代、开发自主知识产权方面的作用尚不明显。另一方面，发达国家极力推动技术转让的完全商业化，高价向我国出售设备谋取超额利润。而我国则主张发达国家应考虑我国作为发展中国家的实际情况，以优惠的条件向我国转让新能源新技术。

（三）新能源合作领域有待拓宽

新能源多边合作的经验尚显不足，通过直接的新能源国际合作运用规模还比较小，在新能源运用领域还存在一定摩擦。在太阳能利用领域，受金融危机和欧盟个别成员国激励政策变化的影响，全球光伏订单锐减。欧洲的光伏电池生产商由于制造成本居高不下，无法与亚洲及其他地区的电池厂家竞争而在危机中受到更大冲击。以德国 Q- Cells 为例，其 2009 年度上半年营收同比下降了 36.8%，经营收益为 4 760万欧元。德国光伏企业采取了一系列针对我国光伏企业的激烈措施，如提起反倾销和 Q- Cells 的单方面宣布终止与赛维 LDK 的供货合同等。

（四）国际合作互信机制有待增强

新能源产业作为一个全球性战略产业，不同形式的协调与合作成为大势所趋，维护自身发展和安全的多边主义使得国际信任机制的建立成为一种必然。在新能源国际合作过程中，为了维护自身产业安全，各国通过参与国际机制维护各自利益，其互信交流机制尚处于脆弱的状态，导致双方或者多方对合作的相对收益非常关注。发达国家担心我国强大的模仿和自主技术升级能力，害怕技术转移后，还未从我国这个尚未实现的清洁能源市场获利，就被排挤出去。

五、促进我国新能源国际合作的对策建议

我国的新能源产业在很多方面还很不成熟，还有很多地方有待学习和改进。在国际合作中要积极、审慎，不要畏手畏脚，更不要盲目跟风，建议从如下四个方面做出努力。

（一）利用充足的外汇储备消除合作地位不对等

针对国际合作中互补型合作不对等和核心技术无法获得的问题，当下的经济危机正是提供了机遇，我国可以利用充足的外汇储备和欧元、美元贬值的机会并购欧美拥有先进核心技术的新能源企业和购买技术研发环节，以改善这种不对等合作的情况。实际上，在 2009 年召开的全国能源工作会议上就提出了从外汇储备中提取一定比例设立海外能源勘探开发专项基金的规划，以支持能源企业的海外并购（刘丽靓，2009），从而获得核心技术，提高我国在国际合作中的地位。

（二）借助外交战略消除核心技术和知识产权保护壁垒

我国在新能源国际合作中的战略定位立足于国家能源外交的保障能力，既主动融入现有国际新能源秩序，又积极推动制定对中国有利的国际新能源规则；既服务于中国的经济发展，又服务于中国的安全和外交；既争取国际新能源互利合作，又确保中国利益最大化；既充分调动新能源企业的积极性，又确保国家的主导作用。

建议在新的外交战略中，务必要将国外对核心技术和知识产权保护的因素考虑进去，制定相应的应对策略。

（三）积极拓宽新能源合作领域

新能源领域的合作不仅包括光伏发电、风力发电，还包括生物质燃料与生物质发电、氢能、核能及燃料电池、天然气水合物开发、可燃冰等方面的合作；不光是技术、资源的合作，还包括人才、机制、标准制定等多方面的合作。通过这些方面的合作，逐步实现能源技术和自主创新，推动我国能源科技创新体系的完善与建设，实现新能源合作的多元化，建立一批新能源应用产业化示范工程，探讨建立清洁、安全、经济、可靠的全球能源供应体系，树立负责任大国形象，为开展新能源合作创造有利条件和良好环境。

（四）健全协调机制，消除互信不足

新能源国际合作的主体来自方方面面，既包括国家高层领导、政府外交和经贸主管部门，也包括能源企业，要形成整体合力，必须建立协调新能源外交战略目标和政策的协调机制。不断提升新能源国际合作的作用，努力消除互相猜忌对国际合作的影响，拓展为新能源企业服务的途径，改善新能源国际合作环境。加强国与国之间的沟通与协调，共同创造良好的国际环境，更好、更快地推动新能源产业的发展。

18 能源外交与中国面临的全球形势*

一、引言

（一）能源外交的内涵

所谓能源外交，是指一国政府、企业及个人围绕能源战略目标而进行的一系列对外行动，包括制定对外能源战略和政策，以及具体的对外交往活动。从能源外交的主体看，政府（包括国家领导人及外交、经贸、能源等政府机构）承担了主要角色，外交部门通常是能源外交的先锋，企业、非政府组织及个人是能源外交的重要参与者，官商结合是能源外交的典型特点。从能源外交的客体看，它涉及的范围很广，既包括政府间的重要访问及各种合作协议，也包括贸易、投资、勘探与开发、技术合作、交通运输（如通道外交）等内容；既有双边合作，也有多边合作（如欧佩克、国际能源机构等）。不同国家的能源外交目标是有差异的，大致可分为四种类型，即能源生产国与供应国的能源外交、能源进口国和消费国的能源外交、地区或全球性大国的能源外交、特殊国家的能源外交。

（二）能源外交对我国的战略意义

随着我国经济社会持续的高速发展，对能源资源需求快速增长。自 1993 年起，我国由能源净出口国变成净进口国，能源总消费已大于总供给，能源需求的对外依存度迅速提高。2011 年，我国原油消费量 4.618 亿 t，增长 5.5%；煤炭消费量 18.394 亿 t 油当量，增长 9.7%；天然气消费量 1 307 亿 m^3，增长 21.5%。同期，我国进口了 2.537 8 亿 t 原油，比上一年度增加 7%，原油对外依存度达到 56.7%。

---

* 本文主要内容原载于《中国能源》2013 年第 1 期，此处有删改。原文由杨来、笔者、曾凯超共同创作。

我国能源需求持续增长，使能源供需缺口日益增长，能源短缺问题已成为实现经济社会可持续发展的重要制约因素之一，促使能源外交在保障国家能源安全与发展中的作用进一步凸显。

进入21世纪，随着国际格局的变动和经济全球化的发展，能源问题在国家发展与安全中的地位不断提升，对国际秩序的影响不断增强。这一阶段是我国经济社会发展的重要战略机遇期和实现工业化的关键时期，也是我国城市化水平、居民消费结构发生明显变化的重要时期。与此同时，国际能源争夺日趋激烈，使我国能源安全与发展面临的国际环境比发达国家实现工业化之时要更为复杂严峻。能源外交战略的制定和实施已成为国家安全战略的重要一环，能源外交战略担负着极为艰巨的任务，既包括保持境外能源来源的充足稳定，又包括保障境外能源的安全输送，还包括通过国际合作促进能源技术进步、能效提高和环境保护。面对后金融危机时期国际能源的新形势，良好的能源外交策略的制定，不仅对保障我国能源安全、促进经济社会的可持续发展，而且对于把握国际形势、运筹大国关系，为国家的和平发展营造良好的国际环境，都具有十分重要的意义。

二、国际能源资源的基本特点

（一）国际能源秩序严重失衡

国际能源秩序是国际能源权力关系的制度性安排，集中体现为各国际能源活动主体的力量对比、相互关系及规则机制。它是国际政治经济秩序的重要组成部分，国际政治经济秩序的不公正、不合理，将会造成国际能源秩序严重失衡。

1. 各国在国际能源规则制定上权力不平等

现行国际能源秩序基本上是以美国为首的发达国家营造和主导的，广大发展中国家只能被动接受，其权益远未得到应有的体现。

2. 全球能源资源利用方面存在着事实上的不平等

全球87.2%的石油剩余可采储量和84.1%的产量被世界50家最大的石油公司所控制，新兴国家获取境外能源资源的难度、成本和风险大大增加。

3. 世界多数国家的能源安全受制于霸权国家

值得庆幸的是，近期国际能源权力出现部分从西方大国向能源资源国和新兴大国转移的趋势。新兴大国对国际能源秩序的影响不断增大，新的国际能源政治中心不断出现，新的国际能源活动规则逐步形成，国际能源秩序严重失衡的局面有望逐步向相对平衡的方向发展。

（二）国际能源形势严重失稳

国际能源形势直接影响着国际形势的发展变化，它不仅受到能源经济因素的影响，而且受到能源政治因素的牵动。进入 21 世纪以来，世界各国围绕能源的角逐日趋激烈，国家关系变化、热点问题升温，以及局部战争、武装冲突、恐怖活动、自然灾害等突发事件的发生直接或间接造成了国际能源形势的不稳定。

1. 美国的强权政治及其所制造的“文明冲突”

美国全面锁定世界主要能源资源产地，推行“大中东计划”和“大中亚计划”，强力“推展民主”、策动“颜色革命”，企图按照其发展模式重构中东海湾和中亚里海地区的政治经济秩序，在世界两大能源产地引发越来越多的政治动荡、武装冲突和恐怖活动。

2. 能源资源国国内形势复杂多变

能源资源国大多社会经济发展滞后，民族、部族、宗教关系复杂，社会矛盾尖锐，安全环境较差，政局不稳定，其局势动荡问题可能长时间存在。

3. 某些能源资源国以能源为武器谋取利益

21 世纪以来，随着能源资源的战略资源、外交资源、军事资源特性进一步凸显，越来越多的能源资源国正试图以能源为武器，强化国际地位、扩大国际影响、谋取政治和安全利益，以能源资源为手段制裁他国的事例屡有发生。

4. 国际能源领域的金融投机和美元贬值

2003 年以来石油价格节节攀升，尽管导致油价暴涨的因素很多，但是金融投机和美元贬值无疑是祸首。油价的持续暴涨造成国际石油市场一片恐慌，导致国际能源关系更加复杂，大国能源博弈更趋激烈，能源资源国与能源消费国更加对立，国际能源形势空前失稳。

（三）国际能源格局结构转变

如果说 20 世纪 70 年代的石油危机标志着国际能源格局由西方发达国家占统治地位的“单极结构”向石油生产国与消费国相对峙的“两极结构”的转变，那么进入 21 世纪以来，新兴大国的崛起、独立油气供应国地位的增强及其他新情况的出现，则推动着国际能源格局由“两极结构”转向“多极结构”。

1. 经济全球化导致各能源国地位发生变化

随着中、印等新兴大国的快速发展，俄罗斯借助自身能源优势“高调崛起”，哈萨克斯坦、伊朗、委内瑞拉等油气生产国日渐成为国际能源领域的重要玩家，美国在国际能源格局中的地位和影响力相对下降，其他发达国家的影响力也大不如前。

2. 油气资源短缺导致油气出口国影响力持续上升

高油价时代到来，国际油气市场成为卖方市场，油气生产国在国际能源格局中的地位日趋增强。欧佩克继续保持世界油气供应的主导地位，俄罗斯、墨西哥等非欧佩克产油国的影响不断增大，中东海湾、中亚里海、俄罗斯、非洲及北极等地区因为其丰富的能源资源，几乎成为所有能源消费国外交关注的重点。

3. 能源主体相互依存度提高推动能源格局向“多极制衡”发展

经济全球化的大趋势提高了各国、各地区间的经济关联度和能源依存度，扩大了能源资源国与能源消费国相互合作的需求，全球能源安全越来越具有明显的不可分割性。现有能源合作机制普遍加强，范围更广、代表性更强的新型能源合作机制酝酿建立。

4. 低碳经济、可再生能源的发展推动能源格局发生重要变化

节能减排、清洁发展的重要性日益凸显，促使天然气、核能及其他清洁能源的地位上升，以往以石油为中心的能源博弈正在转化为清洁能源的博弈。

（四）国际能源关系错综复杂

国际能源关系是指各国际能源活动主体之间的相互关系，它是国际关系的重要组成部分，是国际能源主体实现能源利益、谋求与能源相关的其他利益的基础和载体。世界范围内围绕能源资源的竞争与合作的升温，牵动多方利益关系调整，致使国际能源关系更加错综复杂。

1. 能源资源国与消费国的关系

在全球化时代，双方相互依存明显加大，寻求共同利益的意愿明显增强，建立全球性能源对话机制的国际共识逐步形成，能源资源国与能源消费国之间的利益竞争将成为常态。

2. 能源资源国之间的关系

能源资源国既在维持能源高价方面利益与共，又在抢占能源市场方面相互竞争。部分能源资源国联合在欧佩克或者其他能源组织中，部分能源资源国则保持着能源生产与出口的独立性，两者间的利益和理念时有冲突。

3. 能源消费国之间的关系

能源消费国既在获取能源资源方面存在竞争，又在维护国际能源市场稳定、争取“合理低价”方面有着共同利益，在能源资源开发领域的争夺有增无减，在新能源、新技术领域的竞争日趋激烈，在防止气候变化领域争吵升温。

4. 能源资源国、消费国与过境国之间的关系

能源上游勘探开发、中游输送、下游炼油化工与市场的相互联系日趋紧密，任何一个节点的断裂都会造成能源产业全链条的瘫痪。由于油气管网具有突出的地缘政治意义，过境国和过境要地在相互关系中的地位明显上升，各方在此问题上的合作与争夺更显炫目。

5. 能源国际组织之间的关系

能源生产国组织与能源消费国组织之间的对话与合作逐步增多，新的跨越能源生产国与消费国界限的国际能源组织酝酿建立，上合组织能源俱乐部即是一例。

三、主要国家能源外交的基本态势

（一）美国能源外交

美国 21 世纪能源外交的突出特点是：以综合手段控制世界主要能源产地和输送通道，确保其在国际能源格局中的强势地位及拥有制定游戏规则的主导权。它的能源外交具有鲜明的“政治性”，直接服务于其全球战略，谋求地缘政治与地缘安全优势；具有强烈的“控制性”，以实力为后盾，甚至不惜动用武力，其对伊拉克发动战争即是典型事例；注重运用政治和经济等非军事手段加强与主要能源生产国、消费国、过境国及各国际能源组织的关系，努力实现能源进口的多元化；充分利用金融大国地位，放任美元贬值和金融投机，谋取超额利益；努力发展节能技术，大力开发新能源，改变能源消费结构，既减少对国外能源的依赖，又谋取更加长远的优势地位。

（二）日本能源外交

日本能源外交强调实行五大原则：多元化原则，包括能源来源多元化、能源品种多样化、合作对象多方位；能源优先原则，以获取能源资源作为对外关系的重要考虑，为此不惜与伊朗、利比亚和委内瑞拉等美国眼中的“邪恶国家”开展能源合作；政府助推原则，以政府援助支持企业海外能源开发合作与竞标，通过科技、经济、教育、医疗等方面的合作深化与产油国的关系；上游推进原则，利用资金和技术优势抢占世界能源资源产地，力争直接获得海外能源资源的开采权；全方位推进原则，提出“里海石油战略”，积极推动对中亚国家的能源关系，举办日本与阿拉伯国家论坛及非洲开发会议，对蒙古展开一系列能源外交活动，倡导构建“亚洲能源合作伙伴关系”，对中俄能源合作插手搅局。

（三）欧盟能源外交

欧盟能源外交的取向是：积极进军北非、中亚等能源资源产地，推动能源进口来源和运输途径的多元化，与主要能源生产国、过境国和消费国同时发展伙伴关系，减少对某一资源国的过度依赖，降低能源安全风险；综合运用政治、经济、资金、技术等优势，充分利用“能源宪章”机制，推动建立以欧盟为核心的“泛欧能源共同体”，扩大对国际能源秩序的影响力；将能源安全与经济可持续发展、环境保护、提高经济竞争力等目标有机结合，全面提升在国际能源关系中的地位；推动各成员国在能源领域的一体化进程，建立统一的内部能源市场，实行共同的能源外交政策，从“经济安全、国防安全、生活安全”三个层面保证成员国能源安全；大力发展可再生能源，争取占领世界新能源开发技术的制高点；大力倡导节能减排，确保在全球生态安全领域的领先地位。为此，欧盟建立起一个涉及多个部门，涵盖多个领域，相互协调、相互配合、相互促进的宏大能源外交体系。

（四）俄罗斯能源外交

俄罗斯能源外交的特点可以概括为：以能源资源作为国家崛起的支柱和重振大国地位的依托，将能源武器频繁运用于国际关系；加强对本国能源资源的国家控制及对周边地区特别是环里海地区能源资源及油气运输管网的“双控制”，抢占海外油气资源和市场，努力打造“能源超级大国”；实行“东西轴线战略”，在巩固对欧能源关系的同时，开辟东方能源市场，力求实现能源出口的多元化；倡导“全球能源共同安全”，推动新的国际能源秩序的形成，建立于己有利的全球和地区能源安全体系，增强其在国际能源格局中的地位；实行“俄罗斯国家利益最大化”原则，利用资源国的强势地位，谋取尽可能多的能源利益及经济、政治、安全利益；以几大国有能源公司为基础，打造具有国际竞争力的“能源航母”，扩大对境外能源资源的控制，积极参与世界能源角逐；加强对国内能源供应的监管，提高能源利用效率，为扩大出口提供支持。

（五）印度能源外交

近年来，印度经济持续快速发展，已成为能源消费大国。金融危机过后，随着国际国内形势的变化，印度逐步探索形成了新的能源外交战略。

1. 通过多种渠道开拓能源外交

为顺利推进其海外能源战略，印度与俄罗斯、缅甸、委内瑞拉、中东各国及中亚各国高层领导人互访频繁，并同这些国家签订了有关能源的贸易与合作协议，购买和参与开发它们的油气资源；印度从卡塔尔进口部分液化天然气，与科威特在原油与石油产品供应领域展开合作，与尼日利亚、安哥拉、加蓬、苏丹等非洲国家签署了一系列油田开发及冶炼协议。

2. 通过多种机制开展能源外交

金融危机以来，印度积极参加 G20 峰会、金砖四国峰会、印非石油会议、亚洲天然气伙伴峰会等会议，在全球能源合作的范围不断拓展，内容逐渐丰富，多边能源合作机制逐步完善。

3. 探索多种模式开展能源外交

印度积极探索“以援助换石油”等能源外交新模式，主要是通过提供低息贷款、发展援助基金、武器军火及政治支持等形式，以换取非洲等地的石油资源。印度与亚洲的缅甸、越南，非洲的尼日利亚、埃及、安哥拉、苏丹，拉丁美洲的哥伦比亚、委内瑞拉、厄瓜多尔、古巴等国的油气合作不断发展。

4. 不断推进新能源开发与合作

由于印度传统能源不足，经济发展对其需求量又很大，且面临节能减排等紧迫问题，凸显出新能源的可持续性和环保性的优势。金融危机以来，印度与日、美、俄等主要大国签订了一系列新能源开发合作协议。

四、我国能源外交目标与新形势

（一）我国能源外交的目标

1. 确保能源供给充足

2011 年，我国石油消费量为 4.45 亿 t，进口 2.54 亿 t，对外依存度达到 56.7%；煤炭消费量为 37.3 亿 t，净进口 1.68 亿 t，对外依存度达到 14%；天然气消费量达到 1 307 亿 m^3，进口量大幅攀升至 310 亿 m^3，对外依存度将近 24%。从以上数据可以看出，我国三大能源品种均需依赖进口，随着我国经济的发展，进口依存度仍将会在一定程度上攀升。因此，保障能源供给充足将是我国能源外交的重要目标之一。

2. **保证能源价格稳定**

2011 年上半年以来，国际油价呈震荡上扬并在高位区间波动的走势。1—4 月份，受全球经济复苏、利比亚动乱、日本强震灾后重建等影响，国际油价持续走高，创下年内最高纪录，到 4 月 29 日涨至每桶 113. 93 美元，创三年来的最高水平；5—10 月份，受美国经济信号走低、欧债危机阴霾不散打击，国际油价逐步下跌，跌幅达 33%；10—12 月份，由于美欧经济企稳、新兴经济体需求提振，油价重新抬头并在年末恢复百元价位。然而，到 2012 年，国际油价又重新回到了每桶 80 美元的低位，未来油价走势让人琢磨不透。国际油价的居高不下和持续波动，对我国的经济都将产生不利的影响。因此，保障能源价格的稳定将是我国能源外交的重要目标之一。

3. **保障能源通道安全**

目前，我国 50% 的石油从中东地区进口，且全部依靠油轮通过海路运输，线路漫长、国际局势动荡和我国海军的实力还无法保障运输线路的安全；然而，从目前的形势来看，我国在短期内还不可能完全脱离对中东地区的能源依赖。因此，如何保障能源通道安全也成为我国能源外交的重要目标之一。

（二）我国能源外交新形势

1. **受金融危机影响，资源国的强势地位相对下降**

发端于美国的世界金融危机对全球经济造成沉重打击，包括美国、欧盟、日本在内的发达国家经济体生产大幅下滑，东欧、独联体等国家经济增速也急剧下滑，就连新兴经济体国家也受到不同程度的冲击。世界经济的大面积滑坡导致国际市场石油需求明显下降，出现了多年来少有的供大于求的情况。与此同时，多个资源国的金融系统陷入困境，投机大宗商品的风险增大，利润减少，致使金融资本大规模抽离石油市场，国际油价波动幅度明显加大。能源金融因素的重大变化导致国际油价大幅度下跌，能源资源国出口收入锐减；同时，由于能源资源国一些大型国有公司近年来盲目借贷扩张，特别像俄罗斯这样独立的石油输出国，巨额债务缠身，在石油出口收入锐减的情况下，资金链发生断裂，因而陷入严重的资金短缺危机，导致开发投资萎缩，剩余产能减少，股值大幅贬值，有些公司为了还债不得不压价出售资产。上述情况导致能源资源国在近年高油价条件下不断强化的强势地位明显下降。

2. **我国崛起势头强劲，国际能源关系地位有所增强**

我国经济快速增长，能源需求持续旺盛，外汇储备充足，这使得我国处于能源买家的地位并具有极强的投资能力。这种情况将使我国在国际能源主体的影响力日益增强，在国际能源市场中的地位日益提高，在能源金融领域的作用日益显著。我国应对金融危机措施坚决，化危为机，成效显著，表现突出，有望率先走出危机，赢得的主动地位，为我国对国际能源关系的运筹提供有利的支撑。随着我国国际地位的快速上升，世界各国都普遍看好，并主动与我国建立了能源战略合作伙伴关系。这将会进一步增强我国在现行国际格局中的地位，为我国开展更具活力的能源外交提供新的依托。

3. 气候变化问题成为国际合作的新焦点

随着近些年极端性气候的相继出现，国际社会对应对气候变化挑战的重视大幅增高。气候变化成为大国关系、南北关系的重大课题，成为国际战略博弈的新焦点。因为导致气候变化的温室气体的排放与人类能源活动密切相关，所以，各国都把应对气候变化的关注重点放在了减少二氧化碳的排放上，放在了开发清洁能源、可再生能源的能源问题上。于是，一场新的能源革命、低碳经济革命、绿色产业革命正在蓬勃兴起。不久的将来，新能源完全可能以人类意想不到的速度取代世界经济对一次能源的部分需求。这种情况有利于世界能源的安全，对能源需求大国的我们来说，更是一种福音。如果能在新能源革命中争取到主动，我国实现工业化、城市化、现代化的能源成本将有望大幅降低，能源安全受制于人的状况会得到实质性的改变。

19 我国能源外交现状与策略研究*

进入21世纪，随着国际格局的变动和经济全球化的发展，能源问题在国家发展与安全中的地位不断提升，对国际秩序的影响不断增强。这一阶段是我国经济社会发展的重要战略机遇期和实现工业化的关键时期，也是我国城市化水平、居民消费结构发生明显变化的重要时期。与此同时，国际能源争夺日趋激烈，使我国能源安全与发展面临的国际环境比发达国家实现工业化之时要更为复杂严峻。能源外交战略的制定和实施已成为国家安全战略的重要一环，能源外交战略担负着极为艰巨的任务，既包括保持境外能源来源的充足稳定，又包括保障境外能源的安全输送，还包括通过国际合作促进能源技术进步、能效提高和环境保护。面对后金融危机时期国际能源的新形势，良好的能源外交策略的制定，不仅对保障我国能源安全、促进经济社会的可持续发展，而且对于把握国际形势、运筹大国关系，为国家的和平发展营造良好的国际环境，都具有十分重要的意义。

一、我国能源外交现状

（一）实施多元化发展战略

在世界石油资源日趋短缺的情况下，石油资源的分布也是不均匀的，其中中东地区就占到57.4%，排名前五位的国家都集中在中东，美国通过两次海湾战争已基本掌握了对中东石油的控制权。为避免供应风险，能源多元化获取战略已成为我国能源外交的主题。以金融危机为契机，我国加强与拉美国家、俄罗斯及中亚能源合作，积极营造“多元化”能源外交格局，以期走出增长瓶颈。2009年2月8 22日，时任国家副主席习近平应邀访问拉美七国期间，和巴西、委内瑞拉和厄瓜多尔等拉美国家达成了能源合作等一揽子协议，开拓了我国和拉美能源的合作机制。

* 本文主要内容原载于《中国能源》2012年第10期，此处有删改。原文由笔者、杨来、曾凯超共同创作。

2009 年 10 月 14 日，普京就任总理以来首次访问我国，双方签署了中俄石油和天然气领域合作政府间协议。2009 年 12 月 14 日，时任国家主席胡锦涛出席“中国–中亚”天然气管道开通仪式，该管道初期运力约为 50 亿 m^3，未来每年将向我国供应 700 亿 m^3 的天然气，几乎等于 2008 年我国的天然气总产量。中亚能源外交减少了我国对中东石油的依赖，增加了能源安全系数；同时，能源纽带可加强我国和中亚国家的互信，保证国家西部边境的安全。

（二）多边能源合作机制正在逐步完善

全球金融危机带来国际能源形势的变化，使我国在全球能源合作的范围不断拓展，内容逐渐丰富，多边能源合作机制逐步完善。目前我国已与美国、欧盟、俄罗斯等 36 个国家和地区建立双边合作机制，参与了亚太经合组织（APEC）能源合作、东盟+3 能源合作、中亚区域合作能源协调委员会等 22 个能源国际组织和国际会议多边合作机制，并发起组织了中国–东盟能源合作研讨会、五国能源部长会议、金砖四国峰会等多次会议，在国际上引起积极反响。此外，我国积极拓展区域性能源合作与对话，成果显著。2008 年 12 月 17 日，中、印、日、韩、美五国联合发表《中国、印度、日本、韩国、美国五国能源部长联合声明》；2009 年 3 月，中缅双方政府签署了《关于建设中缅原油和天然气管道的政府协议》；2009 年 7 月 29 日，第六届东盟和中国、日本和韩国（10+3）能源部长会议和第三届东亚峰会能源部长会议发表了《第六届东盟+3 能源部长会议联合声明》和《第三届东亚峰会能源部长会议联合声明》。这些合作机制为我国促进全球能源价格稳定和供需平衡，以及确保我国能源安全提供了重要的平台，也使我国在更大范围、更广领域、更高层次上参与多边和双边国际合作与竞争。

（三）利用创新模式推进能源外交

金融危机的爆发引发了“蝴蝶效应”，对世界各国的政治、经济产生了不同程度的影响。我国作为重要的能源消费国，为改变石油金融不合理的局面，创新性地提出“贷款换石油”的模式，开启与俄罗斯、巴西、委内瑞拉、哈萨克斯坦等国的石油生产商的合作。这种模式的共同特点是：我国以贷款、基金等资本要素，换取产油国供油合同、联合开发等资源要素。从长远看，“贷款换石油”能够维护地区能源安全的稳定，提高地区应对国际能源错综复杂局面的能力，能够为我国提供一个长期稳定的石油供应源，在一定程度上平抑国际油价的波动，特别是在国际油价处于低位时，有利于生产方和购买方做出更为理性的选择。这不仅是我国与其他国家合作的重大成果，亦是我国在国际资源金融史上的一次大规模的尝试。这种模式在低油价和全球经济衰退的打击下，更加凸显了我国在市场、资金、人力成本及资本市场等方面的优势。

（四）与技术领先国合作开发新能源

我国能源外交正处在使用传统能源和开发新能源“两种形态能源的交织期”。由于我国传统能源资源相对不足，经济发展对其需求量又很大，且面临节能减排的重大压力，这就要求我们顺应大势，将开发使用新能源作为保障经济可持续发展的重要战略。我国在2009年与欧盟签署了《中欧清洁能源中心联合声明》和《启动近零排放碳项目第二阶段合作谅解备忘录》，引进能够为我国提供有效地回报社会和企业在清洁能源和节能领域投资的技术方案，涉及清洁煤、可再生能源、低能耗建筑及智能电网等领域。我国在2009年9月8日与美国签署了一项合作备忘录，计划未来10年在内蒙古鄂尔多斯市建造发电装机为2 000MW全球最大的太阳能发电厂。尽管最终合作没有成形，但也反映了中美两国巨大的合作空间。2009年11月，美国总统奥巴马访华期间，双方发布的《中美联合声明》中，两国除正式签署《中美关于加强气候变化、能源和环境合作的谅解备忘录》并投入至少1.5亿美元成立清洁能源联合研究中心外，双方还明确表示将在多个领域开展合作，包括提高工业、建筑和消费品领域能效、发展清洁能源、加强煤炭技术合作，以及推动两国在利用风能、太阳能、先进生物燃料和现代电网制定路线方面的技术和政策合作等。通过加强国际新能源合作，吸引和引进国外新能源技术、设备和成果，特别是将应用范围广、见效快、成本低廉的项目作为外交合作的重点，为我国新能源的发展打下了良好基础。

二、我国能源外交面临的问题与挑战

（一）政治问题

1. “中国威胁论”被过分夸大

能源问题政治化趋势日益明显，能源国往往以“中国威胁论”干预我国能源海外获取活动。由于我国1993年才开始参与国际石油再分配，在技术、资金、管理、经验等方面都有很多不足。随着我国海外找油步伐的进一步加快，在能源勘测、开发、生产、消费等方面产生的环境问题，使国外某些国家叫嚣“中国威胁论”的声音也越来越大，给能源外交工作制造了强大的舆论阻力，提出了更高的要求。2002年12月，中石油参与俄罗斯斯拉夫石油公司竞拍事件中，能源国政治势力以“中国威胁论”抵制中石油集团的海外投资项目，而中石油集团以退出竞拍结束了此次海外投资。2005 年，中海油集团收购美国的优尼科事件同样也惨遭失败。从这两个例子可以看出，我国企业在收购海外能源企业时容易遭受能源国政治因素的阻碍，大肆宣扬“中国威胁论”的目的只是为了遏制我国经济的发展。这也表明国际能源问题政治化的趋势日益明显，一些国家打着维护国家安全的旗号，干涉正常的国际合作，保护主义盛行，给我国能源外交造成了很大的阻挠。

2. 国际身份转型的内在压力

改革开放以来，我国对自身及与国际社会关系的认知发生了巨大变化。经过 30 多年的改革开放，我国在经济实力迅速增长的同时，与国际社会的联系也日益密切，以惊人的速度与世界市场、全球经济体系融合，并成为世界经济的重要组成部分。经济的成功促使我国更加自信地参与到全球经济治理中，与国际组织的良性互动也加深了我国对国际机制的认可。在实现本国发展的同时兼顾对方特别是发展中国家的正当关切，这是我国对自己作为“负责任大国”的身份定位，然而这种要求却在我国多元化能源外交的实施中遇到困境。随着全球化时代的到来，环境、治理、健康、知识等日益成为国际社会普遍关注的全球性公共物品。这股国际新趋势形成强劲的国际舆论压力，给我国寻求“负责任大国”的努力带来了新挑战，成为我国外交面临的新课题，导致我国能源外交面临自身国际身份转型的压力。

（二）体制问题

1. 缺少与外交部配合的专门机构

目前，我国的能源外交主要是国家领导、外交部和企业三方，通过它们来与其他国家的能源外交部门进行磋商和谈判，尚没有一个专门的能源问题机构，对能源外交的体制进行建设。这种状况使我国在国际能源外交体系中处于极为不利的地位。首先，国家领导层面与他国谈判取得的能源成果得不到有效的落实和推进，浪费了国家的资源和精力。其次，美国、印度等国现在已有专门的能源机构来处理相关问题，我国如果没有与之对等的机构，将对我国在国际能源市场的地位和作用，以及与其他国家的合作带来很大的困扰。最后，目前在企业层面上，很多企业也正在开展一些对外的能源外交，然而因为企业没有向心力，总是处于“单打独斗”的状态，在对外合作和交往上总是得不到对方的足够重视，这对我国的能源外交极为不利。

2. 缺乏能源战略的长期规划与部署

能源外交策略的制定，关系到一个国家能源安全和能源市场所处的地位。近些年，在党和国家的领导下，我国的能源外交取得了一些进展。然而，总体来看，还一直处于模仿国外经验、学习借鉴的过程，在能源战略的制定上缺乏前瞻性，没有一个长期稳定且可操作的规划和部署，这必将使我国在未来能源资源的占有上处于极为不利的地位。在能源资源匮乏的当下，如果我们不能抢占先机，制定长远能源外交规划，一旦大多能源产区被瓜分殆尽，我国的能源外交将面临极大的挑战。

（三）竞争问题

1. 日本的阻挠和争夺

日本是一个资源严重匮乏的国家，为了保证本国的能源供给，其在能源外交方面不惜花费重金，开展“金元外交”，极力阻止我国从中受益。从 2004 年开始，对我国在东海海域天然气开发问题上，日本政府就百般阻挠，试图成立所谓“海洋权益相关阁僚会议”，以抗衡我国在东海海域开采天然气等资源。同时，还指责我国正在东海建设的“春晓”天然气项目“侵犯了日本海洋权益”，并威胁要采取对抗行动，这一问题至今仍未解决。

2. 美国的竭力遏制

美国是世界上能源需求量最大的国家，美国的外交就是围绕自身能源利益展开的，哪里有丰富的能源，美国就想将其列入自己的势力范围。从中东或非洲向我国运送石油的船只大都经过印度洋，使得印度洋的战略地位日显重要，因此，我国从 20 世纪 90 年代起就制定加强在这一地区存在的战略。而美国将我国保护这条石油运输通道安全的计划，视为对美国地区霸权的直接威胁。美国在澳大利亚建立军事基地将利于其对我国形成一个包围圈，从而控制我国的石油进口。美国“遏制政策”的主要目的是向我国施加压力，并以此削弱我国经济，迫使我国花费大量资金用于国防，而不是进行贸易和工业扩张。未来，中美在中东及非洲地区的竞争还将继续下去，而石油因素和能源运输安全问题将成为重点。目前，美国在这场竞争中暂居上风，正逐渐将我国公司从产油地区排挤出去，并竭力利用军事压力和纠集亚洲盟友遏制我国。

3. 俄罗斯的左顾右盼

俄罗斯大力推行“左顾右盼”能源外交，以国内丰富的油气资源为筹码，逐步提高其大国地位，谁对其有利就投向谁。各国都是随着形势的变化、时间的变迁而不断调整自己的对外政策和对外活动，其着眼点都是自身的战略利益。从这个意义上讲，俄罗斯最近一年多来在对华关系上屡屡出现变数也就不足为怪了——俄罗斯正是按照怎样对自身有利就怎样行事的准则来施展它的外交活动。中俄石油管道合作项目在历经“安大线”、“安纳线”、“泰纳线”风波3年后的2009年才最终定槌，这也正是俄罗斯在与我国能源外交上议而不决、决而不行，左顾右盼、朝三暮四、久拖不决的最好例证。

4. 印度的步步紧追

由于同样面临能源有限的问题，印度已开始学习我国，展开经贸及能源外交，我国的脚步每到一个国家，印度就立刻跟上。在拉美市场，印度先后与厄瓜多尔、委内瑞拉达成了油田开发合作协议。在非洲市场，印度获得了利比亚油田开采权，并通过排他性收购将Maurel & Prom石油公司的非洲资产收入囊中。而最为引人注目是，印度国家石油天然气公司与俄罗斯加兹普罗姆公司签署了一项备忘录，就萨哈林三期天然气项目、凡克尔等油田合作开发等11个项目达成一揽子协议，对俄罗斯的能源总投资扩大到250亿美元。这对于正在积极争取俄罗斯油气资源的我国来说，无疑是又一次竞争。印度的步步紧逼，不仅会打乱我国能源外交的战略方针，同时也会增加我国获取能源资源的成本，对我方极为不利。

（四）秩序问题

1. 国际能源秩序参与程度较低

现行国际能源秩序基本上是以美国为首的发达国家营造和主导的，发达国家在能源生产标准、贸易规则、定价机制和结算体系等方面拥有主要话语权，发展中国家随处都会受到发达国家的制约，这种失衡对我国等新兴大国的影响尤为突出。尽管我国是能源战略买家，理应在国际能源领域拥有重要话语权，但是事实上我国在此领域的影响非常有限，我国为维护国家的能源安全所付出的成本代价远远高于发达国家。

2. 国际能源新秩序变革话语权不够

进入21世纪，国际能源格局已经发生重大变化，以“金砖五国”为代表的新兴经济体的实力正在不断增强，成为影响世界能源合作的重要因素。尽管如此，我国作为世界最大能源消费国之一，在国际能源合作中的话语权还很弱，一般只能被动接受国际能源价格。因此，从长远来看，国际能源新秩序要求我国积极参与国际能源定价机制，形成自己的能源报价系统，以增强对国际能源的调控能力，从而影响国际能源市场和国际能源价格。

（五）气候问题

随着世界工业经济的发展、人口的膨胀、人类欲望的无限上升和生产生活方式的无节制，世界气候问题变得越来越严重。由于大量使用石油、天然气等传统能源排放出大量二氧化碳等温室气体，使得地球臭氧层正遭受前所未有的危机，全球灾难性气候变化屡屡出现，已经严重危害人类的生存环境和健康安全。建立低碳社会、发展低碳经济逐步成为国际社会的一种共识。金融危机后，各国纷纷表示要采用低碳经济的发展模式，为节能减排、发展循环经济提供了可操作性诠释。国际社会纷纷把注意力转向发展清洁能源产业，主要是发展风能、核能、生物能、太阳能等新能源，形势的发展使得压缩传统能源产业、发展新兴清洁能源成为新的机遇，而我国新能源在技术研发等方面尚存不足，已经开发研制的一些项目还需大量经费，这是我们必须面对的挑战。

三、改善我国能源外交的若干对策

能源外交是当今国际关系及大国外交中的一项重要内容。外交是内政的延续，是为经济建设服务的。中央确立的“以经济建设为中心”的方针是社会主义初级阶段的根本方针，这一方针也必然在我国对外战略和对外活动中得到实施。在国际形势复杂多变的情况下，对外活动应切忌情绪化，做到“斗智、斗勇、不斗气”，一切着眼于战略利益；“韬光养晦，善于守拙”，“不争一日之短长，不图一时之痛快”；“防止只看局部，不辨全局；只顾眼前，不管长远；以偏概全、舍本逐末的倾向”。要学会“当理而后进，审势而后动”，“有所不为，无为不成”；“审时度势，讲究策略，利用矛盾，趋利避害”。为此，我们提出如下几点对策建议。

（一）宣传我国能源外交策略，加强互信与合作

为减少我国与一些国家在能源外交问题上的误解与摩擦，营造促进经济发展的良好外部环境，积极消除“中国威胁论”和“国际身份转型”压力的影响，我国正在积极发展与八国集团、国际能源机构、能源宪章组织等国际组织的多边能源安全对话与合作的基础上，继续加强与欧美在能源问题的双边战略对话与沟通。目前，加强能源对话与合作已成为我国许多官员和学者的共识，多国政府、企业和学者在此问题上的交流与对话将日益密切。2006 年 2 月，美国能源部公布的中国能源报告称，中国能源需求增长在经济上无损于美国，部分美国学者也认识到，中国在对外进行能源合作时，不愿意与美国的最高外交政策目标发生冲突，“与本国石油公司获取海外石油资产相比，北京更看重中美关系”。美国政府及舆论态度上的一些变化，与近年来中美之间展开的一系列能源、经济战略对话和各层面的接触有着很大的关系。

（二）成立能源外交统筹机构，加强能源外交战略规划

2008 年以来的金融危机给全世界经济带来了长期而深刻的影响。发展环境的变化，对后金融危机时代各国能源外交提出了新的要求，必须对国际形势进行准确分析，着眼长远，强化战略运筹。我国能源外交起步较晚，目前基本处于重实践轻理论、重战术轻战略、重行动轻协调的状态。在当前形势下，我国必须改变能源外交战略薄弱、落后和被动的局面，奋起直追，构建并实施具有中国特色的能源外交战略。面对纷繁复杂的国际能源外交形势，传统的依靠外交部、国家领导层和企业三方各自为政的外交格局已显得难撑大局。因此，要求我们要尽快地成立能源外交统筹机构，联合以上三方的力量，将能源外交上升到国家安全的高度。同时，我们也需要尽早制定面向未来的能源外交战略规划，转变理念，通过建立应对发展环境变化和不确定因素的框架，构建促进我国能源外交的措施。

（三）积极应对国际阻挠，寻找“双赢”或“多赢”的平衡点

由于我国的特殊地理位置、地缘政治优势和国际行为角色，使得一些能源输出国和西方大国都有与我国在政治上的合作倾向。一方面，我国是中亚、俄罗斯能源流向亚太市场的重要通道，也是日、韩等国来自中东、非洲、东南亚等的海上石油运输必经之地；另一方面，一些能源输出国如伊朗、委内瑞拉等，为了反对美国等西方大国通过军事等手段夺取其本国能源控制权，鉴于我国的国际地位和在国际问题的立场主张，不会放弃争取我国这支重要的国际力量。我国应该充分利用这一地理优势，积极开展能源外交，加大与资源国长期稳定的能源合作，与周边国家建立友好合作关系，通过“以资金换资源”、“以市场换资源”、“以技术换资源”，甚至可以“以资源换资源”、“以工程换资源”的形式，寻求与资源国“双赢”或“多赢”的平衡点，使我国在国际能源市场竞争中立于不败之地。

（四）多渠道、全方位参与国际能源秩序

当今能源问题已超出局部和经济范畴，呈现出越来越强的全球化和政治化趋势，对国家安全、大国关系及国际战略正在产生深刻影响，越来越多国家的对外能源合作已经由政府统筹规划调控，国际能源合作更加广泛。我国在加强与资源国之间合作的同时，能源外交战略目标的重点要日益转向加强与消费国和能源国际组织的合作领域。我国目前参与的国际多边合作机制一共有 14 个，即 APEC 能源合作、国际能源论坛、东盟+3 能源合作、中国欧盟能源对话、中国和石油输出国组织（OPEC）能源合作、中国和海湾合作组织能源合作、上海合作组织能源工作组、中亚区域合

作能源协调委员会、甲烷市场化伙伴关系、亚太清洁发展和气候变化新伙伴关系计划、湄公河区域合作电力工作组、世界能源理事会（中国是理事会的副主席）、能源宪章、五国（中、日、韩、印、美）能源部长会。今后，我国还应与其他能源消费大国及国际能源署（IEA）等国际组织进一步开展合作，形成定期对话机制，积极参与石油数据共享行动（Joint Oil Data Initiative，JODI）等国际联合行动，增加能源政策和能源数据的公开性和透明度，共同维护国际能源市场特别是石油市场的稳定。

（五）深化新能源国际合作，减缓气候变化压力

新能源技术是实现我国经济持续快速健康发展的重要保障，也是应对气候变化和环境问题的关键环节。把新能源外交和节能减排相结合，增强国际新能源合作，抓紧吸收和引进国外新能源技术、先进设备及成果，不断增强我国在新能源领域的竞争力，争取到2020年非化石能源占一次能源消费比重达到15%左右。在新能源领域，各国都不可能在短时间内实现向低碳经济时代过渡的目标，而我国与欧美国家又有着巨大的优势互补。实现低碳经济，不仅需要技术，同时也需要资金、人力等要素，只有把这些要素整合好，才能推动低碳经济的共同目标早日实现。目前，每个国家很难仅凭借本国力量实现经济低碳化，而我国与欧美发达国家的外交合作是必然的选择。在重视与发达国家能源对话机制的同时，还应加强与新兴经济体的新能源合作机制，并进一步深化能源外交战略，以更好地维护国家能源安全。

20 中美新能源发展战略比较*

美国皮尤智库最新公布的一份名为《谁赢得清洁能源竞赛》的报告显示，2011年，美国清洁能源投资总额重夺全球第一宝座，而此前两年，中国清洁能源投资额一直保持全球第一。在全球经济持续低迷、新能源发展仍存争议的形势下，美国此次重新夺冠不得不引起我们的关注。与此同时，中国政府新近发布的《可再生能源发展“十二五”规划》和美国能源部2011年发布的《2011—2016能源战略规划》及一系列能源投资和新能源支持计划，有诸多相似之处，也各具不同特点。因此，对两国新能源战略的比较研究将具有重要意义。

一、美国新能源战略新特点

（一）规划方面：总统咨文突出发展清洁能源，加州签署可再生能源法案

1. 奥巴马国情咨文突出发展清洁能源计划

2011年1月25日，美国总统奥巴马发表了其就任以来的第二次国情咨文演讲，突出了发展清洁能源技术的重要性，并提出三项主要计划：加大对清洁能源技术的资助力度，终结对化石能源的税收补贴；到2015年上路100万辆先进技术车，使得美国到2030年石油消费量减少7.85亿桶；到2035年清洁能源发电所占份额翻番。

2. 美国加州签署可再生能源法案

2011年4月12日，美国加利福尼亚州签署名为《加州扩大可再生能源组合标准》（RPS）的SB2X法案，法案要求在2020年前确保全州电力供应全部来自新能源。美国能源部为配合这项法案的实施推广，将提供12亿美元贷款担保来支持Sunpower和NRG Solar公司建造250MW的加州谷太阳能牧场发电站。

---

* 本文主要内容原载于《中国能源》2013年第3期，此处有删改。原文由杨来、笔者、曾凯超共同创作。

（二）资金方面：重点资助太阳能、地热能、生物质能等新能源的先进技术研发与示范项目

1. 太阳能

（1）Sunshot 计划。2011 年 2 月 4 日，美国能源部发起 Sunshot 计划，拟在 2020 年前将太阳能光伏系统总成本降低 75%，达到每千瓦时 6 美分。随后，对该计划进行了一系列投资：4 月，美国能源部宣布在 Sunshot 计划框架下分别投资 1.7 亿美元和 1.125 亿美元用于太阳能光伏技术研发；8 月 2 日，美国能源部宣布向太阳能制造市场投资 5 000 万美元，在未来两年投入美国光伏制造计划的第二个基金项目（SUNPATH）；9 月 1 日，美国能源部宣布，投资超过 1.45 亿美元用于 Sunshot 计划下的六个领域共 69 个项目；10 月 25 日，美国能源部宣布，将在未来三年投资6 000 万美元开展应用科学研究以推动太阳能热发电（CSP）技术发展；美国能源部指出，非硬件成本几乎占到了住宅光伏系统成本的一半，对此宣布将先后投入 2 700 万美元、700 万美元、1 200 万美元。

（2）贷款担保。美国能源部宣布了一系列有条件贷款担保的太阳能项目，总金额近 85 亿美元，这将创造约 6 670 个工作岗位，以扩大美国的清洁能源经济。2011 年6 月 14 日，美国能源部长朱棣文宣布，将为 2 个聚光太阳能热发电项目提供约 18 亿美元的贷款担保；6 月 15 日，Sempra Generation 公司在亚利桑那州 150MW 的 Mesquite 光伏发电项目获得 3.591 亿美元的有条件贷款担保；6 月 16 日，Calisolar 公司为使其新创的太阳能级硅制造工艺商业化，将获得 2.75 亿美元的有条件贷款担保；6 月 17 日，Technologies 公司获得 1.5 亿美元有条件贷款担保，以支持其发展硅片制造技术，该技术所采用的革命性进程“Direct Wafer”可能使太阳能晶圆成本降低约 50%；6 月 22 日，朱棣文宣布将为 Amp 专项提供 14 亿美元贷款担保，Amp 专项将在全美工业建筑上安装屋顶太阳能电池，装机总量约 733MW，所产电力将直接回馈给电网，而非直接为所在建筑物供电；6 月 30 日，美国第一太阳能公司（First Solar Inc）开发的 3 个位于加利福尼亚州的光伏发电项目将获得约 45 亿美元的贷款担保，以支持碲化镉（CdTe）薄膜太阳能光伏发电设施。

2. 地热能

2011 年 2 月 24 日，美国能源部为美国地热公司（U.S. Geothermal Inc）的俄勒冈地热发电站项目提供 9 680 万美元贷款担保，用于帮助建设马卢尔县 23MW 温泉地热发电站，该电站产生的电量将根据一项 25 年电力供应协议出售给爱荷华州电力

公司；9 月 8 日，美国能源部宣布，在未来三年拨款 3 800 万美元，加快发展地热能技术，帮助美国的清洁、可再生能源来源多样化。

3. **生物质能**

2011 年 5 月 5 日，美国能源部宣布，将与农业部一起向 8 个研发项目提供4 700 万美元资金，来促进生物质能的研究和发展，范围包括生物燃料的生产、生物能源及来自各种生物资源的高价值生物基产品的生产；6 月 10 日，美国能源部宣布投资 3 600万美元用于资助生物燃料及生物产品的研发项目；8 月 16 日，美国总统奥巴马宣布，美国农业部、能源部和海军部门将在未来三年投资 5.1 亿美元，与私营公司建立合作伙伴关系，生产先进的航空和航海用生物燃料，用于军事和商业交通。

4. **核电**

2011 年 9 月 21 日，美国能源部宣布在“核能大学研究计划”（NEUP）框架下投资超过1 700万美元，为由 23 个大学领导的研究团队提供资助，用以开展下一代核能技术和现有技术的升级换代。

5. **风电**

2011 年 6 月 28 日，美国能源部宣布，将在未来两年内为 4 个风电项目提供近 750 万美元资金，主要用于包括风轮机、齿轮箱和发电机等系统设计与研发，这将有助于加速美国海上风电的部署；9 月 8 日，美国能源部宣布，在未来五年拨款 4 300万美元，以资助海上风力发电系统。

6. **储能**

2011 年 8 月 9 日，美国能源部宣布未来五年投资近 700 万美元开展独立成本分析，支持燃料电池和储氢系统的研究和开发；12 月 12 日，美国能源部宣布斥资超过 700 万美元支持加州、华盛顿州、俄勒冈州的 4 个项目，促进用于燃料电池电动车储氢技术，这些投资是美国能源将致力于实现美国在先进燃料电池技术研究领域领导力，帮助国内汽车制造商将更多燃料电池车引入主流市场。

7. **新能源汽车**

2011 年 4 月 19 日，美国能源部公开了两项推动电动汽车普及的计划，一是将拨款 500 万美元用于电动汽车基础设施和充电站的建设；二是美国国家可再生能源实验室将和谷歌合作，推出一个涵盖全美电动汽车充电站和充电桩的数据库，消费者可以通过谷歌地图获得其位置，并获得驾驶路线；8 月 10 日，美国能源部宣布，未来 3 ~ 5 年拨款 1.75 亿美元以上，加速先进汽车技术的开发和部署。

8. **其他**

（1）建筑节能。2011 年 12 月 2 日，美国总统奥巴马宣布将投资 40 亿美元开展建筑节能计划，旨在提高政府和私营部门的建筑能效，在不损害纳税人利益的情况下减少燃料使用并增加就业。这项投资也是对奥巴马 2011 年 2 月宣布的“更好的建筑”倡议（Better Buildings Initiative）的回应，该倡议明确了到 2020 年商业建筑节能 20% 的国家目标。

（2）非常规油气资源。2011 年 8 月 1 日，美国能源部选择了 11 个研究项目，投资总额为 1 240 万美元，旨在增加国内非常规油气生产，同时加强环境保护，重点关注页岩气和提高石油采收率。

（3）燃气轮机。2011 年 7 月 20 日，美国能源部宣布将投资近 500 万美元，为化石能源局大学轮机系统研究计划（UTSR）框架下遴选的 10 个项目提供支持，项目承担大学将获得 120 余万美元的经费。这些项目将开发用于新一代燃气轮机的先进技术，使燃气轮机能够使用煤基燃料和氢燃料来清洁高效运行。

（4）洁净煤。2011 年 6 月，美国怀俄明州洁净煤工作组的 2011 年投资计划通过了联合矿产、商务及经济发展临时委员会的审查，共有 9 个项目中标，项目范围涉及碳捕集与封存、气化技术、燃烧后方法、气体净化及煤制油等领域，项目总经费将超过 1 700 万美元；7 月 5 日，美国能源部投资约 30 万美元，在大学煤炭研究计划下遴选了 8 个新项目，将在未来 36 个月内进一步推进先进煤炭研究。

（5）提高能效。2011 年 9 月 9 日，美国能源部宣布，选择 6 个技术开发项目，来降低采用碳捕集的整体煤气化联合循环（IGCC）电厂的发电成本，同时保持最高的环保标准。加上项目承担机构的匹配经费，所选项目将获得总计1 400万美元的经费支持，用来提高 IGCC 电厂的经济性和促进丰富的煤炭资源的利用，来产出清洁、安全和可供应得起的能源。

（三）技术方面：变革能源技术，保障美国在清洁能源技术领域处于领导地位

美国为实现到 2020 年、2050 年较 2005 年温室气体排放量分别减少 17%、83%，到 2035 年清洁能源供应全美 80% 电力，到 2015 年上路 100 万辆电动汽车的目标，在技术方面做了如下安排：①部署已有技术，包括提高能效以减少能源增长需求，示范和部署清洁能源技术；②探索新的解决方案，包括加速能源创新、推动技术产业化和建立技术试验台以扩大美国能源部影响力；③领导全国能源对话，包括提供完整可靠的能源系统及其演变信息、提供教育机会等措施促进国内能源知识普及、制订到 2020 年温室气体排放量计划，使得联邦政府在可持续发展方面率先垂范。

（四）环境方面：设立国务院能源资源局，开展新能源模型和气象预报部的合作

1. 设立国务院能源资源局

美国国务院在2011年10月14日发表的《四年度外交与发展评估报告》中首次提出将成立一个能源资源局，并在同年11月16日，将新成立的美国能源资源局（Bureau of Energy Resources）正式投入运行，体现了美国对通过外交手段确保自身能源安全这一问题的高度重视。克林顿国务卿表示，在谈论美国经济或外交政策时，不能不谈论能源，随着全球人口的增长和化石燃料供应的减少，美国急需使其能源供应多样化。美国既需要与传统的能源出口国保持接触，也需与新兴经济体建立联系，以巩固国际能源安全，确保这些国家的自然财富带来广泛经济增长。

2. 开展新能源模型和气象预报部的合作

为更加有效利用美国新能源资源，2011年1月24日，美国能源部和气象预报部宣布共同合作，开发和传播新能源技术所需的气候信息，精确的气候预报信息及新能源资源变化模型的改进将提高美国新能源并网的可靠性。

二、对美国新能源战略的基本分析

能源问题已经成为困扰各国发展的重要问题，新能源与传统能源的发展是一个相互替代、此消彼长、此强彼弱的关系。大力发展新能源已经成为全球共识，新能源产业的发展将是开启下一轮工业革命的钥匙。

（一）对规划目标的评析

在新能源发展规划方面，美国提出了要终结对化石能源税收补贴的计划，这反映出美国对新能源发展的重视程度已经越来越高；同时，也反映出美国希望能成为新能源产业未来领导者的野心。美国加州一直都是美国可再生能源利用最好的州之一，此次加州可再生能源法案的签署，表明美国希望通过对加州新能源产业的扶持，来产生一种示范效应，进而带动其他州的发展，为未来成为新能源的霸主奠定基础。

（二）对资金资助的评析

在资金支持方面，美国重点选择了太阳能、地热能、生物质能等新能源，以及能效提高、洁净煤等领域来进行资金上的资助，而在资助领域方面又选择了技术研发和示范项目来进行重点支持。由此可见，美国对新能源技术研发水平和产品应用

的重视程度。自工业革命以来，发达国家都信奉这样一句话——科学技术是第一生产力，美国人也深谙其中的道理。在新能源领域，各国无论在技术还是应用方面，都尚未成熟，未来发展潜力和空间都将无限宽广，只有真正掌握了核心技术的国家才能在未来发展中充当领头羊的角色。对新能源产业而言，技术研发仅仅只是理论基础，只有将新能源技术真正的运用到实践中，才是成功的根本。因此，美国在注重研发的同时也不忘将示范项目作为重点来扶持，正是基于此思路。

（三）对技术变革的评析

奥巴马总统曾经说过，21 世纪将是新能源的时代，谁掌握了新能源的核心技术，谁将能成为全球竞争中的霸主。尽管美国一直拒绝加入《京都议定书》，但是他们也清楚地看到未来减排领域巨大的市场潜力和广阔的发展空间，他们也开始着手制订自己的减排计划。

（四）对发展环境的评析

美国已经将能源问题上升到国家安全的重要战略高度。尽管美国拥有丰富的煤炭、页岩气等能源资源，但是美国同时也是世界上耗能最大的国家。随着能源供给日益短缺和能源价格节节攀升，美国对新能源更加重视起来。成立能源资源局，一方面可以更加专项地开展能源相关工作，另一方面也可以通过国家级机构的名义来开展能源外交，将能更好地推动美国能源战略的部署与发展。开展新能源模型和气象预报部的合作，说明美国对新能源的支持已经到了更加精细化的程度，是在想尽一切办法为新能源的发展提供便利。

三、中美新能源战略的比较分析

中美两国在新能源领域一直都是竞争对手，因此对两国能源政策进行比较与分析，将对未来我国新能源政策的制定大有裨益。

（一）相似之处

1. 两国对新能源领域的技术研发同样重视

2011 年，美国能源部宣布：4 月，在 Sunshot 计划框架下分别投资 1.7 亿美元和 1.125 亿美元用于太阳能光伏技术研发；6 月 8 日，投资 7 000 万美元发展地热能技术并降低其使用成本；10 月 25 日，将在未来三年投资 6 000 万美元开展应用科学研究以推动太阳能热发电（CSP）技术发展。这些相关扶持政策的颁布实施，足见其对技术研发的重视。与美国类似，中国政府近期出台了《国家能源科技“十二五”规划》《太阳能发电科技发展“十二五”专项规划》《风力发电科技发展“十二五”专项规划》《电动汽车科技发展“十二五”专项规划》共 4 个科技发展规划，这些规划的核心是将技术研发作为产业发展的第一要务。尽管暂时没有出台具体的扶持细则，但是其对技术研发的重视程度已可见一斑。

2. 两国在节能环保领域关注的重点近似

美国除了对常规的新能源品种光伏、风电、生物质等投入很大精力以外，对建筑节能、非常规油气资源、洁净煤等领域都也给予了不少支持；而中国近期出台的政策，如《关于进一步推动可再生能源建筑应用的通知》《页岩气发展规划（2011—2015年)》等，也正好说明了我们对类似领域的重视。

（二）不同之处

1. 两国出台相关政策的风格不同

美国出台的政策一般都是一针见血，注重在“点”上的深入挖掘，如其对光伏、光热发电、核电、风电等领域的支持基本都是涉及具体的项目。而中国出台的政策总是针对整个产业、带有规划和引导性，注重在“面”上的布局，如近期出台的《可再生能源发展“十二五”规划》《生物质能发展“十二五”规划》《太阳能光伏产业“十二五”发展规划》《节能与新能源汽车产业发展规划（2012—2020)》《页岩气发展规划（2011—2015 年)》等。在这一点上，两国的政策风格是完全不同的。

2. 两国新能源产品推广方式不同

美国新能源产品的推广主要是通过具体项目的专项补贴或在整个城市的实施，如 2011 年 4 月 12 日，美国加利福尼亚州签署名为《加州扩大可再生能源组合标准》(RPS）的 SB2X 法案，要求在 2020 年前确保全州的电力供应来自新能源。中国新能源产品的推广主要是通过整批示范工程的形式来推广，如已经推广并实施的“金太阳示范工程”。

四、借鉴美国经验完善我国新能源产业政策的若干建议

我国与美国在能源环境方面存在很多共同点，例如，都是全球最大的能源消费国之一、都将新能源作为战略性产业来发展、都面临未来能源短缺的危机。因此，研究美国能源政策将对完善我国新能源产业政策具有借鉴意义。

（一）加强技术研发，提高应用水平

作为一个新兴产业，研发的重要性不言而喻，产品的应用同样不容忽视。因为任何研发的最终成果都是为了最终的应用，没有应用的研发就如无实之花，没有任何意义。因此，我国在未来的政策制定中需要更加重视相关产品的应用。

（二）设立国家级新能源示范城市

我国虽然已有一些城市号称要打造“新能源城市”，但是受制于政策和资金等方面的原因并没有取得实质性的突破，也没有真正意义地制定相关规划和开展相关工作。建议我国政府可以通过周密的调研选取3~5个城市进行试点，通过出台相关利好政策和资金支持，大力发展该城市的新能源产业，以此来探讨新能源示范城市的可行性。

（三）选择重点项目进行定向资助

美国在对新能源各领域的资助中，选取了很多个体的项目进行资助，通过以“点”带“面”的方式来带动该产业的发展。这种方式值得我国借鉴，因为一个产业的进步与发展是需要依靠企业来推动的。我国的政策大多是面向整个产业，这样会缺乏针对性，对资金的要求也会较高。对一些拥有先进技术的企业，我们就应该加大力度去扶持，让其成为世界领先的企业进而带动整个产业的进步和升级。

（四）深化和扩大新能源国际合作

2013年的全国能源工作会议提出，为保障我国能源供给，需要积极开展对话交流，加强与重点国家和地区的务实合作，做好能源国际合作的宏观指导和服务。美国是新能源领域的佼佼者，无论在新能源技术还是政策制定方面，都有很多方面值得我国学习和借鉴，因此，加强中美在新能源领域的国际合作将是未来我国能源政策制定的重要方向。

State Think Tank

China Strategies for Energy and Environment

环境策略

21 克霾对策*

雾霾成因是综合因素，雾霾治理亦应远近结合、标本兼治，在应对过程中既顾及人民群众的现实生命健康安危，又从根本上促进国家经济社会的长期良性发展。

一、近期克霾策略：推广技术，缓解雾霾危害

（一）工业领域

1. 大力推广上海外高桥第三电厂的煤炭高效燃烧技术

该技术能将度电燃煤下降到278克，并且做到封闭、循环燃烧，极大降低污染物排放，甚至实现部分指标零排放。在我国目前不得不以煤为主要的能源现实需求下，该技术不失为治霾良策。

2. 在钢铁行业全面推行以节能降耗为主题的兼并重组

我国大型钢铁企业的节能降耗技术与措施已经相当先进、完备，应通过大力推行兼并重组，来推广应用这些节能降耗技术，而不是简单地关停中、小钢铁企业。

3. 坚定支持各类清洁能源的发展与应用

落实电网的清洁能源全额优先上网收购责任，减少“弃水、弃风、弃光”现象；继续建设超高压输电线路，保证清洁能源送出，减少煤炭的长距离输送污染；推广储能和分布式发电，鼓励大用户直供式用电。

（二）交通领域

1. 考察推广山东星火科技研究院的燃油添加技术

该技术能有效改变燃油的排放结构与比例，大量减少机动车的碳氢化合物（臭

* 本文为2014年中国国际经济交流中心应急课题《雾霾的成因与对策》的部分成果，系首次公开发表。

氧前体物）排放。

2. 全面推广汽车加装催化转化和 PM2.5 过滤器装置

在汽车上安装“行驶诊断系统”，即时监测机动车的工作状态，让超标车辆及时脱离排污状态和接受维修。对达不到 PM2.5 排放标准的柴油机汽车，禁止进入城区和高速公路行驶，定期在高速公路入口及休息区进行相关检查。

3. 大力推广使用新能源汽车

全面放开新能源汽车的购买和使用，加快城市和交通网络的新能源汽车配套设施建设。

（三）建筑领域

1. 全面强制推广城市建设扬尘抑控措施

在大城市成功抑控的基础上，对所有中、小城市建筑工地扬尘措施不到位的实行一票否决的停建制度。

2. 继续推广扩大在城市外围建设大型环形绿地面积

强力监督执行情况，将相关指标纳入城市政绩考核。

3. 尝试在街道使用钙基黏合剂治理空气污染

这种黏合剂类似胶水，可吸附空气中的尘埃。将这种新产品用于人口嘈杂、污染严重的城区，监测结果微粒可下降 14%。

（四）生活领域

1. 坚决淘汰城区燃煤设施

将城区燃烧发电全面搬迁至城外，实现城内供暖锅炉的全面天然气置换。

2. 在广大农村推广沼气等“生物天然气”

近年来农村的分散、低效生活用煤，已远远超过城市对煤炭的使用，造成大量、大面积的空气污染问题。采取措施推广沼气等“生物天然气”，将极大减少秸秆等生物质的分散、直接燃烧，逐步引导农民替代生活用煤。

二、中期克霾策略：创新体制，突破治霾瓶颈

上述技术措施能否得到充分推广应用，雾霾危害能否得到持续遏制，环境管理

的体制机制调整与创新就显得十分重要。

（一）“提升一级”，逐步实现全国环境垂直管理

“瓮内运瓮，不得其动”，让平级甚至下属机构去实行环境管理和监督，是长期以来环境问题得不到解决的根本原因。要像治理经济社会领域的腐败问题一样，对环境污染的治理也应实施“提升一级”的改革，即中央负责省级环境机构的任命与管理，各省、自治区、直辖市负责省以下的环境机构的任命与管理。并逐步实行全国环境领域的垂直化管理。

（二）“追溯问责”，使环境污染 GDP 无所遁形

地方政府 3～5 年换个领导，GDP 搞上去就升官。继任者不认前非，高升者不理旧账，环境责任被“一推二溜五”，环境危害日积月重。因此，考虑到环境问题的滞后性，应在全国推广环境问题的“追溯问责”，即对出现环境问题的地方，除厘清本届政府责任外，合并追究上届领导责任，让用污染代价创造 GDP 的环境危害无所遁形。

（三）“污染者付费”，走出环境治理死循环

我们过去宣传的“谁污染谁治理”是一个政策设计的败笔，它让污染者不治理的情况下，有能力治理者也无法介入。今后应在确立“污染者付费”原则的基础上，以公开招标形式，全面推广“第三方环境治理”，让经认证的专业环境治理机构负责环境污染治理，并形成环境治理的市场机制。

（四）“民间力量”，让环境监督无处不在

在建立有限政府的大背景下，全面开放民间环保组织对环境问题的监督及治理诉讼主体资格。要相信民众参与环境监督与治理只是帮政府的忙，而绝不是给政府添乱。要全部公开环境治理信息，让民众可以通过网络等途径查询每日空气质量等环境信息的发布情况。

三、长期克霾策略：依法部署，达到战略控制

应对笼罩内地几乎 1/6 面积、挥之不去的雾霾，要做好打持久战的思想准备。发达国家也往往花了 30～50 年时间才解决了本国的雾霾问题。但不能因此而麻痹，应立法先行，加强统筹协调，最终达到战略控制雾霾危害的长期目标。

（一）立法严控源头

以修订《大气污染防治法》为突破口，用最高标准严处污染排放。该法于1987年制定，并于2000年做了修订。十多年过去了，中国经济社会发生了巨大变化，此法修订迫在眉睫。根据现行法律，排污者事实上能从其排污行为中获益，因为违法的经济成本远远低于遵守法律的成本，排污企业因违反排污法规而被罚款的最高金额仅仅是20万元。在其他国家，排污者会以日为单位被处以罚款，累积起来数额可能非常巨大，没有上限，还可能面临刑事指控，这将有效制止排污行为。

（二）彻底改变重化工业结构，避免产能转移“重化扩散”

伴随着PM2.5等环境浓度的升高，我国东部地区的环境空气呈现出多污染物共存、相互影响、互为源汇的复合大气污染特征。要通过推动产业布局调整，逐步疏散京津冀、长三角、珠三角等区域型复合大气污染严重地区的重化工业产能。实施区域煤炭消费总量控制，逐步降低京津冀、长三角、珠三角等空气污染严重区域的煤炭消费量。但疏散东部地区重化工产能，绝不能将污染简单地往中西部地区转移。

（三）区域联防联控机制，形成应急治理合力

按照新版空气质量标准，我国目前至少有2/3的城市不能达标。对于京津冀、长三角、珠三角等重点空气污染防治区域，要建立和完善区域大气污染防治联防联控机制，进一步增强区域治污整体合力。针对区域性空气污染加重的新情况，要完善区域总量控制制度，为区域空气污染联防联控机制的建立提供支持。空气污染严重的典型地区要设立区域大气质量管理办公室，统筹区域内的大气质量管理工作，建立区域大气环境联合执法监管机制和区域大气污染预警应急机制。

（四）建立长期战略评估制度，巩固治霾效果

要完善国家空气质量专项战略，规定各个城市都要进行空气质量的评价与回顾，对达不到标准的地区，政府必须划出空气质量管理区域，并强制在规定期限内达标。为了符合标准，各地政府可以对进入市中心的私家车征收“拥堵费”，并将此笔收入用来改善公交系统促进其发展。

22 中国汞污染治理*

汞是一种长期存在于大气中且具有全球迁移性的环境污染物。人类对汞的毒性的认识已经长达几个世纪，20 世纪 50 年代发生了因为汞的环境暴露对人体健康带来重大影响的事件，即日本的水俣病事件。进入 21 世纪后，随着全球对人类生存环境的逐步重视，汞污染问题引起了全球各界的广泛关注。2009 年 2 月在肯尼亚召开的联合国环境规划署（UNEP）第 25 届理事会上，关于汞污染防治应形成具有全球约束力的法律文件问题已经达成共识，由联合国建立的谈判进程将从 2010 年开始，并力求在 2013 年前后完成制定法律文件的相关工作，这标志着汞污染防治的全球行动已纳入日程。中国作为世界上汞的生产与消费大国，如何加强汞污染防治工作，积极参加乃至引导全球汞污染防治公约谈判进程，维护我国权益，实现环境利益最大化，将是我们面临的一个新课题。

一、汞污染及其危害

（一）全球主要汞污染源

汞的排放来自于自然源和人为源两个部分，涉及燃煤电厂、燃煤锅炉、有色金属冶炼、水泥生产、含汞产品等领域，人们对汞排放的污染源构成及各污染源的相对重要性有比较一致的认识，认为向大气中的汞排放主要源于化石燃料燃烧，尤其是煤炭的燃烧，而燃煤电厂是大气中全球汞排放的最大来源。据 UNEP 2008 年全球大气汞评估报告，全球大气汞总排放量为 7 710t ，自然源大气汞排放量为 5 207t，其中海洋排放 2 682t，人为源排放量为 2 503t，其中燃煤燃油排放 1 422t。自工业化时代以来，世界各地人为排放的汞导致汞的沉积以平均 0.5 ~ 3 倍的速率增加。在最

---

* 本文主要内容原载于《中国人口·资源与环境》2014 年第 3 期专刊，此处有删改。原文由笔者、曾凯超、杨来共同创作。

近200年，大多数工业化地区（如欧洲、北美、东南亚、中国东部）汞的沉积速率增加了2～10倍。

发达国家工业生产汞排放逐渐减少，而固体废弃物汞排放逐渐成为主要污染源。1990年，在欧洲生产导致的人为汞排放中，氯碱厂占了将近90%。在一些国家，采矿和冶金行业排放大量的汞。西班牙阿马丹的汞矿山和冶金厂是最突出的例子，汞流量最高时达0.5kg/h，相当于当时全球人为排放率的0.1%。此外，西班牙政府的国有矿业公司每年出口数百吨的汞，助长了汞在世界范围内的排放。在北欧和北美，造纸厂和纸浆工厂通常排出大量的汞。20世纪90年代后期，从工厂排放的汞大为减少，废物焚烧和牙科已成为主要污染源，在工业化国家，如瑞典，煤炭燃烧较少，但瑞典使用汞合金作牙科的填充材料，当尸体火葬时，汞被排入大气（从焚化炉排出约0.3t/a）。瑞典人口850万，大约有100t汞含在嘴里。

与工业化国家相比，近年来汞的排放在许多发展中国家和新工业化国家有较大的增长。在亚洲一些国家，氯碱厂、水银电解生产厂、燃煤生产厂等工厂排放了大量的汞；而在巴西、哥伦比亚、菲律宾和其他东南亚国家，由于黄金开采造成大量的汞排放；在非洲，金矿开采使当地遭受了严重的汞污染。

（二）汞污染的危害

汞有几种不同的化学形态，包括元素汞、有机汞和无机汞。其中有机形态的甲基汞毒性最强，主要是在环境中通过微生物活动形成，可在有机体中蓄积，进而在整个食物链中形成生物累积和放大。由于广泛而较大量地使用汞及其化合物后，含汞物质通过各种途径进入水体或大气中产生相当严重的环境污染问题。而汞用一般生化方法难以降解，因此它们在自然环境中能长期存在，并且会通过食物链等危及人类健康。

人体对汞暴露会引起大脑、神经、肾脏和肝脏损伤，甚至会引起昏迷和死亡，同时，即使低浓度的甲基汞也会对人类和哺乳类动物的神经发育带来不利影响。从病理上分析，汞的蒸气吸入体内后经肺泡膜的扩散作用进入血液中，金属汞先在红细胞和肝细胞内氧化成二价汞离子，又透过血液细胞膜分布到全身再送到各器官组织，极易在中枢神经系统、肝及肾内蓄积，或与甲基结合为剧毒的甲基汞［$(Hg(CH_3)_2$］而积存于大脑之中，产生慢性中毒。只要有少量汞离子进入人体血液中，就很容易与肾细胞中的蛋白质牢固结合，具有抗原性，引起变态反应，从而使肾功能遭受破坏引起肾病综合征。例如，20世纪50年代日本水俣病爆发，由于当地工厂将含汞废水排放到水俣湾，致使2万多人因食用含有甲基汞的鱼类而中毒。20世纪70年代，伊拉克有6 500人由于食用了用甲基汞浸泡过的种子而中毒。

但遗憾的是直到近代，金属汞都被认为在环境中是稳定的，因此，废弃的金属汞只被简单地埋于地下或直接排入水体中。近来的研究发现，虽然汞比起其他金属来是相当不活泼的，但它很易挥发，并易通过皮肤吸收，在体内氧化成有毒化合物，从而影响人体健康。而且江河淤泥中沉积的金属汞可在厌氧细菌作用下发生氧化反应和烷化反应，产生水溶性的汞盐、无机汞和脂溶性的最具有毒性的甲基汞等烷基汞。因此，汞是对人体极为有害的重金属元素。

二、国内外汞污染治理研究综述

汞污染在世界各地分布较广，美洲、欧洲、亚洲和非洲都出现了汞污染问题，甚至人迹稀少的北极也在受到汞污染的威胁。20 世纪 90 年代以来，西方发达国家越来越重视汞的跨国界输送、迁移转化和沉降方面的研究，主要集中在以下方面：大气汞化学及汞地球环境循环；大气汞浓度、输送、转化、沉降过程模拟，模型验证及不确定性分析；汞排放源清单的建立及对汞模型模拟结果影响评价。

我国的汞污染主要集中于贵州、吉林、陕西、湖北、辽宁和重庆等地。目前，国内已经开展的大气汞污染研究主要集中在以下领域：大气汞的形态分布及测定方法；汞排放源清单的建立及排放因子的估算；局部受污染地区或某些城市区域汞的形态分析及浓度分布；CMAQ-Hg 模型的初步应用。我国人为汞排放高的主要原因是中国是世界第一煤炭消费大国，煤炭平均汞含量（0. 15 ~0. 20μg /g）高于世界平均含量（0. 13μg /g），而且汞污染排放控制能力较弱。目前，在重金属污染地区，土壤和沉积物的生物修复已成为环境研究和解决环境问题最激动人心的挑战之一。中国一些工业城市的大气、土壤、水体、植物都已出现了不同程度的汞污染。污染源主要是工业用汞的散失，燃煤汞的排放，垃圾焚烧，汽车尾气排放等。城市居民的膳食中的鱼肉和部分蔬菜汞含量甚高，应引起关注。中国是汞使用和排放大国，减汞技术和无汞产品或工艺替代技术不成熟，在汞污染控制管理方面存在很多不足，未来将面临多方面的汞控制国际履约压力和需求。

未来汞污染治理还需要在以下几方面开展研究：加强国家人为源排放清单的建立；增强自然源如植物、土壤及人为源再释放方面的研究；加大大气汞化学行为方面的研究；丰富大气中不同形态汞及干湿沉降通量方面的研究工作。

三、国际汞污染治理的主要技术与措施

（一）汞污染防治主要技术

目前，世界各国都在加强对汞污染防治技术的研究与开发工作，主要有燃煤汞

减排技术、有色金属行业汞减排技术、氯乙烯和氯碱生产汞减排技术、含汞废物及其处置汞减排技术和汞污染场地修复技术等汞污染防治技术。

（二）国际汞污染治理行动

联合国环境规划署（UNEP）2006 年估算，全球汞需求量为 3 000 ~ 3 900t。为此，UNEP 提出了要制订全球性的汞减排计划，包括加强用汞和汞排放的管理，并计划 2010 年签订具有约束力的处理汞问题国际公约。美国自然资源保护委员会（NRDC）从关心人类健康的角度也开始关注汞对人类的危害，积极参与全球，特别是亚洲、中国的汞污染调查。NRDC 环境健康部一行，2005 年 10 月专门到我国聚氯乙烯（PVC）行业和电池行业进行过考察访问。

发达国家通过采取多种不同的战略方法，针对不同涉汞行业的具体特点，在不影响经济发展的前提下减少人类活动造成的汞污染。目前已经有很多国家加入了涉及汞污染防治的国际公约和地区行动，并从国际合作中获益。通过分析这些公约、协议及国际组织的相关规定，可以得出如下初步结论：从受控地区的地域范围上看，国际和区域协议覆盖的地域范围呈现出逐步扩大的趋势；从控制目标角度来看，国际和区域协议越来越重视汞环境危害控制策略的研究和应用；从控制对象角度来看，逐步呈现出从点源控制到生命周期管理的全面过渡。

（三）国际汞污染治理主要策略

1. 建立明确的汞减排目标

国外发达国家基本上实施了针对不同的涉汞行业建立相应的汞减排目标并推进其实现。美国近期针对电厂行业颁布的法规提出，到 2015 年达到 2005 年水平 78% 的汞减排量。2005 年，欧盟发布了包含减少汞排放、减少汞供应和需求、应对汞暴露尤其是鱼中甲基汞的保护措施等 20 项措施在内的汞战略。

2. 实施环境保护部门牵头，多部门参与的跨部门协作机制

汞污染排放源的复杂性和多样性决定了各国在推进汞污染防治工作中应实施多部门参与，共同推进汞污染控制的总体态势和格局。汞污染防治需要不同政府部门、行业及公众等多方参与。在横向合作方面，高效的跨部门合作有赖于明确的各方角色和分工，一般由环境保护部门总体负责，工业、食物和药品等部门根据其特定管理范围参与相关工作。在纵向合作方面，规模较大的国家和地区加强中央和地方政府在国家标准实施过程中的一致性和协调性。

3. 加强立法管理创新，推进全过程管理

在汞污染控制管理方面，发达国家一般都是通过加强和完善立法体系以控制汞

排放、限制汞使用，进而减少汞暴露。这些国家也不断加强立法创新，通过采用全过程管理方法推进立法管理工作，并通过开展环境风险评估、成本效益分析及法规影响评估等方法推进对政策问题的正确识别和分析，确保社会、经济和环境协调发展。

4. 推进产业结构升级，实现绿色经济转型

日本、美国、加拿大、欧盟等通过在氯碱、电池、照明、医疗设备及用汞药品等行业采取切实可行的禁汞限汞措施，实施绿色采购和引导政策，推进无汞、低汞技术和产品的应用，淘汰落后工艺，推进技术升级。该过程需要采取相应的政策资金措施，如通过税收减免以鼓励清洁生产技术的应用等。

四、我国汞污染治理现状

我国汞矿资源总保有储量 8.14 万 t，居世界第三位。但由于汞资源枯竭，我国自 20 世纪 90 年代起由产汞大国转为以使用进口汞为主。我国目前是世界上用汞量最大的国家，2000 年世界汞产量约 2 000t，而我国的汞使用量为 900 多吨，进口占 70% 左右。汞的使用涉及众多产业和部门，主要集中在燃煤电厂、水泥、化工、轻工、冶金、医疗器械，其中 PVC 行业氯化汞触媒 7 000 ~ 8 000t，占我国用汞量的 70% ~75% 。

同时，我国又是全球范围大气汞污染最为严重的区域之一，大气中汞的年均沉降值大于 70 μg/m^3。我国汞矿、金矿、氯碱厂、有色金属冶炼厂地区的汞环境污染十分严重，包括了大气、水体、土壤等环境要素。土法炼汞地区，空气汞浓度超过居住区大气汞浓度标准（0.3 μg/m^2）17.5 ~2 646.3 倍，生活饮用水超过卫生标准 1 ~3 倍，作物可食用部分汞含量超标几十到几百倍。我国城市地区大气和土壤汞污染也是严重的，超标比例逐年上升。

为进一步削减汞的使用，我国政府对汞的生产、进口以汞为原料进行加工利用的企业加强了源头管理，控制汞的生产、进口及下游工业的使用，最大限度地回收利用汞资源，实现含汞废物的安全处理处置，有效防止汞流失，切实控制汞污染。

近年来，我国极其关注汞等重金属污染防治管理，不断推进大气汞排放研究，并不断推进汞污染防治管理体系建设，内容涉及政策、法规、技术指导文件及汞污染监测方法等，其中包括《大气污染防治法》《清洁生产促进法》等。2009 年，国务院办公室颁布了《国务院办公厅转发环境保护部等部门关于加强重金属污染防治工作指导意见的通知》（国办发〔2009〕61 号），建立了重金属污染防治的目标并提供资金支持。

为了防止汞污染加剧，我国国家标准对在各种环境介质及污染物排放源中的汞的浓度做了一定限制。《大气污染物综合排放标准》（GB 16297—1996）规定最高允许排放浓度0.015 mg/m^3；《污水综合排放标准》（GB 8978—1996）规定最高允许排放质量浓度0.05 mg/L；《固体废弃物浸出毒性鉴别标准》（GB 5058.3—1996）限值0.05 mg/L；考虑到汞低剂量致毒性，《食品中污染物限量》（GB 2762—1994）对食品中汞限量作了较为具体的规定。

五、我国汞污染治理存在问题

与发达国家相比，我国在汞污染治理方面起步较晚，存在很大不足。

（一）制度建设薄弱

目前我国与汞相关的环境标准虽然有18个，但总体而言，有关汞生产、消费、处置和污染控制的法律法规尚不系统、不健全、不完善，不能满足建设环境友好型社会的需要。汞污染治理措施与其他国家战略未能较好衔接，汞污染治理的法律法规体系和执法能力建设基础薄弱，由于尚未上升到国家战略层面，汞污染治理的执行力度和效果有限，加之没有合理的责任分级管理体系，未能在全国范围内有效统一实施。

（二）技术支持不足

尽管中国在技术领域已经做出了很多努力，但该领域的技术基础仍然薄弱，急需推进经济有效的汞替代技术，以及汞污染控制技术的引进、开发和应用。研究基础仍很薄弱，缺乏经济可行的替代和减排技术，技术支持能力不足，同时基本底数不清，决策依据不足。现在虽然我国大多数涉汞行业已有替代产品或替代工艺，如替代牙汞齐的合成树脂齿科材料、电子式或液晶的体温计、荧光灯制造中使用的钛汞齐和汞丸技术，但是由于替代产品价格偏高，导致产品无法充分占领市场。以电子式体温计为例，其零售价为20～80元，而普通水银体温计仅为2～3元。据报道，目前上海数家医院普遍使用水银温度计。此外缺乏有利的政策支持，也造成了替代品或替代技术的尴尬境地。

（三）监测信息不充分

没有建立国家污染源清单，缺乏较完善的有关汞使用和释放的数据信息，没有健全的信息跟踪系统。就医疗行业而言，其所产生的汞污染情况缺乏监督，也没有权威的统计数据。如有关牙汞齐引起的汞污染研究调查很少，对其制备和使用缺乏研究。水产行业也存在同样的状况。据2002年全球渔业和水产业统计数据，我国的捕捞量位居世界第一，但海产品中总汞和甲基汞含量仍是一个未知数。各种状态（气液固）的含汞废物没有得到妥善的处理。含汞固废因其特殊的性质应与其他废物分开处理，尤其是使用焚烧法处理废物时，垃圾分类非常必要，但就目前情况来看，推行垃圾分类的工作任重道远。焚烧尾气处理不够规范，引起含汞气体大量排放。

（四）资金缺口较大

汞的替代技术、污染控制和修复的资金需求缺口较大，防治行动缺乏资金支持。中国在环境领域的经济政策较多，但发挥显著效果的经济政策非常有限，经济手段在汞污染防控方面并未发挥重要作用。诸如环境税的相关条款并未与法律、资金支持和经济机制相协调，汞污染防治及修复活动的资金机制有待进一步探索。

（五）燃煤领域汞污染排放问题突出

在过去的几十年中，由于工业化和城市化的快速发展使得中国排放到大气中的汞持续增加，特别是燃煤领域汞污染排放问题突出。2007年中国大气汞排放量至少为643t，尽管排放到大气中的汞来源众多，燃煤工业锅炉和燃煤电厂共同构成中国最大的大气汞排放源，占到大气汞排放总量的50%以上。2007年中国燃煤电厂耗煤13.3亿t，占全国煤炭消耗总量的42%，燃煤电厂汞的总排放量约为123.3t。2007年工业锅炉的煤炭消耗总量达到9.6亿t，占中国煤炭消耗总量的30%，工业锅炉汞排放总量约为213.5t。

（六）危害意识不强

公众汞污染环境意识较弱，包括汞污染在内的有关有毒有害化学品的信息公布机制和应急处理机制也有待进一步完善。相关部门的宣传教育滞后，在很大程度上造成公众对汞污染的危害性没有非常清晰的认识。鱼虽为极有营养的食物，但存在着很大的污染风险。由于没有专门的机构来提供这类信息的咨询，公众对此确实不甚清楚。

六、结论与建议

（一）建立国家汞污染治理战略和行动计划

为进一步减少汞对人类健康和环境所造成的危害，降低中国对全球汞排放的贡献，与《重金属污染综合防治规划（2011—2015）》相衔接，制定2011—2015年和2015年以后近期和远期的汞减排目标。采取更有力的措施降低和防止汞对人体健康和环境造成的影响；建立强制性动态国家汞污染排放和转移清单，为环境决策提供支持；通过加强与其他战略相衔接，支持重点涉汞行业和社区改善环境绩效，促进清洁生产，实现绿色转型；加强汞污染治理的法律法规体系和执法能力建设；建立不断完善的责任分级管理体系，推进在全国范围内有效统一实施；逐步建立基于市场的综合性汞污染治理机制，将其作为强制性措施的重要补充；明确科学技术需求，为实施汞风险管理和控制提供决策支持。

（二）加强技术研发、引进与推广

努力把汞污染防治列入国家"十二五"环境保护规划、中长期科技发展规划等国家重大环境与发展规划，全面推动有关汞污染防治技术的研发、引进、应用和推广，并加强对污染场地治理及对汞的监控等工作。在典型区内引入环境友好、技术先进、经济有效的替代品/技术/控制和处置技术，促进在示范区内实现含汞物质/物品/设备的淘汰替代；推动燃煤电厂、水泥、钢铁及有色金属生产等重点行业最佳可行技术/最佳环境实践（BAT/BEP）的应用和示范，为我国汞污染防治起到引领、带动和推进作用。

（三）建立汞污染治理动态信息平台

国家行动计划需要及时、准确和切实明晰中国汞在生产、分布、使用、排放、回收和处置方面的汞物质流信息。需要针对主要污染源采取强制性的汞排放监测和报告要求，以便切实反映涉汞行业、重点区域、流域及重点污染源的信息，并建立汞环境风险控制和预警体系，为管理者和科研人员明确汞污染的来源和成因、确定管理措施、开展社会经济影响评估提供依据。该信息平台将为推进中国生命周期和全过程汞污染治理能力、明确相关风险提供基础，也将为中国开展国际汞行动提供支持。

（四）加大汞减排投资规划

充分考虑城市、乡村和区域差别，推进涉汞行业结构预警；设立国家汞减排专项基金，引导社会资金支持汞污染防治技术的引进和商业化，推进清洁生产技术，开展 BAT/BFP/MACT 示范；采用多种经济手段，坚持强制性及自愿性措施相结合，支持涉汞行业工艺和涉汞产品减少用汞量，鼓励推进产业化创新；促进含汞产品替代，加强废物管理和回收利用；推进涉汞行业开发多样化的绿色经济战略。

（五）减少燃煤领域汞污染排放

我国城市的一次能源结构中，煤炭一直占据主导地位。燃煤汞污染是我国城市汞污染的一个重要来源，因此调整能源结构，引进和发展清洁能源，将目前以原煤为主的污染型能源结构逐步转变为以天然气、电力等优质能源为主的清洁型能源结构，减少煤炭在一次能源中所占的比例，是减少汞排放量的主要措施。目前能源消费环节浪费仍然比较严重，主要表现在燃煤锅炉热效率较低、建筑采暖热能浪费严重等。因此，加强高新技术在能源供应和消费领域的推广应用，提高能源利用效率，可以进一步减少汞的排放量。

（六）开展汞污染治理宣传教育

制订国家汞污染防治专项宣传计划，增强全面安全防范意识。完善有毒有害化学品的信息公布机制和应急处理机制，增加有关汞污染防治等内容，鼓励公众进行监督。同时，加强信息公开和披露的手段，一方面增强公众暴露风险预防的能力，另一方面公众的监督是对汞排放源施加减排压力，也可促使污染源减排汞。

23 国际气候制度与资金机制*

一、引言

（一）研究背景

气候变化问题再次成为国际社会关注的焦点。2009 年 11 月 15 日，时任国家主席胡锦涛在新加坡出席气候变化非正式早餐会上强调，哥本哈根大会是国际社会合作应对气候变化的一次重要会议，推动会议取得积极成果符合各方共同利益。胡锦涛提出了包括“建立有效资金机制，发达国家应承担向发展中国家提供资金支持的责任”的两点主张。

事实上，气候变化问题之所以一再成为国际政治经济交流场合的热门话题，既来自人类社会对气候变化问题严重性的认识，也缘于迄今为止国际社会对气候变化的应对未能做出实际的、有影响力的推动，更加重了人们对未来的焦虑。政府间气候变化专门委员会（IPCC）3 个工作组经过 5 年的精心准备，组织全世界上千位科学家参与撰写，并通过各国政府和专家多轮评审，终于在 2007 年 2—5 月间陆续推出第四次评估报告（AR4）。评估报告指出：全球气候变化已是一个不争的事实。1990—2004 年，全球主要温室气体排放量增加了 24%；预计 2030 年全球二氧化碳排放量将比 2000 年增加 45% ~110%，其中绝大部分增量将来自于发展中国家。联合国环境规划署估计，2003 年因气候变化导致自然灾害使全世界至少损失 600 亿美元。随着气候问题的日益严重，国际社会越来越认识到有必要通过全球的努力来减缓气候变暖趋势，协调人类适应气候变化的行动，这是人类文明可持续发展的必由之路。

---

* 本文主要内容原载于《国际经济分析与展望（2009—2010）》（社科文献出版社，2010 年），此处有删改。原文由笔者与荣芳共同创作。

国际气候制度是人类社会建立在对气候变化科学认识基础上的国际政治经济博弈结果。《联合国气候变化框架公约》（UNFCCC）（以下简称《公约》）第 13 次缔约方会议暨《京都议定书》（以下简称《议定书》）第三次缔约方会议于 2007 年 12 月 3—14 日在印尼巴厘岛举行。经过各方努力，会议就“巴厘路线图”达成共识，主要包括 4 个方面的内容，即减缓、适应、技术和资金。其中，资金机制是国际气候变化谈判的焦点问题，发达国家和发展中国家在此问题上向来分歧明显：发达国家强调市场和私营部门的主导作用，回避履行《公约》下的资金和技术援助的义务，声称已通过其他渠道对发展中国家提高了资金和技术的支持；而发展中国家则要求发达国家以政府供资为主体，拿出至少 0.5% ~1.0% 的国民生产总值（GNI）资助发展中国家减缓和适应气候变化，并在此基础上带动私营部门的资金投入。

目前，发达国家主要通过两种渠道向发展中国家提供减缓和适应气候变化的资金及技术支持：一种是以发达国家自愿性捐赠为主的各类国际多边和双边体制的气候变化基金，另一种是发达国家通过清洁发展机制（CDM）在实现自身低成本减排的同时，给发展中国家的国内减缓行动提供资金和技术的支持。但是，发达国家目前实际提供的资金支持力度与发展中国家减缓和适应气候变化投资所需相比，仍是杯水车薪（Zhang，2009）。据国际能源署的预测，全球未来排放量增长的 3/4 将来自发展中国家。如果没有发展中国家的有效参与，全球温室气体减缓行动将最终失败。但是，如果没有发达国家确切的、足够的资金和技术支持，发展中国家没有能力也没有足够的意愿去减缓温室气体的排放。因此，资金问题几乎成了国际社会应对气候变化问题上能否取得实质进展的一个主要问题。

（二）相关研究现状

基于《公约》“共同有区别的原则”，国际社会提出了很多全球应对气候变化的成本分担方案，但这些方案大多从排放权的分配考虑，如人均排放权分配（Aslam，2002）、基于对温度变化的贡献而进行排放权分配的巴西案文（Brazil，1997）、排放强度（Herzog 等，2006；Chung，2007）、各种部门方法（Ward 2006）、两个趋同（陈文颖等，2005）及潘家华等的“碳预算方案”等。为数不多的有关资金分担的具体方案包括墨西哥政府 2008 年倡议设立的“全球气候变化基金”（亦称“绿色基金”）（UNFCCC，2008）和 Baer 等（2008）的温室气体排放权（GDRs）框架。

墨西哥的“绿色基金”方案安排启动资金 100 亿美元，根据排放总量、人均排放量和人均产值，所有国家（除了最不发达国家）贡献，所有国家使用，用于资助改善和适应气候变化的各种项目（UNFCCC，2008）。该方案在最近召开的世界主要经济体能源和气候变化论坛第二次预备会议上，得到了大多数与会国家包括美国的赞同，极有可能在后京都时代国际气候制度中扮演重要角色。但是，墨西哥的“绿色基金”方案仍有许多备受争议之处，例如“所有国家贡献，所有国家使用”的原则曲解和违背了公约的基本原则，模糊了附件I和非附件I国家之间的界限；由于发达国家最多可使用贡献量的70%，发展中国家实际得到的资金转移量有限；排放责任如何确定尚存变数，界定方法极有可能会对多数发展中国家不公平。而GDRs框架虽然在成本分担中考虑了一个国家的经济规模、排放责任和发展权利等因素，但在排放责任的界定上也有失公允。例如，该框架在界定排放责任时只考虑了1990年之后的历史排放，分配方案显然对发展中国家不公。此外，该方案没有考虑各国具体国情特征对排放的影响（具体分析请见本文第四部分）。

本文旨在全面分析全球气候资金机制现状的基础上，构建一个兼顾各国排放责任、支付能力及具体国情（包括资源禀赋、气候条件和地理特征）的成本分担机制，并据此提出兼顾公平和效益的后京都时代国际气候资金机制。目前的国内外文献缺乏对现有气候资金机制的全面分析，缺乏从发展中国家视角出发提出一个可具体操作的、兼顾公平与效率的全球气候资金机制。本文不仅是对已有气候资金机制理论的有益补充，同时也为我国应对后京都时代国际气候谈判提供借鉴意义。

二、国际气候制度的形成及资金机制

（一）国际气候制度的历史发展

回顾充满坎坷的国际气候合作历程，至今已是20多年过去了，虽然取得巨大成就，但也存在巨大分歧。究其原因，主要在于以CO_2为主的温室气体的排放，从一定程度上是经济发展的必然过程，亦即在工业化与城市化的过程中，一定程度的碳排放与经济增长是成正比例关系的。减排即意味着对经济发展的影响，尤其对发展中国家更是如此。进一步讲，进程困难的主要原因在于长期萦绕在国际气候合作谈判中的公平与效率问题。

1. **起步阶段：科学认识与公约形成**

对气候变化问题的认识，有一个人不应该忘记，他就是瑞典科学家斯万特·阿尔赫尼斯（Svante Arrhenius），他早在19世纪就提出了温室效应概念并作了描述。但直到20世纪70年代初期，科学家对此问题的研究尚不系统。1972年的斯德哥尔摩人类环境会议，促进了人们对潜在的气候变化和相关问题的研究，并于1979年召开了第一次世界气候变化大会，标志着气候变化问题正式进入国际政治议程。1988年由世界气象组织（WMO）和联合国环境规划署（UNEP）共同建立了政府间气候变化专门委员会（IPCC），对气候变化的科学认识、社会经济影响和政策措施等问题展开研究。IPCC 为公约的形成提供了一系列科学的研究成果，为《公约》的出台做出了巨大贡献。同年召开的多伦多会议标志着有关气候变化问题高级别辩论的开始，并提出了明确的减排目标。随后，1989 年联合国与荷兰政府共同组织召开了“大气污染与气候变化”部长级会议，并发表了《诺德魏克宣言》，提出要控制《蒙特利尔议定书》未控制的温室气体。1990 年 8 月 IPCC 第一次评估报告通过，欧共体筹备第二次世界气候变化大会部长级会议时提出了立即开始“气候变化公约”谈判的主张，从而拉开了《公约》谈判的序幕。同年 10 月第二次世界气候变化大会召开，在“共同但有区别的责任”等问题上达成了一致。1991 年 2 月，《公约》谈判开始。1991 年 6 月，41 个发展中国家在北京召开会议并发表《北京宣言》，集中表达了发展中国家的立场，许多观点为后来的《公约》所接受。1992 年 5 月公约最后文本获得通过，并于 6 月的里约环境与发展大会上，155 个与会国家签署了《公约》。1994 年 3 月 21 日，《公约》在获得 50 个国家的批准后正式生效，中、美等主要温室气体排放国都是这一公约的签署国，标志着气候变化问题正式纳入国际法的调整范畴。

2. 推动阶段：艰难谈判与受挫补救

由于《公约》未能就温室气体减排问题做出具体规定，因此，自《公约》生效以来，各国围绕履约等具体问题展开了尖锐的斗争，先后召开九次缔约方会议（COP），开始了艰难的谈判进程。

《公约》规定，每年都要举行一次《公约》缔约方会议。1995 年 3 月，《公约》第一次缔约方会议（COP1）在柏林召开，通过了著名的《柏林授权》（*The Berlin Mandate*），开始了《议定书》的谈判，并就附件一国家具有法律约束力的减排目标和时间表达成了一致，同时规定不得为发展中国家引入任何新义务。1995 年 12 月，IPCC 批准了《第二次气候变化评估报告》（SAR），强调人类活动对气候产生不良影响、各缔约方应采取有力的政策行动。1996 年 7 月，COP2 在日内瓦召开并通过了《日内瓦部长宣言》，呼吁各方制定有法律约束力的减排目标，推进《议定书》的谈判，使得气候变化谈判迈出了关键一步。1997 年 12 月，在京都召开的 COP3 通过激烈而艰难的谈判磋商，通过了里程碑式的《议定书》，首次确定了发达国家排放温室气体的限额，提出了京都三机制，标志着气候变化进入了建设性的发展阶段。1998 年 5 月，中国签署了《议定书》。同年 11 月，COP4 在巴西召开，通过了《布宜诺斯艾利斯行动计划》和《评审资金机制》等决定，确定将 2000 年作为达成议定书具体实施细则的最后期限；但在这一次会议上，发展中国家的立场开始发生分裂。1999 年 10 月在波恩召开的 COP5 可以说是 COP6 的一次预备会，会议就发展中国家的参与、京都机制、遵约程序、吸收汇等议题进行讨论，并就一些技术问题取得一致。到本次大会为止，共有18个国家批准了《议定书》，但它们都是发展中国家。2000年11月，COP6在荷兰海牙召开，会议上，以中国为代表的发展中国家、欧盟和以美国为代表的伞形国家在一系列问题上产生严重分歧，谈判无果而终，决定休会，给《议定书》的前景蒙上了浓浓的阴影。为了继续推进《议定书》履约谈判，COP6决定在波恩复会。2001年在气候变化应对进程中注定是一个十分不平凡的年份：1月，IPCC《第三次气候变化评估报告》（TAR）发布，其成果被当年的《科学》杂志评为十大年度科技成果，气候问题的严重性促进人们不得不进行严肃的思考和应对；但就在此时，头号温室气体排放大国美国于3月突然宣布单方面退出《议定书》，给议定书生效信心带来严重打击，使履约进程雪上加霜；但环境领域的单边主义终于碰了壁，7月召开的COP6续会通过了《波恩政治协议》，从而挽救了《议定书》，在这个过程中，日本的态度起到了关键性作用；10月，COP7在摩洛哥召开，通过了《马拉喀什协定》，恢复了国际社会对气候谈判的信心，为《议定书》的履行奠定了坚实基础，用事实说明了“没有美国，也能成事”的环境保护多边主义的胜利。2002年5月，中国、欧盟批准《议定书》；6月，COP8会议在波恩开始；8月，可持续发展世界首脑会议（WSSD）在约翰内斯堡召开，可持续发展框架下的气候变化应对成为大会主题；11月，COP8在新德里召开第二阶段会议，大会通过《气候变化与可持续发展德里部长级宣言》，由于美国退出后遭受国际社会的广泛责难、时时被“揪气候辫子”，也不得不做出姿态，戏剧性地对发展中国家的立场给予了支持。2003年12月，COP9在意大利米兰召开，除解决一些技术问题如碳汇标准、专项资金规划等之外，谈判几乎没有取得进展。这中间俄罗斯的立场成了关键问题，基于以退为进的考虑，俄罗斯仍然拒绝在本次大会上批准《议定书》，使其生效又一次化为泡影。

3. 突破阶段：《京都议定书》生效与后京都的博弈

由于《议定书》需要占1990年全球温室气体排放量55%以上至少55个国家和地区批准才能生效，2004年11月5日俄罗斯的批准并于11月18日递交联合国，对《议定书》生效起到了决定性的作用。2004年12月，COP10在布宜诺斯艾利斯召开，会议达成了继续开展减缓变暖非正式会谈的决议。按照国际方面的有关规定，《议定书》递交联合国90天后，即2005年2月16日正式成为具有约束力的国际法律。

2005年11月，COP11在加拿大蒙特利尔召开，这是国际社会在历尽7年艰难谈判并几经夭折的《议定书》生效后的第一次缔约方大会（MOP1）。《公约》第11次缔约方大会和《议定书》第1次缔约方大会是成功的，各方都基本满意，这是气候变化国际进程中一次值得肯定和具有重要意义的大会。大会圆满完成了“执行、改进和创新”3 项重要任务和目标，在数个领域通过了若干重要决定，启动《议定书》的实施，开始了未来的行动，缔约方推动了适应问题的工作，推进了《公约》和《议定书》的实施计划。欧盟对本届大会的成果表示满意，特别是对“启动可以使未批准《议定书》的发达国家（美国和澳大利亚）和发展中国家参与的进程”问题给予了高度评价。发展中国家对本届会议也基本满意，“发达国家 2012 年后承诺问题的谈判进程的正式启动”是发展中国家在本届会议上的最大成果和胜利，具有重要意义。

2006 年 11 月 6 日，联合国气候变化大会在肯尼亚首都内罗毕开幕，大会期间举行《公约》第 12 次缔约方大会（COP12）和《议定书》缔约方第 2 次会议（MOP2）等一系列关于全球气候问题的国际会议，主要议题是“后京都”问题，即 2012 年之后如何进一步降低温室气体的排放。早在 10 月 30 日内罗毕会议开幕前夕，在英国政府支持下推出的《斯特恩回顾：气候变化经济学》（简称《斯特恩报告》），已经在全球引起广泛的关注和强烈的反响。《议定书》第一承诺期只是 2008—2012 年，关于此后的国际气候制度走向的“后京都”谈判正在重重迷雾之中艰难启程。本次会议是第一次在非洲召开的气候公约大会，如何提高非洲应对气候变化的能力及可持续发展，受到国际社会的高度关注。

IPCC 的 3 个工作组经过 5 年的精心准备，组织全世界上千位科学家参与撰写，并通过各国政府和专家多轮评审，终于在 2007 年 2—5 月间陆续推出第四次评估报告（AR4）。12 月 3—14 日，公约第 13 次缔约方会议（COP13）和《议定书》第 3 次缔约方会议（MOP3）在印尼巴厘岛召开。经过各方努力，会议就“巴厘路线图”达成共识：在《公约》下启动旨在加强公约实施的谈判进程，讨论减缓、适应、技术和资金问题，并决定于 2009 年完成谈判；在《议定书》下继续谈判已批准议定书的发达国家在 2012 年后的减排指标，并于 2009 年完成谈判。路线图为今后气候变化谈判指明了方向，设定了时间表。

2008 年 12 月 1—13 日，《公约》第 14 次缔约方会议（COP14）暨《议定书》第 4 次缔约方会议（MOP4）在波兰波兹南举行。来自 191 个缔约国、观察员国，464 个联合国相关机构、专门机构、政府间国际组织、非政府组织及 371 个媒体单位共一万多人出席会议。但由于波兹南会议主要是为哥本哈根会议做准备，并无就实质性问题达成协议的压力，加之美国未来气候变化政策还不明朗，发达国家采取了等待观望和拖延谈判的态度，对发展中国家提出的建设性主张和建议不做正面回应，而把重点放在分化发展中国家和转移谈判方向上，因此，波兹南会议未能就“巴厘路线图”的核心问题取得实质成果，仅通过了 2009 年工作计划并正式启动适应基金的运作。

至笔者成文之日，国际社会都把关注的目光投向了哥本哈根，寄希望这次会议能为人类社会今后应对气候变化打下坚实基础，但事实上谈判步履维艰、困难重重。

（二）国际气候制度的本质与影响因素

1. 国际气候制度的本质：公平与效率问题

在防止和减缓全球气候变暖的国际治理方面，《公约》是迄今为止的最高宪章，其对国际气候制度的基本原则进行了规定，如利益补偿原则、代际公平原则、可持续发展原则、损害预防原则、公众参与原则，以及污染者付费原则（PPP）。但这其中最重要、最根本的原则还在于公平与效率两个方面。根据庄贵阳的研究，建立国际气候制度的基础是公平与效率问题，既要考虑历史责任，也要考虑现实排放与未来需求。这实际上也是一个南北关系问题。发展中国家以“公平”来维护自己的发展权益，发达国家以“效率”来强化自身的经济利益。但南北有着一个共同的目标：防范全球变暖。这种矛盾统一的必然结果，是通过国际合作，寻求双赢的机制与方法。从某种意义上讲，公平和效率有冲突的地方，追求经济效率可能牺牲公平，而追求公平又可能达不到效率最优。这一问题的解决有赖于在公平和效率之间做出适当的权衡取舍，目标是寻求解决公平和效率均衡的实现途径。

2. 影响国际气候制度走向的关键因素

国际气候合作谈判旷日持久，矛盾与分歧难以弥合。这种复杂的国际政治经济博弈将会走向何方，这其中的关键影响要素又将是什么呢？根据陈迎的研究，国际气候制度的走向，主要受到科学认知、政治意愿和经济利益三个方面的综合影响。国际社会各方都试图从这三个方面入手，发挥自身的影响力，同时最大限度地维护自身利益，在妥协中为打破僵局寻求一条可行的解决途径。

（三）全球气候资金机制应以发达国家供资为主

一方面，虽然气候变化的主要根源来自发达国家，但是发展中国家却由于所处地理位置及自身适应气候变化的脆弱性等原因，承受相比发达国家而言更为严重的气候变化可能带来的一系列后果，包括海平面上升、极端恶劣天气频率的上升、降雨量的大幅降低等。因此，根据“污染者付费”原则，发达国家理应在全球气候变化减缓和适应成本分担中承担绝大部分的费用，应当按照《公约》的规定向发展中国家提供减缓和适应气候变化的资金、技术及能力建设上的支持。

另一方面，国际能源署指出，未来排放量的增长将主要来自发展中国家。其中，全球3/4的与能源相关的CO_2排放量增长预计会来自中国、印度以及中东地区，非经合组织（OECD）国家总体将占全球排放量增长的97%（IEA，2008）。但是，如果没有发达国家确切的、足够的资金和技术的支持，发展中国家没有能力也没有足够的意愿去减缓温室气体的排放。在许多发展中国家包括中国和印度，目前仍有相当比例的人口生活在每天消费不足1美元的国际贫困线标准以下。在这些国家中，还有很大一部分人口无法获得电力照明、干净的饮用水源等基本的公共服务。在普遍面临着贫困、环境污染、能源安全等相比气候变化影响更直接、更严重、更迫在眉睫的威胁和挑战的情况下，大多数发展中国家根本没有能力依靠自身的力量去减缓和适应全球气候变化。

越来越多的发达国家学者指出，为了确保稳定全球大气中温室气体浓度目标的实现，发达国家必须提供确切的、足够的资金及技术的支持，从而激励发展中国家减缓温室气体的排放（Keeler et al.，2008；Victor，2008）。同时，民意调查表明，发达国家已有越来越多的公众表示支持自己的国家向参与减缓行动的发展中国家提供资金和技术的支持（BBC World Service，2007）。

三、国际气候制度的资金机制现状分析

目前，发达国家主要通过两种渠道向发展中国家提供减缓和适应气候变化的资金及技术支持：一种是以发达国家自愿性捐赠为主的全球气候变化基金，另一种是发达国家通过CDM市场，在实现自身低成本减排的同时给发展中国家的国内减缓行动提供资金和技术的支持。

（一）全球气候基金

全球环境基金（GEF）是最主要的基于《公约》下的气候变化资金机制的运作实体，主要管理3个基金：信托基金、气候变化特别基金及最不发达国家基金。其中，信托基金主要用于发展中国家的国内减缓行动，包括编制国家信息通报和国家行动方案、能力建设、技术转让及发展中国家的自愿减排项目等。同时兼顾适应行动，包括收集气候变化信息、评估气候变化造成的影响和应对措施等。气候变化特别基金实质是减缓基金，主要资助发展中国家能源领域的减缓行动及经济多样化。最不发达国家基金实质是适应基金，但对象仅限于援助非洲等最不发达国家（见表1）。

表1 现有全球气候变化基金一览表

单位：亿美元

基金类型	管理机构	基金名称	资助时间	年资金规模
《公约》下	GEF	GEF 信托基金	1991—	1.4（2008 年）
	GEF	气候变化特别基金	2002—	不足 0.2
	GEF	最不发达国家基金	2002—	不足 0.3
《协定书》	GEF	适应基金		取决于未来 CDM 市场
总计				低于 10
其他多边基金	世界银行	森林碳伙伴基金	2008—2012	约 1.65
	世界银行	清洁技术基金	2008—2012	不确定
	世界银行	战略气候基金	2008—2012	至多 10
	GEF	热带雨林账户基金	2008—2010	约 0.6
	GEF 和 IFC	地球基金		约 2
总计				低于 20
其他双边基金	日本	冷却地球伙伴	2008—2012	
	英国	环境改善基金国际窗口	2008—2010	
	挪威	发展合作雨林计划	2008—2012	
总计				低于 30

资料来源：根据 Porter 等（2008）和 Global Environment Facility（2008）整理。

此外，GEF 还管理着基于《议定书》下的适应基金（AF），主要资助小岛国及生态系统对气候特别敏感的发展中国家的适应行动。基金主要来源是发展中国家实施 CDM 项目所得收益的 2%，以及未批准《议定书》的发达国家（目前此类国家只有美国）。如果假定 CDM 市场每年核证减排量的交易总额为 3 亿～4.5 亿吨碳当量，市场价格为每吨碳当量 24 美元（UNFCCC，2007b），那么在 2008—2012 年适应基金每年的资金规模总额在 0.8 亿～3 亿美元。

相比 GEF 管理下的基于《公约》和《议定书》下的基金，其他国际多边和双边体制提供的资金规模与潜力更大。其中，世界银行的森林碳伙伴基金用于帮助发展中国家降低因森林砍伐和退化所带来的温室气体排放。清洁技术基金用于资助具有经济可行性和长期减排潜力的低碳技术的推广示范、利用和转让。战略气候基金使用的范围则非常广，既包括促进国际社会在应对气候变化方面的合作，也包括有针对性地资助能够大力提高能源转换潜力的试点项目等。GEF 的热带雨林账户基金旨在帮助热带雨林国家保护本国的雨林资源，从而实现减缓温室气体排放、保护生物多样性及居民生存环境的三重目的。GEF 和世界银行分支机构国际金融公司

（IFC）共同启动的地球基金，主要是通过金融手段去推动市场上尚未商业化但具有长期潜力可以解决环境问题（包括气候变化、生物多样性及土地退化等）的技术的投资。

此外，目前国际社会还有许多基于双边机制下的气候基金，如欧盟的全球气候变化联盟（GCCA）、英国的环境改善基金国际窗口（ETF-IW）、西班牙的千年发展目标基金（MDG）、日本的冷却地球伙伴、德国的国际气候计划、挪威的发展合作雨林计划（NORAD）、澳大利亚的森林与气候全球计划（GIFC）、德国的生命网络计划等。

目前看来，国际双边气候基金的规模与潜力要远远超过多边基金。粗略计算，全球所有气候基金的年资金规模不足60亿美元，而据UNFCCC估计，发展中国家在适应气候变化方面所需要的投资每年为280亿～670亿美元，减缓方面则每年需要大约760亿美元，减缓和适应共计至少1 000亿美元。发达国家通过全球气候基金向发展中国家提供的资金支持量不到发展中国家所需的1%，两者之间存在着巨大的缺口。显然，仅仅依靠自愿捐助的原则来筹措鼓励发展中国家减排所需资金是远远不够的。

（二）全球CDM市场

发达国家向发展中国家提供减缓和适应气候变化资金及技术支持的另一个渠道是CDM市场。《议定书》规定了工业化国家减少温室气体排放的三种机制，即联合履约（JI）、排放贸易（ETS）和清洁发展机制（CDM）。CDM是其中唯一一个与发展中国家相关的市场机制，被普遍认为是一种双赢机制：发展中国家通过项目级的合作，可以获得更好的技术、获得实现减排所需的资金甚至更多的投资，从而促进经济和社会发展、环境保护和可持续发展目标的实现；发达国家通过这种合作，将以远低于其国内所需的成本实现在《议定书》下的减排承诺，节约资金，并且可以通过这种方式将技术、产品甚至观念输入发展中国家。

虽然2007年全球CDM一级市场交易额达到了74亿美元，较上一年增长了近30%（见表2）。但是，由于受到全球金融危机及2012年后京都气候制度不确定性等众多因素的影响，2008年CDM一级市场的核证减排量（389百万吨CO_2当量）较上一年大幅下降了近30%，交易额（65亿美元）也下降了12%（World Bank，2008 and 2009）。CDM一级减排认证市场需求的下降、未来欧盟及其他附件I国家减排力度的不确定性，以及这些国家对国内CDM信用额的使用限制等，均突出反映了2012年后发展中国家通过CDM市场获取发达国家资金支持的不确定性。

表 2 国际 CDM 一级市场的交易量、平均交易价格及交易额（2006—2008 年）

年份	2006	2007	2008
交易量（百万吨碳当量）	537	552	389
平均价格（美元/吨碳当量）	10. 8	13. 5	16. 8
交易额（百万美元）	5 804	7 433	6 519

数据来源：World Bank（2008）和 World Bank（2009）。

除了未来资金规模的极大不确定性，CDM 项目实施国的过度集中也让人们担心 CDM 能否作为后京都时代国际气候制度的主要资金机制。截至 2009 年 6 月 29 日，在已签发的全球 CDM 核证减排量市场中，中国、印度、韩国、巴西这 4 个新兴发展中国家的市场份额超过了 90%（见图 1），而大多数发展中国家特别是最不发达国家并未从 CDM 市场受益。此外，CDM 的设计缺陷还包括：未能促进大规模的技术转移从而帮助发展中国家实现可持续发展的目的（Teng，et al. 2008）；规则复杂，审批和核查时间长；以非 CO_2 温室气体为主，如 HFC-23；对低成本项目的“过渡补贴”；项目类型上针对能效提高的项目非常少等（Wara，1997）。

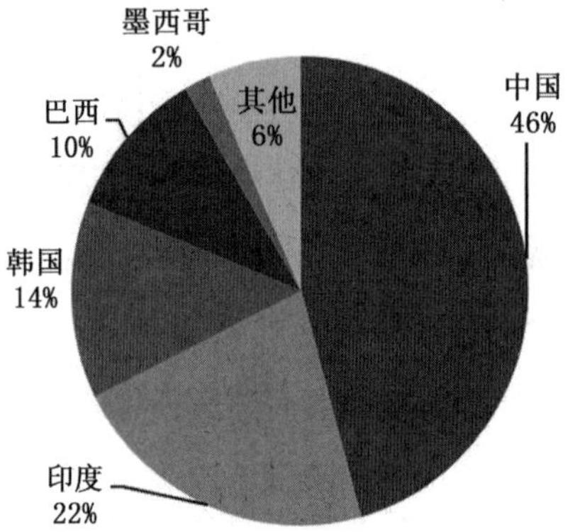

图 1 全球 CDM 市场按照出售国分类的已签发 CERs（总计 308 205 552）

数据来源：http：//cdm. unfccc. int/Statistics/。

因此，虽然 CDM 作为一种有效联合发达国家与发展中国家共同应对气候变化的灵活市场机制得到了广泛认可，但全球 CDM 市场要进一步发展，在后京都时代国际气候变化应对中发挥更大的作用，仍面临严峻的挑战。对于没有从 CDM 受益的发展中国家，它们需要创造更加有利于 CDM 投资的国内环境，包括明晰的与 CDM 相关的政府职能结构，公开、公正、透明的 CDM 申请程序，以及确保 CDM 项目顺利执行的监管体制等；而对于国际社会而言，关键在于如何改革 CDM 使其在后京都时代发挥更大的作用，如改变 CDM 现有的某些规则，将基于项目的 CDM 扩展到规划型、政策型、部门型（Hall 等，2008）甚至技术型CDM（Teng等，2008）等。但是，我们不能仅仅依赖市场去创造奇迹。被多数国家认可的、公平的气候变化成本分担机制将是构建后京都时代国际气候资金机制的核心。

四、温室气体排放权的成本分担机制及改进

（一）温室气体排放权框架

Baer等提出的全球温室气体排放权框架，通过引入发展临界收入和临界排放的概念，较好地在成本分担中考虑了一个国家的经济规模、排放责任和发展权利等因素。在该框架中，一个国家在全球气候变化成本分担中应当承担的比重，即责任能力指标（Responsibility Capacity Indicator，RCI），由排放责任R和支付能力C共同决定。其公式为：

$$RCI = R^{a} \times C^{b}$$

其中，a和b分别是责任和能力在决定成本分担中所占的权重（a+b=1）。在GDRs框架中，a和b均为0.5，意味着两者对决定成本分担具有相同的重要性。支付能力指在满足基本生存发展权利之外还能够额外承担应对气候变化成本的能力，具体到GDRs框架中是指超过发展临界收入（即满足基本生存和发展的收入）的人均收入；而排放责任是指超出发展临界排放（即满足基本生存和发展所需要的排放）的碳排放。

图2以印度、中国和美国三个主要温室气体排放国为例，描述了GDRs框架中人口数目、发展临界收入及支付能力等因素如何影响气候变化的成本分担。图中的3个曲线分别代表印度、中国和美国的人均收入分布，由基尼系数和人均收入决定，纵坐标是经过PPP调整的人均收入，横坐标是从最贫穷到最富裕的人口的比例，横坐标的长度同时反映了这3个国家的人口数目的大小。Baer等定义1.5倍的贫困线（6 000美元）为发展临界收入，即年人均9 000美元。低于这一水平的收入，不必承担排放责任；高于这一水平的收入，必须为排放承担责任。

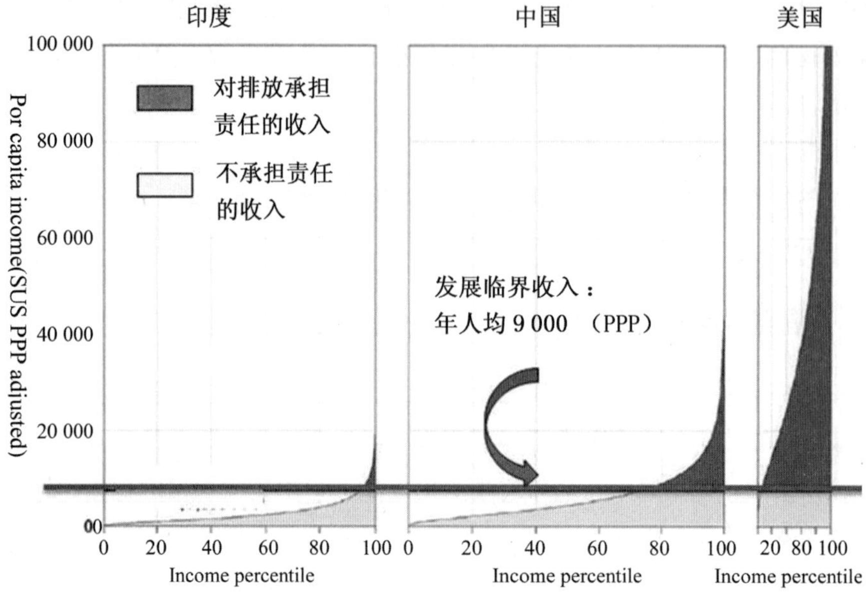

图 2　GDRs 框架中印度、中国和美国支付能力示意图

数据来源：根据 Baer 等（2008）整理。

GDRs 框架从发达国家学者的视角出发，尊重发展中国家的发展权利，引入发展临界收入和临界排放的概念，兼顾排放责任和支付能力，为提出一个发达国家、发展中国家均可接受的气候变化成本分担机制奠定了基础。但是，该框架仍有进一步改进的必要。

（1）该框架在界定排放责任时只考虑了 1990 年之后的历史排放。二氧化碳在大气中存活多达数百年甚至上万年，今天大气中二氧化碳浓度的增加，是过去 100 年甚至 200 年间累计排放的结果。发达的工业化国家的工业化进程早在 1990 年之前就已完成，大量的排放也发生在 1990 年之前，而多数发展中国家的工业化进程发生在 1990 年之后，在此之前的排放微乎其微。因此，这样的分配显然对于多数发展中国家不公平。

（2）排放责任只考虑了由于能源消耗所导致的排放，既没有包括占温室气体总排放量约 20% 的由于森林采伐与土地用途相关变化所带来的排放，也没有包括碳汇，即一个国家的森林等土地资源吸收并储存二氧化碳的能力（Cao，2008）。

（3）框架没有考虑影响各国碳排放水平的具体国情，如资源禀赋、气候条件及地理特征等。

（二）对温室气体排放权框架的改进

本文主要对上述温室气体排放权框架作了两处重要的改进：一是在界定排放责

任时考虑了各国1850—1990年间的历史累积碳排放；二是根据各国的资源禀赋、气候条件及地理特征，对责任能力指标进行了进一步调整，使得各国排放权的分配更加公平合理。

具体调整公式如下：

$$新的\ RCI_i = a\times RCI_i + b\times\frac{R_i}{\sum_{i=1}^{n} R_i} + c\times C_i + d\times\frac{G_i}{\sum_{i=1}^{n} G_i}$$

$$(a+b+c+d=1)$$

其中，R_i 是各国煤炭在该国能源结构中（包括煤炭、天然气和原油）的比重，C_i 是各国取暖、制冷度日数占全部参与调整国取暖、制冷度日数的比重，G_i 是受人为活动影响的国土面积占该国总面积的比重。a，b，c 和 d 分别是责任能力、资源禀赋、气候条件及地理特征在决定成本分担中所占的权重。本文中，a=1.1，b=−0.1，c=−0.05，d=0.05。意味着在新的RCI中，排放责任和支付能力仍是最重要的决定成本分担的因素，而煤炭资源比重高的国家承担的气候变化成本约为下调，取暖、制冷度日数高即气候严寒或酷暑的国家承担的成本比重也约为下调，但下调幅度低于资源禀赋，受人为活动影响的国土面积占该国总面积的比重高，即人口密度分布高的国家，承担的成本比重约为上调。全球大约1/3的国家（RCI值大于0.2）参与了最后资源禀赋的调整。由于没有森林采伐与土地用途变化所导致的温室气体排放的历史数据，本文的排放责任只考虑了由能源消耗所导致的二氧化碳排放，碳汇也因此不做考虑[1]。

文中经PPP调整的人均GDP数据来自世界银行，1850—2005年的温室气体历史累计排放数据来自世界资源所的气候分析指标工具（CAIT），2006—2030年的温室气体排放数据和2010、2020及2030年的人口、GDP数据等来自国际能源署的《2008年世界能源展望》。

（三）各国气候成本分担情况

计算结果表明，由于高排放、高收入，2010年时美国需要在全球气候变化成本分担中承担超过1/3的责任，我国需要分担总成本的4.6%，而印度则因低排放、低收入，只需要分担总成本的0.3%（见表3）。附件I国家需要分担超过80%的气候变化总成本，最不发达国家则不需要分担任何成本。2020年及2030年时，由于排放量的持续增长及人均收入水平的不断提高，发展中国家在气候变化成本分担中的比重将均有不同程度的上升。其中，我国的分担比重分别上升为8.8%和12.6%，

[1] 拥有大量碳汇的国家往往同时也排放了大量的由于毁林和土地用途改变导致的温室气体，如巴西等拥有大量热带雨林资源的国家。

分担比重仅次于美国；印度的分担比重将上涨到1%和2%；而非附件I国家的分担比重则将由2010年的17%上涨为25%和32%；与此相对应，发达国家在气候变化成本分担中的比重将均有不同幅度的下降。

表3　主要排放国及地区的收入能力与成本分担比重情况（2010、2020及2030年）

国家或地区	2010					2020	2030
	人口占全球（%）	人均收入（美元）	RCI（%）	RCI（%）	新RCI（%）	新RCI（%）	新RCI（%）
美国	4.55	45 640	33.52	36.13	35.94	32.08	29.09
德国	1.20	34 812	5.36	7.01	7.05	5.99	5.13
日本	1.87	33 422	7.58	6.49	6.37	5.57	4.84
英国	0.90	34 953	3.71	5.68	5.93	5.06	4.38
中国	19.74	5 899	6.51	4.77	4.57	8.81	12.60
墨西哥	1.59	12 408	1.57	1.26	1.23	1.28	1.32
巴西	2.91	9 442	1.55	1.24	1.28	1.41	1.51
南非	0.71	10 117	0.82	0.75	0.64	0.76	0.84
印度	17.20	2 818	0.48	0.37	0.33	0.96	1.94
高收入国家	15.05	36 886	75.80	79.16	80.08	72.24	65.72
中上收入国家	9.00	13 618	11.88	11.37	10.86	12.13	12.38
中下收入国家	37.78	6 179	11.70	8.98	8.60	14.46	19.62
低收入国家	38.17	2 145	0.63	0.49	0.45	1.16	2.27
附件I国家	18.75	30 922	76.61	82.27	82.87	75.36	68.46
非附件I国家	81.25	5 087	23.39	17.73	17.13	24.64	31.54
最不发达国家	12.55	1 156	0	0	0	0	0
欧盟27国	7.25	30 308	25.00	29.45	31.16	27.97	25.01
全球	100	9 930	100	100	100	100	100

由于本文考虑了1990年之前的排放，发达国家的成本分担比重相对Baer等的计算结果均有不同程度的上调，发展中国家则有不同程度的下调。其中，美国的分担比重上调了约3个百分点，所有附件I国家的分担比重提高了约6个百分点。中国和印度的分担比重分别下调了1.7和0.1个百分点。此外，由于煤炭等高碳基资源比重较低且人口分布比较集中，德国、英国、法国和意大利等欧盟各国的分担比重微有上调，而加拿大、俄罗斯等国由于气候严寒且人稀地广，分担比重微有下调。我国则由于煤炭资源比重高，分担的比重微有下调。

最后，根据各国修正后的新RCI及1 000亿美元初始启动资金的假设，本文计算了温室气体主要排放国在全球应对气候变化总成本分担中分别应当支付的总金额及人均支付金额（见表4）。其中，总支付额最高的是美国，约359亿美元，占该国GDP比重的0.25%，人均年支付为115美元；其次是德国和日本，总支付额分别为70亿和64亿美元，占该国GDP比重的0.25%和0.15%，人均年支付分别为86和50美元。中国和印度分别应支出大约46亿和3亿美元，分别占GDP比重的0.06%和0.01%，人均年支付分别为3美元和0.3美元。

表4　主要排放国及地区GDP、人均收入、成本支付总额及人均支付额

国家或地区	国家收入（亿美元）	国家收入（%）	人均收入（美元）	成本分担（亿美元）	成本分担（%GDP）	人均分担（美元）
美国	142 199	20.9	45 640	359	0.25	115
德国	28 606	4.2	34 812	70	0.25	86
日本	42 796	6.3	33 422	64	0.15	50
英国	21 541	3.2	34 953	59	0.28	96
中国	79 743	11.7	5 899	46	0.06	3
墨西哥	13 510	2.0	12 408	12	0.09	11
巴西	18 815	2.8	9 442	13	0.07	6
南非	4 919	0.7	10 117	6	0.13	13
印度	33 189	4.9	2 818	3	0.01	0.3
高收入国家	380 129	55.9	36 886	801	0.21	78
中上收入国家	83 928	12.3	13 618	109	0.13	18
中下收入国家	159 839	23.5	6 179	86	0.05	3
低收入国家	56 071	8.2	2 145	5	0.01	0.2
附件I国家	397 016	58.4	30 922	829	0.21	65
非附件I国家	283 010	41.6	5 087	171	0.06	3
最不发达国家	9 933	1.5	1 156	0	0.00	0
欧盟27国	150 464	22.1	30 308	312	0.21	63
全球	679 955	100.0	9 930	1 000	0.15	15

虽然发达国家在全球应对气候变化总成本分担中应支付的总额看似很高，但是支付总额占CDP的比重均远远低于各国军费开支占GDP的比重。例如，2008年度，美国、俄罗斯、英国、法国和中国的军费开支占GDP的比重分别高达5.0%、2.1%、2.4%、1.5%和1.4%。

五、国际气候制度的资金机制新方向

各国在全球减缓和适应气候变化成本分担中各自承担的支付额（初始总投入为1 000亿美元)，可被用作成立“个别贡献，共同使用”全球气候变化基金，以此作为后京都时代全球气候资金机制的主体。基金基于《公约》和《协定书》之下，分别由适应基金、减缓基金及清洁技术基金组成。“个别贡献”是指文中计算 RCI 值大于零的国家根据 RCI 值大小向基金供资，具体供资方式各国可自主选择，如碳交易市场或碳税提成、政府财政支出等；“共同使用”是指除适应基金外，所有国家均有权支配和使用，其中发展中国家每年可申请支配的资金金额不低于该国的贡献金额，使用剩余部分可累及到下一年度。

最不发达国家对全球气候变化的“贡献”最小，但却由于自身适应的脆弱性承受最为严重的气候变化可能带来的后果。因此，适应基金主要体现公平原则，用于帮助最不发达国家的气候变化适应行动，资金年规模至少在 200 亿美元。如果最不发达国家实施适应项目的实际能力不足，适应基金的当年剩余数额将转入下一年度。

减缓基金主要体现效率原则，用于资助实施温室气体减缓的大型项目，如森林管理及土地相关用途改变、能源效率的提高等。具体项目由各国根据各国国情自主选择，在项目批判标准上以“边际减缓成本最低”为基本原则。方法学上可参照规划类、部门类 CDM，基准线之外的减排量为可售减排量，减排量必须做到可测量、可报告、可审核。在减缓基金项目实施的初期，资金流向可能会类似 CDM，集中在少数几个新兴发展中国家。但是，“边际减缓成本最低”的原则一来可以保障全球应对气候变化资源的最优配置，二来可以激励暂时“落后”的发展中国家积极发展低碳经济，降低自身的减缓成本，从而实现可类比全球制造业转移的全球温室气体减缓“商机”的转移。

清洁技术基金也将主要体现效率原则，用于两种途径：一是以项目资助或无息、低息贷款等形式支持商业上尚未成熟的清洁能源技术（如太阳能发电、碳捕获与储存、整体煤气化联合循环 IGCC 等）的大型示范项目，二是用于推动商业上已成熟技术（如风电、超超临界煤电技术等）的扩散与转让，并帮助推进有关技术的国际标准的统一等。其中，对于掌握清洁能源技术的发达国家的企业而言，清洁技术基金可以帮其扩大技术出口的商机、降低出口风险、消除相关贸易壁垒，从而使得这些技术可以“批发价”的形式向发展中国家进行转让和出售。同时，由于基金的帮助，也可以使得这些技术“提前”实现大规模的转移与扩散，从而大大提高这些技术在全部生命周期的整体回报；而对于需要技术的发展中国家的企业而言，清洁技术基金可以更快地帮其寻找、定位所需要的相关技术及掌握该技术的企业，一同协商技术转让价格及后续的技术支持服务，并提供一定比例（如 5%）的资金支持、无息或低息贷款。

六、小结

目前大气层中留存的温室气体主要是由于发达国家的历史累计排放所致，根据《公约》规定和“污染者付费”原则，发达国家理应在全球减缓和适应气候变化总成本中承担绝大部分的比重。对以发达国家自愿捐赠为主的气候基金和 CDM 市场的现状分析表明，现有的全球气候资金机制不但在资金供应上具有很大的不确定性，同时在资金支持力度上远远不足。据 UNFCCC（2007b）估计，发展中国家在减缓和适应气候变化方面所需要的投资每年至少1 000亿美元。而目前全球所有的气候基金加起来，年资金规模尚不足 60 亿美元。同时，在现有 CDM 机制下，全球 CDM 一级市场的交易额也很难突破 100 亿美元。因此，建立以各国政府供资为主、碳市场收益提成为辅的气候基金将是解决后京都时代全球气候资金机制问题的根本出路。

在对全球温室气体排放权框架进一步改进的基础上，本文构建了兼顾各国排放责任、支付能力及具体国情（包括资源禀赋、气候条件和地理特征）的成本分担机制，量化了各国 2010 年、2020 年及 2030 年在全球减缓和适应气候变化成本中分别应当承担的比重。研究结果表明，虽然目前发达国家将承担绝大部分的气候变化应对成本，但是如果发展中国家不努力实现低碳发展，则将在 2020 年后承担越来越高比重的气候变化应对成本。例如，虽然目前我国只需要分担不到 5% 的减缓和适应气候变化的总成本，但是如果我国不努力发展低碳经济而依照正常情景发展，那么到 2020 年及 2030 年时，我国将分别承担 8.8% 和 12.6% 的全球应对气候变化的总成本，分担比重将仅次于美国。

本文还提出了以“个别贡献，共同使用”的全球气候变化基金作为后京都时代全球气候资金机制的主体。其中，该基金下的适应基金将主要体现公平原则，用于帮助最不发达国家的气候变化适应行动，减缓基金和清洁技术基金则主要体现效率原则，以“边际减缓成本最低”为原则分别用于资助实施温室气体减缓的大型项目，以及清洁能源技术的开发、应用、转让及扩散。

哥本哈根气候变化大会召开在即，发达国家纷纷抛出各自的中长期减排目标，发展中国家也频频亮出不同的资金与技术转让机制。本文构建了兼顾公平与效率并可量化的成本分担机制，提出了以全球气候变化基金为主体的后京都时代国际气候资金机制，为我国应对国际气候谈判及构建 2012 年后京都国际气候制度提供了理论依据。

24 芝加哥气候交易所运作模式及启示*

一、芝加哥气候交易所建立背景

20 世纪末，美国为减少酸雨，制订了减少二氧化硫排放计划，规定减排成本高的电厂可以向减排成本低的电厂购买其剩余二氧化硫排放配额，以交易来促使电厂最大限度进行减排，这是最初的排放权交易理念及实践。

在温室气体排放方面，随着《京都议定书》的签署生效，减排已经成为全球性共识，国际社会对基于市场机制促进减排日益关注和重视。90 年代末，美国虽退出《京都议定书》，但企业界普遍认为美国政府会在未来制订减排计划，因此对参与碳交易、提高碳资产管理能力很有兴趣。美国环保署（EPA）为鼓励企业减排，实施了“气候变化领导者”（Climate Leaders）计划，参与者可获得环保署颁发的“企业环保领袖”证书，该计划属于官方对企业自愿减排努力的确认。EPA 同时鼓励企业通过市场机制完成减排计划。由此，温室气体排放权交易的需求不断增加。此外，Joyce 基金会致力于改善环境，因此向 Richard Sandor 提供资金支持，筹建北美洲第一个自愿碳交易市场，作为碳交易的示范市场，探索经验，为企业应对减排要求、为政府制定减排政策提供参考。芝加哥气候交易所（Chicago Climate Exchange，CCX）正是在这种情况下，于 2003 年成立的。Richard Sandor 从事金融期货市场建设出身，曾成功建立美国二氧化硫配额市场及衍生品市场。

CCX 成立之后，美国并未签署《京都议定书》，在国际上不承担强制减排义务，在国家层面上对本国企业也未规定温室气体强制性排放量。于是，CCX 立足于建立自愿排放权交易体系，以会员制为主要方式，开展温室气体排放权交易。2006 年，CCX 制定了《芝加哥协定》，详细规定了 CCX 的减排计划，计划所涵盖的温室气体种类，温室气体排放量及温室气体排放抵消量的注册监测程序、交易方案等，为开展排放权交易提供了可行的制度基础。

---

* 本文主要内容完成于 2012 年 5 月。

二、芝加哥气候交易所运作模式

（一）CCX 的交易产品

CCX 交易的产品名称为碳交易金融合约（CFI）。碳交易金融合约由交易指标和交易补偿量组成。指标是根据会员各自的基准线和交易所制定的减排时间表分配给会员的。补偿量是因补偿项目而产生的。每一份碳金融合约代表着 100t 的二氧化碳当量。

（二）CCX 的交易主体

CCX 实行会员制，会员总数已超过 400 个，行业分布广泛，其中有 17% 的道琼斯工业企业代表，如美洲银行、杜邦、英特尔、IBM 等；有 11% 的财富 100 强企业代表，如福特、摩托罗拉、霍尼韦尔等；有 20% 的美国最大 CO_2 排放源代表，如 AEP、NRG Energy、TECO 等。交易会员的类型如下：

（1）基本会员：直接排放温室气体的排放源，如钢铁、化工、交通、加工业等。基本会员与交易所订立具有法律约束力的协议，承诺承担减排时间表上的义务，并需接受核证核查机构的年度确认。基本会员根据其基准线分配到排放指标，并与交易所订立减排时间表。

（2）协作会员：间接排放源，行业分布在零售商业、旅游服务、技术科研、金融服务、文化娱乐、非政府机构等。虽然没有直接的排放，但是由于用电、商务旅行或其他活动也会产生间接的排放，主要包括建筑照明、暖通等实际能源消耗和由业务运营产生的实际交通燃料消耗。

（3）参与会员：包括抵消供应商；减排项目集成商；流动性提供商。

（三）CCX 的交易系统

CCX 的交易体系由以下三部分组成，各部分不可分割、有机联系、共同完成向登记账户持有者提供实时数据以支持其进行交易、协助管理会员的排放基准线、减排目标，以及遵守减排义务的工作。

1. 交易登记注册系统

登记注册系统是服务于碳交易金融合约交易机制和官方统计的电子数据库。每一个 CCX 交易的会员都有独立的登记账户。

2. 交易平台

CCX 交易平台是一个通过互联网连接的，为执行登记账户持有者双方之间的交易命令、成交确认并公示交易结果而建立的交易场所。交易平台是匿名的、完全电子化的系统，记录和接受买卖碳交易金融合约的报价和要约。

3. **结算平台**

结算平台处理每天在交易平台上发生的所有交易活动的日常信息。它与登记系统直接相连，便于向登记账户持有者交付当日发生的碳交易金融合约的交易活动。所有在交易平台上的买卖活动都必须通过交易所的结算系统结算，碳交易金融合约根据登记账户发生转让。

三、芝加哥气候交易所实践经验及教训

（一）政府的积极引导保障了市场参与者的利益

CCX在成立之初，之所以能招募到像美国电力（APE）这样大的排放源企业作为会员（它们明知道自己加入后会成为市场上的买方），其中一个重要原因是有美国政府的积极引导。美国环保署（EPA）有一个“气候变化领导者”（Climate Leaders）计划，该计划是美国环保署与工业企业联合达成的一个综合性的气候变化战略。参加的企业需要为自身设定减排目标，并且每年向环保署报告减排进度，为气候变化做出贡献，就会得到环保署认可，颁发“企业环保领袖”证书。

除此，美国证监会曾就碳披露机制进行听证，一旦碳披露通过，未来所有在美上市公司的财务报表将新增“碳”元素，它们要么拥有碳资产，要么拥有碳负债，而且必须对其碳资产和碳负债及时向公众披露。这也是CCX会员从成立初期的13家增加到后来的460多家的重要原因。

（二）流动性提供商的参与活跃了市场的交易量

CCX会员中的流动性提供商起了很重要的作用。自愿减排市场里面一定有金融企业的参加，美洲银行，这家全球最大的气候独立公司就是CCX的会员。因为交易所本身就是一个金融的范畴，一个金融的概念。CCX自愿减排平台上的交易量4年大概增加了50倍。这些数据反映出市场本身存在碳价格的信号，交易的存在给美国和欧洲的投资商、给企业提供了一个新的管理其金融风险和投资的渠道和领域。

温室气体金融工具的产生，也为资本市场中的风险管理提供了操作途径和对象；资本市场中众多投资者的参与，有利于引起社会公众对气候变化影响的重视和关注。

（三）美国气候变化政策没有延续性导致买家退出市场

无论买家还是卖家，都把美国气候变化政策的政治不确定性视为压制价格、让

交易活动沉寂的主要因素。多年来，环保组织和具有环境意识的政治家一直力促建立一个中央政府的限额与交易体系，将其视为实现气候变化进展最具成本效益的工具。他们认为这样一个交易机制可以驾驭自由市场的力量，刺激竞争并激发创新。然而，让碳交易的支持者们沮丧的是，奥巴马总统对于其立法只是进行了象征性的努力。2009 年限额与交易法案获得众议院认可的时候，前景曾经十分光明，但 2010 年夏天随着参议院表示在国会休会之前不会通过任何气候变化立法，一切都变得黯淡起来。对一些参与者来说，在自愿市场获得的交易收益已经变得太微薄了，他们都在考虑退出。

除了经济利润，自愿性市场还能产生一个比较抽象的收益。因为参与者们相信，如果联邦政府引入一个强制性交易机制，届时这个自愿性市场将成为一个热身运动，并对强制性机制提供帮助。CCX 主席兼首席执行官理查德·桑德尔认为，自愿性市场是为强制性机制铺路的，在国会内部刊物《点名》的一篇专栏版文章中，他写道："CCX 的经验表明，限额与交易不仅是可以做的，而且是可以承担和大家所期盼的。"如果把 CCX 的命运作为一个指示物的话，我们会发现：没有一个政府明确的政策引导，自愿减排交易市场的作用将是很有限的。

（四）市场分工不明确导致市场公正性遭到质疑

CCX 承担了市场中全部的角色，包括注册登记、交易、结算、指定核证机构，以及成立监管委员会等，导致其公正性遭到质疑。在 CCX 机制下，CCX 不受 CFTC 或其他相应的政府监管机构监管，实施自律监管。如果排放者未能达到减排目标，可以为减碳行为付费，比如在垃圾填埋场燃烧甲烷或者维护森林。本质上来说，这样的活动很难进行监控和验证。但如果你买了碳排放权，你得到的只是一些电子文件，说明你进行了减碳。尽管 CCX 坚持说它要求碳补偿的卖方提供由得到其许可的认证机构所发放的独立认证，通过这种方式保证了碳补偿项目的可靠性，但实际上在这方面它一再受到批评。

四、对我国的启示

综合以上对 CCX 自愿减排市场成功经验和失败教训的分析，得出以下四点启示：一是自愿市场的建立需要政府政策的积极引导；二是自愿市场的发展需要国家减排政策的可延续性做保障；三是自愿市场的建立必须分工明确，以保证市场的公平、公正、公开；四是自愿市场必须有流动性提供商的参与，以保证市场的活跃度。

25 我国碳金融创新*

国际气候合作已经成为一种复杂的国际政治经济博弈，它的未来发展取决于各国在应对气候变化与争夺发展空间上的较量与妥协。碳金融是国际气候制度的衍生工具，它以看不见的市场之手推动国际气候合作，同时也促使碳金融自身不断创新。

一、几个简单的概念

（一）低碳经济

目前“低碳”成了一个时髦的名词，但对于“低碳”的准确界定似乎迄今也没有一个固定的答案。与之相对应的几个词还有“生态经济”“绿色经济”“循环经济”等，着眼点不同，但大致的指向还是比较一致的。依据笔者的理解，所谓“生态经济”，指的主要是顺应自然环境条件的经济发展模式；所谓“绿色经济”，是与“黑色经济”相对应的，即注重环境保护的经济发展模式；而所谓“循环经济”，则主要指对资源的节约、有效、持续利用的经济发展模式。它们的一个共同特点，就是在追求经济发展的过程中，注重处理好资源与环境的约束问题，以求得经济社会的可持续发展。那么“低碳经济”呢？那就是与“高碳”消耗的发展模式相对应的经济模式。“碳”的排放主要来自工业化和城镇化过程中的化石能源消耗，因此，“低碳经济”就是要选择一条经济发展过程中对“碳”的消耗相对较低的路径。就能源消耗而言，“低碳”的路径无非有三个：节能、提高能效和实现能源替代、发展新兴能源。

（二）碳金融

基于上面的分析，笔者更倾向于认为，所谓“碳金融”，实际上是支持低碳发展的各种金融活动的总称，包括直接融资、银行贷款、低碳衍生品交易、碳交易中介服务和碳减排额度交易，等等。从环境经济学的角度讲，治理环境的经济手段主要有两

* 本文主要内容原载于《中国人口·资源与环境》2011 年第 12 期专刊，此处有删改。原文由杨丽与笔者共同创作。

个：一个是可交易的许可证，另一个是税。大气环境治理也是如此，因此，在《联合国气候变化框架公约》和其具体实施的《京都议定书》中，也借鉴了这一治理模式，由此产生了基于“总量贸易”的温室气候排放权交易，俗称“碳交易”，因为导致全球变暖的温室气体的主要成分是二氧化碳、甲烷等，其中主要是碳元素“C”。

二、全球碳金融体系的基本构成

（一）市场结构

按照交易的原生产品温室气体排放权的来源分，碳金融市场可以分为基于配额的市场和基于项目的市场。基于配额的市场的原理为限量-交易，即由管理者制定总的排放配额，并在参与者间进行分配。参与者根据自身的需要来进行排放配额的买卖，《京都议定书》设定的国际排放权交易（EU ETS）和一些自愿交易机制均属于这类市场。

基于项目的市场的原理为基准-交易。在这类交易下，低于基准排放水平的项目或碳吸收项目，在经过认证后可获得减排单位（ 如《京都议定书》中的 ERUs 和 CERs ）。受排放配额限制的国家或企业，可以通过购买这种减排单位来调整其所面临的排放约束，这类交易主要涉及具体项目的开发（包括 CDM 和 JI 机制下的交易），这两类市场为排放权交易提供了最基本的框架。以此为基础，相关的原生产品（碳排放权）和衍生产品交易也随之发展起来。

基于配额的市场具有排放权价值发现的基础功能。配额交易市场决定着碳排放权的价值配额多少及惩罚力度的大小，影响着碳排放权价值的高低。当然，由政府管制所产生的约束要比市场自身产生的约束更为严格。因此，受管制的配额市场上的排放权价格会更高，而交易规模也会远远大于自愿交易市场。

配额交易创造出了碳排放权的交易价格，当这种交易价格高于各种减排单位（包括 CERs、ERs 和 VERs）的价格时，配额交易市场的参与者就会愿意在二级市场上购入已发行的减排单位或参与 CDM 和 JI 交易，来进行套利或满足监管需要。这种价差越大，投资者的收益空间越大，对各种减排单位的需求量也会增强，这会进一步促进新技术项目的开发和应用。

（二）市场主体

国际碳金融市场的参与主体可以分为供给者、最终使用者和中介等三大类，涉及受排放约束的企业或国家、减排项目的开发者、咨询机构及金融机构等。

排放权的最终使用者是那些面临排放约束的企业或国家，包括受《京都议定书》约束的发达国家、欧盟排放体制约束下的企业，以及自愿交易机制的参与者等。这些最终使用者根据需要来购买排放权配额或减排单位，以确保达到监管要求，避免遭到处罚。

最终使用者对配额体系之外的减排单位的需求，推动了项目交易市场的发展，并吸引了各种企业和机构的参与。在原始排放单位市场上，项目开发者或独立或联合起来进行减排项目的开发；各种投资基金积极寻求机会，或直接投资于某个具体项目，或购买某个项目的原始排放单位；技术开发或转让者专门从事减排技术的研究，向项目开发商提供可达到减排目标的技术；金融机构通过运用结构性工具来为项目融资，或对冲项目所涉及的风险；监管者负责制定减排单位的认证标准和程序，并对所申报的项目进行审核；受监管者制定的特殊中介机构则负责项目的申报，并对项目的实际排放情况进行定期核实，等等。

已发放的减排单位可以进入到二级市场交易（如各种气候交易所）。在二级市场中，金融机构（包括商业银行、资产管理者及保险公司等）扮演着重要的角色，如促进市场流动性的提高、提供结构性产品来满足最终使用者的风险管理需要、通过对远期减排单位提供担保（信用增级）来降低最终使用者可能面临的风险，等等。

（三）产品种类

在目前的各个碳交易市场中，排放权及其衍生产品是最主要的交易产品。

1. 排放权产品

排放权是原生交易产品，或者称为基础交易产品。根据《京都议定书》建立的IET市场主要从事AAUs及其远期和期权交易；EU ETS主要交易EUAs及其远期和期权交易；原始和二级CDM市场交易的主要是CERs相关产品；JI市场交易ERs相关产品；自愿市场则交易自行规定的配额和VERs相关产品。所有这些产品，在减排量上都是相同的，都以吨二氧化碳当量为单位，但基本都还不能进行跨市场交易。

2. 衍生产品

除了以上这些基本产品外，近年来，随着金融机构越来越多的介入，各种金融衍生产品也有了相当的发展。这些衍生工具，为碳排放权的供求双方提供了新的风险管理和套利手段。目前，主要的碳金融衍生产品包括：

（1）应收碳排放权的货币化。原始CDM交易属于一种远期交易，其回报来自于项目成功后所获减排单位的转让。这意味着在此期间，对减排项目的投资或贷款缺乏流动性。为提高流动性，目前有些减排项目协议允许投资者或贷款人将其未来可能获得的减排单位进行证券化。不过，由于各国在该方面的法规都接近于空白，这种证券化还未大规模开展。

（2）碳排放权交付保证。在原始 CDM 交易中，由于项目成功具有一定的不确定性，这意味着投资人或借款人会面临一定的风险。在这种情况下，投资人或借款人有可能大幅压低原始项目的价格，这对促进减排项目的发展并不利，而且也可能扼杀一些有前景的盈利机会。为此，一些金融机构，包括商业银行和世界银行下属的国际金融公司（IFC）为项目最终交付的减排单位数量提供担保（信用增级）。这有助于提高项目开发者的收益，同时也降低了投资者或贷款人的风险。

（3）套利交易产品。不同的碳金融市场上交易的产品有所不同，且市场存在一定的价差。由于所涉及的减排量相等，认证标准相同且同属一个配额管制体系的减排单位（如 EUAs、CERs 和 ERUs）之间的价差及其变化，无疑会产生一定的套利空间。正因为如此，过去一段时间中，利用市场价差进行套利的产品有了较快的发展，包括 CERs EUAs 之间，以及 CERs 与 ERUs 之间的互换交易；基于 CERs 和 EUAs 价差的价差期权，等等。

（4）保险、担保产品。项目交易中存在许多风险，价格波动、不能按时交付，以及不能通过监管部门的认证，等等，都可能给投资者或贷款人带来损失。因此，需要保险或担保机构的介入，进行必要的风险分散。针对某种特定事件可能造成的损失，向项目投资人提供保险。

（5）与碳排放权挂钩的债券。在过去几年中，投资银行和商业银行开始发行与减排单位价格挂钩的结构性投资产品，其支付规模随减排单位价格波动而变化。在这些结构性投资产品中，有些挂钩的是现货价格（无交付风险），有些挂钩的是原始减排单位价格（包含交付风险），有的则与特定项目的交付量挂钩。

随着碳交易市场规模的扩大，碳货币化程度越来越高，碳排放权进一步衍生为具有投资价值和流动性的金融资产。因此，发达国家围绕碳减排权，已经形成了碳交易货币，以及包括直接投融资、银行贷款、低碳衍生品交易、碳交易中介服务和碳减排额度交易等一系列金融工具为支撑的碳金融体系。碳金融大大推动了全球碳交易市场的价值链分工。

三、我国碳金融市场的机遇与挑战

（一）机遇

1. 全球碳市场日趋成熟，中国市场潜力巨大

依据世界银行《2010 年全球碳市场的现状与趋势》报告，尽管 2009 年全球碳

市场受国际金融危机持续和后京都时期全球应对气候变化政策不明朗的双重因素影响，却表现出强大活力。在全球 GDP 总值下降 0.6%、工业化经济体 GDP 下降 3.2% 的情形下，全球碳市场交易量逆市上扬，达到 87 亿吨二氧化碳当量，较上年增加 80%，市值达 1 437 亿美元，较 2008 年增加 6%。从 2009 年全球碳市场发展状况可以发现，经过 10 年发展，全球碳市场已较为成熟，呈现产业化和规模化的特点，其在有效促进全球共同应对气候变化挑战的同时，创造了新的商机，培育了新的经济增长点。据统计，截至 2010 年 11 月 12 日，全球已注册的 CDM 项目有2 507 个，其中中国获得的项目有 1 027 个，占 40.97%，预计中国每年通过这些项目的实施产生的 CERs 达 2.42 亿吨二氧化碳当量，占全球的 61.44 %。

2. 现有国际气候制度中，稀缺性是价格的重要因素

低碳金融方兴未艾，但是一吨二氧化碳值多少钱？谁来定价？怎么定价？而这恰恰是碳排放得以交易的基础，也是低碳经济、绿色金融的根本。目前，在欧盟国家，由于《京都议定书》形成了强制交易体系，一吨二氧化碳售价可以超过 10 欧元；而在美国的自愿交易体系下，这一价格最高达到 7～8 美元，最低则只有 2～3 美元。正如芝加哥气候交易所副总裁黄杰夫所认为，“这些价格只是在欧美国家的部分地区有相对独立的价格体系，二氧化碳或者碳排放，并没有形成一个类似于石油或者大宗商品的价格体系”。由于各个国家对于碳排放的义务并不相同，导致在全球不同地区形成的碳排放价格并不具有连续性。在欧美，碳价格一定是有稀缺性的，有了稀缺性经济学就可以定价。如上海环境能源交易所总经理林健所言，“中国不差钱，就缺价格信号，如果有了真实的价格指导，就有了效益动力，温州‘炒房团’、山西煤老板这些民间资金就会积极寻找能减排的领域”。作为发展中大国的中国，承诺到 2020 年单位 GDP 二氧化碳排放比 2005 年下降 40%～45%，这就会形成国内的碳资源的稀缺性，从而为碳交易市场打下基础。

3. 中国发展方式向低碳转变，将极大推动金融产品与服务的创新

低碳经济成为危机后带动新一轮世界经济增长的强大力量。人类的第四次科技革命已在危机中酝酿，新能源产业已经成为新一轮国际竞争的战略制高点，并很有可能引领第四次产业革命。麦肯锡研究表明，低碳经济将成为新一轮增长的推动力量。目前有 1 700 亿美元的能源效率投资机会，其内部收益率将达到 17% 或更高。而我国正在向低碳经济转型，2010 年 7 月，国家发展改革委组织五省八市的低碳试点，低碳发展、绿色发展已明确列入 2010 年 10 月十七届五中全会通过的《中共中央关于制定国民经济和社会发展第十二个五年规划的建议》。2011 年实施的“十二五”规划，也是我国发展方式转变的新起点。

经营理念的转变推动了金融机构相关产品和服务的创新。2003 年 6 月，在世界银行的组织下建立起了一套自愿性原则（即赤道原则），以促进商业银行业务发展与其社会责任的协调。该原则为商业银行的业务发展制定了统一的环境与社会责任标准，并逐渐成为国际银行业发展的行业规范。目前，全球已有 69 家金融机构（主要是商业银行）宣布采纳赤道原则。实体经济层面的变革正在对金融机构的经营管理产生深刻影响。能效贷款并非只是提供信贷产品，除了向节能减排企业提供融资支持以外，还提供财务顾问服务，且帮助能产生二氧化碳等温室气体减排量的企业发现碳交易价值。目前，许多国家已开始要求企业承担它们所造成的碳排放的代价，并欲对诸如铝、钢铁、水泥等排放密集型产品的进口征收特别的二氧化碳排放关税；而对于碳生产率达到了一定标准的低碳企业，则会在国际经济体系中享受贸易便利待遇。据测算，如果将碳排放配额价格提高到每吨 55 欧元，炼铝生产的基本成本将会增加 11%。国外投资银行和从事碳交易的风险投资基金也已进入中国，对具有碳交易潜力的节能减排项目进行投融资。

（二）挑战

1. 国际气候合作前景不明朗

首先，国际公约的延续性问题产生了市场未来发展的最大不确定性。《京都议定书》的正式实施能在一定程度上改善国际碳金融市场高度分割的现状，但是，《京都议定书》的实施期仅涵盖 2008—2012 年，各国对其有关规定仍存有广泛争议。目前所制定的各项制度，在 2012 年之后是否会延续还尚未可知。这种不确定性，对形成统一的国际碳金融市场产生了最大的不利影响。其次，减排认证的相关政策风险可能阻碍市场发展，在原始减排单位的交易中，交付风险即减排项目无法获得预期的核证减排单位）是最主要的风险。而在所有导致交付风险的因素中，政策风险是最突出的因素。由于核证减排单位的发放需要由专门的监管部门按既定的标准和程序来进行认证，因此，即使项目获得了成功，其能否通过认证而获得预期的核证减排单位，仍然具有不确定性。从过去的经历来看，由于技术发展的不稳定，以及政策意图的变化，有关认定标准和程序一直都处于变化当中。而且，由于项目交易通常要涉及两个以上的国家（包括认证减排单位的国家和具体项目所在的国家），除需要符合认证要求外，还需要满足项目东道国的政策和法律限制。这使政策风险问题变得更加突出。

2. 国际主流市场难以进入

目前国际碳交易绝大多数集中于国家或区域内部（如欧盟），统一的国际市场尚未形成。从事碳金融交易的市场多种多样，既有场外交易机制，也有众多的交易所；既有由政府管制产生的市场，也有参加者自愿形成的市场。这些市场大都以国家和地区为基础发展而来，而不同国家或地区在相关制度安排上存在很大的差异。比如，排放配额的制定及分配方式、受管制的行业的规定、是否接受减排单位、如何认定减排单位及交易机制，等等，导致不同市场之间难以进行直接的跨市场交易，形成了国际碳金融市场高度分割，而且其他国家的主体难以进入。

3. 国内市场建设刚刚起步

据世界银行测算，全球碳排放交易市场到2014年将达到3 950亿美元，将超过2008年交易数额1 180亿美元的3倍多。而英国新能源财务公司在2009年6月发表报告称，预测全球碳交易市场2020年将达到3.5万亿美元，有望超过石油市场，成为世界第一大市场。在我国，节能减排、降低经济增长的碳强度已成为未来战略发展的方向，金融层面也出现了相当多的创新。一些金融机构开始明确提出节能减排的企业责任，同时积极参与到绿色环保项目的贷款和投资当中，取得了很好的社会和经济效益。与排放权交易相关的金融创新也取得了较大的进展，如一些城市纷纷建立了环境交易所，开始尝试搭建排放权交易平台；相当多的投资银行和PE投资机构在国内从事与清洁能源机制相关的融资和中介服务，短短几年进展很大；一些银行开始尝试推出与“绿色信贷”和排放权交易挂钩的结构性产品，为个人参与相关投资提供了便利。然而，尽管国内与低碳经济相关的金融创新已取得了相当的进展，但其发展仍处于相对初级的阶段，许多方面需要进一步完善。首先，在节能减排项目的融资方面，监管当局仍然缺乏具体的管理规范，有关节能减排项目的界定、贷款的管理及相关的政策支持仍旧处于空白状态，这制约了商业银行相关业务的发展。其次，在排放权交易方面，由于排放权交易本身所具有的复杂性，其推行涉及国家整体政策的调整，在短期内难以大规模展开，可能更多地会停留在自愿减排的层面。这意味着，在未来较长一段时间里，国内与排放权交易相关的各种金融创新活动，主要还是会围绕境外的排放权交易体系（目前的欧盟排放权交易体系，以及美国即将推出的限额-交易体系）展开。国际金融机构（包括各种国际投行和PE投资者）在这一领域会继续占据主导地位。

四、关于我国碳金融制度创新和实践创新的思考

（一）积极参与国际气候制度重建

我国碳减排业务的未来与国际气候合作的前景密切相关，面对国际气候合作的

不确定前景，我国作为负责任的大国，需要积极参与国际气候制度的重建。结合学者的研究，笔者的基本观察是国际气候合作有三种可能情景：沿着“双轨”方向前进、“双轨并一轨”、建立“类 WTO”框架。以中国为代表的发展中国家一直希望达成第一种结果，以美国人为首的发达国家是力争第二种结果，第三种结果实质上与第二种有些类似，从这个意义上讲，《哥本哈根协定》这个不具法律约束力的结果有点儿“四不像”。但真正体现“共同但有区别责任原则”的，似乎只有第一种。目前面临的挑战是，能否将 2009 年哥本哈根气候大会达成一致的某些观点，在 2010 年的墨西哥坎昆气候大会上形成具有法律约束力的文件。

（二）完善相关法律、法规和政策，培植核心市场主体

（1）加强制度建设，制定并逐步完善相关的配套政策法规。政府相关部门应尽快制定相应的标准、监测和考核规范，健全必要的管理体系和监督实施机制，形成具有法律效力的低碳体制。尽快制定低碳经济产业规范，明确和细化资源、产品乃至工艺等全体系流程的标准，积极推进“绿色信贷”目录指引、项目环保标准、环境风险评级等专业标准的制定，并加强环保和银监等相关部门的沟通与合作。进一步完善征信系统，及时更新企业日常环保执法信息和年度环保审核报告等，便于银行在贷款审核过程中查阅和参考，为金融部门选择目标客户提供基础依据。

（2）建立低碳经济发展的环境建设评价监测制度。通过监管（如通过技术规范和标准），将实施减排措施的任何指标体系与其总体经济发展计划紧密联系起来。完善准入制度，对名录中需要淘汰的落后企业和技术坚决取缔，引导金融机构及时调整信贷政策。

（3）建立发展低碳经济的长效机制和利益相关方参与的合作机制，充分发挥全社会各方面的积极性，培育中介机构，开展碳金融服务；引导金融机构和其他机构投资者积极参与碳交易，充分发挥碳交易市场的价格发现功能。

（三）建设国内统一碳市场，争取国际碳市场话语权

（1）尽快实施碳信息披露项目，构建中国碳平衡交易平台。建立一个包括碳排放在内的统一的排放权市场，通过引入竞价机制充分发现价格，强化市场的价格发现功能。在现有的多家碳交易所的基础上，增加一个自动报价系统，将所有区域性交易所合并为国家级碳排放交易，尽快构建我国的国际碳交易市场，并逐步增加现有交易所市场的交易内容、丰富市场结构、扩大市场规模，从而更加有效地安排自然资源、能源的供求与均衡发展，真正实现可持续的低碳经济和节约型社会。

（2）借鉴国际上的碳交易机制，完善市场交易制度。充分利用我国区域间碳源

和碳汇拥有量的差异，建立中国碳基金制度和生态补偿金制度的基础，对碳源量与碳汇量进行统计分析，形成合理的交易价格，通过有效的交换形式，使生态受益区在享受生态效益的同时，生态服务从无偿走向有偿，并适时推出碳交易的衍生工具，以此来提升我国在全球碳交易市场上的定价能力，争取碳市场话语权。

（四）加强对低碳经济发展的金融支持，加快碳金融衍生产品的创新

（1）大力加强对低碳经济发展的金融支持。从商业银行的角度来看，要坚决落实我国商业银行绿色信贷政策，开展节能减排项目融资方案创新，通过商业银行的信贷行为，为企业节能减排创造良好的环境，引导推动经济从“高碳”向“低碳”转型。为了鼓励商业银行办理碳金融业务的积极性，必须制定相应的优惠政策和激励措施。从资本市场的角度来看，要鼓励低碳企业在证券市场上市融资，为低碳企业上市建立“绿色通道”，充分发挥资本市场资源配置的功能；同时可以考虑将耗能和碳排放量标准作为公司上市必须达到的强制性指标之一，形成对上市公司“节能减排”的硬约束。允许符合发债条件的节能减排企业发行企业债券、中期票据和短期融资券等，以获得债券市场的资金支持。设立低碳产业投资基金和风险投资基金，引导和鼓励民间资本进入低碳经济领域。

（2）碳交易市场主要分为三个层面：项目层面、商品层面和碳金融市场层面。发达国家围绕碳排放，已经形成了碳交易货币，以及包括直接投资融资、银行贷款、碳指标交易、碳期权期货等一系列金融工具为支撑的碳金融体系，而我国碳交易市场还停留在项目层面上。碳金融发展的不足及其相关产品的缺失，不仅使得我国在全球碳金融市场上定价权旁落，而且造成相关企业利润流失，并承受着巨大的市场风险。因此，加强碳金融研究，鼓励碳金融衍生产品的创新，构建我国的碳金融体系是当务之急。

碳交易市场为我国带来了巨大商机，碳交易及与之相关的碳融资、碳保险、碳衍生品逐渐成为低碳经济发展的必要保障。目前，这些领域发展潜力非常巨大，国内金融机构对碳金融的价值、操作模式、项目开发、交易规则等尚不熟悉，亟待抓紧“补课”。希望相关部门积极推进碳金融的制度创新和实践创新，抓紧碳金融体系建设的研究、探索和实施，尽快在国际碳金融市场上占据与之相称的位置。

State Think Tank

China Strategies for Energy and Environment

年度观察

26 2012 全球能源与环境*

进入21世纪以来，随着全球能源短缺问题日益严峻，应对气候变化挑战日益加剧，同时，能源的稀缺性和环境污染的不可逆性，让全球各国对能源与环境问题更加重视起来。2012年以来，受金融危机影响，全球各国经济格局正在发生翻天覆地的变化，欧美等发达国家经济持续低迷，对能源需求正在放缓，而新兴经济体国家在迅速崛起过程中，对能源资源的消耗日益增长。未来，传统能源大国与新兴经济体的博弈和角逐将成为能源与环境市场上的常态和亮点。

一、全球能源现状与前景

今后的几十年，能源将在全球经济发展特别是发展中国家的经济发展中扮演重要角色。世界仍将以化石燃料作为主要的能源供应，同时，可再生能源将逐步发展成为全球能源格局中的重要一环。

（一）现状

2011年，全球一次能源消费的净增长全部来自新兴经济体，仅中国一国就贡献了全球能源消费增量的71%。经合组织国家消费量下降，日本更是降幅明显——成为全球能源消费跌幅最大的国家。

1. 石油

全球石油消费增长0.7%，达到8 800万桶/日，涨幅为60万桶/日，低于历史平均水平。尽管油价居高不下，由于局势动荡，中东和非洲等产油区域的石油消费增幅低于平均水平。中国再次成为全球石油消费增长的最大来源（增长5.5%，即50.5万桶/日），但增速低于过去10年的平均水平。全球石油产量的年增长幅度为1.3%，即110万桶/日。石油产量的净增长几乎全部来自石油输出国组织，其中沙

---

* 本文主要内容原载于《国际经济分析与展望》（社科文献出版社，2013年），此处有删改。

特阿拉伯（增产 120 万桶/日）、阿联酋、科威特和伊拉克的产量大幅增加，完全弥补了利比亚停产（减产 120 万桶/日）所带来的缺口。美国石油产量的涨幅连续 3 年在非石油输出国组织产油国中雄踞榜首（增加了 28.5 万桶/日）。随着陆上页岩油产量持续强劲增长，美国的石油产量达到了 1998 年以来的最高水平。全球炼厂原油加工量增长 0.5%，即 37.5 万桶/日，低于历史平均水平。所有的净增长都出现在非经合组织国家，增量为 68.5 万桶/日。2011 年，全球石油贸易量增长 2%，即 110 万桶/日。石油贸易量达到了 5 460 万桶/日，占全球石油消费量的 62%，而该比例在 10 年前为 58%。2012 年，约 2/3 的石油贸易量增长源自中国，而中国的石油净进口量增长 13%（600 万桶/日）；美国净进口量比 2005 年的峰值降低了 29%。

2. 天然气

全球天然气消费增长 2.2%。除了北美地区因为价格较低而导致消费增长强劲外，其他地区的消费增幅均低于历史平均水平。在北美之外的地区，天然气消费量增幅最大的是中国（增长 21.5%）、沙特阿拉伯（增长 13.2%）和日本（增长 11.6%）。全球天然气产量增长 3.1%。在天然气消费增长普遍疲软的影响下，2011 年全球天然气贸易的涨幅相对偏低，增长速度为 4%。液化天然气贸易增长 10.1%，而贸易增量几乎完全来自卡塔尔（增长 34.8%）——卡塔尔在贸易增长中所占份额高达 87.7%。管道天然气贸易量仅增长 1.3%，德国、英国、美国和意大利进口量的减少抵消了中国（从土库曼斯坦进口）、乌克兰（从俄罗斯进口）和土耳其（从俄罗斯和伊朗进口）进口量的增长。

3. 煤炭

2011 年，煤炭消费增长 5.4%，是唯一增幅超过历史平均水平的化石燃料，也是除可再生能源之外增长最快的能源种类。煤炭现在占全球能源消费的 30.3%，这也是 1969 年以来的最高份额。在中国煤炭消费增长 9.7% 的拉动下，非经合组织的煤炭消费增幅达到 8.4%，超过历史平均水平。经合组织国家煤炭消费降低了 1.1%，美国和日本消费量的降低抵消了欧洲煤炭消费的增长。全球煤炭产量增长 6.1%，几乎全部来自非经合组织国家，中国（增长 8.8%）贡献了 69% 的全球煤炭产量增长。

4. 核电

核电已成为目前世界上继火电（占总发电量的 64%），水电（占总发电量的 18%）后第三大发电方法。从拥有的核电机组的数量来看，美国最多（103 台机组），依次为法国（59 台机组）、日本（55 台机组）、俄罗斯（31 台机组）、韩国（20 台机组）、英国（19 台机组）、加拿大（18 台机组）、德国（17 台机组）。中国自1991年建成秦山核电站（一期，一个机组）以来，已陆续建成大亚湾核电站（两个机组）、秦山二期核电站（两个机组）、岭澳核电站（两个机组）、秦山三期核电站（两个机组）和田湾核电站（两个机组），共11台核电机组，核发电量占总发电量的1.3%。台湾6台（总装机容量为488.4万kW）。核发电量占全台湾岛总发电量的22%。2011年全球核能发电量下降4.3%，创下有史以来的最大降幅，这主要是因为日本（降低44.3%）和德国（降低23.2%）的核能发电量骤减。

5. **可再生能源**

2011年，可再生能源的发展喜忧参半。全球水力发电量增长1.6%，是2003年以来的最低增幅。美国和中国依然是风力发电增长的主要贡献者。太阳能发电增长更为迅速（增长86.3%），但基数较小。2011年，各种可再生能源在全球能源消费中所占比例从2001年的0.7%上升至2.1%。

（二）前景

全球能源版图正在发生变化，并将对能源市场和能源贸易带来深远的影响。美国石油和天然气生产的回升正在重构全球能源版图，一些国家核电供应能力的削减、风力发电和太阳能技术的广泛使用，以及非常规天然气生产的全球化趋势有可能进一步重塑全球能源的未来图景。成功重建和发展伊拉克石油行业也是判断国际石油市场前景的重要因素。如果新的政策倡议得以推广和贯彻实施，提高能源效率的全球努力同样可能改变游戏规则。

1. **石油**

货车是石油需求增长的主体。新兴经济体石油消费增长，特别是中国、印度和中东地区交通运输业石油消费的增长超过了经合组织石油需求的下降幅度，使得新政策情景下的石油使用量继续维持较高水平。2020年以后的全球石油供应更加依赖于欧佩克；而欧佩克国家产量将持续上升，特别是2020年后，欧佩克在全球石油产量中的比例将从目前的42%提升到2035年前的50%。全球石油产量增长完全由非常规石油产量增长驱动，包括21世纪20年代400多万桶/日的致密油和天然气液的贡献。2035年，全球油气上游投资需求将达到15万亿美元，其中30%集中在北美地区。

全球石油供应有赖于伊拉克的成功发展。到目前为止，伊拉克对全球石油供应增长做出了最大贡献。在经历了几十年的冲突和动荡后，伊拉克大幅提升石油产量的计划不受限于该国资源规模或生产成本，而取决于能源供应链各环节的协调发展、从油气财富开发中获取长远价值的清晰计划，以及在国内石油政策上成功凝聚更多共识。

2. **天然气**

中国、印度和中东地区的需求增长强劲。积极的政策支持和调控改革将推动中国天然气消费从2011年约1 300亿m^3增加到2035年的5 450亿m^3。在美国，较低的价格和丰富的供应使天然气在2030年左右超越石油，成为能源结构中最大的能源种类。欧洲的天然气发展还需要10年左右时间回归2010年的需求水平；我们对日本天然气的展望同样受制于较高的天然气价格、可再生能源政策与能源效率政策。2012年5月发布的《世界能源展望特别报告》分析，非常规天然气生产的环境压力在不同国家依然存在。如果处理不好，可能中止非常规天然气革命。公众信心取决于强有力的调控框架和示范项目的发展状况。通过强化供应和多元化，缓和（例如中国的）进口需求和推动（例如美国的）新出口，非常规天然气可加快更加多元的贸易流动，从而对常规天然气供应国和与石油挂钩的传统天然气定价机制形成压力。

3. **煤炭**

煤炭需求将持续强劲增长还是发生改变，取决于支持低排放能源的政策力度和更高效煤电技术的推广，长期来看特别是碳捕捉和封存技术的推广。对于全球煤炭供需平衡来说，政策影响力最大的是北京和新德里，因为中国和印度的煤炭需求几乎占据非经合组织国家煤炭需求增长的3/4（经合组织国家的煤炭使用下降）。2020年，中国的煤炭需求将达顶峰，并将维持到2035年；印度的煤炭使用量继续增长，到2025年将超越美国成为世界第二大煤炭使用国。2020年前全球煤炭贸易持续增长，届时印度可能发展成为最大的煤炭净进口国，但是此后随着中国煤炭进口的下降，全球煤炭贸易增长趋于平稳。

4. **核电**

由于诸多国家在2011年福岛核电站事故之后重新评估核政策，核电的预期作用下降。最近日本和法国与有关国家一道拟削减核电使用量，而美国和加拿大的核电竞争力也受到相对低廉的天然气的挑战。我们对核电装机容量增长的预测低于去年的展望，尽管从总量看核电产量（在中国、韩国、印度和俄罗斯发电能力扩张的推动下）依然增长，核电在全球电力结构中的比例随着时间推移有所下降。核电的减退趋势对于一个国家化石燃料的进口支出、电力价格和气候变化目标具有重大的影响。

5. **可再生能源**

水电的稳步增长和风电、太阳能发电的迅速扩张已将可再生能源强化为全球能源结构中不可分割的部分，2035年可再生能源发电量将约占电力产量的1/3。太阳能增长快于其他任何可再生能源技术。2015年可再生能源将成为全球第二大电力来源（相当于煤炭发电量的一半），到2035年接近煤炭发电量。生物质能（用于发电）与生物燃料消费将增长4倍，国际贸易量不断增长。全球生物能源资源足以满足我们对生物燃料和生物质能的供应，而无须与人争粮，尽管土地使用仍需小心管理。可再生能源项目的新补贴措施需随产能上升、技术成本下降而调整，避免政府和消费者的过多负担。

二、全球环境现状与前景

21 世纪在人类文明历程上是举足轻重的，人类越来越关注全球环境的现状及趋势。全球当前的主要环境威胁是：非洲、西亚和亚太地区低收入国家的粮食供应无保障和贫困；拉丁美洲和加勒比地区的生态退化和生物多样性丧失；东欧及经济转型国家膨胀的能源需求；温室气体及臭氧层破坏；跨国界污染传输；普遍的城市污染、土地退化；大量化学品的使用对人体健康的威胁，以及大量不可持续性的生产和消费方式。其中，面临最大环境威胁的是亚太、非洲、拉丁美洲和西亚地区。

（一）现状

1. 非洲

非洲城市的特点是繁荣和贫困两极分化严重，非常住人口居多。许多国家的政府正在为提供社会服务而努力，包括水资源利用、粮食和能源安全、环境风险管理等。气候变化和其他不利的环境变化可能会加快非洲的城市化进程（UN-Habitat，2010），从而使政府的应对能力面临更加严峻的考验（Mohamed-Katerere，2009）。在非洲，人们对跨境自然资源保护政策的重要性的认识越来越深，并将其视为实现环境综合治理、经济一体化、冲突解决与社会经济平等发展的必需战略之一。人们越来越认识到，人权保护对提高环境效益和增加人类福祉的至关重要性。

2. 亚洲和太平洋地区

亚洲和太平洋地区已经成为世界经济增长的引擎，但该区域内部还有很大差别。中国是世界上最大的二氧化碳排放国，而大部分太平洋岛国则属于二氧化碳排放最少的国家。水资源禀赋问题涉及范围广大，从严重干旱的温带地区和受淡水困扰的小岛屿国家，到喜马拉雅雪原和雨水丰富的热带地区。环境治理的制度和机制具有广泛的多样性。

世界上受气候变化影响风险最大的国家有 10 个，其中 6 个位于亚太地区。重要行动领域包括气候变化适应和减灾避险、气候变化适应措施纳入发展政策和计划、基于生态系统的适应能力、抵御气候变化的基础设施。亚太地区面临与水有关的巨大挑战。制订水资源综合管理计划、通过用户间协调平衡水资源供需关系、加强水质管理、合理制定水价、多重利益相关者参与，所有这些都是解决该区域水问题的重要措施。

3. **欧洲**

虽然欧洲的空气质量最近几十年已有改善，但仍存在着一些突出问题，特别是在城市空气质量、人类健康、空气污染和生态系统退化等方面。《远程越境空气污染公约》（CLRTAP）及其泛欧科学网络在证明空气质量问题、建立可信度、修订政策和最终监测空气质量改善趋势方面一直发挥着关键性作用。这些政策和创意许多都具有很大的复制潜力，特别是在快速工业化进程正在导致空气质量恶化的地方。

欧洲在多国环境保护努力中发挥着先行作用。Natura2000 是一个联接多个自然保护区的相关网络。欧洲已经通过这个网络展开了生物多样性监测和保护工作。但由于景观、生态系统和生境继续恶化，生物多样性丧失问题依然存在。不过，欧洲正在通过“森林欧洲”等创意措施解决生物多样性保护、气候变化和淡水资源保护方面的问题，并且已经为欧洲国家森林覆盖总面积的增加做出了贡献（Forest Europe，2011）。

4. **拉美和加勒比地区**

该区域面临的挑战是为迅速发展的城镇提供安全用水和卫生服务，以及解决空气污染和淡水、海洋污染问题。当前影响该区域环境机构业绩的不是法律不健全，而是政治意愿缺失、程序连续性受限、执行措施不足。

改善自然资本管理和陆地、沿海、海洋资源利用，需要加强技术网络建设和知识交流。能力建设不仅可以带来更加有效的发展成果，而且对于提高生物多样性和水资源保护、气候变化减缓和适应力方面的政策水平也有重要的促进作用（CCCCC，2011）。

5. **北美洲**

北美洲被认为是全球经济的领头羊，尽管区域人口特征的变化、全球新兴经济体的快速发展和资源紧张等问题都对国家提供公共产品和服务的能力形成挑战。与此同时，管理分散、政策不稳、目标不明、政策不科学，以及在优先解决全球性问题还是寻找当地解决方案的问题上举棋不定等诸多因素，也在妨碍着环境目标的实现。

在北美洲，一直存在着这样一种倾向：着力强调市场手段的成功，而不是使用环境管理规则和标准。然而，对于这些市场手段的实际影响力还需要有更多的经验数据去证明。这样的政策选择通过互补方式取得了最好的效果，因为市场手段需要有一种明确和强有力的规则框架才能有效地发挥作用。另外，责任和透明可以在确保公平、公正的社会结果的同时提高环境保护工作的有效率。

6. 西亚

西亚已经在环境治理方面取得很大进步。比如，阿拉伯国家联盟成立阿拉伯环境部长理事会（CAMRE）作为合理协调全区域环境政策的高级机构。该理事会的目标是明确重大环境问题，确定环境工作重点，解决与可持续环境有关的问题。然而，环境不断恶化的趋势表明，解决环境问题还需要采用更多的政策工具，如激励措施、监测机制、经济和环境评价、环境教育、公众意识战略等。

西亚国家严重依赖监管机制而不是市场手段。尽管也有引进政策组合以实现高层次统一行动的新创意，但力度不够。比如过去40年来，该区域的水政策主要集中在供水方面，试图通过海水淡化等技术措施解决缺水问题。通过某些重点国家，特别是海湾合作委员会成员国投入大量财政资源而奏效的这种以供水为重心的战略，在促进千年发展目标的实现方面发挥了良好作用，特别是在实现城市地区水供应和水卫生目标方面（UNDESA，2011）。

（二）前景

1. 21世纪人类社会面临几个不可逆转的发展趋势

（1）世界人口持续增长，2050年世界总人口将突破100亿，其中95%的增加量在非洲、亚洲，人口的急剧增长对未来粮食、淡水和能源提出了空前的需求。如图1所示。

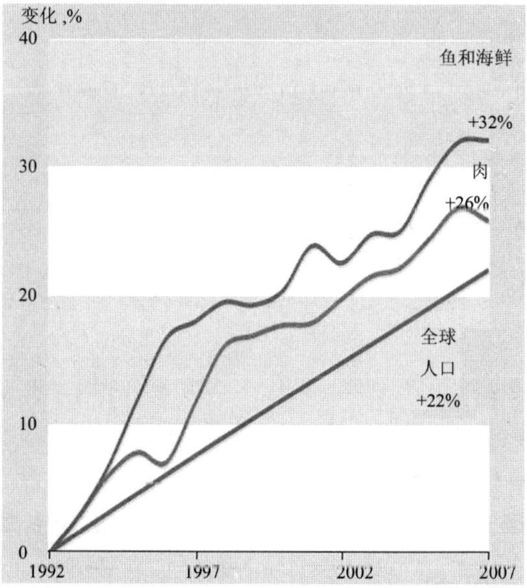

数据来源：联合国环境规划署、联合国粮农组织。

图1　全球人口与养殖追踪图

（2）2050 年，世界粮食需要总量将增加 110%，需要开垦更多的土地来满足日益增长的粮食需求，导致所剩无几的自然地域生态系统将承受越来越大的压力，多地区的淡水供应保障将出现问题。

（3）到 2050 年，工业化国家的能源需求量预计将增加 5 倍，而且仍然是主要由矿物燃料来满足。全球范围内的碳、硫、氮氧化物排放量持续增长，气候变暖趋势仍将持续。如图 2 所示。

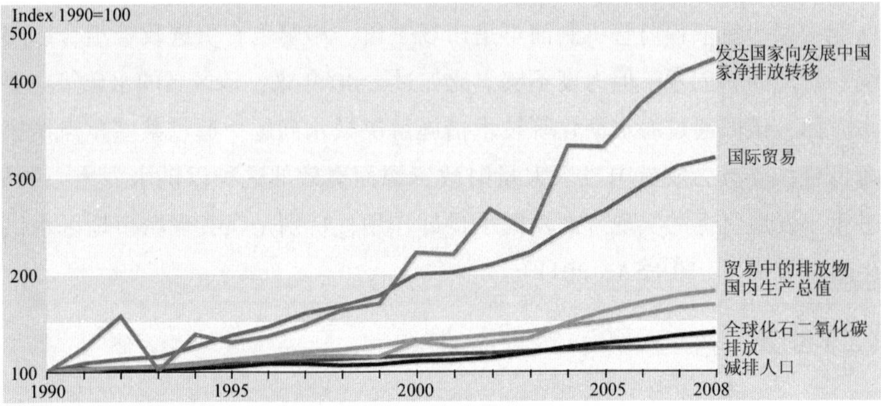

数据来源：美国国家科学院报告。

图 2　全球气候变化和 CO_2 排放

（4）世界城市化步伐加快，2050 年预计将有一半以上的人口居住在城市，城市问题将更趋严重，区域不平等现象将趋于严重。如图 3 所示。

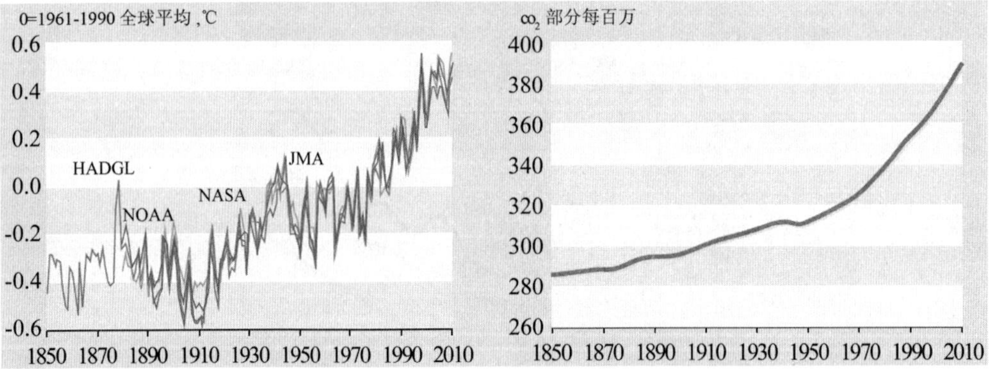

数据来源：东安格利亚大学气候研究中心，NDAA 国家气候数据中心，NASA GLSS，日本气象厅。

数据来源：斯克里普斯海洋研究所，国家海洋和大气管理局。

图 3　全球人口、GDP、贸易、CO_2 排放相对增长图

2. 建立国际环境治理机制

目前的国际机制远不能解决急剧恶化的全球环境问题，因此，在国际环境保护领域的国际机制应有更大的发展，发展有关环境保护的法规和原则，使各国在环保领域能够有章可循；设立一个对国际环境问题能够进行有效监督的机构，使国际社会保护环境的任务能够有效地实施；发展影响国际环境活动的信息交流机制、财政援助和技术转让机制、法律制裁机制和经济激励机制等，使国际社会形成既有强制又有激励的机制。将来，预计“生物多样性与生态系统服务政府间科学政策平台”将为科学与政策之间的互动做出重要贡献。此外，各项化学品和废物公约之间的协同增效进程——《巴塞尔公约》、《鹿特丹公约》和《斯德哥尔摩公约》——提供了一个加强认识、转让知识、建设能力，以及国家实施等工作的机会，应予以进一步探索。

3. **发达国家加强与发展中国家合作**

环境问题主要是发达国家在工业化时期追求经济的增长而过度消耗自然资源和大量排放污染物造成的。因此，发达国家应对环境恶化负主要责任，在全球环境治理方面承担更多的义务，向发展中国家提供资金、技术援助，以帮助发展中国家保护环境。

4. **世界各国加强环境治理资金支持和能力建设**

自然资本和生态系统服务的估值，以及实据为本的环境政策的制定，均需要及时、可靠、一致、便利且相关的定期收集的官方环境数据。此外，没有定期和反复的数据收集和评估工作，欲判断政策或方案的成效是不可能的。财政资源和能力建设对于可靠而一致的数据收集工作来说至关重要，包括在发展中国家。开发技术能力及体制能力，以将定期的数据收集、监测和使用工作植入国家一级的政策与规划进程当中，也是一项重中之重。

5. **发挥环境非政府组织的作用**

环境问题的广泛性和普遍性使政府在进行环境管理时遇到成本高、力量不足等问题，并且在国际社会中没有一个统一的权力机构能够对全球环境问题进行管理。因此，各国政府在全球环境治理中的作用是有限的。环境非政府组织围绕全球生态环境的保护而开展活动，是全球治理体系中的新元素。环境非政府组织在环境治理中具有以下功能：社会力量的整合能力、公众意见的表达能力、环境治理的监督能力、自我参与的教育能力。环境非政府组织与公众在参与中提高环境保护意识是一个互动的过程。公众在参与活动的过程中认识到了环境保护的意义，提高了自身环境保护的意识；同时，公众环保意识的提高也促使他们更积极地参与到环境非政府组织的活动中去。环境非政府组织以其特有的功能，在全球环境治理中扮演着越来越重要的角色。

三、中国在全球能源与环境治理中应该发挥更大的作用

中国作为一个负责任的大国，随着近些年经济的高速发展，对能源的需求和环境的影响力越来越大。中国能源需求持续旺盛，外汇储备充足，使得中国处于能源买家的地位并具有极强的投资能力。这种情况将使中国在国际能源主体的影响力日益增强，在国际能源市场中的地位日益提高，在能源金融领域的作用日益显著。中国应对金融危机措施坚决，化危为机，成效显著，表现突出，有望率先走出危机，赢得的主动地位，为中国对国际能源关系的运筹提供有利的支撑。随着中国国际地位的快速上升，世界各国都普遍看好，并主动与中国建立了能源战略合作伙伴关系。这将会进一步增强中国在现行国际格局中的地位，为中国开展更具活力的能源外交提供新的依托。

与此同时，在应对全球环境问题上，中国态度也是非常坚决。2009 年哥本哈根气候变化大会中，中国提出到2020 年二氧化碳排放量相比2005 年减少40% 的目标。中国是最早制定实施《应对气候变化国家方案》的发展中国家，是近年来节能减排力度最大的国家，也是新能源和可再生能源增长速度最快的国家。2011 年以来，中国政府相继出台了《“十二五”控制温室气体排放工作方案》、《“十二五”节能环保产业发展规划》和《节能减排“十二五”规划》，这些也充分展现了中国政府对环境问题的重视。基于上述因素，中国应该，也能够在全球能源与环境治理中发挥更大的作用。

27 2013 全球能源进展与展望*

随着经济全球化的不断深化，能源全球化进程正在加速，能源革命在全球展开，将对能源市场和能源贸易带来深远的影响。

一、全球能源进展情况

2013 年 11 月 12 日，国际能源署（IEA）在北京发布《世界能源展望 2013》（*World Energy Outlook* 2013）报告，为 2035 年前全球能源发展绘制了一幅新的图景。在报告中，IEA 指出世界能源领域供需格局正在发生深刻变革，原来的主要能源进口国正变为出口国，如北美国家；曾经的能源出口国则成了全球能源需求增长的中心，如中东国家。总体而言，全球能源消费的重心正向以中国为代表的新兴经济体转移，而在供给端，以美洲为代表的西半球所占比重越来越大，全球能源新格局正初露端倪。另外，非常规油气资源的兴起、可再生能源的发展正在改变全球的能源格局和能源来源。

（一）全球能源需求重心东移

过去 40 年，随着亚洲新兴经济体的快速崛起，世界能源消费格局发生了重大变化，世界能源消费重心明显东移，世界能源消费格局已经从发达国家主导转变为发达国家与发展中国家共同主导：OECD 国家年均增速 1.1%，占世界一次能源消费的比重由高达 60.3% 下降到 42.5%，下降近 18 个百分点；以亚太地区为主的发展中国家年均增速 3.4%，占比由 36% 增至 57%，增加 21 个百分点；中、印两国，能源消费年均增速高达 4.5%，占世界能源消费的比重从 10% 提高到 24.5%。

《世界能源展望 2013》报告指出，由于人口不断增长和强大的经济后劲，能源需求的重心正毫无疑问地向新兴经济体转移，亚洲将成为世界能源需求中心，其中，

---

* 本文主要内容原载于《国际经济分析与展望》（社科文献出版社，2014 年），此处有删改。

尤其是中国、印度和中东地区，能源需求增长超过全球能源需求增长的1/3，中国和印度将处于需求主导地位，分别成为世界最大的石油进口国和最大的煤炭进口国，东南亚地区将成为另一需求增长中心。

全球能源需求还会持续增长，到2035年全球的能源需求将增长30%，到2050年将翻番。这主要受非经合组织成员国经济增长的驱动，只有4%的增长是来自OECD，其他很大的部分是来自一些新兴国家。未来的十年，中国将变成全球最大的能源消费国，到2035年，中国的能源消费将超过美国80%。中国的能源人均需求会增加40%，到2035年基本达到欧洲的消费水平，但是中国的能源需求到2020年之后会放缓。

东南亚也会面临能源需求的快速增长，能源需求到2035年将加倍。2020年之后，在全球能源消费增量占比中，中东国家占到10%，天然气消费到2020年将达到欧洲的水平，到2035年中东国家每天需要1 000万桶的石油，达到中国目前的消费水平。

国际能源署署长范德胡芬表示："亚洲世界能源中心的地位正在不断加强。现在的中国，以及2020年后的印度扮演着世界能源需求引擎的角色。中国正逐渐取代美国成为世界第一大石油进口国，而到了2030年左右，中国将赶超美国，成为世界第一大石油消费国。"

（二）全球能源供应重心西移

一直以来，中东始终是世界能源版图的中心。美国是世界上最大的石油进口国，石油对外依存度保持在60%以上，主要进口来源地是中东。

自2005年，美国能源需求趋于饱和并出现"拐点"。2011年，页岩气和页岩油产量分别迅速增加到1 800亿m^3和3 000万t，非常规油气技术取得突破。同时，美国放宽近海石油开发限制，海上石油产量达到8 000万t，约占国内产量的1/4。同时，可再生能源技术快速发展，生物液体燃料产量已超过4 000万t；节能取得显著成效，这些因素助推美国"能源独立"走向成功。

除美国页岩气产量飙升外，北美正在成为世界能源供应版图中隆起的板块，墨西哥湾和巴西深海的油气资源潜力巨大，委内瑞拉的重油和加拿大的油砂矿储量丰富。美洲大陆油气生产的崛起被称之为"世界能源供应重心西移"。

随着北美能源地位的提高，中东未来将退居为亚洲的能源中心。美国石油对外依存度从历史最高67%降低到50%，预计未来10年内还有可能再降低10个百分点。同时，从美洲进口石油比重已经上升到53%，而从中东地区进口比重已经下降到16%，预计可能下降到10%以下。

《世界能源展望 2013》报告指出，未来几年油价继续上涨，将刺激美国的轻质致密油、加拿大的油砂及巴西的深海油等非传统资源的开发。到 2035 年，原油均价将升至 128 美元/桶，较 2012 年展望预估提高 3 美元。报告同时认为，尽管未来数年页岩油等非传统能源的产量可能激增，但全球并未“接近一个新的石油富裕时代”。美国得克萨斯州和北达科他州的油田将在 2020 年结束最佳产油期，其包括页岩油在内的轻质致密油生产将在这一年达到峰值。鉴于此，有分析认为，美国在世界石油生产中的领先地位可能是短暂的。

另外，《世界能源展望 2013》特别关注了巴西，认为其正处在深海油田开发和低碳发展的前沿，将成为全球主要的石油出口大国和全球领先的能源生产国。其国内多样化的丰富能源资源支持着该国 80% 的能源消费增长，对其电力普及有着很大贡献。报告预测，2035 年，巴西的可再生能源将翻番，在其国内能源结构中占据 43% 的比例；届时其生物燃料净出口将占到全球生物燃料贸易总量的 40% 。不过，巴西的石油供应增加过于依赖资本密集型的深海开发。考虑到深海油田的开发难度，巴西石油开采成本将会高于中东和俄罗斯，未来巴西每年需在能源领域投资 900 亿美元。

国际能源署首席经济学家法提赫·比罗尔表示，未来原油市场将发生两个阶段变化：截至 2020 年，轻质致密油产量将大幅增加，同时巴西原油供应增加也意味着未来几年全球对中东石油的需求将减少。不过，由于美国轻质致密油资源有限，产量将走平然后下滑。在 2020 年以后，中东将重新主导石油供应市场，石油输出国组织的全球能源份额将上升，再度成为低成本石油的主要来源。

此外，国际地缘政治动荡也使全球能源市场面临较大冲击。伊朗、叙利亚等地区局势持续动荡，加大了市场不稳定性。伊拉克、利比亚等国在经历政局动荡后的产能恢复状况也成为影响原油市场的重要因素。国际能源机构预测，伊拉克 2020 年石油产量将超过 600 万桶/日，2035 年日均产量超过 800 万桶，届时将成为亚洲市场的主要供应方。

（三）气候变化对能源发展的刚性约束逐渐加强

《世界能源展望 2013》报告指出，未来非 OECD 国家的二氧化碳排放量会越来越大，2035 年非 OECD 国家二氧化碳排放量将达到 OECD 国家排放量的标准。当然，人均的排放有所不同。印度到 2035 年可能人均的排放依然较少，但是中国及中东的人均排放都会达到美国人均排放的一半，超过欧洲的人均排放水平。而就绝对的排放值来说，中国毫无疑问是一个巨大的碳排放国家，在 2012 年，中国的二氧化碳排放比美国多 60% ，到 2035 年中国的排放将达到美国的两倍。

全球共同应对气候变化，能促进能源加速向绿色低碳转型，还能促进各国注重降低能源消费量，缓和全球能源供需缺口，增加能源供应的安全性。在国际压力下，一些国家制订了减少碳排放的计划，如减少煤炭在能源结构中比重、提高能源效率、支持可再生能源、减少化石能源补贴等。然而，对发展中国家而言，大规模消耗化石能源将面临巨大压力，谋求经济发展、摆脱贫困将面临严重制约。

例如，中国的能源需求增速很高，其中包括了天然气、煤炭、可再生能源、石油和核等各种能源，但中国的五年规划中要求减少煤炭的消费。《世界能源展望2013》报告预测，到2035年，中国煤炭占一次能源消费的比重将从2011年的68%下降到2035年的53%，这对于减少二氧化碳的排放意义很大。

（四）全球能源效率重视度提升

不同地区间的能源价格有着巨大差异，已经引发人们对能源会促进还是束缚经济增长的争论。以天然气为例，即使其价格已经有所回落，但美国天然气的价格仍然只是欧洲天然气进口价格的1/3，是日本进口天然气价格的1/5。类似的情形还出现电价上，日本企业平均要支付的电价，约为美国同行的3倍；中国企业稍低一些，但也几乎2倍于美国。

长期来看，能源强度将呈现下降和趋同的趋势，高居不下的能源价格和全球一体化加强了这一趋势。到了2035年，天然气地区价差异尽管会逐步缩小，但依然突出，另外电价的差异依然持续存在。能源价格的地区差异和变化将直接影响工业竞争力，并间接影响投资决策和企业国际战略。新兴经济体对高耗能产品需求的强劲增长，将推动生产和出口的扩大。美国的高耗能产品出口亦略有增长，相反，欧盟国家和日本的出口明显下降，这均体现了能源价格优势与行业前景的关系。

因此，各国将为经济发展寻找能源助推器，通过推进更高效、更具竞争力和联动的能源市场来降低能源价格的冲击，把重点放在能源效率上，并确信其带来的效益远超能源竞争力的提高，这意味着各国不会减少应对气候变化的努力，并在不损害经济增长下遏制碳排放增长。

二、全球能源展望

（一）可再生能源将迎大发展

进入21世纪，特别是国际金融危机爆发后，世界经济发展进入新一轮调整期，大力发展新能源和可再生能源的呼声日益高涨，为非传统能源开发利用创造了良好的历史机遇，这对保障世界能源安全、稳定能源市场、应对全球气候变化具有积极意义。发达国家更是将其作为走出经济困境、重塑世界经济主导力量的产业，纷纷制定“绿色能源计划”和“绿色能源新政”，给予新能源和可再生能源前所未有的政策支持。

美国颁布了能源新政、《未来能源安全图》及《美国清洁能源与安全法案》，计划在未来10年投资1 500亿美元，用于清洁能源开发、积极发展下一代生物燃料和燃料基础设施，并正式提出国家层面的可再生能源目标，即在2020年以可再生能源和能效改进的方式满足电力需求的20%，其中15%由风能、太阳能和生物质能等可再生能源来实现。欧盟峰会于2008年通过“20-20-20”战略，即：到2020年温室气体排放量在1990年基础上减少20%；可再生能源占总能源消费的比例在2006年8.2%的基础上提高到20%；能源利用效率提高20%，即能源消费量在2006年基础上减少13%。为实现此目标，欧盟将该目标在成员国之间进行分解，并要求各国启动立法程序予以保障。2011年8月，日本参议院全体会议通过了《关于电气事业者采购可再生能源电气的特别措施法》，扶持可再生能源发展。从各国的战略决策看，以核能、风电、太阳能、生物质能为代表的新能源技术将持续突破，可再生能源发电成本的下降速度很可能大大超出预测。

《世界能源展望2013》报告指出，新能源和可再生能源将迎来大发展。预计到2035年，可再生能源将成为电力行业的主要燃料，占全球发电能力增长的近一半，在全球发电结构中所占比例将从2011年的20%上升到2035年的31%，其中以风能和太阳能光伏为主的间歇式供电占比将达到45%。这意味着在未来一些年中，可再生能源将超过天然气，成为仅次于煤炭的电力第二大来源。在这一年，中国将成为可再生能源发电绝对量增长幅度最大的国家，超过欧盟、美国和日本增长的总和。

美国、日本和欧洲的可再生能源消费的重点是风能和太阳能，水能占比较小。因此要考虑风能和太阳能的电力不稳定问题。而欧洲可再生能源40%的增长，主要是来自于水能，水能增长40%，风能大概有26%。

未来可再生能源都有不同的发展速度，但也取决于各国的补贴政策和支持机制。而总补贴金额也将有大幅提高，比如生物燃料的补贴水平将从现在的1 000亿美元提高到2035年的超过2 000亿美元。

（二）化石能源仍是主流，新能源占比稳步上升

过去40年，随着能源需求的不断增加，世界能源供应规模不断增长，增长达一倍多。全球终端能源消费结构中：电力消费比重增加近8个百分点；天然气增加1.2个百分点；石油降低近7个百分点；煤炭下降近4个百分点；热（冷）能、地

热能、太阳能、风能等合计增加 1.7 个百分点。

过去 40 年，OECD 国家终端能源消费结构调整力度明显高于全球平均水平，主要表现在：电力消费比重增加近 10.4 个百分点；天然气增加 2.3 个百分点；石油降低近 8.4 个百分点；煤炭下降近 7.3 个百分点；热（冷）能、地热能、太阳能、风能等合计增加 1.1 个百分点。2010 年，OECD 国家化石能源供应占比与世界相同，约 81%，较 1973 年下降了近 13 个百分点，反之非化石能源增长近 13 个百分点，两者的变化幅度是世界平均水平的两倍，OECD 国家能源供应结构出现低碳化无碳化的发展趋势明显。

《世界能源展望 2013》报告显示，未来我们将会拥有更多的低碳能源，包括可再生能源，还有核能，它们的增量会达到 40%，呈稳步上升趋势。但是从能源结构来看，化石能源到 2035 年依然占据能源消费结构的 75%，清洁的能源依然不会成为能源消费的主流。而天然气和煤炭的前景取决于其经济性和政策导向。天然气虽然地区价差明显，但兼具灵活性和环境效益，较之其他化石能源，长期来看将会处于繁荣发展的地位；而在许多地区，燃煤发电虽然比天然气廉价，但其长期发展将受制于空气污染控制的力度和减缓气候变化的努力。中国的煤炭消费仍将相当于世界其他地区煤炭使用量的总和，中国能源结构的调整将影响世界能源市场的未来走向。

（三）分布式能源成全球能源发展新方向

世界能源理事会分析显示，在能源政策、技术创新和消费者愿望加速变化的推动下，能源市场正在变得越来越复杂。现行的市场设计和商业模式已经不能再适用于新形势了，例如新能源占比的增加、分散化的系统及信息化的发展。价格、技术和政策推动着能源结构的变化，未来能源资源的主要来源将从煤炭、石油等高碳化石能源转变为主要利用天然气、可再生能源等低碳能源。

传统能源正受到空间、资源、环境等多种因素的制约，未来 20 ~ 30 年，中国的能源需求将翻番，分布式能源已经成为全球能源发展的新方向，能源系统的组织方式将从集中式、大规模的工业化开发利用转变为分布式、小规模的开发利用。

智能电网是未来人类能源合理使用的最佳载体，电力系统变革最大之处在于用户侧和配电侧，分布式能源发展空间巨大。未来能源将从主要通过远距离、大规模能源输送实现供需平衡转变为更多依赖就地平衡，从供应侧被动满足消费侧需求转变为供应侧需求侧通过智能能源网络、大规模储能设施等实现协调平衡。

三、结语及建议

全球能源环境变得越来越复杂。必须采取一些行动来平衡好经济发展和能源系统改革的关系，以实现能源安全、能源服务全球化和可持续发展的共同愿望。

（一）重新关注能源系统

如果我们想从能源系统中获得最大的社会和经济效益，关注的焦点必须从供给结构转移到需求效率上。我们需要更多需求端的投资、创新、激励和更强的技术标准来降低能源密度。价格控制、补贴、贸易壁垒和不具普适性的技术扭曲了市场，造成不良后果。因此，政策制定者必须谨慎地使用这些手段。

（二）加强投资研发领域

技术领域的突破是我们亟待解决的，尤其像电力储存、碳捕捉和封存之类的技术。世界能源理事会研究指出，如果不通过碳捕捉和封存技术，二氧化碳减排的目标根本无法实现。因此，通过清晰而有力的政策来支持此项技术的发展是至关重要的。未来的发展蓝图和碳减排战略应该将其囊括进去。

（三）能源版图正在改变，世界能源组织机构应保持同步

世界能源中心已经从经合组织成员国向外转移，国家和地区间的相互关系也同样发生了变化。此外，抱团的消费者和民间团体也在逐渐影响未来的能源格局。现有的多边能源体系需要顺应这些变化，应该更加包容开放，确保能源服务全球化，进行激励性的制度和合理的资金支持是实现这一目标的重要推手。

28 2014 全球能源新格局与中国策略*

——以“一带一路”能源战略选择为例

一、2014 全球能源格局新变化

正当许多国际能源专家在津津乐道于美国“页岩气革命”对全球能源市场的“蝴蝶效应”的时候，一场不期而至的国际油价大崩盘让大家跌破眼镜。

2014 年以来，国际油价呈现出先涨后跌的走势，运行区间持续向下。上半年国际油价稳步上扬，进入 7 月份之后则出现持续大幅下跌态势。国际油价在 10 月份跌破 90 美元关口，11 月跌破 80 美元关口，12 月份连破 70、60 美元大关，创 2009 年 5 月份以来的新低，一再超出人们的预期。如图 1 所示。

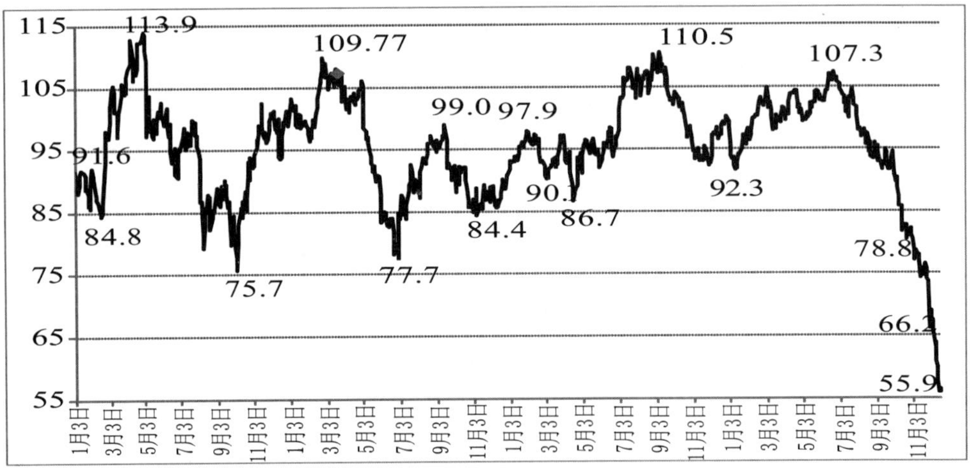

图 1　2011 年以来 WTI（西得克萨斯轻油）原油期货价格走势图（单位：美元/桶）

资料来源：美国能源情报署。

至 2015 年 1 月 5 日国际油价更是大幅下跌，纽约原油期货价格盘中短暂跌破每桶 50 美元，为 2009 年 4 月以来首次跌破该水平。截至当天收盘，纽约原油期货价

* 本文主要内容原载于《国际经济分析与展望》（社科文献出版社，2015 年），此处有删改。

格下跌 5.03%，收于每桶 50.04 美元。伦敦布伦特原油期货价格下跌 5.87%，收于每桶 53.11 美元。外媒普遍认为，油价暴跌虽然令一些亚洲经济体受益，却让全球经济变得更加扑朔迷离。原油市场严重供大于求，油价还将进一步下跌，全球能源格局或将受到深远影响。

另一方面，2015 年 1 月 15 日彭博财经发布“2014 全球清洁能源投资额分析报告”称，中国在开发绿色能源上的投资增长 32%，不仅位居全球第一，而且远远超过第二的美国，达到 895 亿美元。

二、国际能源新格局的影响分析

2014 年下半年以来的国际油价持续下跌，以美沙联手打压俄罗斯为题材的“阴谋论”再次成为人们热议的话题。毫无疑问，地缘政治风险对国际油价走势有着巨大的影响力，但是，地缘政治因素影响油价的机理是通过限产甚至石油禁运、投放战略石油储备，以及战争、恐怖袭击等事件扰动石油供求来引起油价的波动，而不是有了遏制战略对手的“意愿”凭空就可以左右油价走势。而原油期货市场投机操作不会改变油价涨跌的方向，只会加剧市场波动程度。如图 2 所示。

图 2　2013 年以来 WTI 与 Brent 原油期价图（单位：美元/桶）

（一）本轮国际原油价格大幅下跌的原因

主要有以下四个方面：

1. 全球经济下行使石油需求增速放缓

近年来全球经济下行趋势明显，美国经济复苏尚不稳固，欧洲、日本仍然疲弱，以中国为代表的新兴经济体增速集体放缓。经济增长的乏力对石油的需求明显减弱。2014 年全球石油需求较 2013 年仅增长了 0.7%，较 2013 年 1.2% 的需求增长率下降了近一半，为 2009 年以来最低水平。

2. 能源产业持续投资和页岩油气发展使得石油供给大幅增长

原油的高价位引发了开发投资，提升了石油总体供给能力。据估算，目前石油输出国组织（OPEC）国家存在近 10% 的剩余产能，约为 360 万桶/天，约为全球消费量的 4%。北美页岩气和页岩油的开发，对石油供应产生显著贡献。2014 年美国原油产量创 30 年新高，前 9 个月产量达到 4.2 亿 t，全年约达 5.5 亿 t，同比增长 14.5%，逼近沙特成为全球第二产油国。美国原油进口依存度已从 60% 降低至 30%。

3. 美国退出量化宽松带动美元走强

事实上，石油是最后一个价格“失守”的大宗商品。近年来，国际煤炭、黄金、铜、铁矿石等价格下挫达 30% ~50%。美联储退出量宽收紧货币政策，美元走强即使以美元计价的国际原油价格下跌，其走强预期也驱动全球资本撤离大宗商品市场，转而流向美元资产。预计这一影响将随着 2015 年美国实施加息更加显著。

4. 美国、沙特等影响力大的国家坐视油价下跌

长期以来，美国和以沙特为首的 OPEC 国家在战略层面达成默契，通过控制石油产量和开发量抬高油价，制约发展中国家；俄罗斯 21 世纪以来也获益很大。然而，沙特对美国页岩油气产量快速增加的忧虑（2009 年以来，美国页岩油是其石油增产的主要因素，2014 年约生产 1.8 亿 t）、美俄关系紧张、OPEC 国家利益分化等因素，使三方博弈加剧。特别是沙特在几个关键时点明确表态不会减产，加快了油价下行速度。

（二）影响未来油价走势的主要因素

一是石油需求有望温和回升。在美国经济复苏等因素带动下，联合国预计 2015 年全球经济增长 3.1%，较 2014 年 2.6% 有所提高。全球石油需求增幅可能达到 1% 以上，高于 2014 年 0.7% 的水平（见表 1）。二是原油增产情况将有所抑制。在目前油价水平上，美国页岩油已经有 80% 处于亏损状态，未来产量将受较大影响，而且新的开发投资将十分谨慎。而沙特也将面临 OPEC 内部较大压力，限产共识有可能达成。三是美国货币政策仍存在一定不确定性。鉴于油价下跌已经对美国石油资本产生打击，且影响到股票市场，美联储有可能深入评估其下一步可能采取的货币政策。四是从地缘政治角度，过低油价不符合多方利益。据国际货币基金组织研究，俄罗斯需要油价维持在100美元/桶才能实现预算平衡，其他如伊朗、委内瑞拉等国均高于100美元/桶，科威特为80美元/桶，沙特为60美元/桶。五是美欧出台一系列加强国际石油市场监管措施，对打击和防范国际石油投机行为开始发挥积极作用。初步分析，短期内影响国际油价的最关键因素是美国与沙特的博弈，或者说是中东传统石油与北美页岩油气的份额之争何时达到限产妥协。在限产达成之前，在美元加息预期和季节性因素综合影响下，预计2015年早期国际油价仍存在下跌空间，将出现探底过程。但对比2009年出现的37美元/桶的阶段性历史低点，未来国际油价将在每桶40～50美元处存在显著支撑。此后，美国和OPEC达成限产的可能性较大。预计2015年国际油价将呈触底反弹、前低后高的走势，并可能回归至每桶70～90美元的区间。如果不出现大的军事冲突和政治事件，油价每桶超过100美元的可能性较小。

表1　全球石油需求预测表　　单位：百万桶/天

年度	2012	2013	2014	2015
OECD	45.9	46.07	45.83	45.8
美国	18.49	18.96	18.96	19.1
加拿大	2.35	2.42	2.38	2.34
欧洲	13.77	13.62	13.5	13.36
日本	4.69	4.53	4.37	4.24
其他 OECD	6.28	6.21	6.28	6.39
非 OECD	43.24	44.41	45.6	46.52
欧亚大陆	4.5	4.64	4.68	4.56
欧洲	0.69	0.71	0.72	0.73
中国	10.28	10.61	10.98	11.34
其他亚洲	10.98	11.17	11.42	11.66
其他非 OECD	16.79	17.29	17.8	18.23
世界总消费	89.14	90.48	91.44	92.32

数据来源：美国能源情报署，2014年12月。

（三）国际油价下跌对世界政治格局的影响

一方面，油价下跌或暂时解压国际地缘政治的紧张。此轮油价下跌中，大国战略博弈意味浓厚。俄罗斯、沙特、伊朗、委内瑞拉等地缘焦点国家损失较大，面临更大财政、经济和民生压力。考虑到内部财政经济状况急剧恶化，俄罗斯在乌克兰问题上对西方长期示强将力不从心。沙特等海湾国家财力受损，对中东部分国家逊尼派反对派支持或将减弱。“伊斯兰国”组织可能因石油收入骤减，减缓扩张。伊朗在核问题上与西方有所妥协，减轻外部制裁压力仍在推进。委内瑞拉难再以雄厚资金引领拉美左翼运动。这些国际政治形势新变化将为我国赢得较为有利的环境和更大的主动权。

另一方面，石油生产国利益的分化可能引发全球能源治理格局新调整。始建于40多年前的全球能源治理架构缺陷凸显，与全球现实日趋脱节。产油国与消费国间实质性协调合作缺失，新兴与发展中国家代表性不足，构筑各方利益的全球能源体系的共识和努力在增加。此次油价波动中，OPEC与美国围绕定价权的争夺激烈。预计2017年OPEC占全球石油市场份额将缩水至37%，其对油价决定权将有所下降。在此过程中，中国等石油进口大国话语权有望增加。

（四）国际油价下跌对世界经济及主要经济体的影响

从世界经济整体看，油价下跌是“双刃剑”。一方面，作为关键能源资源与工业原料，石油价格下行将削减全球制造业、物流等行业成本，提升实际购买力水平，推升企业生产和居民消费，石油进口大国是主要受益方，有利于全球经济增长。据国际货币基金组织（IMF）估计，油价每下降20美元，净效益将令全球GDP扩大0.5%；如果信心因此改善，这一数字可能会升至1.2%左右。另一方面，低油价将拉低全球物价水平，“石油美元”过度收缩回流，将与美终结量宽、上调利率一道，加剧全球流动性趋紧，放大日本与欧元区通缩风险，抑制世界经济复苏。

分区域看，对主要国家影响冷暖不一。北美地区，美国油价已降至2010年以来最低水平，能源价格走低已吸引大量外企增加对美投资，有利于其制造业回流和结构调整，美经济总体受益。但美国页岩油、加拿大油砂开采成本较高，一些油气公司利益受损。随着油价跌破60美元/桶，美国股市上周五大幅下挫，道指下跌超过315点，标普500指数蒙受2012年5月以来的最大周跌幅，美国市场整体情绪开始恐慌。

从欧洲看，许多国家是石油净进口国，油价下跌、减少生产成本，节约消费者开支；但会间接导致低通货膨胀率，使得希腊等重债国难以减少债务。英国、挪威等少数欧洲石油生产国收入下跌，拖累欧洲经济。

对日本而言，油价下跌将加剧国内的通缩状况，为刺激物价上涨和经济增长，会加码财政和货币政策，但其效果未必乐观。而原油价格下跌，有利于增加能源进口，减缓福岛核事件之后能源短缺问题，并降低生产成本和消费者负担。

对俄罗斯而言，在油价下跌和西方制裁下，经济运行风险增加。俄政府11月估算，因油价“跳水”将每年损失约1 000亿美元。油价持续下跌导致俄财政收入锐减，引发股票市场混乱，资本外逃，卢布大幅贬值；国内通胀率上升，居民消费需求受到遏制。多家机构预测，2015 年俄经济处于衰退边缘。

从 OPEC 内部看，12 个成员国中除科威特和卡塔尔外，其余成员国以目前的油价难以实现财政收支平衡。近年来，委内瑞拉石油产量处于相对较低水平（年平均 1.3 亿 t，比高峰期低 4000 万 t），油价大跌使政府财政艰难、物价高企，并对生产造成诸多不利影响。

对新兴经济体而言，油价下跌降低成本，为实体经济增长、经济转型等创造好环境，但需防范资本大规模流出风险，避免重蹈 20 世纪 90 年代后期美元走强、美股上涨引发墨西哥等新兴国家债务危机覆辙。此外，部分新兴市场产油国，如巴西，石油收入锐减将恶化其经济基本面，向更多新兴市场传导风险。

（五）国际油价下跌对我国经济的影响

油价下跌对我经济有利有弊，总体有利，增加了我作为全球原油最大进口国在国际能源市场上的运作空间。具体影响从七个方面加以分析。

1. 对增长的影响

为实现经济增长和结构调整增大了空间。2014 年我国原油进口将首次超过 3 亿 t，比上年增长 6% 以上，平均价格近 100 美元/桶，比 2013 年进口原油均价的 108 美元/桶减少支出约 200 亿美元。如 2015 年进口油价平均水平为 80 美元/桶、进口原油增长 5%，则将再减少支出约 450 亿美元。成本的下降，使不少工业项目受益，有利于增加投资。低油价带来出行和物流成本降低，也将带动旅游、交通运输、汽车销售，有利于增加居民消费支出。为支撑国内经济健康发展、产业转型升级创造条件，同时减少“去产能化”过程中的痛苦。

2. 对改革的影响

改革难点是利益的分配，而能源成本下降让出了一定利益空间，为政府、多数企业、民众三者都形成有利环境，为推进改革攻坚，特别是实施能源资源价格改革和税制改革带来良好机遇。有利于更好地实施反映资源稀缺程度和环境成本的全要素价格改革及征收矿产资源税，使“加税不加价”条件更好。既推进长期结构调整，又不会在短期给国内经济增加负担，也有利于环境生态改善和发展方式转变。

3. 对价格的影响

能源价格下降会进一步拉低居民消费价格指数（CPI）、工业生产者出厂价格指数（PPI），有可能加大输入型通缩的风险，不利于未来预期。11 月份 CPI 同比上涨 1.4%，创 5 年新低；PPI 同比下降 2.7%，降幅有所扩大，连续 33 个月负增长。但对工交企业和居民消费有积极作用。据测算，油价每下降10美元，企业和居民将节省开支1 070亿元，相当于2013年GDP的0.2%。

4. **对主要产业影响**

总体上看，对石化产业链上游不利、对下游有利。上游开采企业收入将大幅减少，三大油，尤其是中石油、中海油化收益将大幅下滑。也不利于国内石油开采长远发展，降低勘探与开发投资积极性，要特别关注油价下跌对新疆等油气主产区经济社会稳定的影响。中游石化产业也难以从中获利，尤其是先前的高价库存减值负面影响较大，国际化学品价格也下行，产业利弊还需进一步分析。下游油品消费企业，如航空、航运、公路运输等相关行业直接受益。例如，燃油成本占航空公司总成本的40%左右，油价下降5%，航空公司节约燃油成本上百亿元。对化肥、化纤、塑料等企业将直接降低原材料成本。对非化石能源发展不利。将使风能、太阳能等新能源行业发展受到一定抑制，形成“挤出效应”，进而影响节能减排计划和能源结构调整。

5. **对进出口影响**

油价下跌，将使我国原油进口呈现规模上升、支出总额下降的状况。对增加原油进口、争取更多原油进口价格优惠、巩固我能源安全有利。同时，有利于降低我国能源消耗性产品成本，增加能源依赖型产品的出口。但将对我国外贸形成顺差上升压力。

6. **对国际收支影响**

全球流动性将由宽松转向紧缩，油价下跌将为我国节省外汇支出。但同时应警惕大量“石油美元”背景游资外逃、大量海外石油投资收益下降，以及相关的信贷合作风险，短期内能源资源类海外投资步伐可能放缓。

7. **对汇率影响**

外贸顺差上升的预期增大了人民币升值压力，而资本项下是净流出还是净流入，以及油价下跌对人民币汇率的影响需要进一步分析。油价动摇“石油美元体系”，使美国和美元在能源领域的影响力有所下降，这为在国际原油交易中扩大使用本币结算提供了机遇。因此，这将有利于我国顺势推进人民币国际化。

三、我国“一带一路”能源战略选择

（一）“丝绸之路经济带”能源资源布局

从现实来看，中亚地区各国能源资源丰富，被称为世界“21世纪的能源基地”。

我国为解决能源资源瓶颈约束，长期探索在中亚地区的能源资源战略、合作机制、合作方式等内容，已取得一定进展，但仍需深化和拓展。

1. **油气丝绸之路**

油气仍将是能源丝绸之路的主要内容。中亚地区油气资源丰富，石油、天然气资源量分别占世界的8%和5%，其中98%的油气资源集中在土库曼斯坦、哈萨克斯坦和乌兹别克斯坦。中亚国家出于自身利益考虑，积极推行能源资源出口多元化战略。建设中亚天然气管道输送天然气，可以降低政治和商业风险，进一步提高能源资源出口的经济效益。油气丝绸之路合作，符合中国和中亚各国的共同利益。下一阶段油气丝绸之路的战略重点是：充分利用中亚地区丰富的油气资源，大力开展油气勘探及炼化产业，拓展天然气管理工程建设及贸易，积极进行投融资领域合作，同时探索工程技术服务合作。具体而言，中土主要是稳定天然气管理AB线，启动D线；中俄重点做好东线天然气用气管理，建议抓紧促成西线天然气谈判；中哈主要做好原油管理扩建和投运；中乌要努力保障天然气管道长期安全稳定运营，加强石油、天然气和天然铀联合勘探和开发合作；中吉则要做好管道建设和运营工作。

2. **电力丝绸之路**

电力丝绸之路的战略重点包括两个方面，一是中国与中亚几国的电力合作，开展双边电网和超级电网建设合作，加强电力投融资合作，大力推进电力技术合作。如中吉双方共同在该领域吸引直接投资，在吉尔吉斯斯坦南部电网改造项目和达特卡变电站建设项目的成功经验基础上，推动达特卡-克明输变电线建设和比什凯克热电厂改造项目的顺利实施。可采取合资、独资、BOT、TOT等方式，参与电厂、输电线路等项目的建设与运营，缓解中亚各国的资金压力。二是中国境内的“疆电外送”，新疆的煤炭、石油、天然气等资源丰富，将这些宝贵资源进行合理转化利用，就要通过建设特高压电网实现“疆电外送”，让“能源空中走，电送全中国”。一个输送能力更强、输送距离更远、更加安全可靠的坚强特高压电网，将把新疆的风电、光伏发电、火电基地连接起来，将新疆的能源资源输送到更多有需要的地区，也应是丝绸之路经济带建设中的重要内容。

3. **绿色能源丝绸之路**

保护环境、应对气候变化，应该成为丝绸之路经济带建设的重要考量，中亚国家，特别是塔吉克斯坦，拥有丰富的水能资源，居独联体水能资源的第三位。但目前中国与中亚诸国能源合作主要是化石能源，因此，在能源输送中尽可能增加清洁能源比重，发展水电、风电、太阳能等可再生能源，是今后能源丝绸之路建设的重要方向。要发挥我国在水电等绿色能源建设，以及电力传输、电网建设、系统运行、电力减排等方面的比较优势，与中亚各国实现优势互补及绿色能源技术共同创新。中乌要落实两国政府《联合宣言》，拓展在太阳能、风能等再生能源领域的合作潜力；中塔水力资源开发合作，将使塔吉克斯坦年电力出口达到300亿kWh。

4. 核能原料丝绸之路

核能作为清洁能源，应在确定安全的前提下稳步发展。中国和中亚各国在这方面的合作战略有三个方向：一是铀资源的勘探合作，二是核电乏燃料的处理合作，三是核电站的建设与运营合作。

（二）“海上丝绸之路”能源资源布局

从全球能源资源生产与消费格局来看，“西斜东倾”特征越发明显，全球能源资源消费的重心正向以中国为代表的新兴国家转移。我国作为全球最大的能源消费国，是全球能源资源格局中的最大利益相关方之一。因此，构建我国能源资源安全新版图，积极开展国际能源资源合作，是构建“海上丝绸之路”必须思考的重大战略。

1. 实施以中东为重点的多元化能源资源进口战略

国际能源资源合作依靠地缘政治优势和较为接近的经济利益更容易达成，更能引导能源资源的合理配置，保证能源资源市场的平衡。

石油方面，中东仍然是我国石油进口首选之地。一是储量庞大，沙特拥有大量尚未开采的已探明储量的巨大油田，伊朗储采比接近100年，伊拉克超过100年。二是政治上较为友好，与我国无明显冲突。三是在美国进口能源大幅下降的情况下，中东石油出口需要寻找新的稳定大买家。在稳定中东石油来源的前提下，对石油进口采取分散化方式，形成多元的石油供应市场，确保我国能源资源安全。

从天然气资源量及可获得的便利性而言，除重点加强与中亚、俄罗斯等周边合作外，要同时扩大液化天然气（LNG）进口。卡塔尔、澳大利亚等主要LNG出口国在亚洲积极寻求十年以上的长期供应合同，美国、加拿大等正在开辟LNG出口市场的国家也把目标客户群锁定在亚洲。我国宜积极开展工作，在与日本、韩国的竞争中不断扩大LNG进口。

拓展煤炭海外进口渠道是我国未来国际能源资源合作的重要途径之一。澳大利亚煤炭资源丰富，应是我国首选投资目标国，未来应重点组织国内大型煤炭企业和铁路投资公司联合进行当地煤田勘探和开发。印度尼西亚是世界最大的煤炭出口国，与我国距离相对较近，是我煤炭进口的重要渠道，未来可扩大与印尼合作勘探开发、联合投资煤炭资源。

2. 探索周边海上能源资源合作的新方式

海上油气开发潜力巨大，前景看好，是各国未来开发的重点方向。我国应探索海上能源资源合作开发新思路，减轻南海、东海问题的冲突压力，力争周边海域能源资源合作取得突破进展。

在南海，大力提升深海油井开采技术，加强勘探基础工作。积极探讨两岸南海合作开发可能性，共同开拓南海油气开发新渠道。改善南海周边政治关系，降低军事紧张气氛，提倡南海新秩序，探索采取股份并购、承包、联合开发等模式（如“中+美+菲”等“1+1+X”模式），开展海上油气合作。利用经济、外交、贸易等手段，增强对马六甲海峡周边新加坡、马来西亚和印度尼西亚的影响力。

在东海，中、日东海争端与能源资源问题密不可分，能源资源合作是缓解冲突的重要突破口。我国应积极构建东北亚多边能源资源合作机制，将多边合作作为参与全球和区域事务新的突破口，采取多边与双边相结合的方式，在开展中日双边实质性项目合作的同时，重视多边合作政策、技术和经验的交流与分享。

五、“一带一路”能源合作的制约因素

“能源丝绸之路”使中亚正成为欧盟与中国这两个世界巨型经济体的重要能源供应基地，我国实施“一带一路”能源合作战略，具备历史传统文化悠久、合作经验丰富、天然的地缘优势、充分的经济贸易互补和长期稳定的政治互信等有利条件，但其健康发展仍面临着三大战略性制约因素：

（一）美、俄等大国能源扩张战略的影响

中亚及里海地区丰富的油气资源，随着苏联的解体自然引起大国的博弈。在巴库和土耳其港口杰伊汉之间修输油管道，为美国直接获取里海地区的石油奠定了基础，减少了对莫斯科的依赖。俄罗斯视中亚为“后院”，希望长期主导中亚丰富而廉价的油气资源出口，与欧美在中亚油气外输管道建设上长期纠葛。相对于美俄，中国在中亚能源战略上的利益更为迫切。美军驻扎阿富汗之后，基本扼住了中国依赖的主要能源进口源，并在中国、俄罗斯、伊朗三国间插入阻止可能出现的“泛亚全球能源桥梁”的战略楔子。日本为了争得一席之地提出的“丝绸之路能源计划”，强化了在该地区的存在，并配合美国牵制俄罗斯和中国在这一地区的影响力。可见，大国地缘政治压力是中国与中亚地区国家能源合作的重要挑战。

（二）中亚自身能源地位影响因素复杂

中亚各国多地处内陆且为小国，对自身能源地位长期没有掌握主动权。中亚油气输出需要依靠管道，但是苏联的油气管道目前多为俄罗斯掌控，更兼其精英在莫斯科受教育，因此俄罗斯对中亚拥有相当的控制和影响力。哈萨克斯坦是与俄罗斯边境线最长的中亚面积最大的国家，土库曼斯坦拥有中亚最大的天然气储量。中亚与俄罗斯将会坚持搞好关系，同时也争取能源出口多元化。但俄罗斯推出的以黑海海底到保加利亚的“南溪”管道项目稳定了自己的主导权，进一步破坏了中亚能源地位的稳定性。

（三）绿色能源产业能否突破是关键

从目前世界各国既定能源战略来看，大规模的开发利用可再生能源正成为各国能源战略的重要组成部分。中亚绿色能源合作需要进行积极主动的研发、技术投资和技术转让，以及加大能源基础设施的投资，改善法律制度及行政管理体系。一定意义上讲，中亚地区拥有绿色能源愈多，“能源丝绸之路”才愈长久。

六、促进“一带一路”能源合作的长效机制

（一）坚持政府主导推进能源合作

能源领域关乎国家安全和经济利益，需要更深入扎实稳固的伙伴关系，这既是经济的长期合作，又是政治的长期合作，政府的主导和推动仍然是主要力量，从其他地区经济合作经验上看也是如此。上海合作组织是具有能力保护成员国能源体系和能源安全的有效机制，需要在这一框架下，建立常设性能源合作协调机构和制度化的能源合作论坛。可在上合组织内部形成一定意向的基础上，发表非约束性的意向宣言，积极朝下一个阶段目标努力，推进能源合作效益最大化。

（二）多手段稳固贸易伙伴关系

在丝绸之路经济带建设过程中，加强与中亚国家的外贸联系度，形成彼此需求、市场共享的全方位合作机制，以其他市场建设推进能源合作，诸如人才市场、消费品市场建设，逐渐取得在中亚国家的影响力，只有互利共赢的合作原则才能使各方长久地联系在一起。

（三）贯彻“公司公民”责任扫平民间障碍

我国在非洲、中东地区都有能源和经贸领域的合作项目，其中基础设施建设受

到这些地区的欢迎，医疗援助和教育援助提升了我国的良好形象，民间机构参与当地的经济社会生活就较容易。针对中亚国家能源合作，我国参与单位要在项目建设和运营阶段，以实际行动贯彻“公司公民”责任，多提供有效的帮助和民生项目，为今后开辟中亚市场扫平民间障碍。

（四）发挥西部省区的合作支点作用

大力发挥这些地区中转站、桥头堡功能，可以带动其本土区域经济的发展，提升其国际国内地位，在能源管线建设、能源产品加工等方面适当培育西部省区的参与度，也是区域分工和产业转移的需要。

（五）建立全方位的预警机制

能源合作还会受到政治环境和国际经济形势变化的影响，要考虑经济环境的作用、中亚地区仍然存在的“三股势力”威胁、自然灾难的挑战，在任何时候都要有能源储备、能源价格调整机制和能源危险控制机制的设计。

29 2015 全球能源发展与趋势*

一、全球能源发展主要特点

（一）页岩气顶住国际油价下探压力

奥巴马主政以来，美国境内的页岩油开采受到极大了支持，随着受到之前传统石油油价上涨及维持能源独立性的影响，页岩油曾备受重视（见图 1）。美国能源情报署（EIA）的数据显示，水力压裂的油页岩产油革新，不仅打破了美国持续 30 年的石油产量下跌，让其在短时间内获得石油增产，而且使美国在 2013 年一度超越沙特阿拉伯成为世界第一石油生产国。然而目前的国际原油价格不容乐观，2014 年国际原油价格暴跌近 50%，2015 年又一再创 6 年新低，至今仍在接近 6 年低谷的每桶 50 美元下方。受到国际油价暴跌的影响，美国页岩油产业目前形势低迷，曾经的辉煌已经黯淡了下去。油服公司贝克休斯（Baker Hughes）近期公布数据显示，美国石油钻井平台数量连降 7 周，10 月份钻井数量已至 600 台以下。

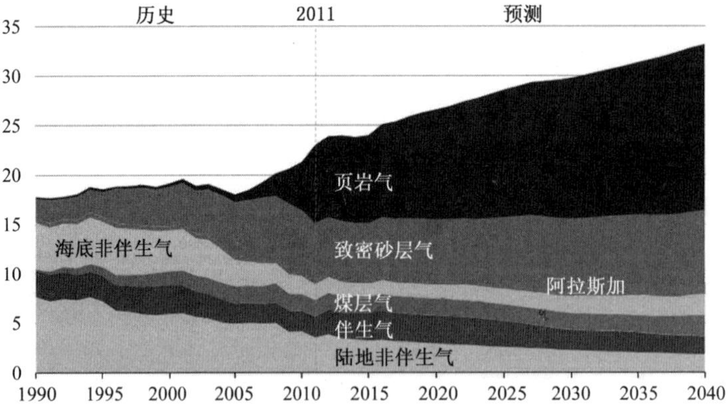

图 1　美国天然气产量（单位：万亿立方英尺）

编者注：1 立方英尺 =0.028 317 立方米。

* 本文主要内容原载于《中国战略新型产业》（2016 年 5 月），此处有删改。

页岩气革新为美国带来了石油产量大爆发，对 OPEC 形成了直接的利益冲突。为了抢夺市场份额，从 2014 年开始，OPEC 果断采取措施，不减产但刻意放低油价，试图用“价格”这个最直接的武器击败页岩油，力求在 2015 年年底将页岩油“扼杀在摇篮里”。OPEC 的做法有着显著的效果，美国石油产量“成功”跌回 2014 年 11 月的水平，而当时正是 OPEC 决定将战略重心转移为打压美国页岩油、抢夺市场份额的时候。

这种激进做法不仅不会把美国页岩油赶尽杀绝，反而会让美国页岩气产业内部进行优化调整。页岩气作为新兴产业，有着较高的成本，而 OPEC 的种种做法恰好逼着美国页岩气进行技术革新，提高资本利用率，从而缩减成本。从技术上讲，传统页岩气的油井需要大量的水进行压裂，而新的技术（二氧化碳 EOR 和等离子脉冲）已经受到各界的广泛关注。纵观美国全境，页岩气的成本可谓有高有低，这次的“危机”是一次优胜劣汰的过程，页岩气不会输，而是通过产业的自身调整变得更有价值。

（二）新能源逆势突破“拐点”

以化石能源为主的能源结构具有不可持续性，到 2050 年实现高比例的新型能源替代，将是一个世界性的趋势（见图 2）。大力发展新能源已经成了全球共识，截止到 2014 年年底，全球已经有超过 130 个国家实施了新能源扶持政策，其中发展中国家和新兴经济体的比重超过 2/3，新能源产业不仅已经成为全球化的产业，并且其多元化的发展格局正在逐步深化和发展。尽管最近几年全球经济持续低迷，能源需求整体呈现减弱态势，但 2014 年全球新能源产业的整体发展仍然展现出令人鼓舞的趋势。2014 年全球新能源融资总额达到 3 100 亿美元，同比增长 15.6%。

水电的稳步增长和风电、太阳能发电的迅速扩张已将可再生能源强化为全球能源结构中不可分割的部分；2035 年可再生能源发电量约将占电力产量的 1/3。太阳能增长快于其他任何可再生能源技术。2015 年可再生能源将成为全球第二大电力来源（相当于煤炭发电量的一半），到 2035 年接近煤炭发电量。生物质能（用于发电）与生物燃料消费将增长 4 倍，国际贸易量不断增长。全球生物能源资源足以满足我们对生物燃料和生物质能的供应，而无须与人争粮，尽管土地使用仍需小心管理。可再生能源项目的新补贴措施需随产能上升、可再生能源技术成本下降而调整，避免政府和消费者的过多负担。新能源产业已经逆势突破“拐点”，未来在能源格局中将占据更加重要的地位。

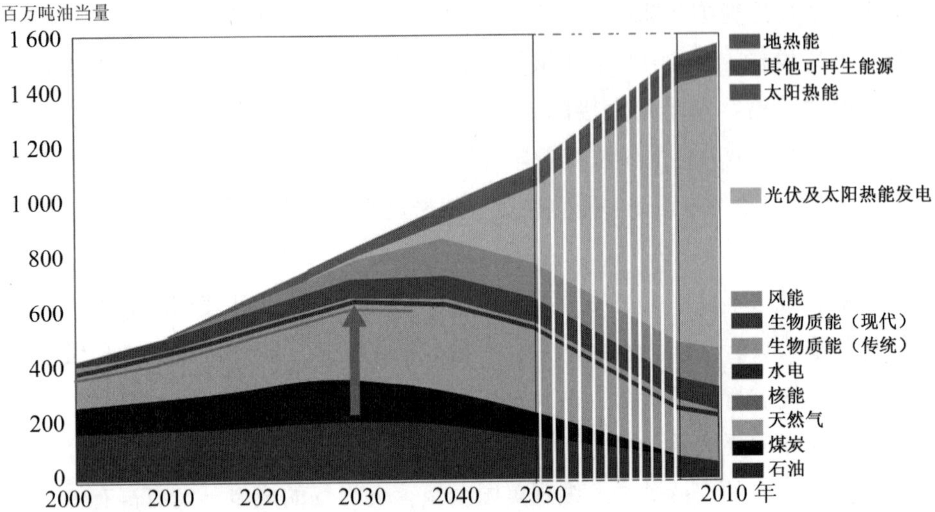

图 2　全球新能源发展趋势图

（三）煤炭行业全面低迷

目前，导致煤炭行业深陷困境的两个原因是来自中国的需求下降和美元走强。

由于中国这个煤炭消费大户经济增速放缓并转向清洁能源，全球煤炭消费将出现前所未有的“大滑坡”。绿色和平组织周一公布的报告显示，2015 年前 9 个月，全球煤炭使用量同比增速放缓 2. 3%，至 4. 6%。这相当于标准煤用量减少了 1. 8 亿 t，这比日本全国同期煤炭总消费还要多 4 000 万 t。中国前三个季度的煤炭使用量减少幅度超过了 4%，煤炭进口同比下滑 31%。中国自身也是产煤大国。然而，在宏观经济减速、国内产能严重过剩之际，煤炭消费也萎靡不振（见图 3）。最新一期（10 月 28 日—11 月 3 日）的环渤海动力煤价格指数显示，5 500 大卡动力煤综合平均价格报收 379 元/吨，再次刷新最低纪录。

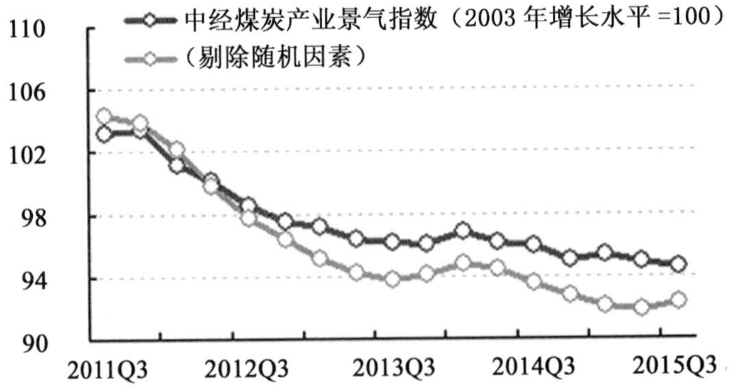

图 3　中国煤炭行业景气指数

当前，国内煤炭市场仍面临着较大的下行压力，这与当前国内煤炭供需失衡、特别是需求增长放缓与产能结构性过剩的现状紧密相关。从需求来看，近年来，受宏观经济增速放缓的影响，国内煤炭消费需求有所减少。此外，在大气污染治理和节能减排的压力下，主要煤炭消费省区加强了对煤炭消费总量的控制。京津冀、长三角、珠三角等地对商品煤的质量有了更高的要求，对煤炭的清洁高效利用要求也更高了，这也使煤炭需求增长受到明显约束。近几年来，煤炭产能的大量集中释放，与国内煤炭消费需求增速的渐趋放缓，加剧了煤炭市场供大于求的压力。未来一个时期，煤炭市场将处于超前产能和高位库存的消化期，实现煤炭供需平衡将是一个艰苦的过程。

美元走强使得俄罗斯、南非和澳大利亚生产商从中受益。卢布暴跌，预计俄罗斯 2015 年将尽可能多地生产煤炭，以期将高价煤炭生产商排挤出市场。澳大利亚将采取同样策略。如果说这一策略听起来很熟悉，那是因为沙特阿拉伯曾采用过此策略，当时原油价格下跌，沙特为维持其石油市场份额向石油输出国组织的其他成员国施压。

受美元强势影响，美国一些煤炭生产商从对中国煤炭出口转向对其他国家煤炭出口。在美国国内销售市场上，因天然气价格持续低迷及环保局对燃煤发电厂碳减排要求增加，煤炭价格受到挑战。尽管煤炭行业继续反对针对燃煤电厂碳减排的新法规，但在这场战斗中他们可能注定要输。随着美国关闭旧式的、肮脏的燃煤电厂，煤炭需求将继续下滑。这一情形也正出现在中国和其他国家。来自可再生能源尤其是太阳能和风能的压力，也将使煤炭需求下降。从国内外来看，煤炭短期前景疲软，长期前景可能更疲软。

二、全球新能源主要趋势分析

（一）高比例可再生能源时代日趋来临

在全球节能减排的背景下，发展可再生能源成为解决环境污染、确保能源安全、保障能源供给、减缓对国际依赖的主要措施之一。此外，发展可再生能源将是提升经济质量、寻找新的经济增长点，以及解决就业问题的重要手段。国家发展改革委能源研究所所长韩文科提出："要坚定不移地发展清洁能源，高比例发展新能源和可再生能源。这不仅有助于早日实现碳排放的峰值，还能尽早实现大比例煤炭减量化的使用。高比例情景满足以后，可再生能源将满足 2050 年能源供应目标的一半以上，这是革命性的变化。而最大的收益就是环境和气候友好型的美丽中国。"

国际可再生能源机构在对政府官方数据进行充分研究的基础上，于 2014 年 1 月发布了《全球可再生能源2030路线图》报告。该报告给出了到2030年使可再生能源在全球能源总额中所占比例从2013年的16%提高到36%的乐观预测。

国际能源机构（IEA）在其发布的《世界能源展望2014》中提到，全球可再生能源预计在2040年前有望超过煤炭成为最大的电力来源。这一结论是依据目前全球各国的多项政策，例如美国环境保护局的清洁能源计划、欧盟委员会的2030年气候与能源政策框架及中国国务院的大气污染防治行动计划等。报告指出，到2040年，美国在其新法规、新排放标准的刺激下，可再生能源发电有望增长165%。在欧盟，可再生能源发电的份额则会翻番，到2040年时将达到46%。报告还预测：从2012年到2040年这段时间内，中国煤电占全国发电份额将从76%下滑至52%，而印度煤电份额也将从72%下降到55%。与此同时，得益于成本下降和补贴政策，可再生能源技术迅速发展，成为全球低碳能源供应的重要支柱。到2040年，可再生能源发电量将占全球新增发电量的近一半。在全球范围内，风力发电量占可再生能源增长份额的比重最大（34%），其次是水电（30%）和光伏发电（18%）。

2014年年底，中国、丹麦可再生能源发展项目发布《中国可再生能源发展路线图2050》研究报告，报告预计到2050年可再生能源发电占比将达到86%。我国主要污染物排放量将低于1980年的排放水平。如表1、表2所示。

表1　我国风电发展路线图

		2020年	2030年	2050年
基本情景	装机容量（亿kW）	2	4	10
	发电量（万亿kWh）	0.4	0.8	2
	二氧化碳减排（亿t）	3	6	15
	二氧化硫减排（万t）	110	220	560
	就业人数（万人）	35.8	59.7	72.0
积极情景	装机容量（亿kW）	3	12	20
	发电量（万亿kW）	0.6	2.4	4
	二氧化碳减排（亿t）	4.5	18	30
	二氧化硫减排（万t）	165	660	1120
	就业人数（万人）	71.6	119.4	144

表2 我国太阳能发展路线图

	2020 年	2030 年	2050 年
基本情景	光伏发电 1 亿 kW； 太阳能热发电 500 万 kW； 太阳能中低温热利用 512Wth	光伏发电 4 亿 kW； 太阳能热发电 3 000 万 kW； 太阳能中低温热利用 756GWth	光伏发电 10 亿 kW； 太阳能热发电 1.8 亿 kW； 太阳能中低温热利用 241GWth
积极情景	光伏发电 2 亿 kW； 太阳能热发电 1 000 万 kW； 太阳能中低温热利用 714GWth	光伏发电 8 亿 kW； 太阳能热发电 5 000 万 kW； 太阳能中低温热利用 1 202GWth	光伏发电 20 亿 kW； 太阳能热发电 5 亿 kW； 太阳能中低温热利用 2 411GWth

作为新兴经济增长点，可再生能源可显著提升中国乃至全球经济的发展质量。以中国为例，按照《中国可再生能源发展路线图 2050》的预计，到 2050 年，中国可再生能源相关产业链增加值增长到 17 万亿元，电动汽车生产实现增加值近 8 万亿元，带动可再生能源行业及相关产业就业人数共 1 200 万人以上，将极大促进就业人口从传统制造业向高业态产业的发展。

（二）智能电网极大提升能源利用效率

智能电网是承载第三次工业革命的基础平台，将极大提高能源利用效率。

1. 促进新能源开发

世界能源理事会估算，全球陆地风电资源超过 1 万亿 kW，太阳能资源超过 100 万亿 kW，还有丰富的海洋风能、水能、生物质能、潮汐、地热资源，都可以转化为电能加以利用。智能电网基于新能源发电技术和大规模储能技术，对间歇式、不稳定电源大规模接入的适应性更强，能支撑风能、太阳能大规模开发，推动能源开发从化石能源向清洁能源转变。同时，在智能电网中，千家万户都可以开发利用风能、太阳能，能源生产模式从以集中生产为主，向集中生产与分布式生产并重转变。

2. 优化能源配置

经过上百年开发，世界许多国家的能源基地与负荷中心的距离越来越远，风能、太阳能资源也主要集中在远离负荷中心的严寒、酷热及沙漠、戈壁等地区。智能电网基于超远距离超大规模输电技术，能源配置范围更广、能力更强，只有通过智能电网才能实现这些能源基地的大规模开发，实现能源从就地平衡向大范围优化配置、更大范围统筹平衡转变。

3. 减少线损

以特高压输电技术为重要基础的坚强智能电网，将大大降低电能输送中的损失率；智能调度系统、灵活输电技术及与用户的实时双向交互，都可以优化潮流分布，减少线损；同时，分布式电源的建设与应用，也减少了电力远距离传输的网损。

4. **提高终端能源利用效率**

智能家电广泛普及后，用户的智能用电和互动服务需求越来越高。传统电网的电力流只能从供应侧向需求侧单向传输，难以适应这些新的需求。只有基于信息网络技术和智能控制技术的智能电网，才能适应能源消费的新变化，推动能源消费从单向接收、模式单一的用电方式，向互动、灵活的智能化用电方式转变，实现双向互动，为用户提供便捷服务，提高终端能源利用效率，节约电量消费。

与传统的互联电网相比，智能电网技术密集型特征更加突出，对新能源、新材料、智能装备、电动汽车、新一代信息产业，具有很强的带动作用。欧美发达国家已将发展智能电网纳入国家战略，欧盟将发展智能电网作为新兴经济的重要支柱，估算未来 20 年的建设投资规模将达到 5 000 亿欧元；美国将智能电网作为实现经济复苏的战略性基础设施，估算未来 20 年的建设投资规模将达到 1. 5 万亿美元。我国规划确定的 20 项战略性新兴产业重大工程，绝大多数与智能电网密切相关。

（三）分布式将逐步成为主要的能源生产与消费方式

发达国家早已布局分布式能源，目前仍在积极发展。

1. **美国**

美国在 1999 年便已提出大力推广应用分布式能源系统，并计划到 2020 年 50% 以上的新建商业设施和大学设施采用分布式供能系统，预计 2035 年将天然气热电联产的比重提高到 25% 以上。目前，美国已建有 6 000 多座分布式能源站。

2. **欧洲**

欧洲发达国家同样早已布局，并已将分布式能源发电量份额提升至较高水平，同时仍旧推出政策加以扶持，如北欧国家的分布式能源发电量份额已超过 30% ~ 50% 。2007 年德国修订 CHP（热电联产）法，规定电网运营商有义务接纳 CHP 电厂，并且予以优先调度，原有奖励措施延伸到 2016 年，并取消了容量限制。

3. **日本**

日本则是亚洲分布式能源战略布局最早的国家，其计划在 2030 年前分布式能源发电量将占总电力供应的 20% 。其中商业分布式发电项目约 6 300 个，工业分布式发电项目约 7 500 个。

4. **中国**

我国 2020 年前分布式能源预计以 30% 以上的年增速增长。单就分布式光伏来看，截至2014年年底，分布式光伏发电累计装机容量467万kW，占光伏发电累计装机容量的17%；年度新增205万kW，占光伏新增容量的24%，分布式能源占比显著上升。国家能源局将2015年新增光伏电站规模定位为1 780万kW，且不再对分布式光伏建设规模提出限制。在国家大力发展光伏的同时，对分布式能源的建设更显偏爱，未来分布式能源发展必定是能源互联网的重头戏。

分布式能源最大的特点就是接近用户端，无论是负荷、生产还是消费方式，都与原来的集中式不一样。同时，它配制能源的效率和方式更为直接、更为高效。国家发展改革委能源研究所能源经济与发展战略中心副主任姜鑫民提出："分布式能源的好处是多方面的。首先，分布式能源高效、环保；其次，分布式能源具有能源利用的多样性，包括能够同时满足业主对热、电、冷的多方需求；再次，分布式能源选址非常灵活，占地较少，可以不受以往大型能源项目对选址要求的限制。"姜鑫民认为，发展分布式能源是能源可持续发展战略的需要，同时它可以提高能源利用率，解决能源贫困及供电安全问题。

分布式能源较传统能源利用率提升70%以上。分布式供能基于自身发电利用率高，且靠近用户端的优势，决定了总体能源效率高于集中式的优势，大大降低了能源因长距离输送造成的能耗浪费，将逐步成为主要能源生产与消费方式。

三、全球能源发展新形势的中国策略

（一）加快实施G20框架下的能源资源稳定机制

作为全球能源资源治理机构的协调中心，G20利用自身强大的影响力，推动了全球能源资源治理的理念、原则与机制融合，已经在应对国际金融危机，维护金融市场稳定，推动世界经济稳定、可持续、平衡发展等方面取得了良好的合作治理效果。

1. 符合国际能源资源集团安全体系的广泛性要求

全球金融危机中，在G20框架下一些新的管理世界经济的规则出现，约束力不断增强，代表性、广泛性正在增加，国际社会普遍接受G20成为今后开展全球经济治理的主要平台。G20国家覆盖了主要发达国家、新兴经济体、主要能源资源生产国和消费国，具备承担能源资源全球治理的基本条件，可共同讨论能源政策、市场建设、定价机制、运输通道安全等重大问题，形成有约束力的机制和共同行动计划，符合各国的广泛性需求，也能够为各方所接受，可建立起一种国际能源资源集团安全体系。

2. 平衡国际能源资源合作的各方利益

无论能源资源丰富国还是能源资源贫乏国，无论是发达国家还是发展中国家，面对全新的国际能源资源局面，都有可能支持国际能源资源治理机制的建立。在G20框架下，主要发达国家、能源资源生产国和新兴经济体积极培育稳定的需求市场，保持能源资源市场的安全、稳定和可持续发展，经过充分协商，寻求供需双方的共赢，并制定必要的规则，建立公正、合理、有约束力的多边协调机制，互为支撑，共同履行全球经济治理责任，有可能实现各方利益的最大化。

3. 加强全球能源资源国际合作的约束性和有效性

保持能源资源市场稳定，符合主要发达国家、能源资源生产国和新兴经济体的共同利益，发达国家有意愿建立能源资源市场稳定机制，中国也与其他G20国家在平抑能源资源价格这个问题上有着很多共同的诉求。习近平在澳大利亚布里斯班G20峰会上表示，完善全球经济治理，各国要致力于建设公平公正、包容有序的国际金融体系，提高新兴市场国家和发展中国家代表性和发言权，确保各国在国际经济合作中权利平等、机会平等、规则平等。

4. 丰富和创新了全球经济治理的体系与范畴

目前，全球经济治理改革正向纵深推进，主要发达国家要保持在能源市场上的基本利益，新兴经济体需要有一个表达利益诉求的平台，而国际市场则需要维持一个自由竞争的规则，这些是重塑国际能源新治理体系的重要契机。G20应当抓住这一机遇，推动建立全球能源资源市场治理机制，并将其正式纳入G20框架，必须从完善全球经济治理的战略高度，建设能源合作伙伴关系，培育自由开放、竞争有序、监管有效的全球能源大市场，共同维护能源价格和市场稳定，提高能效，制定和完善全球能源治理原则，形成消费国、生产国、过境国平等协商、共同发展的合作新格局。

5. 制定市场竞争规则，建立能源价格协调机制

全球资源供应及定价已经相对集中在少数企业。资源纷争经常成为一些国家和地区动荡的起因，国际能源资源问题政治化倾向越来越明显，金融投机活动增多，一些能源资源价格脱离基本供求关系，出现剧烈波动。为此，要进一步放开价格管制，打破个别国家和企业对某些能源资源的价格垄断，建立能源资源期货市场和全球储备体系，当价格波动严重异常时，通过增加保证金头寸、动用储备等措施，缓解价格波动。建立各国能源资源的补贴、生产、贸易、投资政策的协调机制，防止各国单独制定政策产生的外部性。

（二）创新对外能源开发上下游合作思路

在“一带一路”战略下，对于和周边国家的能源合作，要形成能源资源合作上下游一体化产业链。

（1）中国能源对外合作依然任重道远，中长期内能源对外合作的重点领域依然是油气。应修改现行陆上海上油气对外合作开采条例，鼓励外资来华从事油气勘探开发，特别是要鼓励外资来华参与煤层气、页岩气、页岩油等非常规油气的开采，巩固国内油气产业基础，保证国内油气储产量稳定，从根本上保障国家能源安全。

（2）加快国内基础设施建设，加快推进能源价格市场化改革，补齐对外合作的短板。在依赖国际油气市场、实施油气进口及海外油气投资策略的同时，应重视从国外引进先进技术和管理经验，加快国内油气资源开发，内外兼顾，这也是未来一段时期中国油气对外合作的重要内容之一。

（3）依托“一带一路”对俄罗斯、中亚、东南亚、欧盟等主要区域的辐射效应，塑造周边地区的区域市场。如图 4 所示，陆上依托国际大通道，以沿线中心城市为支撑，以重点经贸产业园区为合作平台，共同打造新亚欧大陆桥、中蒙俄、中国–中亚–西亚、中国–中南半岛等国际经济合作走廊。海上以重点港口为节点，共同建设通畅安全高效的运输大通道。中国与东南亚地区的能源合作可基础设施建设与深度金融、产业合作并重，建设覆盖东亚地区的能源期货交易市场，推动区域能源共同市场的形成。

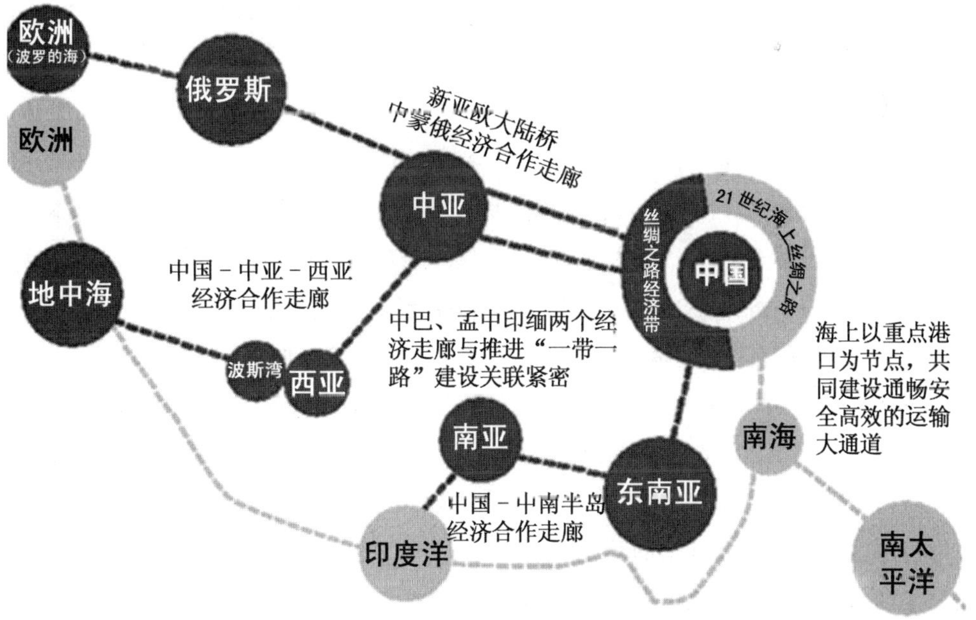

图 4　“一带一路”合作方向示意图

（4）加强与周边国家电网互联互通。在国内电力产能过剩、电力消费增速放缓的格局下，“一带一路”战略为跨境电力通道建设和电力装备出口带来机会。中亚地区的电力网络要逐步实现互联互通，通过大电网来改善能源安全条件。在这一过程中，应推动中国能源企业参与能源资源开发与管道工程建设，以市场化为导向，推动中国与这些国家之间的经济融合。

（5）延伸能源合作领域，融合各自的资源、资本和技术优势。除了要加大油气、煤炭等传统能源资源勘探开发合作，还要积极推动水电、核电、太阳能、风电等清洁、可再生能源合作。“一带一路”上的电网通道同时也是可再生能源开发建设通道，途经沙漠地带，是太阳能、风能开发基地，可以作为电网配套电源。蒙古国太阳能、风能和煤炭资源丰富，与京津冀负荷中心相距只有 1 000 千米左右，具备很好的输电条件。

（6）在科技装备合作方面，各国应当鼓励能源企业打破地域壁垒，加强技术交流与合作，共同分享在可再生能源、先进核电、大规模储能、智能电网、碳捕集封存和利用、建筑和工业能效等方面的先进技术与管理经验，使企业成为世界能源转型变革的生力军。

（三）加快页岩气技术与开发的对外合作

年初以来油价自由落体式暴跌，幕后黑手为沙特阿拉伯主导的 OPEC。页岩油革新为美国带来了石油产量大爆发，对 OPEC 形成了直接的利益冲突。为了抢夺市场份额，从 2014 年开始，OPEC 果断采取措施，不减产但刻意放低油价，试图用“价格”这个最直接的武器击败页岩油，力求在 2015 年年底将页岩油“扼杀在摇篮里”。国内很多媒体和机构都预言美国页岩时代的终结，甚至就连很多美国媒体都看空美国页岩项目的未来。

的确，在过去的高油价时代，美国的页岩项目存在巨大泡沫，大量外国资本蜂拥美国，投资了很多天价页岩区块，同时，美国本土油气生产的快速增长也反过来颠覆了全球油气供需平衡，自 2008 年以来，全球原油新增产量 75% 来自北美页岩和致密油气项目。但在油价自由落体运动式暴跌后，页岩革命看起来似乎成了一个笑话。

而从 2014 年下半年开始，由于全球油气供需平衡被打破，油价很可能会长期徘徊在相对低位，技术将成为页岩项目的唯一发展动力，新设备、新工具、新作业方法、新物探技术等新技术将大放异彩，不仅将页岩项目从盈亏平衡线上拉回来，并且终将再次实现页岩油气新的辉煌。

在油价暴跌之前，北美的页岩项目作业在效率上已经取得重大突破。2014 年年底相对于 2010 年年底，每台钻机每年钻井数量增长了 130%，水平井平均钻进长度增长了 125%，钻井速度平均增长了 60%，而相对的每井钻井成本，在这四年内仅仅增长了10%不到（见图5）。这就意味着，2014 年的页岩油气井口成本相对于2010 年下降了一大半，2010 年时的页岩项目井口成本约 90 美元，现在平均成本仅仅 40 ~ 60 美元，少部分项目的成本甚至可以达到 20 美元以下。

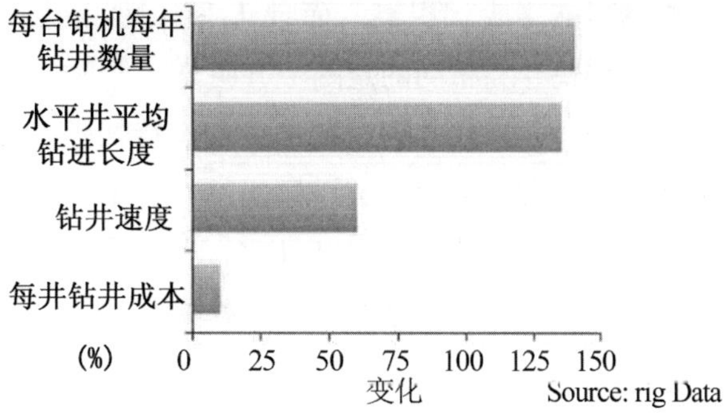

图5　北美陆上油气生产变化情况（2010—2015 年）

从经济性上来说，北美页岩项目已经能够赶上油价暴跌的节奏了，部分北美页岩主产区产量直到今天仍然不减反增，Permian 产区就是其中的代表。

中国页岩气资源潜力巨大，主要盆地和地区页岩气资源量为 15 万亿 ~ 30 万亿 m^3。2015 年 10 月 21 日，国土资源部发布《中国矿产资源报告（2015）》显示，2014 年页岩气首次探明地质储量 1 068 亿 m^3（信达证券研究开发中心能源互联网行业首席分析师曹寅在第六届亚洲非常规天然气峰会的现场演讲）。

加快页岩气技术开发与对外合作，将先进的开采技术和设备引进来，借鉴北美的成功经验，在技术上不断创新，中国的页岩气将大有可为，不仅能降低中国能源对外的依存度，为中国能源安全战略做出贡献，而且将开启一个巨大的市场，带动经济增长，解决就业等一系列社会问题。

（四）加大海外新能源专利布局

1. 我国新能源技术专利数量多

近 5 年我国专利申请比重较大，截至 2014 年 5 月，我国新能源专利申请量 54 498项，排名世界首位。国内拥有发明专利量占相应领域比重很大。我国光伏发电、风力发电、生物质能发电领域的专利布局覆盖了其产业的全部技术领域，较全面的新能源产业上下游研发体系已基本形成，特别是我国新能源产业的部分技术具有比较优势。国内企事业单位在新能源产业中已经掌握了一批技术含量较高、发展前景较好的专利技术。我国新能源产业的上述技术领域不仅专利数量多，而且质量高，有些技术方案明显优于国外。

2. 我国新能源海外专利布局力度不够

随着我国新能源战略的实施，国内新能源市场已经成为全球关注的焦点，加之近几年全球范围新能源技术研发的持续活跃，如美国通用、日本三菱、德国西门子等国外大型跨国企业都已加强在我国新能源领域的专利布局力度，国外来华专利申请量呈现快速增长的态势。在光伏发电领域、风力发电领域及生物质能发电领域，近5年海外来华专利申请量有了大幅提高，而且几乎100%为发明专利。这表明国外企业在我国新能源领域加快专利布局的意图十分明显。

相比之下，我国新能源产业海外专利布局力度却有待加强。从中国、美国、日本、德国新能源领域海外专利布局情况看，中国虽然专利申请总量最多，但向外输出专利技术的比重却最少，仅占总申请照的1.4%，明显低于美国的38.0%、德国的25.7%和日本的18.5%（见表3），这也突显出我国专利权人在专利布局意识上的巨大差距。

表3　全球新能源主要技术研发国家海外专利布局情况

技术来源国	专利申请总量（项）	向外申请专利比重（%）	主要布局目的地
美国	32 902	38.0	欧洲、中国、日本、加拿大、澳大利亚
日本	49 803	18.5	中国、欧洲、美国、英国
德国	19 201	25.7	欧洲、美国、日本、中国、韩国
中国	54 498	1.4	美国、欧洲、澳大利亚、日本

另外，专利布局的地区数量还与专利价值成正比（即价值越高的专利技术向外进行布局的地区数量也越多）。通过对全球新能源领域主要国家每项专利技术平均布局地区数的统计对比可以看出，四国间存在着较明显的差异。其中，中国平均布局数仅1.02个，远远落后于美国的2.47个、德国的2.09个和日本的1.41个，反映了中国新能源领域整体专利价值上的差距。如表4所示。

表4　全球新能源领域主要国家每项专利技术平均布局地区数（含本国）

新能源领域	中国平均布局地区数	美国平均布局地区数	日本平均布局地区数	德国平均布局地区数	平均值
太阳能光伏	1.08	2.72	1.65	2.68	2.03
太阳能光热	1.02	1.97	1.40	1.68	1.52
风能	1.05	2.44	1.50	2.30	1.82
生物质能	1.07	3.36	1.42	2.71	2.14
海洋能	1.06	2.38	1.36	1.60	1.60
地热能	1.06	1.92	1.15	1.56	1.42
平均值	1.02	2.47	1.41	2.09	

不重视新能源领域技术的海外专利布局，不仅不能使我国的新能源产业优势占领更大的国际市场，而且可能会使得原有的市场优势受到限制，甚至丧失。

3. 加大海外新能源专利布局战略的策略

我国在海外专利申请需求很强，但是目前的申请总量并不大，得到授权的专利数量则更为有限，与我国新能源海外市场占有份额极不相称。

在目前形势下，为加大海外新能源专利布局，第一，政府有关部门应采取有效引导措施，加大资金资助力度，鼓励国内新能源企业实施“走出去”战略。第二，大力培育拥有知识产权的国内企业，运用知识产权战略，最大限度地将专利技术市场化。第三，优化对外专利申请环境，加强对外专利申请的宣传与指导，引导企业有效利用 PCT 途径对外申请专利，提高我国创新主体的海外专利保护意识。第四，加强中介机构对外专利申请的专业人才培养力度，大力提高中介机构对外专利申请的业务能力，不断更新代理人有关国外知识产权法规、审查流程和操作程序等方面的信息等。

30 2016 全球能源形势与中国策略*

2016 年是全球能源资源市场、技术、政策等方面都变化较大的一年，国际油价继续低迷徘徊，一些能源大国的清洁能源开发趋势上扬，新兴能源技术变革不断取得进步，中国作为世界上能源消费和生产第一大国的能源革命不断深入推动，能源普遍服务成为当今国际社会竞争民生服务水平的新兴舞台，所有这些新情况，值得人们深入思考，谨慎而积极地应对。

一、全球能源资源发展现状

近年来，世界能源资源发生了深刻变革；到 2016 年，世界能源资源总体上形成的新格局基本稳定，即煤炭、石油、天然气三分天下，可再生能源快速发展，新型能源及技术层出。

（一）能源资源储量

《BP 世界能源统计年鉴 2016》数据显示，截至 2015 年，全球石油、天然气、煤炭剩余探明可采储量分别为 2 394 亿 t、186.9 万亿 m^3 和 8 915.3 亿 t，折合标准煤共计 1.2 万亿 t。按照目前世界平均开采强度，全球煤炭、石油和天然气分别可开采 50.7 年、52.8 年和 114 年。另一方面，全球水能、风能、太阳能等清洁能源资源非常丰富。据估算，全球可再生能源资源每年的理论可开发量超过150 000万亿 kWh，按照发电煤耗 300 克标准煤/（千瓦・时）计算，约合 45 万亿 t 标准煤，相当于全球化石能源剩余探明可采储量的 38 倍。

（二）能源供需

2016 年全球能源消费进一步放缓，能源结构也正在从化石能源向清洁能源转变。一次能源生产方面，燃料的种类和可用性正随着技术进步而增加。美国通过页

---

* 本文主要内容原载于《国际经济分析与展望》（社科文献出版社，2017 年），此处有删改。

岩革命已获得了大量的石油和天然气资源，技术的快速发展也为可再生能源的强劲增长提供了支撑。2015 年以来，约 59% 的全球净电力新增装机来自可再生能源，可再生能源新增容量超过煤炭和天然气新增容量的总和，标志着新旧能源交替的"拐点"正式来临。终端能源消费方面，由于全球经济的持续疲软，能源消费增长乏力，2015 年全球一次能源的需求仅增长了 1%，增幅远低于 10 年期平均水平（1.9%）。从能源消费结构来看，三大化石能源仍然是全球能源消费的主力，但可再生能源在能源消费总量中的占比正逐年提高，逐渐呈现出对化石能源的替代趋势。如图 1 所示。2016 年，中国能源消费总量约 43.6 亿吨标准煤，同比增长 1.4% 左右；非化石能源消费比重达到 13.3%，同比提高 1.3 个百分点；能源生产总量约 34.3 亿吨标准煤，同比下降 5.1% 左右。电力装机达到 16.5 亿 kW，装机结构清洁化趋势显著，非化石能源发电装机比重 36.1%，同比提高 2 个百分点；全社会用电量约 6 万亿 kWh，增长 5.0% 左右。

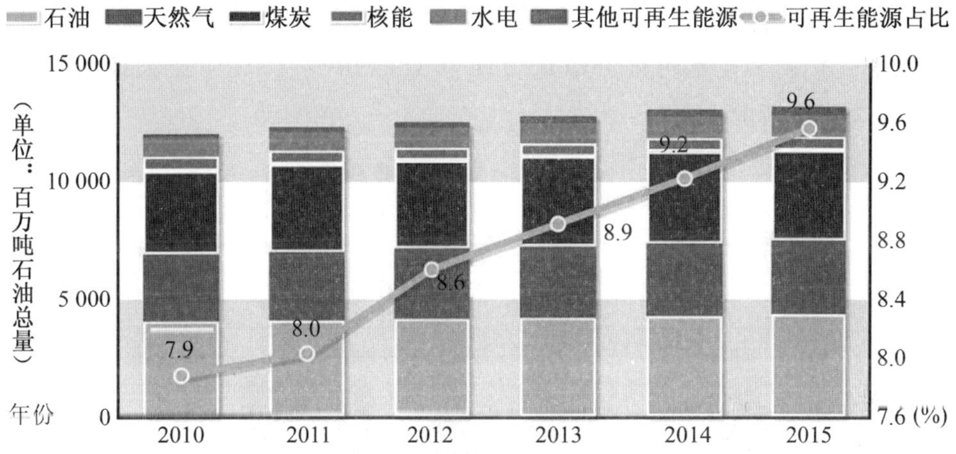

图 1　2010—2015 年全球能源消费构成及可再生能源占比

当前，化石能源依然是全球能源结构的主要构成。2015 年，受全球经济持续疲软的影响，能源消费增长乏力，全球化石能源基本呈现供大于求的状况（见图 2），全球石油、天然气、煤炭生产总量为 113.77 亿 t，消费总量为 112.93 亿 t。2015 年，所有化石燃料价格都出现下跌。原油价格按照美元计算创下了自 1986 年以来的最大下降幅度，布伦特（国际原油基准价）年平均价格下降了 47%；各国天然气价格均有下降，北美天然气价格下降幅度最大，创 1999 年以来最低水平；全球煤炭价格连续第四年下降。这反映了全球化石能源生产与消费失衡愈加严重。

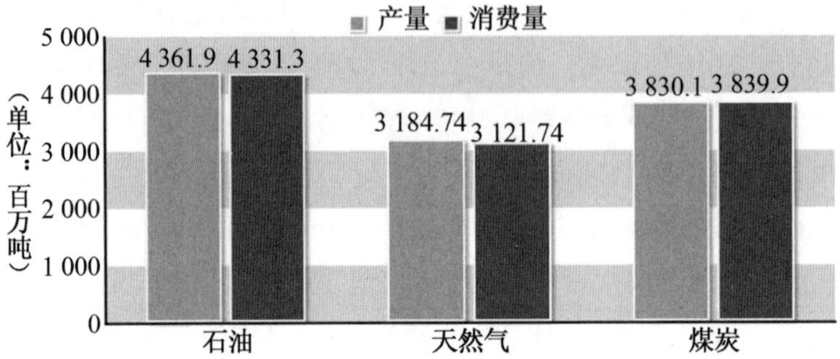

图2 2015 年全球化石能源供需情况

天然气能源清洁且热值高，近年来燃气发电的“蒸蒸日上”、LNG 重要性的提升成为全球天然气发展的主要特点。从趋势上看，全球天然气能源还有进一步发展的资源基础。根据美国联邦地质调查局（USGS）对世界常规油气资源的评价，全球剩余常规天然气技术可采资源量为 462×10^{12} m^3。同时，全球非常规天然气资源丰富，未来勘探开发潜力大，根据 USGS 的评价，全球非常规天然气（煤层气、致密气、页岩气）剩余技术可采资源量合计为 328×10^{12} m^3，其中亚太地区占比达 39.5%。如图 3 所示。

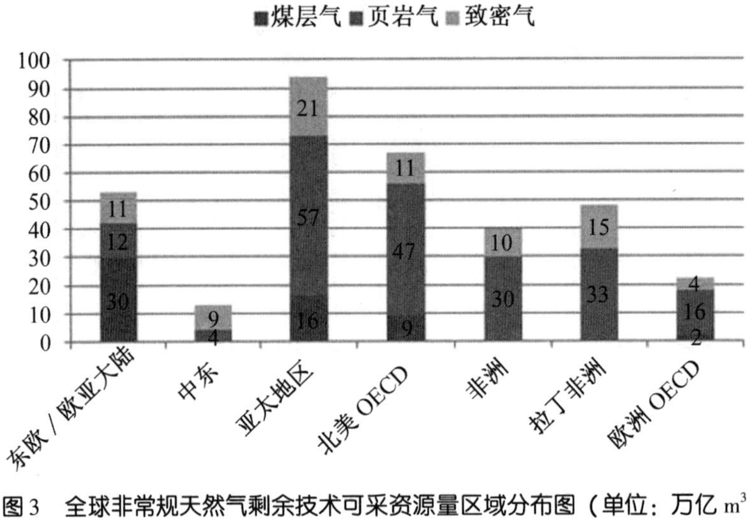

图3 全球非常规天然气剩余技术可采资源量区域分布图（单位：万亿 m^3）

但另一方面，全球可再生能源保持良好发展势头，据 REN21 发布的《2016 年全球可再生能源现状报告》显示：截至 2014 年，可再生能源提供了约达 19.2% 的全球最终能源消费。其中，包括薪柴、农村秸秆炊事等在内的传统生物质能源约占全球最终能源消费总量的 8.9%，包含水电、风电、太阳能发电及供暖、生物质发电及供暖、生物燃料等在内的现代可再生能源份额约为 10.3%。2015 年可再生能源发电增量创历史新高，新增可再生能源发电装机容量约 147GW，可再生能源首次超过煤炭，成为全球最大新增电能来源。2015 年，包括水能、风能、太阳能、生物质能等在内的可再生能源在全球发电量的比重增长到23.7%。其中，水电占比16.6%，风电3.7%，生物质能2%，太阳能1.2%，其他可再生能源0.4%。近年来，全球太阳能光伏产业异军突起，得益于光伏组件成本的持续下降，2010—2015年的短短五年间，全球光伏累计装机已经从40GW跃居至227GW。2015年，全球光伏市场强劲增长，新增装机量为50GW，亚太国家占据了全球光伏市场59%的市场份额，已经连续三年排行第一，其中，中国光伏市场新增15.3GW。到2016年，中国超越德国和美国成为世界最大的太阳能发电国；欧洲市场份额跌至18%，美洲光伏市场持续增长，美国、加拿大、智利处于行业领先。

当然，除传统化石能源与可再生能源之外，以氢能、可燃冰、第四代太阳能电池为代表的新型能源与技术层出，为未来全球能源的转型和发展带来无限潜能。

氢能是一种新型能源，与传统化石燃料相比，具有零污染、利用率高、危险系数小、储量充足的优点，是人们寄予厚望的替代能源。氢是宇宙中分布最广泛的物质，它构成了宇宙质量的75%，因此氢能被称为人类的终极能源。水是氢的大“仓库”，如把海水中的氢全部提取出来，将是地球上所有化石燃料热量的9 000倍。氢的燃烧效率非常高，只要在汽油中加入4%的氢气，就可使内燃机节油40%。当前，氢能主要应用在燃料电池领域。从近年来全球氢能与燃料电池发展的总体趋势来看，欧、美、日等发达国家不断加大研发投入和政策支持，氢能与燃料电池在交通领域、固定式发电领域、通信基站、备用电源领域和物料搬运领域都持续升温，正加快迈向商业化的步伐。尤其是日本政府全力支持氢能，日本汽车界、能源界和科技界都全力参与，已超越欧美成为国际氢能领跑者。

核聚变能是一种全新的能源形式，未来有望彻底解决人类的能源问题。核聚变是指由质量小的原子核，主要是指氘、氚和氦等，在一定条件下（如超高温和高压）发生原子核相互聚合作用，生成新的质量更重的原子核，并伴随着巨大的能量释放的一种核反应形式。相比核裂变，核聚变有两大优点：一是不会产生长寿命和高放射性的核废料，也不产生温室气体，因此基本不污染环境；二是地球上蕴藏的核聚变能远比核裂变能丰富得多。据估算，每升海水中含有0.03g氘，地球上仅在海水中就有45万亿t氘。1L海水中所含的氘，经过核聚变可提供相当于300L汽油燃烧后释放出的能量。按目前世界能量的消耗率估计，地球上蕴藏的核聚变能可用100亿年以上。因此从原理上讲，聚变能可以成为人类取之不尽、用之不竭的能源。2010年开始，包括中国在内的30多个国家开启了国际热核聚变实验堆计划。2016年12月，由中国自主研发制造的国际热核聚变核心部件在国际上率先通过权威机构认证，对国际热核聚变项目做出重大贡献。

可燃冰即天然气水合物，是天然气在0℃和30个大气压的作用下结晶而成的

"冰块"。$1m^3$ 可燃冰可转化为 $164m^3$ 的天然气和 $0.8m^3$ 的水，同等条件下，可燃冰燃烧产生的能量比煤、石油、天然气要多出数十倍。科学家估计，海底可燃冰分布的范围约 4 000 万 km^2，占海洋总面积的 10%，海底可燃冰的储量够人类使用 1 000 年，因而被科学家誉为"未来能源"、"21 世纪能源"。我国可燃冰的资源潜力约 800 亿吨油当量，是我国常规天然气资源量的两倍，据科学家粗略估算，我国陆域远景资源量至少有 350 亿吨油当量，可供中国使用近 90 年。截至 2016 年，世界上至少有 30 多个国家和地区在进行可燃冰的研究与调查勘探，美国、日本等国近年来纷纷制定天然气水合物研究开发战略和国家研究开发项目计划。全球已公开发表并确证的及推测的天然气水合物产地达 155 处，其中 39 处由钻井和岩芯取样确证。

第四代太阳能电池是一种将直径为 10nm ~ 100nm 的"纳米粒子"混入透明介质中，并在玻璃底板上涂布极薄的一层而成的薄膜太阳能电池。这种纳米粒子受到太阳光照射时，会释放出"热电子"并产生电动势，材料可在如玻璃窗及大楼墙壁等任意地方喷涂，使其变成太阳能电池，因此与商业电力相比，有望大幅降低发电成本。目前，我国惟华光能推出的钙钛矿电池属于第四代太阳能电池，这种电池技术结合了薄膜太阳能电池和有机太阳能电池的优点，产业化转换效率超过 15%，可在低于 150℃的条件下生产，也可用于柔性基底。钙钛矿太阳能电池兼具高转化效率和柔性化的特点，其量产应用后将是太阳电池产业化进程的一个重要里程碑。

二、2016 年全球能源资源发展的基本特点

2016 年以来，全球经济跌宕起伏，国际能源供需格局稳中有变。整体来看，全球能源正处于传统能源与新能源的交替阶段，显现出五个基本特征：

（一）传统能源勘探量继续扩增

虽然以石油、煤炭、天然气为主的传统能源经历了工业革命数百年来的大规模开发利用，但其探明储量依旧呈现扩增的趋势。例如煤炭领域，根据《BP 世界能源统计年鉴 2016》，2013 年和 2014 年全球煤炭储产比为 110，2015 年储产比为 114，这说明，传统能源的勘探量呈现增长趋势。

（二）化石能源利用不可逆转地向清洁化方向发展

人类在很长一段时期内依旧不能摒弃化石能源，化石能源依旧是世界能源生产消费的主体。进而人类意识到，为了改善环境、达到各种减排目标，清洁地利用化石能源才是唯一出路。无论是发达国家还是发展中国家，都在清洁利用传统能源方

面取得了一定的成果。

以煤炭为例，煤炭的能源链条主要包括煤炭本身、燃煤发电、煤炭能源转化等几个环节，这些在国民经济中占有极大的份额，市场容量极大。煤炭本身的生产、物流、消费过程存在着巨大的清洁化空间；煤炭的能源转化同样拥有十分巨大的清洁化空间，仅仅煤化工一个链条就有做不完的市场。而且煤炭清洁的技术水平在不断提高，现有的煤炭洗选等提质加工、超（超）临界发电等高效燃煤发电等技术已达成熟。目前，中国绿色煤电产业的发展规模越来越大，截至目前，全国的烟气脱硫机组已经超过了 6 亿 kW，烟气脱硝机组超过了 1 亿 kW。政策方面，早在《能源发展“十二五”规划》中就明确指出：将推动传统能源清洁化利用作为我国能源发展战略的重点之一。此外，煤炭的清洁高效利用已经具备了产业雏形，从煤转化焦炭、电石这类的传统产业，逐步转向替代油品和化工品为主的现代化工。时任国家能源局副局长李仰哲在“2016 年能源大转型高层论坛”上表示：中国“十三五”时期，非化石能源消费比重要提高到 15% 以上，天然气消费比重力争达到 10%，煤炭消费比重要降低到 58% 以下，清洁低碳能源将成为“十三五”期间能源供应增量的主体。从规划的主要任务和措施来看，一方面提倡大力发展非化石能源，推动能源结构的战略性调整，多措并举解决弃光、弃风等发展中的难题；另一方面，大力推进化石能源清洁高效利用，扩大天然气消费规模，实施油品质量升级改造，着力化解煤炭过剩产能，全面实施散煤综合治理，实施煤电超低排放和节能升级改造。2016 年，中国化解煤炭过剩产能超额完成全年任务，取消 1 240 万 kW 不具备核准条件的煤电项目。稳步推进煤炭绿色清洁开发利用，煤电节能改造规模超过 2 亿 kW，超低排放改造规模超过 1 亿 kW。

（三）国际油价下降并没有给新能源发展带来“挤出效应”

截止到 2016 年，国际原油价格的剧烈波动导致美股市场的部分新能源股出现下跌现象，但对其他国家尤其是中国的新能源市场并无影响，只触及了煤炭和天然气等传统能源的股价。更重要的是，根据《BP 世界能源统计年鉴 2016》，可再生能源消费量从 2005 年至 2015 年逐年递增，并且增速逐年加快，尤其是 2015 年较 2014 年增长了 15.2%。新能源发展态势迅猛，这与发展中国家，尤其是中国的贡献密不可分。国际可再生能源署总干事阿德南·阿明在全国工商联召开的“中国新能源国际高峰论坛”上曾表示：中国对世界有着深远影响，已经改变了能源领域，单从投放规模来看，中国是世界上最大的可再生能源市场，这展示了中国承担的国际责任，也决定了中国在减少碳排放问题上对其他国家的义务。

（四）分布式模式逐渐成为可再生能源发展的主流方向

人类开发可再生能源以来，利用最多的领域当属可再生能源发电。尤其是太阳能资源丰富的荒漠地区，建设大型光伏电站早已屡见不鲜。在发展可再生能源初期，由于具有建设周期短、选址和运行方式灵活、容易进行无功和电压控制、便于集中管理等优势，集中式地面发电系统受到人们的青睐。

随着集中式系统的进一步发展，其缺点也逐渐被人们发现，尤其是传统的电流单向从异地和郊区送往市中心，线损成为电力损耗的重要因素。据国际分布式能源联盟（WADE）的统计，全世界电网传输损失年平均为9.6%，非OECD组织国家为13.4%，并且都在逐年上升，而在负荷高峰时，网损可达20%。在经济可持续发展、能源匮乏及环境保护的迫切需要下，可再生能源的分布式模式逐渐成为重点发展对象。相比集中式而言，分布式模式具有诸多优势，包括有利于调整电力结构、能源利用率高、经济效率高、供电更安全等。近年来，建筑物光伏发电、小型风电站等分布式可再生能源发展迅猛，成为各国发展的重点。从中国2016年发布的“十三五”电力规划的指标来看，分布式模式将逐渐成为可再生能源发展的主流方向，分布式可再生能源产业发展已然进入“快车道”。

（五）能源普遍服务成为政府提升民生服务水平的新兴领域

现代国家之间的竞争，民生服务水平是一个重大的方面。2016年，中国能源普遍服务水平进一步提高。实施全国小城镇、中心村农网改造升级和农村机井通电工程，总投资约1 900亿元，惠及8.5万个小城镇和中心村，覆盖2.1亿亩农田。实施光伏扶贫，惠及14个省约55万个建档立卡贫困户，每年每户将增收3 000元以上。实施贫困村通动力电工程，惠及5.4万个贫困自然村、1 080万人口。中国在建设现代国家、提升国民能源普遍服务方面，做出了一个新兴大国的独特贡献。

三、2017年全球能源资源发展趋势展望

随着新能源的蓬勃发展，传统能源的勘探量进一步扩增，并且对其清洁化利用的需求越来越大，预期2017年的能源格局将呈现如下变化：

（一）新能源投资量、投资总额、发电量均将超过化石能源

根据国际能源署发布的《2016世界能源投资展望》，由于可再生能源和电网的扩展，2015年全球能源投资额为1.8万亿美元，其中可再生能源投资额为6 900亿美

元，首次超过了总投资额的38%，而且非水可再生能源2015年平均投资比2000年以来年平均投资水平高出了80%。纵观近年来世界主要燃料发电情况，新能源发电量占总发电量的比重越来越大。国际能源署发布的《2015世界能源展望》显示，2015年可再生能源发电量约占全球总发电量的22%，并且到2030年可再生能源将成为主要的发电来源，占全球总发电量的比例有望提高到33%，而低效的燃煤发电比例将逐渐下降。可以预期，未来可再生能源的市场需求越来越大，且替代化石能源的速度也越来越快，清洁能源替代化石能源的“拐点”有可能提前到来。

（二）国际油价依然会低价徘徊

2016年虽然国际原油价格曾在1月份末连续4个工作日上涨，但这并没有改变国际油价仍旧处于低谷的现状，截止到11月底，油价仍在底部徘徊。在这种形势下，2017年国际油价依旧会处于低迷、动荡的局面，这是多重因素长期叠加导致的。主要有以下几点：

1. 库存过剩

美国能源信息署（EIA）2016年1月27日公布的数据显示，当周EIA原油库存骤增838.3万桶，超出预期的增加410万桶，至4.95亿桶，创1930年以来新高。IEA月报显示，继近几个月库存达到纪录水平后，全球原油存量非常充裕，而需求增长放缓，外加非OPEC国家供应保持韧性，有可能使供应过剩程度加深的局面持续到明年。10月，全球原油日供应突破9 700万桶，较上年同期增加200万桶，全球原油库存已达纪录高位30亿桶。同时，2016年全球需求增速预计跌至每日121万桶，朝长期趋势靠拢，低于2015年的182万桶较高增幅水准。

2. 产量高

国际能源署（IEA）数据显示，2015年伊拉克原油日均产量跳升50万桶，令该国产量增速位列全球首位，是OPEC原油产量激增的关键驱动因素。虽然伊拉克2016年的产量增速比较适度，有助于缓解供应过剩对油价产生的持续压力，但是如果沙特及其他主要成员国不主动削减产量，伊朗产量在经济制裁后的恢复，以及利比亚产量的回升均将进一步推高OPEC原油总体产量，令油价继续承压。

3. 供大于求

虽然钻井数量在下降，但是关闭的都是效率低下的钻井，而不是先进的水平钻井平台，这些平台正是美国岩石油产业的支柱。如果再计入伊拉克政府和库尔德人达成的协议，国际原油市场供应量每天将增加55万桶。在供应攀升的同时，需求依然疲弱。OPEC预计：2017年全球原油需求每天将降至2 820万桶，为14年来最低，这比上一次的预期又下降了60万桶，并且低于每天3 000万桶的目前供应量。

（三）新的清洁能源技术将进一步突飞猛进

随着全球工业化进程不断加快，化石燃料消耗量日益增加，对环境造成的污染越来越严重，迫切需要寻找一种作为替代品的清洁燃料。除了近年来越来越火热的太阳能、风能之外，还有一些新的清洁能源被人类开发利用，比如氢能。氢的来源丰富，不仅可以由其他能源来生产氢能，而且氢能可以高效地转化为其他形式的能量。作为一种能源载体，氢在交通、工业和建筑等各个领域中都有重要的应用，极大丰富了能源构成，降低了传统化石燃料对环境的影响，而且使用氢能可以提高能源系统的灵活性。目前，氢能重点应用领域有交通、工业、建筑等，涉及的关键技术有氢气生产工艺、氢燃料电池技术、氢燃料运输与配送、可再生能源集成等。根据《中国战略新兴产业》报告，预计在2020年全球氢总储量达到1亿m^3，功率总量达100MW，2030年全球氢总储量达到400亿m^3，功率总量达10万MW，2050年时全球氢能实现真正普及。

（四）能源国际合作会进一步密切，形式会进一步丰富

在全球化越来越快之际，没有哪个国家能够独立解决本国的能源安全问题。面对日益严峻的能源安全和生态环境挑战，以及发展中国家经济转型升级的压力，必须大力推动能源国际合作，实现能源领域的可持续发展，打造全新的经济增长极。近年来，国际层面的能源合作接踵而至，形式由政府间行为逐步发展至民间组织合作平台、跨国企业间合作，等等。联合国大会将2014—2024年定为“人人享有可持续能源十年”，并提出清洁能源正逐步主导世界能源格局，全球能源互联网的构建需各国和地区紧密合作。在管理方面，由相关国际组织牵头，抽调管理专家担任项目人员，组成全球能源互联网项目组；资源配置方面，发挥各国能源技术优势，各国负责自身在能源领域的优势项目，利用各自的能源技术优势共建全球能源互联网。需抓住这一重要发展契机，积极探索构建国际能源合作的新体系。全球太阳能理事会（Global Solar Council，GSC）在2016年二十国集团领导人峰会召开前发表公开信，敦促二十国集团领导人支持全球太阳能理事会“至2030年在太阳能行业创造1 000万个就业机会”这一目标，承诺与全球太阳能理事会和政府间机构合作，建立一个太阳能领域的国家级、公私合作的数据收集和传播网络。GSC是由领先区域和国家太阳能协会在国际层面建立的一个统一的太阳能产业机构，旨在分享成功经验和推动全球太阳能市场的发展。理事会认为，太阳能发电已成为全球最便宜的电力资源之一，是目前通用的一种发电形式。作为清洁能源，太阳能在应对气候变化上

具有成本优势。中国提出的“一带一路”战略，特别强调全方位加强国际合作，实现开放条件下的能源安全。全球能源互联网的目标是建立新的能源利用体系，将推动全球能源产业生产、运输、消费及相关政策措施变革。2016 年，中国“一带一路”能源合作进展顺利，核电“走出去”取得重要成果，欣克利角 C 核电项目实质性启动，多层次对话交流务实深入。

四、新形势下的中国能源资源发展策略

当前，面对能源供需格局新变化、国际能源发展新趋势，应科学谋划我国能源发展的总体策略，发挥其对经济社会的全方位带动作用。

（一）站在能源革命高度继续支持新能源发展

随着生态环境和气候变化形势日益严峻，以化石能源为主的能源结构具有不可持续性，到 2050 年实现高比例的新能源替代，将是一个世界性的趋势。大力发展新能源和可再生能源将是推动我国能源生产和消费革命、优化能源结构、构建安全经济清洁现代能源产业体系必须长期坚持的能源发展战略之一，国家应站在能源革命的高度，将新能源发展上升到统领中国经济发展与转型全局高度来对待。

（1）坚定扶持新能源产业发展的大方向不动摇。目前对还处于发展初期的新能源产业必须坚定扶持态度，初期补贴是非常必要的，政府应进一步完善补贴机制，简化补贴程序，将补贴资金落到实处，并根据新能源产业的发展探索建立合理的补贴退坡机制。

（2）完善新能源产业发展的“顶层设计”。新能源产业细分领域众多，推进新能源产业整体发展需要一系列配套的政策支撑。政府作为“顶层设计者”，应根据我国新能源发展规划目标、技术类型和特点、应用前景和获利能力，尽快配套完善新能源各行业发展的政策措施，增强政策的前瞻性、连续性和指导性，以优越的政策环境推动新能源各行业全面发展，把新能源产业培育成带动中国经济转型升级的新增长极。

（二）更大范围地在国际能源平台上发出“中国声音”

中国作为世界第一大能源生产和消费国，许多能源产品、设备的产量和出口量已名列世界前茅，比如特高压装备、风力发电机组、太阳能电池板、太阳能热水器等，在性价比方面甚至超过了欧美等发达国家，但在全球能源市场上的影响力还很有限，品牌认知度也较低，在国际上仍处于“担水劈柴”的地位。更大范围地在国

际能源平台上发出“中国声音”，全面扩大中国能源品牌影响力，对提升中国能源产业国际竞争力具有重要意义。

（1）应依托国家能源外交，为提升中国能源企业软实力服务。当前，多边能源外交已成为国际能源合作的主要趋势，中国应主动开展多元化能源外交，抓好重大能源项目务实合作，推动本国能源产品、装备“走出去”，为塑造中国能源企业的国际声誉奠定基础。

（2）提高中国能源企业在国际组织中的参与度，稳步推进国际交流与合作。加入国际组织是中国能源企业迈向国际化、提升国际影响力的一个重要途径。通过加入国际组织来获得一种“身份标识”，能够给企业带来诸多资源，在这样的平台上能够与国际企业进行对话，了解国际市场规则，获取相关的信息，对提高企业的国际影响力大有裨益。

（3）积极举办具有国际影响力的高端能源论坛，或争取国际组织的流动性会议在本国落地，为开展国际交流合作、宣传中国能源品牌提供平台。此外，还应鼓励能源企业加强对科技创新、文化建设、品牌战略等软实力的打造，进一步提升中国制造的国际形象。

（三）紧抓“一带一路”重大战略机遇，推动国际能源合作

“一带一路”倡议的实施为中国参与国际能源合作提供了一个新的平台，中国要借助“一带一路”战略契机，积极开展与周边国家的能源合作，形成能源资源合作上下游一体化产业链。

（1）加强能源基础设施建设，促进能源互联互通，是深化国际能源合作的重要内容。应依托“一带一路”倡议，加强亚欧区域内国际骨干通道建设，构建全方位、多层次、复合型的互联互通能源网络，实现能源生产国和消费国互保、陆上通道和海上通道互保。形成连接亚洲各区域的能源基础设施网络后，推动亚欧大陆与非洲联网，形成亚、欧、非之间的能源互联互通大格局。

（2）融合各国的资源、资本和技术优势，延伸国际能源合作领域。除了要加大油气、煤炭等传统能源资源勘探开发合作，还要积极推动水电、核电、太阳能、风电等清洁、可再生能源的国际合作。大力推广无电人口地区新能源储能微网技术发展，加大中国分布式光伏、风电等储能微网项目在“一带一路”无电人口地区的布局，通过技术输出及项目输出，更好地推动区域新能源市场发展。

（3）加强能源科技装备国际合作。围绕“一路一带”战略布局，积极推动优势能源技术和装备的国际合作，共同分享可再生能源、先进核电、大规模储能、智能电网、碳捕集封存和利用、建筑和工业能效等方面的先进技术与管理经验，助推我

国能源产业转型升级。

（四）加大对能源领域非公经济的扶持力度

非公经济是我国经济社会发展的支柱性力量，在稳增长、促创新、增就业、改善民生等方面发挥了重要作用。就新能源领域来看，近年来非公经济投资持续增长并取得突破性进展，以天合光能、西安隆基、汉能集团为代表的民营企业，分别在全球多晶硅、单晶硅、薄膜太阳能领域独占鳌头，为推动我国新能源快速发展做出了重大贡献。然而，就我国能源领域总体而言，由于长期以来受多种因素影响，国有经济集中度相对较高，非公经济投资受到种种限制，竞争不平等，在能源行业的份额正逐渐缩小。对此，应根据中央全面深化改革精神，全面推动能源领域非公经济发展。

（1）鼓励非公经济参与建设能源领域国家工程项目，并从政策层面给予重点扶持。

（2）破除行政垄断，扩大开放，鼓励竞争，放开对非公经济能源投资的限制。

（3）不断深化行政审批制度改革，全面清理整合涉及非公经济能源投资管理的审批事项，加强对审批权力的监督制约。

（4）充分发挥行业组织作用，建立包括资金渠道、技术支持、管理咨询、信息服务、市场开拓和人才培训为主要内容的社会化服务体系，充分挖掘能源领域非公经济发展潜能。

31 2017 中国减排现状与“低碳+”发展前景*

中国作为世界上最大的发展中国家，把低碳发展作为重要方向，并且将“生态文明建设”列入国家发展规划之中十分必要。2016 年 10 月，国家发展改革委发布《中国应对气候变化的政策与行动 2016 年度报告》，从减缓气候变化，适应气候变化，低碳发展试点示范，战略规划及制度建设，基础能力建设，全社会广泛参与，积极推动国际谈判，加强国际交流与合作等方面，全方位地展示我国各个部门、各地方、各领域应对气候变化的政策行动及成效。报告指出，中国政府高度重视应对气候变化工作，“十二五”以来把推动绿色低碳发展作为生态文明建设的重要内容，作为加快转变经济发展方式、调整经济结构的重大机遇，坚持统筹国内、国际两个大局，积极采取强有力政策行动，有效控制温室气体排放，增强适应气候变化能力，推动应对气候变化的各项工作取得了重大进展。2016 年 12 月 2 日，习近平同志对生态文明建设做重要批示时强调，各地区各部门要切实贯彻新发展理念，树立“绿水青山就是金山银山”的强烈意识，努力走向社会主义生态文明新时代。要深化生态文明体制改革，尽快把生态文明制度的“四梁八柱”建立起来，把生态文明建设纳入制度化、法治化轨道。要结合推进供给侧结构性改革，加快推动绿色、循环、低碳发展，形成节约资源、保护环境的生产生活方式。低碳发展，事关生态文明建设总体目标、“四个全面”战略布局和“五位一体”总体布局。《巴黎协定》的签署和 2016 年联合国马拉喀什气候大会的召开，表明了各国积极应对气候变化、减缓温室气体排放的决心，也给国际社会树立了推进气候治理全球合作的信心。积极应对全球气候变化，努力降低温室气体排放，既是中国作为一个负责任大国彰显气候道义的重要举措，也是中国缓解自身环境和能源压力的必由之路。因此，认真分析我国碳排放现状与前景，探索实现“低碳+”创新发展的方向，具有重大的理论价值和现实意义。

---

* 本文主要内容原载于《中国经济分析与展望》（社科文献出版社，2017 年），此处有删改。

一、2016 年中国低碳发展取得的主要进展

（一）密集出台低碳发展公共政策以加强引导

低碳发展作为一种全新理念，需要国家公共政策做科学的设计和及时的引领。2016 新年伊始，国家发展改革委于 1 月 8 日发布《绿色债券发行指引》，要求各地发挥企业债券融资作用，积极探索利用专项建设基金等建立绿色担保基金，加强与相关部门在节能减排、环境保护、生态建设、应对气候变化等领域项目投融资方面的协调配合，努力形成政策合力，破解资源环境瓶颈约束，推动发展质量和效益提高，加快建设资源节约型、环境友好型社会。

2016 年 5 月 15 日，国家发展改革委印发《关于开展“十二五”单位 GDP 碳排放降低目标责任考核评估的通知》，将广东、辽宁、湖北、陕西、云南、天津、重庆、北京、上海和海南等 10 个省市的低碳试点经验现场总结评估与本次现场考核评估工作结合进行。

2016 年 6 月 1 日，国家发展改革委等 14 部委联合发布《关于 2016 年全国节能宣传周和全国低碳日活动的通知》，提出为牢固树立创新、协调、绿色、开放、共享五大发展理念，广泛宣传生态文明主流价值观，培育和践行节约集约循环利用的资源观，加快改善生态环境，提高资源利用效率，努力建设资源节约型和环境友好型社会，深入进行全民节能低碳宣传教育，大力倡导勤俭节约的社会风尚，在全社会营造节能降碳的浓厚氛围，确定 2016 年 6 月 12—18 日为全国节能宣传周，6 月 14 日为全国低碳日。

2016 年 6 月 29 日，国家发展改革委办公厅发布《关于开展“十二五”单位国内生产总值二氧化碳排放降低目标责任现场考核的通知》，全面开展省级人民政府“十二五”单位国内生产总值二氧化碳排放降低目标责任现场考核评估。

2016 年 7 月 11 日，国家发展改革委、工业和信息化部等 6 部委共同发布《关于做好 2016 年度煤炭消费减量替代有关工作的通知》，强调要从战略和全局高度，充分认识做好煤炭消费减量替代工作的重要性和紧迫性，增强忧患意识和责任意识，将思想行动统一到中央的决策部署上来，把煤炭消费减量替代工作作为加强宏观调控、调整经济结构、转变发展方式的重要抓手，摆在更加突出位置，加强领导、综合施策、狠抓落实，确保完成 2016 年和 2013—2017 年煤炭消费减量替代目标。

2016 年 10 月 27 日，国务院发布《关于印发“十三五”控制温室气体排放工作方案的通知》，提出要统筹国内国际两个大局，顺应绿色低碳发展国际潮流，把低碳发展作为我国经济社会发展的重大战略和生态文明建设的重要途径，采取积极措

施，有效控制温室气体排放。加快科技创新和制度创新，健全激励和约束机制，发挥市场配置资源的决定性作用和更好发挥政府作用，加强碳排放和大气污染物排放协同控制，强化低碳引领，推动能源革命和产业革命，推动供给侧结构性改革和消费端转型，推动区域协调发展，深度参与全球气候治理，为促进我国经济社会可持续发展和维护全球生态安全做出新贡献。

2016 年 12 月 20 日，国务院发布《关于印发“十三五”节能减排综合工作方案的通知》，明确指出我国经济发展进入新常态，产业结构优化明显加快，能源消费增速放缓，资源性、高耗能、高排放产业发展逐渐衰减。但必须清醒认识到，随着工业化、城镇化进程加快和消费结构持续升级，我国能源需求刚性增长，资源环境问题仍是制约我国经济社会发展的瓶颈之一，节能减排依然形势严峻、任务艰巨。各地区、各部门不能有丝毫放松和懈怠，要进一步把思想和行动统一到党中央、国务院决策部署上来，下更大决心，用更大气力，采取更有效的政策措施，切实将节能减排工作推向深入。

2016 年 12 月 23 日，国家发展改革委、科技部等 13 部委印发《“十三五”全民节能行动计划》，提出要切实落实节能优先战略，推动能源生产和消费革命，把节能贯穿于经济社会发展全过程和各领域，形成政府率先垂范、企业积极行动、公众广泛参与的全民节能氛围，大幅提高能源资源开发利用效率，有效控制能源消耗总量，发展节能产业，确保完成“十三五”单位国内生产总值能耗降低 15%、2020 年能源消费总量控制在 50 亿吨标准煤以内的目标任务。如表 1 所示。

表 1　2016 年国家低碳发展主要政策一览表

序号	文件名称	发文单位	发文时间
1	《绿色债券发行指引》	国家发展改革委	2016-01-08
2	《关于开展“十二五”单位 GDP 碳排放降低目标责任考核评估的通知》	国家发展改革委	2016-05-15
3	《关于 2016 年全国节能宣传周和全国低碳日活动的通知》	国家发展改革委等 14 部委	2016-06-01
4	《关于开展“十二五”单位国内生产总值二氧化碳排放降低目标责任现场考核的通知》	国家发展改革委	2016-06-29
5	《关于做好 2016 年度煤炭消费减量替代有关工作的通知》	国家发展改革委、工业和信息化部等 6 部委	2016-07-11
6	《关于印发“十三五”控制温室气体排放工作方案的通知》	国务院	2016-10-27
7	《关于印发“十三五”节能减排综合工作方案的通知》	国务院	2016-12-20
8	《“十三五”全民节能行动计划》	国家发展改革委、科技部等 13 部委	2016-12-23

数据来源：笔者根据有关公开信息整理。

（二）碳市场建设取得明显进展

基于清洁发展机制（CDM）的国际碳市场低迷后，中国碳市场的建设一直受到国际社会的关注。长期负责中国气候变化应对管理工作的解振华在国务院新闻办发布会上回答记者提问时指出：习近平主席已经在联合国的会议上宣布，2017 年中国要启动全国的碳市场，目前各项准备工作正在积极进行。首先，我们已经在全国 7 个省市开展了碳市场的试点工作，应该说非常顺利。现在是做到了有机构、有地方立法确定了配额，也分配了这些配额，建立了配额的分配办法，还建立了核算报告、核查的体系，建立了交易规则，完善了监管体系和能力建设，基本形成了要素完善、特点突出、运行平稳的地方碳排放权交易市场。

（1）制定了全国碳排放交易配额总量设定和分配方案。

（2）印发了《关于做好全国碳排放权交易市场启动重点工作的通知》，开展了重点排放企业历史碳排放数据的核算、报告与核查工作，涉及重点企业 7 000 多家。

（3）加快了立法。起草完成了《全国碳排放交易管理条例》，已经列入国务院的立法计划，并起草了企业碳排放报告管理办法、市场交易管理办法等，从法律法规上已经做了充分准备。

（4）加强了基础能力建设。加强了参与市场建设的人员培训，建立了报告核查的技术问询平台，还有温室气体排放数据的报送系统等。

中国碳市场启动和全面建成需要一定的时间，但按照目前考虑，一旦建成之后将是全球碳排放交易市场中规模最大的市场。从一定程度上讲，中国碳市场的摸索和创新，为全球碳市场注入了信心，但依然面临如何在试点的基础上统一的问题。

（三）能源低碳化发展面临难得机遇

2016 年 12 月 9 日，由对外经济贸易大学与日本名古屋大学共同创办的国际低碳经济研究所，联合社会科学文献出版社主办的《低碳经济蓝皮书：中国低碳经济发展报告（2016）》发布会在北京举行。报告显示，随着中国经济发展进入新常态，国内宏观经济增速放缓，能源需求强度和增速下降，中国煤炭市场呈现总量宽松、结构性过剩的态势，为大力推进煤炭清洁高效可持续开发利用提供了难得的历史机遇。报告提出，目前中国电煤占燃煤总量的比重约 51%，直接散烧约占 20%，电煤比重与美国的 93%、欧盟的 82%、俄罗斯的 64% 和世界平均比重的 78% 相比，差距很大。在煤电发展上要发展超临界、超超临界机组，逐步淘汰亚临界燃煤发电机组。考虑到未来温室气体排放的约束，应该加大对煤基多联产技术的试点和投入，为未来可能的碳捕捉和埋存做好技术储备。报告提出，要利用当前经济结构调整、能源价格较低的战略机遇期，加快淘汰和取缔小燃煤锅炉和散烧煤的使用，实现城市和农村的经济和环境的可持续发展。

（四）主要减排目标完成情况较为理想

国家发展改革委原副主任、全国政协人口资源环境委员会副主任、中国气候变化事务特别代表解振华在回顾 2016 年我国碳减排工作取得的成绩与进展时透露："十三五"的规划目标是能耗的强度要下降 15%，碳强度要下降 18%，非化石能源的占比要达到 15%，森林蓄积量我们已经完成了任务，要控制能源的消费总量特别是煤炭的消费量。今年的目标是全年能耗的强度要下降 3.4%、碳强度要下降 3.9%，前三个季度能耗的强度已经下降了 5.2%，碳强度下降了 6% 左右，也就是说，我们前三个季度已经完成了全年节能降碳的目标。

（五）重要的减排工作抓手基本明晰

总结中国低碳发展和温室气体减排的一些经验和做法，可以看出，通过几年的试点和探索，一些重要的减排工作抓手逐渐明晰起来：

（1）优化产业结构。三产的占比已经达到了 52.8%，同比提高了 1.6 个百分点。高新技术产业和战略性新兴产业增加值的增速分别比规模以上的工业快了 4.6 和 4.8 个百分点，这都是低碳、低排放的产业，现在调整结构之后发展得比较快，减少了能耗和二氧化碳的排放。

（2）节能提高能效，优化能源结构。在节能和提高能效方面主要应从工业上继续采取措施，在交通和公共领域要深化节能提高能效的措施。提高能源的利用效率，调整能源结构，发展可再生能源，调动全社会的积极性做好工作。

（3）采取一系列的工程措施，"十三五"规划提出要推动一些重大工程，降低能耗、减少二氧化碳的排放。

（4）完善经济政策。如加快资源环境价格改革，健全低碳价格的形成机制，完善财税的激励机制，发展绿色金融。主要应在价格、税收、财政政策上体现鼓励绿色低碳发展、循环发展，限制高耗能、高排放企业项目的发展。

（5）继续推进碳市场和低碳试点工作。解振华认为，所有试点省完成的碳强度下降比全国的平均值要低了 5%，也就是说这些试点单位是非常起作用的。试点单位能做到的，其他地方也应该能够做到。

二、中国发展与碳排放脱钩的可行性分析

尽管如此，人们在低碳发展上仍存在一些疑虑。中国究竟能否走出摆脱碳排放约束的新发展道路，仍是一个需要深入探讨的问题。其中，脱钩理论就是探讨人类发展与环境相互影响这一问题的理论之一。“脱钩”一词最初源于物理领域，物理学界一般理解为“解祸”，通俗地讲就是使两个或多个物理量之间的响应关系不再存在。早在 1966 年，国外学者就提出了关于经济发展与环境压力的“脱钩”问题，首次将“脱钩”概念引入社会经济领域。后来，经济合作与发展组织（OECD）提出脱钩理论，并用以分析阻断经济增长与资源消耗或环境污染之间联系的基本理论，以“脱钩”这一术语表示二者关系的阻断，即使得经济增长与资源消耗或环境污染脱钩，实现二者脱钩发展。

（一）脱钩指标的选择

目前，脱钩指标的构建模式主要有两种：一是 OECD 的脱钩指标构建模式，一是 Tapio 脱钩指标构建模式。OECD 模式的脱钩指标主要描述的是环境压力与驱动力变化之间的关系。这种脱钩关系还可以进一步分成两种类型：一种是“相对脱钩”，即二氧化碳排放增长速度和经济增长速度均为正数，但二氧化碳排放的增长速度慢于经济增长速度。另一种是“绝对脱钩”，即二氧化碳排放呈现负增长而经济增长速度为正增长。Tapio 脱钩指标是 Tapio（2005）在研究欧洲 1970—2001 年间的碳排放与经济发展关系时提出的，将碳排放与经济增长之间的脱钩状态描述为两者之间的弹性，即用碳排放的相对变化率除以经济增长的相对变化率。

我们采用 Tapio 脱钩指标来分析中国二氧化碳排放与经济增长之间的脱钩关系。为了能更深入地了解二氧化碳排放与经济增长之间脱钩关系背后的能源消费影响，基于逻辑因果关系对 Tapio 脱钩指标进行了因果链恒等式分解，把能源消费纳入进来，所以，二氧化碳排放与经济增长的脱钩弹性可以表示成能源消费与经济增长之间的脱钩弹性和二氧化碳排放与能源消费之间的脱钩弹性的乘积形式。

（二）经济发展与碳排放脱钩的阶段性分析

首先，我们对已经发生的前 7 个考察期进行相关脱钩分析，表 2 描述了中国 1980—2015 年 7 个五年时期的经济增长、能源消费，以及二氧化碳排放的相关统计指标、脱钩弹性及脱钩状态。

表 2 中国 1980—2015 年间各时期的脱钩状态

脱钩指标	1980—1985	1986—1990	1991—1995	1996—2000	2001—2005	2006—2010	2011—2015
ΔGDP/GDP	66.12%	46.70%	78.56%	51.11%	59.32%	70.48%	28.63%
ΔE/E	27.22%	28.72%	32.90%	12.04%	77.85%	37.98%	12.12%
$\Delta CO_2/CO_2$	27.59%	28.65%	31.32%	9.08%	79.37%	33.95%	4.65%
$t_{(E,GDP)}$	0.41	0.5	0.35	0.18	1.21	0.4	0.4
脱钩状态	弱脱钩	弱脱钩	弱脱钩	弱脱钩	扩张负脱钩	弱脱钩	弱脱钩
$t_{(E,CO_2)}$	1.01	1.23	1.13	1.01	1.1	1.2	2.6
脱钩状态	增长连结	扩张负脱钩	增长连结	增长连结	增长连结	扩张负脱钩	扩张负脱钩
$t_{(CO_2,GDP)}$	0.42	0.61	0.4	0.18	1.34	0.48	0.2
脱钩状态	弱脱钩	弱脱钩	弱脱钩	弱脱钩	扩张负脱钩	弱脱钩	弱脱钩

其中，E 为一次能源消费量，$t_{(co_2,GDP)}$ 为二氧化碳排放的 GDP 脱钩弹性 $\frac{(\Delta CO_2/CO_2)}{(\Delta GDP/GDP)}$；$t_{(E,GDP)}$ 为能源消费的 GDP 脱钩弹性 $\frac{(\Delta E/E)}{(\Delta GDP/GDP)}$，该脱钩弹性与能源效率、经济结构、经济发展方式等因素有关；$t_{(co_2,E)}$ 为二氧化碳排放的能源消费脱钩弹性 $\frac{(\Delta CO_2/CO_2)}{(\Delta E/E)}$，该脱钩弹性与能源消费结构、能源清洁技术及碳捕捉技术等因素有关。

1. 中国 1980—2015 年能源消费与 GDP 之间的脱钩分析

除 2001—2005 年外，其余时期中国的能源消费与 GDP 之间均呈弱脱钩状态，即经济增长的同时，能源消费也在增加，但能源消费增加的幅度小于 GDP 增长的幅度。而 2001—2005 年的能源消费与 GDP 之间呈扩张负脱钩状态，即经济增长的同时，能源消费也在增加，但能源消费增加的幅度大于经济增长的幅度，这一时期的能源消费增幅为 77.85%，大于经济增长的幅度 59.32%。为什么 2001—2005 年的能源消费与 GDP 之间呈现扩张负脱钩状态？这是因为 2001—2005 年是中国的“十五”时期，该时期由于受世界经济形势好转、中国加入 WTO，以及国家扩大内需和增加投资的宏观经济政策影响，大批基础设施和“高能耗、高排放、高污染”的重化工项目纷纷获准立项上马，在刺激经济高速增长的同时也消耗了更多的能源，从而使得这一时期能源消费的 GDP 弹性数值高达 1.21。所以，在 1980—2015 年这 7 个考察期中，只有 2001—2005 年的能源消费与 GDP 之间呈现为扩张负脱钩状态。从这些时期的能源消费 GDP 弹性数值上看，1996—2000 年这一时期的数值最小，仅为 0.18。由前面脱钩弹性的定义可知，在经济正增长的情况下，脱钩弹性数值越小，脱钩状态越显著，所以 1996—2000 年这一时期的能源消费与 GDP 之间的脱钩程度最高。这是因为，中国在1996年开始对一些污染严重、效率低下、技术落后的“十五”小企业进行淘汰和取缔，从而使得能源消费增长放缓，同时由于受1997年亚洲金融危机冲击和1998年百年不遇的洪水灾害影响，中国这一时期的经济增长速度明显放缓，这些因素的综合影响使得中国1996—2000年的能源消费GDP弹性最低，脱钩状态最高。

2. 中国1980—2015年二氧化碳排放与能源消费之间的脱钩分析

中国1980—1985、1991—1995、1996—2000、2001—2005年均为增长连结，1986—1990年、2006—2010年和2011—2015为扩张负脱钩。这些时期的二氧化碳排放的能源消费弹性数值均大于1，说明这些时期的二氧化碳排放增加幅度大于能源消费增加幅度。由于二氧化碳排放的能源消费弹性数值与该时期的能源消费结构变动、能源清洁技术，以及碳捕捉技术发展等因素有关，因此，这也说明在1980—2010年期间，中国在能源消费结构优化、能源清洁技术及碳捕捉技术的研发和推广等方面努力还不够，今后还需要在这些方面不断加大力度，才有可能早日实现中国的二氧化碳排放与能源消费弱脱钩直至脱钩，即二氧化碳排放增加的幅度小于能源消费增加的幅度，直至实现负增长。

3. 中国1980—2015年二氧化碳排放与GDP之间的脱钩分析

从表2可以很清楚地看到，2001—2005年为扩张负脱钩，即经济增长的同时，二氧化碳排放也在增加，但二氧化碳排放的增加幅度大于GDP增加的幅度。除了2001—2005年外，中国其他时期的二氧化碳排放与GDP之间均为弱脱钩状态，即经济增长的同时，二氧化碳排放也在增加，但二氧化碳排放的增加幅度小于GDP增加的幅度。从二氧化碳排放的GDP弹性数值来看，1996—2000年的弹性数值最小，仅为0.18，2001—2005年的弹性数值最大，为1.34。这两个时期的弹性数值差异如此之大，也和这两个时期所处的国际环境及国内经济发展环境密不可分。关于这两个时期的国际环境及国内经济发展环境，前面分析能源消费与GDP之间的脱钩状态时已经分析过，这里就不赘述了。

结合表中各时期的弹性数值及脱钩状态发现，中国二氧化碳排放的GDP弹性与能源消费的GDP弹性数值近似，而且各时期的脱钩状态均相同。

从图1可以看到，中国1980—2010年各时期二氧化碳排放的GDP弹性与能源消费的GDP弹性变化趋势高度相似，两者的趋势曲线近似重合。这说明，中国这些时期二氧化碳排放与经济增长之间的脱钩状态主要是受能源消费的GDP脱钩弹性影响，受二氧化碳排放的能源消费脱钩弹性影响很小。而能源消费的GDP脱钩弹性主要与节能技术、产业结构和经济增长方式等因素有关，二氧化碳排放的能源消费脱钩弹性主要与能源消费结构、能源清洁技术及碳捕捉技术等因素有关。所以，这也反映了中国这些时期二氧化碳排放与经济增长之间的脱钩状态变动的背后推手，主要是节能技术进步、产业结构优化及经济增长方式转变等因素，而能源结构优化、能源清洁技术及碳捕捉技术等因素的作用很小。这也说明，由于中国“富煤、少油、贫气”的能源禀赋和中国长期奉行的工业优先发展尤其是重工业优先发展的产业战略，导致中国能源消费结构严重失衡，过度依赖煤炭消费，而煤炭又是碳基最高的化石能源，从而使得中国的二氧化碳排放量持续提高，并在2007年超过美国成为世界最大的二氧化碳排放国家。

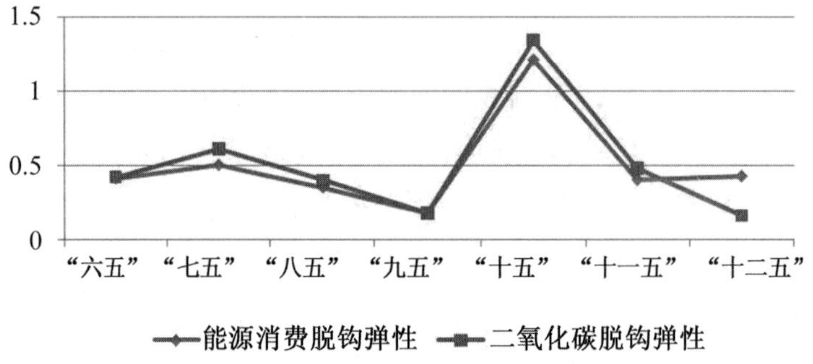

图1　中国1980—2015年脱钩弹性变化情况

（三）中国发展与碳排放脱钩的可行性分析

以上运用Tapio脱钩方法分析了1980—2015年中国碳排放与经济增长之间的脱钩关系。研究表明，中国1980—2015年绝大部分时期，碳排放与经济增长之间呈现弱脱钩状态，即经济增长的同时，二氧化碳排放也在增加，但二氧化碳排放的增加幅度小于GDP增加的幅度。只有2001—2005年为扩张负脱钩，即经济增长的同时，二氧化碳排放也在增加，二氧化碳排放的增加幅度大于GDP增加的幅度。根据图1，我们不难发现，除了2011—2015年，其他时期段内，能源消费脱钩与二氧化碳排放同步变化。在2011—2015年，二氧化碳排放弹性明显小于能源消耗量，说明单位能源的碳排放量在减少，原因在于节能技术进步和产业结构升级推动了产业耗能结构调整和能源效率提高，从而为中国碳减排做出积极贡献。此外，根据BP的数据显示，中国2015年碳排放量同比下降0.12%，为进入21世纪以来首次呈现下降趋势。

研究表明，中国经济增长和二氧化碳排放已经部分实现弱脱钩，尤其在东部沿海某些城市，基本呈现碳排放脱钩的势态。但由于中国经济增长方式较粗放、产业结构不合理、节能减排技术水平较低，使得发展与能源碳排放脱钩程度有限。根据国际经验和中国的实践，随着节能减排技术的进步、产业结构的升级和能源结构的优化，发展与碳排放脱钩的程度会日益增强。我们有理由相信，在新发展理念指引下，“低碳+”发展战略必将对中国经济社会发展带来深刻变革，推进节能减排革命性进步，实现发展与碳排放的强脱钩，从而加快实现建设生态文明和美丽中国的目标。

三、传统低碳发展的困境呼唤理论创新

人类发展观和发展模式经历了一个漫长的变迁过程。由西方发达国家在工业化进程中形成的人类以“经济增长为中心”的传统发展观的弊端，催生了强调“可持续发展理念”的科学发展观。可持续发展理念的局限和不足，特别是全球气候变化，需要人们转变发展理念，创新发展模式。低碳发展的理念已经得到了世界各国的普遍认可，但是随着低碳发展理念的不断推广，一些问题也逐渐暴露出来，主要集中在以下几个方面：

（1）由于低碳发展与产业发展的脱钩，导致一些地区产业转移成为污染和排放转移的借口。如果产业转移仅仅是把高污染高排放企业，从发达地区转移至落后地区，从发达国家转移到发展中国家，虽然从短期来看实现了某些地区的产业升级、淘汰落后高耗能企业，但其实只是把高碳从左手交到了右手，没有任何实际意义。

（2）发展低碳、淘汰过剩产能有可能影响发展中国家的经济发展速度，一部分企业关停并转将会增加就业压力，并由此可能造成一定的经济动荡。随着经济的增长，发展中国家的能源消耗总量可能还会相对增加，但是这种增加还是一种合理的增加，二氧化碳排放还会有所增加。低碳经济是以低能耗、低污染、低排放为基础的经济发展模式，技术创新是低碳经济的核心，企业应加强技术创新力量，加强自主研发能力，使得产品更加符合“低碳时代”要求。

（3）传统低碳发展面临所谓“绿色贸易壁垒”，是指通过制定严格的强制性的技术标准，用以限制不符合能耗、环保标准的产品进口，这对国际贸易在客观上形成了一种技术壁垒。这一现象使得低碳成了国际贸易合作的一个障碍。WTO 在《技术性贸易壁垒协议》的前言中规定“不能阻止任何成员方按其认为合适的水平采取诸如保护人类和动植物的生命与健康，以及保护环境所必需的措施”。因此，发达国家采取的严格绿色贸易壁垒措施，是无可争辩的。

随着世界范围内低碳概念的提出，不符合绿色低碳理念的产品必然要遭到淘汰。绿色贸易壁垒是在发达国家与发展中国家处于经济与科技存在巨大反差的背景下施行的，具有隐蔽性、歧视性的特点，并将对以加工制造为主的发展中国家企业造成

一定的影响，但在一定程度上也将推动企业加强产业升级改造，推动企业在科技研发上的投入，实际上这也是企业参与国际竞争的必然趋势。

总之，加强低碳发展理念与产业结构调整的结合，整合高耗能产业的上下游产业，促进全球范围内协同低碳发展是迫在眉睫的任务。在这样的契机下，“低碳+”的理念逐渐成形，成为低碳发展理念与经济增长、产业转型、世界范围内环境保护的结合点。

四、中国“低碳+”发展战略路线图

党中央、国务院高度重视应对气候变化工作，推动我国低碳发展从实践到理论的提升均取得积极成效。但总体上看，我国低碳经济建设仍滞后于经济社会发展。造成这一状况，既有发展阶段、人口资源环境基本国情、技术水平等客观因素，也有缺乏顶层设计、体制不健全、制度不完善、管理不到位等原因。而“低碳+”战略正是指在可持续发展理念指导下，通过技术创新、制度创新、文化创新、产业转型、消费模式与生活方式转变、低碳和无碳能源开发等多种手段，尽可能减少煤炭等高碳能源消耗，减少温室气体排放，实现经济社会发展与生态环境保护双赢的一种发展方式，是对传统行业的再造与深化。针对所存在的问题，坚持问题导向和目标导向相结合，我国“低碳+”发展的总体思路和目标构想如下：

在**指导思想**上，全面贯彻党的十八大和十八届三中、四中、五中、六中全会精神，深入贯彻习近平总书记系列重要讲话精神，结合我国在巴黎大会的承诺，按照中央关于绿色发展的重大决策部署要求，适应和引领经济社会发展新常态，着眼低碳发展全局和长远发展需求，以转变发展方式改革为核心，以“低碳+”创新为手段，紧紧围绕构建绿色低碳、安全高效的现代农业、制造业、建筑业、交通业和能源体系，大力发展低碳金融，倡导低碳生活，推动低碳新技术、新模式和新业态发展，推动低碳发展领域供给侧结构性改革，支撑、推进适应和减缓气候变化，为实现我国从传统发展大国向低碳发展强国转变奠定坚实基础。

我国实现“低碳+”发展的**基本原则**：坚持统筹考虑国内和国际两个大局。从现实国情和需要出发，大力促进绿色低碳发展。积极建设性参与国际合作应对气候变化进程，努力借鉴国际先进低碳发展模式和措施，促进应对全球气候变化。坚持应对气候变化和发展低碳经济同步推动。用应对全球气候变化的理念促进国内低碳发展，以实现低碳发展保障减缓和适应气候变化的各项措施的落实，最终促进我国经济转型升级和全面深化改革的顺利实现。坚持探索创新和示范先行相辅相成。遵循“低碳+”发展规律，营造开放包容的创新环境，鼓励多元化的技术、机制及模式创新，因地制宜推进低碳发展新技术与新模式先行先试，形成万众创新良好氛围。坚持政府引导和社会参与紧密结合。发挥政府在实现低碳发展工作中的引导作用，形成有效的激励机制和良好的舆论氛围。充分发挥企业、公众和社会组织的作用，加快形成以开放和共享为主要特征的低碳发展新形态。

我国实现“低碳+”发展的**总体目标**：到 2020 年初步建成低碳发展产业体系，成为经济增长重要驱动力。建成较为完善的低碳发展市场机制和市场体系。形成较为完备的技术及标准体系并推动实现国际化，形成开放共享的低碳发展生态环境，控制温室气体排放水平明显提升，低碳能源比重显著提高，发展低碳经济的体制机制比较完善、国际合作全面拓展、能力建设成果显著，大众参与程度大幅提升，有力支撑全面深化改革和国民经济转型升级。

有效推进我国“低碳+”发展要**重点开展的工作**：全面发展“低碳+农业”，厘清我国农业温室气体排放与我国“三农”问题的相互关系，探索“美丽乡村”建设的“低碳+”路径，制定和设计“低碳+农业”发展的体制、机制和政策体系，尤其要重点解决农村农药化肥减量化、农村秸秆资源充分利用，深化“三农”用能低碳化技术、方法和措施；全面发展“低碳+工业”，优化低碳制造的产业链、改革低碳制造的制度、提升制造业低碳突破性技术创新能力、创新低碳制造业商业模式、保护制造业低碳创新系统知识产权、加强环境规制、协调国际贸易、低碳制造与经济增长的关系；全面发展“低碳+建筑”，重点探索促进“低碳+建筑”产业发展的市场模式和政策体系，包括被动式建筑、建筑低碳化利用的产权归属、以设计为主导的产业链运作模式、综合的能源服务模式、创新的绿色融资模式和公众低碳意识的培养等；全面发展“低碳+交通”，主要从系统和整体的高度，研究解决低碳交通领域的交叉、溢出和协调问题，包括交通领域的转移排放、跨区域碳排放协调和全生命周期的交通碳排放管理等；全面发展“低碳+能源”，重点要做好相关的国内外技术、产业、政策调研，未来趋势判断及技术路线选择，参与者识别及其角色定位，社会经济路线图及制度创新等；全面发展“低碳+金融”，重点探索我国运用市场机制控制温室气体排放的金融体系创新与运作模式，包括碳交易市场的建设与推广、信贷政策支撑、投融资体系改革与创新、标准认证等中介活动的培育等；全面倡导“低碳+消费”，尤其是个人减排、低碳家族、低碳社区等的激励措施与政策设计，等等。

总之，“低碳+”战略研究是一个探索性、开创性的工作，本文限于篇幅，只是在几个重点领域进行了聚集，但仍有许多领域和问题值得我们和未来的研究者进行更加深入的探讨和系统研究，共同推动我国生态文明建设，从而促进我国经济社会可持续发展和中国梦的早日实现。

State Think Tank

China Strategies for Energy and Environment

专题研究

32 中美能源与环境投资合作*

美国国务院发言人普萨基2014年2月9日发表声明，“强调中美就气候变化和清洁能源问题进行合作的重要性”将成为克里与中国政府高级官员会晤议题之一。由此可见，能源和环境一直是中美两国合作的重要领域；中美在能源与环境基础设施双向投资方面，有着广泛的合作空间。

一、中美能源与环境投资合作的潜在领域

（一）中美能源基础设施投资合作分析

1. 中美能源基础设施投资的美方机会

（1）传统清洁能源。

第一，核能。早在2006年12月26日，中美两国政府就签署了合作谅解备忘录，确定在山东和浙江建立两个核电项目，共4台机组，引进美国西屋公司AP1000压水堆（这将是未来两国核能发展的重点技术路径）。这表明，中美核能合作有了突破性的进展。如果美国能够在技术上进一步帮助中国扩大核能利用范围，将对减少中国对全球石油市场的依赖大有裨益。目前在世界范围内，增殖反应堆和聚变反应堆尚处于可行性实验阶段。据各国科学家预测，未来这两项技术将具有改变世界的意义。而核能技术作为各国能源和军事安全的有力保障，正逐步成为各国竞争的焦点（尽管福岛核事故的爆发给各国的核电发展带来了一些影响，但是大体趋势并没有发生太大的变化）。中美两国作为全球性能源和军事大国，一直以来对核能非常重视，尤其在增殖反应堆和聚变反应堆这两项新兴技术方面投入了巨大的人力和物力，也取得了一些令人称道的成绩。

---

* 本文内容完成于2014年4月，为2011年中国国际经济交流中心香港中美交流基金会课题《未来十年中美经济合作展望》的部分成果，系首次公开全文发表。课题指导为董建华、王春正，组长为陈文玲，课题其他成员包括：张永军、王鹏、徐占忱、曾少军、张焕波、王天龙、黄志龙、逯新红、徐长春、张燕生、张哲人等。

到2050年，基于基准情景、低碳情景和强化低碳情景三种政策情景下，对中国未来核电装机情景进行分析。

·基准情景（BaU），维持现有的节能减排政策，不实施包括碳税在内的低碳政策，电力生产技术进步保持现有趋势。

·低碳情景（CM1），实施低碳发展战略，2020年开始对每吨二氧化碳排放征收100元碳税，积极发展分布式发电和非化石能源发电技术，试点推进CCS技术。

·强化低碳情景（CM2），实施积极强化的低碳发展战略，2020年开始对每吨二氧化碳排放征收400元碳税，推进高比例可再生能源发展战略，加快推进光伏、风电发电技术创新，大力发展和应用CCS技术。

中国新出台的能源规划拟将2020年核电装机规模确定为7 800万kW，是原规划的2倍。鉴于此，中美两国未来可以更多地加强在核能尤其在核心技术方面的合作。

第二，洁净煤。清洁能源在未来10年能源资产构成中只占有很小的一部分，到2020年，风能和太阳能只占到全球能源供应量的2%。因此，未来很长时间里，对传统能源如煤炭等资源的高效环保利用将成为未来中美能源合作的亮点。

据有关专家分析，中美两国都是煤炭资源最丰富的国家，拥有大量的煤炭资源。据世界能源委员会的2010年《能源资源调查》显示，2010年年底，美国煤炭探明储量达到237 295百万t，占全球储量的27.6%；中国煤炭探明储量达到114 500百万t，占全球储量的11.3%。美国在煤炭资源开采回收、煤炭综合利用、清洁煤技术等方面拥有先进技术、设备和经验。美国拥有目前世界上最强大的基础科学研究力量，拥有强大的实用技术的研发、创新优势。随着美国页岩气大规模开发，能源价格大幅下降，其已开始减少煤炭的消费，从而也导致了煤炭技术和设备的过剩，因此，美国可以到中国来投资和出售先进的煤炭使用设备，尤其是在煤化工和煤炭的清洁利用基础设施方面，两国的合作空间非常巨大。

第三，页岩气。美国拥有世界上最先进的页岩气开采技术，并且是世界上唯一已经实现产业化发展的国家。2010年，美国页岩气产量超过1 379亿m^3，占全国天然气年总产量的23%，超过俄罗斯成为全球第一大天然气生产国。2011年，美国页岩气产量约1 800亿m^3，而中国天然气产量为1 025亿m^3。

中国页岩气资源丰富，开发潜力大，商业化条件好。2012年3月，国土资源部召开新闻发布会，初次披露了中国页岩气资源的官方评估数据。中国陆域页岩气地质资源潜力为134.42万亿m^3，可采资源潜力为25.08万亿m^3（不含青藏地区），居于全球首位。2012年，中国先后出台了《页岩气发展“十二五”规划》和《关于出台页岩气开发利用补贴政策的通知》两大页岩气扶持政策。未来，中国在页岩气开发经验方面有待向美国学习，同时，在核心开发技术和基础设施方面也尚需与美国进行密切合作。

（2）新能源。

第一，太阳能。2011 年中国多晶硅产量达到 8.4 万 t，但是仍有部分需要进口，而美国拥有世界领先的多晶硅制造商，如 Homlock、REC 等公司，未来不论在技术还是市场方面都有很大的合作空间。最近发生的中美光伏产品“双反”贸易争端，不利于两国清洁能源合作的推进，双反应以中欧光伏领域的贸易争端和解为努力方向，共同致力于全球目前最大领域的清洁能源合作。

在太阳能热利用方面，一直以来中国的太阳能热水器 90% 以上都是采用真空管式。但是随着平板热水器技术的提高，以及其能更好地与建筑结合的特征，平板热水器的优势正在逐步显现。而美国在平板热水器方面有很多领先的技术，因此中美未来在真空管和平板热水器方面有很多值得相互借鉴的地方。关于太阳能热发电，美国已建成 500 多 MW，而中国除了几个很小的示范项目之外，基本没有成形的项目，未来在引进技术方面中美将有很大的合作空间。

第二，风能。据 BTM 数据显示，到 2011 年美国风电累计装机容量为47 084 MW，中国为 62 412MW。中国虽然在风电装机容量上超过了美国，但是在发电效率方面仍然不尽如人意，仍低于美国。以 GE 为代表的美国风电制造商，仍然拥有全球领先的风机制造技术，与中国在风机制造等基础设施领域有很强的互补性，未来有很大的合作空间。

第三，生物质能。中国是仅次于巴西、美国的世界第三大燃料乙醇生产国。尽管中国在发展乙醇燃料方面与美国的国情不同，但并不排除中美在生物质能、生物质能发电、生物液体和固体成型燃料等技术方面进行合作，以替代化石燃料。

第四，地热能。中国地热能的储量有 2 000 亿吨标准煤，已勘探的 40 多个地热可供给 31.6 吨标准煤的能量。中国中低温地热资源分布面广，应用前景广阔。

中国将走因地制宜、供热和发电协调发展的道路，美国可以在地源热泵供热与制冷技术等基础建设方面进行有效合作。

（3）节能与能效。

这方面合作可从如下几个方面展开：

第一，增加提高能效的合作经费。在节能方面，1 美元的投资等于在能源方面 3.5 美元投资的效果。建议成立中美联合提高能效合作基金，共同资助能源领域的重大联合研究开发、技术示范推广和产业化项目，同时制定优惠政策和措施，鼓励能源和环境领域的技术转让。中国表示将积极加入“未来发电”计划，并就此与美方开展谈判。“未来发电”计划由美国发起，目标是在未来 10 年内设计并建成世界上第一座能同时实现煤发电、制氢和近零排放的27.5万kW规模的研究示范电站。

第二，提高中国家用电器的能效。中国在家用电器，如空调、电冰箱等方面的能效标准大大低于国际标准。如果中国在家用电器上的能效达到2007年OECD国家的水准，那么，到2020年所节约的用电量相当于1个三峡水电站的发电量，到2030年所节约的用电量相当于两个三峡水电站的发电量。

第三，提高中国建筑业的能效。中国每年城乡新建建筑面积20亿m^2，其数量相当于发达国家每年新增建筑面积之和，但建成的节能居住面积仅占全国城市居住建筑的3.5%，单位建筑面积采暖能耗相当于气候条件详尽发达国家的2~3倍。如果中美能够在建筑节能方面合作，使建筑面积能耗能够节约50%，便可节约1.35亿吨标准煤。

第四，提高中国交通运输业的能效率。2006年中国汽车销售量超过日本，2015年中国的汽车销售量超过美国；2006年中国人均汽车拥有量为20辆/千人，2030年将达到140辆/千人，尽管低于目前OECD国家人均680辆/千人的水平，但是由于中国人口基数大，汽车石油消耗对中国能源消耗构成巨大压力。中国沿海地区的石油消费占全部石油消费的50%以上。中国的汽车平均燃油效率比美国低5%~10%，比欧洲低10%~15%，比日本低25%。中美可以在发展混合动力汽车、氢动力汽车、燃料电池等领域合作，加快淘汰老旧汽车、船舶，限制高油耗汽车发展，鼓励节能环保型汽车发展。

（4）电网基础设施建设与运营合作。

近年来中国、美国都出台了鼓励可再生能源发展的政策，可再生能源发电应用在不断推广，这对传统电网提出了挑战，要求加强智能电网建设以应对大规模可再生能源发电的并网。美国智能电网建设在配送方面应用推广经验技术较充分，针对终端用户消费特点，综合考虑需求、供应平衡等提供较好的服务方案。未来，美国可积极参与中国的智能电网建设，共同推动高比例可再生能源情景下的电网运营安全。

2. 中美能源基础设施投资的中方机会

（1）传统清洁能源。

第一，水能。中国在发展水电方面取得的成绩要比美国大。2005年中国水力发电4 086亿kWh，为美国2 721亿kWh的1.5倍。中国水能发电占一次能源消费比重的5.8%，大大高于美国的2.6%。中国利用水能具有一定的相对优势，中美之间在利用水能基础设施合作方面存在巨大的空间，比如中国可以充分发挥掌握的技术优势和成本优势，参与到美国水能基础设施的升级换代改造之中。

第二，高效煤。中国的上海外高桥第三发电厂的超超临界燃煤机组被《华尔街日报》在2010年3月10日的报道中称“世界最高效的燃煤发电厂在上海”，其度电煤耗减少到278克，引领了中国乃至世界的火电机组节能减排潮流，值得中美两国在致力于降低传统化石能源领域的环境污染和温室气体排放的过程中，共同大力推广。

第三，页岩气。中美两国在页岩气的资源和开发条件方面虽然存在一些差异，但两国可以针对页岩气的未来开发技术提高与开采过程中的环境保护问题进行联合攻关，共同促进全球页岩气的环境友好型开采与利用。

（2）新能源。

第一，生物质能。中国在生物质沼气开发利用方面有一定的优势，开发利用沼气不仅会缓解生物质能源的紧张状况，同时对促进农村小康生活和改善区域发展不平衡起到重要作用。

第二，氢能。氢在自然界不能独立存在，只能消耗部分能量，通过二次转化才能得到，因此寻求低成本的制氢技术，寻求开发成本低、无二次污染，特别是二氧化碳排放的制氢技术，是重要发展方向。中国对氢能技术的研发起步比较早，与发达国家的差距不大。由于都可能受政府政策、地缘政治因素、单位成本和价格的不可预见的变化，以及新技术出现的影响，因此并不能保证所有的投资需求都能得到满足。氢气比天然气燃烧值更高，而且更加环保，最终可能会在合理成本下应用，但目前仍然存在基础设施（加氢站）建设障碍大、现有体制阻力强的问题。中美之间应该探讨在氢能基础设施方面合作的可能性及前景。

（3）电网基础设施建设与运营。

中国的智能电网建设在输送和安全性方面比较有优势，随着可再生能源规模的进一步扩大，中美在电网基础设施建设与运营方面的合作空间更加巨大。

（二）中美环境基础设施投资合作分析

1. 中美环境基础设施投资的美方机会

（1）污染治理。

第一，大气污染治理。大气污染所造成的伤害已经没有了国界的限制，足以威胁人类能否在地球上继续居住下去，其后果十分严峻，已成为与世界各国都有切身利害关系的问题，引起了普遍关注。中美两国在大气污染控制方面的合作由来已久，2013年4月10日，中美签署《中华人民共和国环境保护部与美利坚合众国加利福尼亚州关于在空气污染防治领域加强合作的协议》。最近中国由南到北的大面积雾霾漫延，已经成为一个国际性环境问题。对大都市的雾霾治理，美国有成熟的经验。中美两国可将大都市空气污染治理作为合作的一个重要领域，从技术到管理等方面，开展全方位合作。未来，两国在大气污染治理的基础设施方面的合作空间也将无限宽广。

第二，水污染治理。作为环境法制比较先进的国家，美国20世纪严重的水污染促使联邦政府制定了以《清洁水法》为核心的一系列法律法规，通过法律及其实施控制水污染，在经过不断努力后取得了明显的效果。与之相对应的是，中国自改革开放以来，水污染问题不断加重。虽然中国很早就颁布了《水污染防治法》，希望借助法律的作用防治水污染，但效果不是很好。中美两国在水污染治理的合作始自1979年，两国签订了科技合作协议，其中一个重要附件就是在水污染治理方面进行合作，30多年来，合作效率非常高；而当前中美两国在"绿色化学"等基础设施领域的进一步携手，将会加强双方已经非常密切的经贸关系。

第三，重金属污染治理。科技是一把双刃剑，20世纪以来科学技术迅猛发展，促进了经济的发展，提高了人民的生活水平，然而，与此同时，人类也付出了惨重的代价。由于工业"三废"机动车尾气的排放、污水灌溉和农药、除草剂、化肥等的使用，以及矿业的发展，严重地污染了土壤、水质和大气。重金属污染目前已相当严重，其对环境和生物的危害极大，同时，其易通过食物链而富集，因此，已经引起了世界各国科学家的高度重视，解决这个问题已迫在眉睫。美国拥有全世界最先进的科学技术，在重金属污染治理方面也进行了深入的研究，相信未来中国在重金属污染治理的基础设施建设等方面，能与美国进行更加深入的合作和交流。

（2）气候变化治理。

美国是世界最大的发达国家，中国是世界最大的发展中国家，中国和美国也是两个最大的能源消耗国和最大的温室气体排放国，共同成为世界关注的焦点。中国新一代领导人把生态文明放入国家发展战略中，美国总统奥巴马最近谈话也已释放出对气候变化的关注。中美2013年4月签署《中美气候变化联合声明》，表示要在气候变化方面更加密切地合作，就是此方面的一个里程碑。在已具有的全球共识和公益方面进行合作，攸关中美两国现实经济利益，将是中美两国合作的一个新增长点，对全球也具有示范作用。

开展气候合作将是中美共同利益的最佳契合点。从发展中美关系的大局来看，能源和气候变化议题在中美关系中的地位上升，已成为合作的新亮点和"黏合剂"。因中美双方在能源与气候变化领域的合作有广泛的共同利益，对构建和发展中美新型大国关系具有积极的作用。由于单方面的技术转让中存在很多障碍，技术转让费用也常常太过高昂，可以考虑更多地共同开发技术。中美两国可以通过签署双边政府声明，建立持续对话机制专门讨论能源问题和气候变化，将共同应对气候变化提升到战略层面，从而对全球气候变化做出实质性贡献。美国应向中国提供官方发展援助，在技术转让方面提供优惠。美国在人力资本、基本科学研究、把研究中取得的效果商业化的能力方面占有相对优势。

另外，还有气候变化治理领域的碳市场建设合作。中美两国有着较大的互补性，例如，中美两国减排成本具有巨大的差异性，同时也存在着巨大的共同利益。作为利益相关方，双方应该开展广泛深入的合作，而碳市场建设可能是合作的最佳突破口之一。通过碳市场这种创新机制为中美两国发展低碳经济提供支持，不但可以为应对气候变化做出应有的贡献，更可以增进双方的共同利益，开辟未来合作的广泛空间。中国交易市场的基础建设不够完善，美国气候变化法案也需要有足够的力度，才能使得美国商家愿意向中国购买排放指标。中方对碳交易很有兴趣，希望能学习运用商业的方法解决环境问题，只是目前还刚刚接触这个概念，而这对美国是一个很好的契机。中美在碳市场建设方面的合作，将决定双方未来在气候变化领域的地位和作用。

2. 中美环境基础设施投资的中方机会

治理环境污染、应对气候变化，充足的资金必不可少。美国目前在资金方面常常是捉襟见肘，缺了资金，巧妇难为无米之炊。而中国经过改革开放30多年的迅速发展，积累了相当的经济实力。中国整体经济与世界经济的关联度相对较低，中国经济受世界经济危机影响的程度因与世界经济的关联度不等而自沿海向内地依次减弱，相应地，在内陆地区，国家和地方政府为刺激经济而进行的财政投入的效果也较好。由于目前中国财政的负债比率仍在安全警戒线之内，因此在节能减排的投入和相关新能源技术的开发和利用上，中国的资金相对较为充裕。双方在应对气候变化的资金方面，可以展开充分的合作。

中国和美国在开发技术方面各有所长，可以互补。中国对在发展中国家哪些技术行之有效有较深切的了解，并拥有强大的技术能力，可以提供很好的试验场地并加以推广，和美国比起来，中国常常可以较迅速、较廉价地生产出产品。两国之间的技术合作在帮助促进能源技术和克服全球暖化上有巨大潜力。

二、中美能源与环境领域双向投资的主要障碍

（一）语言和文化隔阂

中国会说英语的人还不够多，而美国会说中文的更少。如果双方需要继续作为合作伙伴进行合作，就必须解决语言问题。中美公司都需要培训能说两种语言的管理人员，这是双方都面临的问题。很多公司在全球业务中失败，主要原因是误解了

当地文化，他们并不知道对于当地人来说最重要的是什么。在美国，大家虽然上法庭打官司，但是每天早上互相打招呼，还是好朋友，但中国的环境完全不一样，如果上法庭打官司，就算撕破脸，不可能再和好。所以，两国合作应该更多地考虑人的因素、文化的因素，尤其是管理，如何管理一个企业，这是最重要的。

（二）体制机制存差异

中国企业在美投资面临的障碍，一是签证问题，二是中方管理人员学历和任职资质问题，三是工程承包担保问题，四是装备运行业绩问题，五是美国外国投资委员会安全审查问题。美国投资者对中国的投资环境也有一些忧虑，主要是担心知识产权保护问题。

（三）投资环境了解不足

中美双向投资的主要障碍是双方缺乏了解，中国投资者对美国的政治、经济环境并不熟悉，很多中国公司低估了他们在美国将要面临的问题；而美国投资者对中国的投资环境也存在误区。美国是世界上最大、最开放、最成熟的经济体，中国企业对投资美国的兴趣毋庸置疑，但大多数中国企业对美国的认识有局限性。比如在地区上，局限于纽约、芝加哥、洛杉矶这样的国际都市，对于美国区域经济的多样性缺乏了解。

（四）贸易保护主义严重

贸易保护主义已经严重干扰了中美正常经贸关系发展。在当前形势下，保持经济稳定增长是全球各个国家的共同任务。近段时间以来，中美贸易摩擦频频，像“轮胎特保案”、“光伏双反案”，其背后都有贸易保护的影子。贸易保护不仅解决不了美国的产业结构问题，也解决不了美国扩大就业的问题。这不仅仅伤害了中国企业的正当权益，也伤害了美在华企业的利益，既无理也无益。贸易保护主义的短视与狭隘，无利于中美两国国家经济的发展，对保持全球经济稳定增长也不会带来任何益处。

三、促进中美能源与环境领域双向投资的对策建议

（一）投资前：明确投资目的和方式，认真分析政治环境

1. 明确投资目的和方式

随着经济全球化程度日益加剧，中美作为全球最大的经济体，双方的相互投资

将会越来越频繁，规模也会更加巨大。在投资之前，双方一定要明确，“走出去”的目的是开拓新市场，还是获取技术或研发能力，或是增加学习培训机会。在投资方式上，企业投资依赖战略上分析能获得怎样的收益，以什么形式投资则跟动力相关，若战略目标是发展品牌，就不太可能通过初始投资实现；若目标是获得更多市场支持，那么首先是要了解这个市场，然后考虑并购还是绿地投资。

2. 认真分析政治环境

中国企业将美国作为通向世界性大企业的桥梁，锁定美国制高点，在战略上要有非常清晰的规划，要把战略意图整合到当地的营销、生产、设计三位一体的架构中。但是在投资美国之前，一定要充分考虑中美之间复杂的政治环境，了解相关投资细则。美国企业也同样需要认真分析中国的政治环境，充分考虑中国的发展和变化速度。

（二）投资中：加强公关沟通能力，寻找合适的合作伙伴

1. 加强公关沟通能力

“公关”不只是传统意义上的公共关系，而是一种沟通方式。根据观察，一些中国公司并不特别重视沟通。在对外投资过程中，公关工作非常重要，需要银行家、律师帮助。同时，公司要注重国际形象，与当地组织结成共同利益。比如，在不同的地方都是雇佣当地人员，考虑公司雇员的满意度，花更多时间与雇员接触，了解他们的想法和理念；与当地政策的制定者密切接触，主动介绍公司情况，与业界广泛接触，参与制定行业标准；与当地社区进行良性互动，适当时候为当地学校、社区等机构做些社会公益事情，参加各种媒体公关活动，向每个人解释公司所发出的信息，主动解释公司的目标、已经做的事情和下一步要做的事情。

2. 寻找合适的合作伙伴

中美双向投资最好的办法是入乡随俗，聘请好的律师，找到当地优秀的合作伙伴，加强与监管当局的联系沟通，如此可以减少所在国监管和法律方面的障碍。在美国利益攸关方很多，组织团队开展并购时，要把了解历史的人加入到团队中，要在最广泛层面上保持联系，包括当地政治家、投资局、工会及社区等。中国也有自己的文化特色和特殊的背景，美国投资者也应该仔细研究。在并购投资之前，与监管部门进行良好沟通，可以减少监管障碍。目前，许多中国企业成功地在美投资，主要归因于与美国伙伴的合作。美国基础设施建设中，外部投资可能会被接受，但建立互信的过程是漫长的。中国企业除了考虑收益和风险是否合适外，投资成功的关键是必须理解美国政治，因为任何非政府组织投资基础设施在政治上都非常敏感，

这就需要找到很好的伙伴，帮助处理各种公共关系。

（三）投资后：学习当地文化，遵守当地法律

要先学习所在国的文化，把本国的主张通过所在国的文化交流，就可以达到让所在国理解和欢迎的目的。要非常明确地遵守所在国法律，依法经营。如果公司按照所在国的法律注册，雇佣所在国员工，向所在国政府交税，解决所在国就业，给所在国带来利益，那么就成为标准化的当地公司了。因此，作为一个外来投资者，将也可以享受和所在国公司一样的国民待遇。

33 城乡一体化与低碳城市发展规划*

气候变化深刻影响着人类生存和发展，是世界各国共同面临的重大挑战。各种应对方案中，旨在降低人类活动造成的碳排放的“低碳”发展模式在世界范围内得到普遍认同，并成为新时期的人类发展目标。从利用更少的环境资源消耗，产生更少的环境污染，获得更多经济产出的“低碳经济”，到提倡减少碳排放的“低碳生活”、“低碳社会”概念，低碳理念在经济和社会发展的各个层面迅速普及。各国纷纷从国家层面推出相应的规划和计划，确认低碳理念在国家发展方向上的指导地位。例如，我国2007年出台《应对气候变化国家方案》，2009年11月提出2020年单位GDP能耗比2005年降低40%～45%的自主减排目标，2010年7月国家发展改革委组织开展首批五省八市低碳省区和低碳城市试点工作。

我国经济的快速增长推动了工业化与城乡一体化进程，而经济的快速增长、工业化与城乡一体化进程的加快，也导致温室气体排放量的快速增长。据统计，改革开放30多年来，我国经济总量从1978年的3 624.1亿元上升到2009年的335 353亿元，城市化率从1978年的17.9%上升到2009年的46.6%，能源消费和温室气体排放总量也快速增加。我国继2007年成为全球第 CO_2 排放大国之后，2010年又成为温室气体排放居全球第一的国家。我国GDP在过去20年间保持近8%的增长速度，但我国百万美元GDP能耗是世界平均水平的3.1倍，是日本的9倍。快速城市化与工业化对我国发展提出了严峻的挑战：中国的发展必须摒弃发达国家在19世纪工业化初期采用的高能耗、高污染、低效率的发展模式，转而遵循环境友好型的低碳模式。城市作为人类生存与生活的中心，在经济社会中起着举足轻重的地位，不可避免地成为我国低碳发展的重点。自2007年始，低碳城市的概念和实践成为低碳发展的新兴领域。2010年，国家发展改革委五省八市的首批低碳试点省市是我国低碳城市发展的一个里程碑。国家发展改革委《关于开展低碳省区和低碳城市试点工作的通知》（发改气候〔2010〕1587号）中五项具体任务的第一项就是编制低碳发展规划，要求试点省和试点城市将应对气候变化工作全面纳入本地区“十二五”规

---

* 本文完成于2010年12月，系笔者与杨丽共同创作。

划，研究制定试点省和试点城市低碳发展规划。因此，低碳城市发展规划格外引人关注。

一、城乡一体化进程中发展低碳城市的必要性

气候变化、碳排放与城市化过程相交织，低碳的经济发展与社会生活方式成为遏制全球升温、气候变化的必要选择。从碳排放源头看，城市是人口、建筑、交通、工业、物流的集中地，也是高耗能、高碳排放的集中地。据统计，全球大城市消耗的能源占全球的75%，温室气体排放量占世界的80%。从最终使用的角度看，碳排放的来源可以分为产业、居民生活和交通三个主要的组成部分。根据美国资料，由建筑物排放的CO_2约占39%，交通工具排放的CO_2约占33%，工业排放的CO_2约占28%。在英国，80%的化石燃料由建筑与交通消耗，城市是最大的CO_2排放者。为了减少对CO_2排放趋势估计的复杂性，可以借鉴丁仲礼的思想，只考虑三个变量：人口变化趋势、社会发展阶段和能源结构。而这三个变量与我国的城乡一体化过程交织成一体。

我国城乡一体化进程发展很快，但城市化质量提高较为缓慢，城市化速度与质量严重不协调。目前，中国的城市化呈现出典型的不完全城市化特征，城市化率在统计上有些高估。“十一五”期间，中国城市发展取得了巨大成效：城市规模快速扩张，中心城市地位凸显；城市基础设施不断完善，投融资渠道日趋多元化；城市经济实力显著增强，产业结构进一步优化；城市人居环境明显改善，建设管理水平迅速提高；城市社会事业蓬勃发展，和谐城市建设迈出新步伐。然而，由于体制和政策不完善，当前中国城市发展尚存在诸多问题，如城市土地扩张与人口增长不匹配、城乡与区域发展严重不平衡、收入差距扩大与居住分异加剧、各种城市社会问题日益凸显、城市空间开发无序现象严重、大城市膨胀问题亟待解决等。

“十二五”期间，中国将进入城市化与城市发展双重转型的新阶段，预计城市化率年均提高0.8~1.0个百分点，到2015年达到52%左右，到2030年达到65%左右。城市经济发展一个具有里程碑意义的变化是城市化率超过50%，城镇人口将超过农村人口。这一时间大约在“十二五”中期，届时城市人口与乡村人口都将是6.8亿人。由于城乡人口数量对比的变化，城市经济在国民经济中的主体地位更为强化，也对城市发展提出了更大的挑战。

碳减排成为我国国民经济和社会发展的重要指标。近几年来，中国CO_2排放量成为备受西方政治家关注的话题，并以CO_2排放大国作为要求我国承担量化减排义务。我国政府作为负责任的大国，既响应联合国减少温室气体减排的倡议，也充分

考虑我国的国情。2008 年提出到2010 年实现单位 GDP 能源消耗比2005 年降低20%的目标。2009 年提出到2020 年实现单位 GDP 能源消耗比2005 年降低40% ~45% 的目标。2010 年 10 月中共十七届五中全会通过的《中共中央关于制定国民经济和社会发展第十二个五规划的建议》也明确提出“积极应对全球气候变化”,“把大幅降低能源消耗强度和二氧化碳排放强度作为约束性指标，有效控制温室气体排放”等。

为应对城市发展与全球变暖的挑战，传统城市发展模式需要变革。具体而言，我们需要一种理想的“低碳”模式来化解工业革命200 年来的“高碳”城市给人类社会带来的灾难风险。仅仅通过节能减排的技术手段尚不足以解决减少 CO_2 排放问题，有必要以更加多元的标准来衡量城市规划与建设，通过低碳城市规划来寻求城市发展的低碳化方向，探索可持续的低碳城市发展模式。要发展理想的低碳城市，低碳城市规划是一种必要而有效的手段。

城市规划是一种土地和空间资源的配置机制，是政府引导城市发展的重要规制手段。我国城市规划体系的构建，曾经均以促进经济发展为基本前提。尽管近年来城市规划逐渐强调民生、环保等目标，但城市规划理论和指标体系中，没有将能源消耗和温室气体排放等作为限制性要素。因此，以低碳城市理念来指导城市规划的创新尤为必要。

二、国内外低碳城市发展实践

就低碳城市规划研究而言，英国、日本走在科学研究的前沿，我国和印度作为发展中的大国开始关注相关研究。关于理论研究进展，顾朝林等的《气候变化与低碳城市规划》从低碳发展模式的经济性、低碳城市模式、低碳城市生活方式规划、低碳城市规划、低碳城市规划政策、低碳城市规划治理等方面对国外研究成果进行了直至2009 年初的详细梳理，本文不再赘述。从总体上看，我国气候变化研究开展较早，低碳经济研究稍有深入，低碳城市研究刚刚开始且以低碳技术研究为主，而低碳导向的城市规划研究与实践起步更晚，研究与实践都还比较少。下面简要梳理英国、日本、美国、印度和我国在低碳城市发展方面的实践。

（一）国外低碳城市发展实践

英国关于气候变化、低碳城市与城市规划的研究与实践走在世界前列。特别是在国家规划政策指引中，关于可持续发展规划、应对气候变化的规划政策，从规划的编制、实施、公众参与、实施反馈等多方面入手，系统而全面。2008 年 11 月，英国议会通过《气候变化法案》（*Climate Change Act*），提出到2020年英国的 CO_2 排放量相比1990年减少26%，到2050年相比1990年至少减少80%。英国政府已经明确在2050年降低 CO_2 排放60%。要实现该目标，英国政府认为，包括经济、社会等各个部门需要共同努力。英国的阿伯丁市探索性地开展了低碳城市规划实践。

日本关于低碳城市研究主要集中在低碳社会研究领域。2004年日本环境省发起《面向2050年的日本低碳社会情景》（*Japan Low Carbon Society Scenarios toward 2050*）研究计划。2007年2月，发布《日本低碳社会情景：2050年的 CO_2 排放在1990年水平上减少70%的可行性研究》。2008年5月，日本环境省研究小组发布《面向低碳社会的12大行动》。日本钢铁联盟、化学工业协会、造纸联合会、水泥协会、电气事业联合会、石油联盟等主要行业也自主制定了2008—2012年减排 CO_2 达10%～120%的目标。

美国布什政府拒绝认可《京都议定书》，主张通过技术途径解决气候变化问题。2007年11月，美国进步中心发布《抓住能源机遇，创建低碳经济》报告，承认美国已经丧失在环境和能源领域的关键绿色技术优势，提出创建低碳经济的十步计划。2007年美国国会提出《低碳经济法案》。2009年奥巴马政府任命哈佛大学物理学家，擅长气候、能源、核武器的约翰·霍尔德为总统科学与技术助理，试图扭转美国政府的气候及能源政策。

印度作为最大的发展中国家和 CO_2 排放大国，也开始关注城市在气候变化中的作用。2008年6月30日，印度发布《气候变化行动计划》，确定了印度将执行至2017年之后的8个核心计划，其中包括“可持续生活环境国家计划，将提高能源效率作为城市规划的核心组成部分”。该计划要求：修订现有的节能建筑规范；更加强调城市废物管理及回收利用，包括利用废物发电；加强机动车燃烧经济性标准的执行力度，以及使用定价措施鼓励购买低能耗汽车；提倡使用公共交通工具等。

（二）我国低碳城市发展实践

我国的低碳之路在国家政策制度的推动下发展。1996年，我国绿色照明工程计划随着《中国绿色照明工程实施方案》的制定完成而正式实施。2005年，我国《国民经济与社会发展第十一个五年规划纲要》明确提出2010年单位GDP能耗比2005年降低20%的目标。2006年，实施《可再生能源法》，发布我国第一部《气候变化国家评估报告》。2007年，成立以时任国家总理温家宝为组长的中国国家应对气候变化领导小组办公室，出台《应对气候变化国家方案》《节能减排综合性工作方案》《应对气候变化中国科技专项行动》《可再生能源中长期发展规划》。2008年，修订后的《节约能源法》正式施行，上海、保定成为WWF低碳城市首批试点城市，政协委员吴晓青在两会上提议发展低碳模式，上海、珠海、吉林等地先后提出建立低碳示范区。2009 年，《循环经济促进法》施行，我国做出自主减排承诺：2020 年单位 GDP 碳强度比 2005 年降低 40% ~45%。2010 年 7 月，国家发展改革委发出《关于开展低碳省区和低碳城市试点工作的通知》，组织开展首批五省八市低碳省区和低碳城市的试点工作。首批试点省市为广东、辽宁、湖北、陕西、云南五省和天津、重庆、深圳、厦门、杭州、南昌、贵阳、保定八市。2010 年 10 月，党的十七届五中全会通过的《中共中央关于制定国民经济和社会发展第十二个五年规划的建议》明确提到“树立绿色、低碳发展理念，以节能减排为重点，健全激励和约束机制，加快构建资源节约、环境友好的生产方式和消费模式，增强可持续发展能力”，强调“积极应对全球气候变化。把大幅降低能源消耗强度和二氧化碳排放强度作为约束性指标，有效控制温室气体排放”。

自 2000 年以来，我国多个城市进行了低碳发展的探索，如日照市是第一个申请加入“气候中和”网络的中国城市，并于 2007 年获得首届“世界清洁能源奖”。沈阳市是科技部地源热泵技术推广的试点城市。无锡市集聚了尚德、浚鑫等太阳能光伏生产企业和配套企业的产业群，太阳能光伏产业共申请专利技术 70 多项，获得专利授权 40 多项，是我国最大的光伏产业生产和出口基地。德州市 2004 年就签署《大邱宣言》成为世界太阳城组织的一员，承诺与其他成员城市共同努力，积极采取行动控制人均 CO_2 排放，申办 2010 年世界太阳城大会成功，制定“中国太阳城”发展战略，旨在将德州市建设成为世界太阳能研发、制造和文化中心。厦门市是国际重要的高端节能灯创制、制造和出口基地，拥有 60 多家节能灯和配套生产企业，生产全球 20% 的节能灯，节能照明电器出口量达 50 亿元。LED 技术在北京奥运会与上海世博会成功应用。天津市经济开发区 2008 年加入“LED City”计划，成为我国首个 LED 城市照明示范区。上海崇明岛东滩生态城是世界上第一个零碳开发的永续城市规划。上海临港新城则重点在低碳社区、低碳产业园区等局部区域促进低碳技术应用，尝试低碳发展实践。潘海啸等提出了中国“低碳城市”的空间规划策略，主要从“紧凑城市”、“公共交通导向”、“发展自行车和步行交通”和“土地混合使用”等方面进行低碳城市规划的探索。2008 年 1 月，世界自然基金（WWF）启动中国低碳城市发展项目，上海、保定入选首批试点城市。WWF 与上海市有关部门合作，通过对建筑的能源消耗进行调查、统计和分析，提高建筑能源利用效率；通过对物业管理人员进行培训，提高其节能运行的能力；通过进行生态建筑发展的政策研究，最终实现降低居民生活碳排放量。WWF 与保定市相关部门合作，通过促进可再生能源的投资、建设新能源制造基地来为居民生活提供单位碳排放量低的新能源，最终实现低碳城市发展。WWF 保定低碳城市项目的开展，由清华大学公共管理学院的研究团队承担低碳城市规划设计，这不仅将低碳城市理念引入保定市，而且城市基础调研、分析与规划设计工作从2008年就已开始，也正是这些工作基础，为保定市赢得了入选国家发展改革委首批试点城市的机会。

国家发展改革委五省八市试点省市的选择依据地方申报情况，统筹考虑各地方的工作基础和试点布局的代表性而决定。五省八市之中，除了比较典型的保定市，其他省市都开展了程度不一的低碳城市发展规划基础工作。就笔者所知，申请成为首批试点省市的远远不只五省八市。特别难能可贵的是，还有不少城市的领导者将低碳城市发展规划列为重要议题并着手规划设计，目的只想让自己的城市更美好，为城市居民做实事，并不是为了要政绩要政策。

三、我国低碳城市发展规划中存在的问题

我国的低碳城市发展规划大部分还没有编制完成，或是规划设计基本完成，规划实施刚刚开始，因此暂时无法对低碳城市发展规划中存在的问题进行全面梳理，本文仅就笔者发现的几个问题进行讨论。

（一）对低碳概念理解泛化

2009年，“低碳”成为媒体与网络热词，似乎一夜之间在全国普及，但大家对其的理解不尽相同。笔者曾收到一条更换手机号的短信，“为表低碳，××的手机号更换为……”尽管该短信有调侃热词的嫌疑，但确实有不少人认为节约开支就是低碳。低碳提倡节俭精神没错，但并不是所有的节俭都产生碳减排的效果，而且有些低碳有技术成本，这也是为什么有些低碳产品比非低碳产品价格更高的原因。以冰箱为例，目前市场的情况是节能指数越高，价格也越高。

低碳经济、低碳社会、低碳城市等概念均由低碳衍生而来。低碳指在保持经济社会稳定健康发展、人民生活水平不断提高的前提下，二氧化碳排放维持在一个较低的水平，对自然系统产生较小负面影响。低碳经济的概念2003年由英国在其《能源白皮书》中首次提出，指通过更少的自然资源消耗和更少的环境污染，获得更多的经济产出；低碳经济是创造更高生活标准和更好生活质量的途径和机会，也为发展、应用和输出先进技术创造了机会，同时还能创造新的商机和更多的就业机会。低碳经济以低能耗、低污染、低排放为基础的经济模式，是人类社会继工业革命、信息革命之后的又一次经济革命浪潮。其核心是能源技术创新、制度创新和人类生存发展观念的根本性转变。低碳社会的理念2007年由日本提出。日本认为，没有“低碳社会”就无法发展“低碳经济”。“低碳社会”遵循的原则是：减少碳排放，

提倡节俭精神，通过更简单的生活方式达到高质量的生活，从高消费社会向高质量社会转变，与大自然和谐生存，保持和维护自然环境成为人类社会的本质追求。低碳社会指通过消费理念和生活方式的转变，在保证人民生活质量不断提高和社会发展不断完善的前提下，致力于在生产建设、社会发展和人民生活领域控制和减少碳排放的社会。

（二）对低碳城市发展模式认识不到位，低碳建设流于形式

城市的低碳发展既要求改变传统的高碳产业模式，以低碳产业与“降碳产业”为主导，保持能源的低消耗和 CO_2 的低排放，同时又要求保持经济的健康稳定发展与人民生活的改善，市民以低碳理念指导自己的生活与行为。不少干部认为低碳会妨碍发展，以招商引资经济指标是硬任务，已经纳入各单位年终考核范围，完成任务本来就非常困难，现在却还要低碳，提高企业准入门槛等理由来反对“低碳”。2008 年，广元市的各级干部对于当时还很陌生的“低碳”也是一片反对之声。其实，哪怕是零碳排放社区，城市经济学者也已经通过建立行为模型、考察城市规模、居住和就业选址、规划限制等因素，针对居民生活能源消耗和碳排放的影响，为低碳城市规划的原则和方法设计提供经济学的支撑。低碳城市对减缓与适应过程中产生的经济效益非常可观。如首尔的“低碳和绿色增长总体规划”到 2030 年将会带来 100 万个就业岗位。

目前，特别是在 2009 年哥本哈根会议之后，我国已经有上百个城市都在探索建设低碳城市，不久前国家发展改革委也公布了中国低碳城市示范城市名单，但我国许多城市由于政绩需要，往往只注重实施一些短期见效快的重点减排项目，而对政府怎样在城市日常管理工作中进行低碳规划尚缺乏全面认知。从国际上低碳城市的实践来看，必须通过对城市进行全面的现状评估后，制定适合本城市实际情况的低碳规划和相应的政策并有步骤地实施，这样的低碳城市建设才是可持续的，也是最低碳的。否则就会出现我国城市低碳实践当中为了实现低碳城市的目标，而采取并不低碳的手段的尴尬局面。

（三）多方利益相关者参与不充分

低碳城市具有系统性与动态性的特征。系统性指在发展低碳城市的过程中，需要政府、企业、金融机构、消费者等各部门的参与，是一个完整的体系，缺少任何一个环节都不能很好地运转。低碳城市建设体系是一个动态过程，各个部门分工合作，互相影响，不断推进低碳城市建设的进程。就黄河三角洲低碳生态产业园区规划、广元市低碳重建与发展规划、保定市低碳发展规划等项目而言，规划设计各有

特点，为我国城市的低碳发展规划做出了很有价值的探索与尝试。但总体来说，社会参与还不充分，基本是地方政府主导，企业、金融机构与消费者的参与不够。

（四）规划设计机构资质不一，设计成果良莠不齐

没有权威的统计资料说明目前参与我国低碳城市规划编制的单位究竟有多少家，但国家发展改革委 2010 年组织了一次有关低碳城市发展规划编制的经验交流会，参会的几家单位来源多样。既有国家的研究机构、科研院所，也有大型企业与个体户。大家都是凭各自的理解来进行委托城市的低碳城市发展规划，可以说无定法。项目团队、项目时间、项目内容、城市大小差别很大，设计成果良莠不齐。低碳城市发展规划是个综合性的系统工程，要求研究编制机构全面熟悉城市的历史、结构与现状，发现发展中的问题与挑战，并根据情景、资源与愿景提出适合这个城市发展具有操作性的目标与方案，涉及的领域不仅是城市本身，还涵括经济、环境、能源、建筑、交通、金融、土地、水、电、意识教育、政策与制度等各个方面。

（五）缺乏成熟、系统的低碳城市评价指标体系

Climate Group 在 2009 年《中国低碳领导力：城市》研究报告中主张从经济发展、能源结构、消费方式、碳强度四个方面的进步来衡量城市的低碳发展。中国社会科学院城市发展与环境研究所在《广元市的低碳重建与发展项目》中使用的是低碳产出水平、低碳消费水平、低碳资源指标、低碳政策 4 个一级指标和 12 个二级指标来衡量广元市的低碳发展水平，并指导低碳重建发展规划。前者的衡量是粗线条的，勾勒主要的方面；后者更加细化，已尝试应用于具体城市的规划。应该说，后者更具可操作性。当然，社科院的这套指标体系还只是应用于少数的城市，而且仅仅是完成规划阶段，暂时还没有足够的实践案例与规划实施的多年跟踪来判断该套评价指标体系的系统性、科学性与可操作性。

（六）尚未形成系统的低碳城市发展规划与低碳经济发展框架

2010 年 7 月，国家发展改革委《关于开展低碳省区和低碳城市试点工作的通知》中明确将编制低碳发展规划列为第一项具体任务，要求试点省和试点城市将应对气候变化工作全面纳入本地区“十二五”规划，研究制定试点省和试点城市低碳发展规划。要求开展调查研究，明确试点思路，发挥规划综合引导作用，将调整产业结构、优化能源结构、节能增效、增加碳汇等工作结合起来，明确提出本地区控制温室气体排放的行动目标、重点任务和具体措施，降低碳排放强度，积极探索低碳绿色发展模式。至此，我国低碳城市的发展翻开新的一页。但在此之前，我国城

市的低碳实践基本是领先性的探索和尝试，其中大多数城市侧重于某一个行业或领域，少有从低碳城市的整体发展角度进行规划，并纳入低碳经济的发展框架，总体而言，我国城市的系统解决能力还比较弱。

四、完善我国低碳城市发展规划的思考

（一）普及低碳教育培训，培养低碳意识，改变消费模式，重视低碳能力建设

建立培训与共享机制，利用多种渠道与方式，不是仅仅让全社会知道“低碳”这个词，更重要的是要了解低碳的内涵、理解低碳与发展并不矛盾，真正以低碳理念引导生产、生活与城市的规划与发展。低碳城市本身就是动态的系统工程，需要政府、企业、组织、市民、消费者与规划设计机构多方利益相关者积极参与。低碳知识、低碳技术与低碳实践的共享有助于全社会低碳意识的培养与强化，有助于政府、规划设计机构、企业、组织与个人等利益相关者的低碳能力建设。

（二）加大绿色采购，加强国内外合作，促进低成本融资，刺激低碳技术发展

实现碳减排目标所需要的投资额常常会远远超出地方政府的财政能力，城市必须认识到可持续投融资战略的重要性。为成功实现减排目标，城市政府需要采用更加激进的融资战略，与利益相关方广泛合作共同探讨融资方式。例如为实现芝加哥气候变化行动计划中的碳减排目标，需要总额达 20 亿美元的投资额以改造 400 万幢建筑。城市政府没法完全依赖过去的公共财政补贴模式，必须探索多种资金来源。城市政府有必要将短期的公共财政补贴与长期的投资战略结合起来，找到更多可以促进低碳发展的金融工具。城市政府也可以加大绿色采购，催生节能减排与低碳技术的需求，促进低碳技术的发展。

世界各国的城市都面临同样的气候变化挑战，城市在全球与全国层面联合开展行动非常重要。这使得城市政府能够参与到全球与全国的讨论和分享中，一方面分享自己的经验，从而对其他城市产生影响，另一方面互相交流可以获得技术和资金支持。在 Climate Group 2010 年《国际视角的城市低碳发展》中的 9 个案例城市都参加了多个全球网络与平台，无一例外都有与国际地方政府环境行动理事会与克林顿 C40 城市项目的合作。城市通过参加全球合作伙伴项目，既提升城市的国际形象，又能从项目中获取工具、融资、其他资源和信息的支持，以克服其实现地方可持续发展和规划的障碍。这些国际非营利机构及其平台和网络对城市政府制定气候政策与城市发展规划起了很大的促进作用。保定、上海、广元与 WWF、英国驻华使馆等

的合作就是很好的例子。我国城市还可以与更加广泛的全球其他国际非营利机构及其平台和网络进行合作。

（三）科学编制温室气体排放清单和情景规划，积极发挥政府的示范行动作用

城市发展规划需要设定合理的减排路径，这需要充分了解自身的碳足迹。编制城市温室气体排放清单不仅有助于制定减排政策，更是城市发展规划和执行中的重要一环，这个过程有助于设定部门目标并制订减排计划。碳排放清单的编制过程也是市政府与相关政府部门、工业界、商业界和社区就气候变化问题交流沟通的过程。

地方政府有能力通过示范行动引领城市迈向低碳未来。市政府通常完成两种温室气体排放清单调查和情景规划。一种针对商业部门和政府活动的温室气体排放，另一种针对政府管辖区域内整个城市社区的温室气体排放。排放清单编制完成后，市政府将利用此结果进行目标设定和情景分析的工作，并基于此制订出相应的气候变化行动计划。政府的行政管理也具有消费者的特征，也会排放大量二氧化碳。从政府的运行、相关设施和政府职员本身开始实施减排项目，具有重要的带头示范意义。一方面减少了政府部门的碳排放，另一方面可以对某些运作模式进行尝试，既取得公众和工商业的信任，还能找到成功模式、刺激市场、推动企业和公众开展更广泛的行动。

（四）建立多方利益相关者充分参与的体制、政策和管理体系

城市应对气候变化的挑战有很多，诸如最优技术选择、技术融资途径探索、技术市场推广的激励政策选择、消费者教育，以及低碳技术的实际应用和维护，等等。然而，主要障碍不是技术问题，因为多数减排技术是可得的。主要的障碍在于探寻如何为低碳技术提供融资，需要什么样的制度、政策和管理体系以促进技术的商业化应用。可以说，政府所面临的最大挑战是如何获得核心利益相关方在技术投融资体系中的兴趣、认可和支持。

同时，低碳城市发展规划的制定还需要了解什么因素阻碍了商业界、工业界和居民节能和采用清洁能源。市政府可以采用参与式行动、政策整合和建立合作伙伴关系等方式，让利益相关方坐在一起帮助确定合适的制度、政策、管理办法和技术方案。有时会联合使用多种政策工具，如能效和建筑标准、经济激励措施、公众运动、信息传播和意识提高、技能培训等手段的结合。各城市逐渐把气候变化的减缓、适应和绿色增长政策整合，因此综合规划方法的应用越来越多。政府的主要作用是采取措施鼓励企业和居民采取行动，这包括制定法律法规、推出经济激励机制，以及提供相关信息。但由于具体问题常常跨越多个经济活动部门，有时会超出政府的

管辖范围和能力。因此，政府机构、私人部门、非营利机构和社区的合作伙伴共同行动很重要。

（五）每个城市的状况各不相同，城市低碳发展规划不必追求统一的模式

城市不同，政府采取的政策和行动也不同。城市之间的差异性决定了城市采取政策规模和投入的差异，没必要也无法追求统一的模式。比如重庆市市政府与保定市市政府，两者不可能是统一的蓝图、统一的模式，相同的政策措施、相同的影响。当然，尽管城市有差异，但还是有一些通用的政策工具，例如立法，包括提供直接融资在内的经济激励、协调支持或提供信息和咨询意见、教育和宣传、意识提高、共同合作等。城市规模大小和级别不同决定了城市不同的气候执政能力，但各城市气候行动背后存在共同的政策驱动力，理解城市政府的不同角色有助于低碳城市发展规划的制定与实施。城市政府同时扮演能源消费者、目标调控者、关系协调者和信息提供者等不同角色。作为消费者，城市政府需要考虑政府部门自身的减排；而作为管理者、促进者和提供者，城市政府需要考虑如何对整个社会的温室气体减排进行管制、动员和激励。

34 水电流域综合开发与怒江生态廊道建设*

从1999年国家发展改革委拨出资金对怒江中下游云南境内的水电开发进行规划以来，怒江水电开发的争议持续了十余年，甚至在2008年的公务员考试中，怒江水电开发话题成为申论考试的内容。长期以来，中央与地方、专家与公众、外地与本土，彼此对于是否要对怒江流域水资源进行开发的观点分歧较大、莫衷一是。云南省人民政府印发的《滇中城市经济圈生态环保一体化专项规划（2014—2020年）》指出，要强化生态廊道建设，构建区域生态廊道体系。本研究的基本观点是：因为单纯的原生态环境保护意愿就提出对怒江水电开发完全放弃是不理性的，应通过流域水资源综合开发，建设生态廊道，促进生态文明建设，最终提升云南怒江流域的经济社会发展总体水平，从而达到既促进当地经济发展、人民脱贫致富，又主动保护怒江生态环境的目的。正如习近平总书记指出的：绿水青山，就是金山银山。

一、关于怒江流域水电开发的多种观点

尽管怒江水电开发很早就提上了议事日程，中央政府也将其纳入发展规划，相关前期勘探研究也进行了十多年，但一些环保人士和地质专家对怒江流域水电开发表达了不同意见，从一定程度上延缓了怒江水电开发进程。

（一）反对的意见

反对怒江水电开发的，主要是部分环保组织、专家和当地民众。

1. 担心破坏中国最后的生态江河

一些环保组织和专家认为，怒江作为目前我国仅存的两条原始生态江河之一，应从国家生态安全长期目标出发，将其作为一条生态江予以保留，不予开发。2003年，中国环境文化促进会召开第二届会员代表大会，参会者中关注自然、生态的62

* 本文完成于2016年7月，系首次公开发表。

位科学、文化艺术、新闻、民间环保界人士联名呼吁：请保留最后的生态江——怒江。北京的专家钱易、刘鸿亮、唐孝炎、金鉴明、李文华等院士则明确提出，不能片面强调西部水资源的能源价值，而忽视或掩盖水资源（特别像怒江这样重要的生态河流）的生态价值和社会人文与经济可持续发展的综合价值。对于拥有世界上独一无二的生态价值的地区，衡量其经济发展水平，不能简单以传统的GDP来考核。

2. 担心移民不当会加剧贫困、破坏多民族文化

一些环保人士担心电站梯级开发会破坏怒江地区独特的民族文化，而一部分当地居民最担心是移民。2003年11月，世界河流与人民反坝会议在泰国举行，来自中国民间环保组织的有绿家园、自然之友、绿岛、云南大众流域等参加会议，反对怒江水电开发。云南大学教授何大明认为，怒江州的贫困是多种原因造成的，不能片面地认为修建大坝就能使当地农民富裕起来；如果处理不当，移民就地后靠，不仅会使农民丧失地力较好的耕地资源，而且会造成新的水土流失，加剧当地的贫困化。

3. 担心降低怒江著名峡谷旅游资源的独特性、自然性和完整性

有专家认为，怒江天然大峡谷具有多重不可替代的重大价值。怒江峡谷的险峻与雄奇胜于世界上许多著名的大峡谷，只是尚未被世人了解。它是地球陆地表面最险峻的地区，而且全流域原始生态环境保存基本完好，尚无一处工程，甚至许多深山密林还没有人类的足迹。2004年3月《情系怒江》摄影展在京开幕，自然之友会长梁从诫、中国科学院陈昌笃、作家张抗抗、歌唱家郁钧剑等陈述了自己对怒江生态完整保护的意见。2004年3月，环保NGO北京地球村、自然之友、绿家园的代表参加在韩国济州岛的第五届联合国公民社会论坛，并做了专题讲演，联合国副秘书长、环境署执行主任托普费尔、联合国亚太地区执行主任索拉塔等观看了“情系怒江”网上的照片。环保组织通过类似活动，向国内外表达：怒江峡谷是世界上著名的峡谷，水电开发将极大地降低其品质和作为旅游资源的价值，将会丧失其独特性、自然性和完整性。

4. 担心影响“三江并流”世界遗产

有北京学者指出，怒江是我国获准被列入世界遗产名录“三江并流”中的大河之一，发源于唐古拉山南麓，流经西藏、云南，通过缅泰边境入安达曼海，是一条国际河流。云南学者何大明认为，包括怒江在内的“三江并流”是在久远的地球演化过程中形成的独特自然资源，并已于2003年被联合国列入世界自然遗产名录，该遗产的保护十分重要，我们应该信守对世界遗产的承诺。2004年7月在第28届世遗大会上，“三江并流”遗产被处以黄牌警告，世遗中心认为“三江并流”是中国生物物种发源地，集中了6 000种植物种类和超过全中国一半的动物物种，其中怒江是东南亚唯一大型“自由流动河流”，如果在怒江上大量修建水电站，不仅会影响物种生存，还将对该处自然遗产的原生态造成破坏。

5. 担心生态影响

有环保人士指出，100多年来，怒江河谷始终是世界各国科学家最为关注的生态热点地区之一，也是我国与东南亚淡水鱼类区系最为重要的组成部分。一旦对这个尚有很多未解之谜的世界瑰宝动“手术”——拦起13道大坝，损失将是毁灭性的。中国农业大学王象坤教授最担心的是怒江下游30公顷野生稻面临的危机，这些野生稻是中国极其重要而珍贵的基因库，是目前全国保存最完好的野生稻种群，中国杂交水稻的进一步研究与开发将以此为基础。农业部渔业局研究员王希华指出，大坝对于众多濒危鱼类的危害，远远大于滥捕和偷猎。他认为，怒江中70%都是土著鱼类，其中的裂腹鱼等更是世界级的珍稀鱼类。有专家们提出：老百姓捕一条都要判刑，可灭绝了这个种群，要不要追究法律责任？

6. 担心地质灾害

有专家认为，怒江中下游所处的横断山区，怒江等大河沿断层发育，新构造运动活跃。在其高山峡谷区修建干流大型电站，必须关注水土流失、滑坡、泥石流和可能的地震灾害的侵袭，工程的经济寿命可能远较预期设计的小。

一直到今天，环保组织的努力并没有一天停止，以至于2016年6月5日，自然之友、云南大众流域、绿家园、绿色汉江、横断山研究会、绿色浙江、成都城市河流研究会等七家环保组织，再次联合发表呼吁信，建议在“十三五能源规划”中强化环评约束和公众参与，暂缓怒江流域水电开发。

（二）赞成的意见

赞成怒江流域水电开发的主要是地方政府、水电开发商和当地部分专家、民众。

1. 所谓“最后一条生态江河”其实是个伪命题

对于“保留一条原生态河流”问题，云南方面专家（云南大学何大明教授除外）主张“给怒江人民一条出路”。云南专家们的意见是：首先，原生生态河流应该是从源头到入海口所有河段均未受到人为干扰的河流。而从严格意义上说，怒江已不是一条保持着自然流态的河流。因为在怒江上游（西藏那曲地区）早已建有一小型水电站，且怒江河谷地带已被人类开发利用；另外，萨尔温江（怒江流出中国境外称此名）如果被所在地国家开发，怒江保持一条原生生态江的目的也不可能实现。其次，由于每条河流都有自己的独特性，保留一条河流在科学研究上的参照性、可比性意义有限。有怒江人认为：当地人需要的是能走出困境来的“造血”之路，而不是别人“输血”。在考虑保护自然、发展经济、解决就业，或为人类留下一条生态处女江的同时，不要忽视怒江人最基本的追求幸福的权利。

2. 贫困的怒江地区不可能找到比水电开发更好的脱贫产业

有北京专家表示，怒江地区生存条件的恶劣超出了一般人的想象，广大群众至今仍未脱贫，水电开发是一条可促进怒江州社会经济较快发展的重要途径。在怒江这样一个远离中心城市、基础设施和经济社会发展严重滞后的地区，不可能再找到比水电开发更好的产业。2004 年 3 月全国两会期间，云南代表从能源角度发表了对云南水电开发的看法。对于贫困的怒江州而言，大幅增加的财政收入将是对地方政府最大的诱惑。怒江州负责人表示：怒江水电开发具有地质条件好、搬迁人口少、淹没土地少、开发成本低等显著特点，社会和经济效益十分可观，是水电开发的“钻石”级“富矿”；怒江中下游水电开发是解决怒江州各族群众脱贫致富、实现州域经济可持续发展的最佳途径。怒江不开发，势必影响怒江 49 万群众的发展权；怒江不开发，各级党委政府就很难向还处在非常贫困状态的人民群众做出合理的交代。华电云南有关负责人认为：建水电站最大的受益方当然是电力公司，但华电是国资委领导下的国有资产控股企业，代表的是国家。

3. 流域综合开发是对生态环境的主动保护

任何开发建设项目对生态环境都将产生影响，但真正破坏环境的是无序开发，而统一规划、综合开发则是保护生态环境的主动选项。有学者撰文指出，如果不开发水电，自然保护区内居民拉电线或者砍树，都会更加严重地破坏环境。多数怒江少数民族民众的想法，就是能过上好日子，而移民补偿对于他们来说是一笔很大的数目，应该说搬迁问题不会遇到太大阻力。

4. 怒江水电主体工程不在“三江并流”范围之内

云南省环保局分别召开了两次研讨会，对“三江并流”世界自然遗产的影响，云南专家认为影响不大，因为“三江并流”怒江片区的核心区域在海拔 2 500 米以上，缓冲区也在 2 000 米以上，而怒江水电开发规划最高程为 1 570 米，淹没的主要是人地矛盾突出、水土流失最严重的河谷地带。怒江流域涉及高黎贡山和白马–梅里雪山两个片区，水电规划主体工程不在“三江并流”世界自然遗产地范围内。

5. 水电开发不存在对当地原生植被的严重影响

怒江中下游 2 000 米以下没有自然保护区，低海拔地带植被已所剩无几，凡海拔 2 000 米以下河谷或山坡可以开垦的，均已为耕地或次生灌丛及草坡所替代。

（三）审慎的意见

1. 应审慎决策

2004 年 2 月 18 日，温家宝总理对怒江水电开发给出批示：“对这类引起社会高度关注，且有环保方面不同意见的大型水电工程应慎重研究，科学决策。”

2. 要有长远、通盘的考虑

时任全国人大常委会副委员长许嘉璐 2004 年 5 月 20 日率民进中央考察团，就怒江水电开发问题谈了以下意见：怒江水电站开发论证过程中要想到群众的要求，给老百姓到底带来多少实惠要仔细研究。怒江水电开发对生态的影响还有很多科学的问题要解决。“三江并流”遗产不是怒江的也不是中国的，而是属于世界。怒江的希望在江，还在于山。怒江水电站的开发恐怕要召开中央政治局常委会决定，谁都要对历史负责，不要急躁。对怒江开发的长期性、复杂性、艰巨性要有一个长远的认识，商人的眼光是短浅的，商人的话只能作为参考。

3. 要充分考虑民众关切

2012 年 3 月 10 日，全国人大代表、云南省委负责人在两会上再次就怒江水电开发情况公开表示：“怒江水电开发现在没动，一个项目都没动。”事实上云南已“三答怒江开发问题”，之前的 2009 年、2011 年两会期间，时任云南省委负责人就两度表示，怒江水电开发必须处理好流域、生态环境、当地民众等问题。在 2016 年 1 月 25 日举行的政协云南省第十一届委员会第四次会议界别联组会上，中共云南省委负责人称，云南将停止一切怒江小水电开发，推动怒江大峡谷申报国家公园，使之成为旅游天堂。

尽管各界对环保组织介入怒江流域水电开发有不同理解和意见，但客观上环保组织的参与促进了怒江流域水电开发的谨慎与改进。有环保组织高兴地认为，“在怒江问题上，纯粹的民间组织质疑并最终改变了政府的决策，这是一个飞跃，在中国的社会发展进程中具有里程碑式的意义”。云南大众流域的负责人于晓刚说：“过去中国的重大工程公众只知道一头一尾，即开工和建成。在怒江开发上，各个利益集团的意见都能充分表达，这是一大进步。”2003 年 10 月，云南方面就怒江水电项目的环境影响和规划拿出了一个折中方案，主要对龙头水库马吉和光坡、丙中洛两个电站做了调整。云南方面透露，对于光坡和丙中洛两级水电站，专家提出会影响野生稻和瀑布，因此折中方案决定缓建，暂不纳入规划；而马吉龙头水库则主要由于水库的高低将关系到怒江第一湾淹没多少的问题，因此将对大坝的高度进行合理调整，尽量降低对第一湾的影响。马吉龙头水库大坝高度从 400 米降低到 300 多米，以尽量不破坏怒江第一湾的风景。

二、怒江水电开发对生态环境影响的关键问题分析

怒江水电开发引起了社会的极大关注，除环保组织的激进活动和政府部门平衡各方诉求的操作之外，水电专家和生态环境保护专家围绕怒江的专业化理性争论，更值得冷静关注。2004 年 11 月初就提出的《怒江中下游水电规划环境影响报告书》(以下简称《报告书》)，是“怒江争论”的第三方结论，参与制定报告的单位均为国内权威机构，应该代表了本专业的最高水平，报告对此前的主要争论都有描述。怒江水电开发方案的实施，可产生巨大的经济和社会效益，同时也将对环境产生一些不利影响，但这些影响可通过一定的措施予以减少或改善，怒江水电开发方案无根本性的环境影响制约因素。对怒江水电开发是否影响生态环境保护等关键问题的讨论，归纳起来主要有如下几个方面：

(一) 关于移民脱贫及少数民族文化保护问题

移民问题争论最多的是，移民是否能得到实惠、是否会返贫、是否会影响多民族文化。目前的怒江水电开发方案需安置人口约 5 万人，淹没耕地面积约 6 万亩[1](每人 1.2 亩)，其中 80% 是在土地资源非常稀缺的怒江州。移民既要“移得出、稳得住、能致富”，又要考虑保留、继承和发扬民族文化，没有一个长期有效的机制是非常困难的。有人提出了“整体搬迁、集中安置”的措施，以水电开发带动生态移民的异地安置；还有人提出考虑部分淹没补偿资金投资入股，最大限度地让当地少数民族长期得到实惠。但反对移民搬迁的专家担忧，安置不好一会造成移民返贫，二会造成如傈僳族、怒族、独龙族等少数民族文化的消失。

综合以上分析，我们认为，水电开发既是怒江地区实现根本脱贫致富的不二选择，也是怒江地区改变毁林开荒、破坏生态的原始生存模式的重要途径。事实上，怒江州 98% 以上的面积是高山峡谷，境内山高坡陡，几乎没有一块平整的土地，坡度在 25°以上的耕地占总面积的 51% 以上，垦殖系数不足 5%；陡坡耕作屡屡造成人畜坠落事故，有效耕地面积无法满足群众吃饱饭的生存要求。多年来生活在峡谷深处的人们以毁林开荒、陡坡垦殖等方式扩大耕地面积，造成了生态环境的严重破坏。水电开发除发电、供水（灌溉）等直接效益外，还可大大缓解当地群众衣食住行对自然生态环境的巨大压力；为实现农村劳动力大规模地从第一产业向第二、第三产

[1] 编者注：1 亩=0.066 7 公顷。

业转移创造必要条件；为易地搬迁创造条件，从而逐步取消落后低效的耕作方式，从根本上消除对怒江生态环境的破坏，并为生态环境保护与修复提供资金上的保证。最关键的是，要用机制保障发电赚回来的钱能用在环境保护上。《报告书》认为，规划方案总装机容量2 132万kW，联合运行后年发电量可达1 029.6亿kWh，不仅可缓解云南省尤其是滇西地区的电力供需矛盾，促进地方经济发展，对贯彻国家开发大西部的战略方针、实现能源输出也具有十分重要的意义。梯级电站的建设将会大大改变怒江中下游地区交通闭塞、经济落后的状况，促进建材、运输、服务、旅游和其他产业的蓬勃发展，为地方的脱贫致富和快速、可持续发展创造了良好的条件，提供大量的就业机会，增加地方的收入，提高人们的生活质量。

另一方面，科学合理地处理好水电开发与环境保护的关系，将有助于解决好少数民族传统文化的保护与传承问题。怒江流域，尤其怒江傈僳族自治州是云南省最为贫困的地区之一，也是云南水电、生物等资源最为丰富的地区之一。由于独特的自然地理环境和相对滞后的交通条件，怒江流域传统民族文化保护相对完好。因此，只要在推进怒江干流水电开发的过程中，全面客观、科学系统地了解怒江流域民族文化发展的现状，探索民族文化保护、发展和合理利用的新途径，推进怒江流域的综合开发，科学合理地处理好水电开发与环境保护的关系，切实解决好少数民族传统文化的保护与传承问题，怒江开发就会得到当地各民族人民的衷心拥护。

（二）关于生物多样性问题

对多种珍稀动、植物的保护，是一些环保人士和部分专家所担忧的问题。有专家建议，怒江流域是我国三大生物物种聚集中心之一，位居我国17个生物多样性保护地区之首。该地区高等植物占全国20%以上，包括200余科、1 200余属，6 000余种。峡谷区内的珍稀植物资源也很丰富，属国家级保护的有桫椤、秃杉、贡山厚朴、长蕊木兰、红花木莲、水青树、董棕等20余种，省级保护的有30多种，怒江流域珍稀的野生稻是我国重要而珍贵的基因库。怒江流域陆生动物也较多，且有亚洲象、羚羊、雪豹、白眉长猿猴等多种濒危珍稀动物；有7类48种鱼，其中17种为怒江所特有，角鱼、缺须盆辰鱼、裸腹叶须鱼及长须黑鱼等4种鱼类被列入《中国濒危动物红皮书》。因此，怒江水电开发应充分考虑这些关切，制定预案，针对性地解决。

而《报告书》得出结论：怒江流域没有国家重点保护鱼类，规划河段内没有长距离洄游鱼类，各梯级无须建过鱼设施。建库后，随着水生环境的变化，会使水生生物的栖息环境和数量发生一定的变化，但现有的鱼类还会在怒江干流或支流存在。水库淹没使淹没区植被遭受损失，且使陆生动物的分布区有所缩小，但对陆生生物物种影响不大。各电站施工和移民安置活动会产生一些水土流失等生态环境破坏问题，但通过施工过程中加强环境问题管理，这些影响是可以控制的。

综合各方面情况分析，我们认为怒江水电开发对流域生物多样性的影响不大。一是对植物物种影响不大。高黎贡山有 6 000 多种陆生植物，特有种有 400 多种，绝大部分分布在 2 000 米以上区域，分布在水库淹没线以下的仅有 4 种，且这 4 种物种已近 50 年没有找到，目前只有模型标本。二是对陆生脊椎动物物种影响不大。怒江两岸的陆生脊椎动物绝大部分分布在海拔 2 000 米以上的自然保护区内，水电开发不会直接导致这些物种的灭绝，相反，由于水库水域面积的增大，还会为水域栖息种类创造更为有利的条件。三是对鱼类物种影响不大。怒江是云南六大水系中鱼类最少的河流，截止到目前仅发现 48 种，中游水电开发规划河段内无长距离洄游鱼类。水电开发不会阻断鱼类的生命周期循环，不会导致怒江各种鱼类的灭绝。同时，还可以采取修建鱼道设施、设立保护江段和人工养殖等多种工程措施保证鱼类种群规模。四是对下游生态系统没有直接影响。梯级电站建成后，下泄水温变化不大，只会对泥沙起到拦截作用，从而使下游河水更加清澈、河水有机物和重金属含量有所降低。

（三）关于世界遗产“三江并流”问题

有环保组织和部分专家认为，应将水电坝址选择与景观保护进行合理规避。怒江流域的自然保护区有 5 个，其中高黎贡山为世界生物圈保护区和国家级自然保护区、南滚河为国家级自然保护区。水电开发对世界遗产的影响不可小视，应从规划上就做出调整，将水电坝址选择与景观保护进行合理规避。

事实上，《报告书》早就指出，梯级开发方案的实施，对高黎贡山国家级自然保护区和大雪山省级自然保护区无影响，光坡梯级将淹没小黑山省级自然保护区江中山亚保护区边界外缘 30km^2野生稻。梯级开发方案的实施，对“三江并流”风景名胜区怒江流域 3 个景区的绝大部分景点没有影响，对景区总体景观影响甚微。马吉梯级的回水使贡山景区的青纳桶峡谷、石门关仅很小部分被淹，怒江第一湾部分被淹，泸水梯级将淹没片马景区的芭蕉河溶洞、跃进桥温泉群景点。梯级开发方案中仅赛格水库将淹没省级保护文物双虹桥，开发单位要与文物保护部门主动联系，做好相关保护处理措施。

综合各方观点分析，我们认为怒江干流水电开发与“三江并流”世界自然遗产保护并不矛盾。“三江并流”怒江片区的核心区域在海拔 2 500 米以上，缓冲区也在 2 000米以上，而怒江中游水电开发规划的最高蓄水位高程不到1 600米，况且2 000米以下地区的原有生态植被已荡然无存。随着电站、水库的建成和保护的强化，更有利于生态恢复。因此，怒江水电开发与“三江并流”自然遗产生态保护的关系总体是和谐的。

（四）关于水电大坝建设问题

对是否建水电大坝、建多高的水电大坝，各种观点不一。一些反对水电开发的人，认为水坝的寿命只有短短的50年；支持者找出了水坝用200年的例子，并由此称可以用上千年（但是，法拉第电磁感应定律发现只有160多年，因此上千年的水电站是没有的）。环保人士进一步认为：目前的趋势是，国际上拆坝的呼声大于建坝，一些水坝不是“寿终正寝”的，而是出于环境保护或者其他替代能源出现后拆掉的，可由此损失的土壤却难以弥补。但许多事实表明，作为当代最为发达的国家，美国在拆除大坝的同时，却又在兴建一些效率更高、环保条件更好、生态保护更全面的水坝。在怒江水电大坝建设问题上，一般意见认为，六库以上，土地淹没比较小，地质条件比较好，生态破坏比较严重，建议考虑生态移民，将坝修得高一些，水能资源多利用一些；六库以下，耕地较多，尽量减少一些。也有人认为，水电与生态的权衡就是200km^2 表土要不要的问题，值不值得的问题。建议一定要控制坝的高度，将土壤的损失控制在几十平方公里以内。宁肯牺牲一些“水电”利益，也要为后代保留一些自然生态系统。

《报告书》分析认为，水电是可再生的清洁能源，与火电相比，可节约大量的煤炭资源，避免燃煤产生的大气污染物，有利于保护大气环境，符合可持续发展要求。在广大山区推广“以电代柴”可减少因居民取暖和日常生活用柴对当地植被的破坏，有利于保护生态环境。规划方案的实施，也具有较大的环境效益。

综合各方观点，我们认为，在具体做法上，特别是光坡和丙中洛坝址建设，可尽量考虑低坝方案，用经济效益换取生态效益；但其他规划电站的建设，对移民、生态、景观和多民族文化保护没有根本性的影响。

三、流域开发是建设怒江生态廊道的主动选项

（一）生态廊道是怒江生态文明建设的创新之举

“生态廊道”是在“生态走廊”概念上升华而来的一个流域生态文明建设理念，是在19世纪美国“公园运动”基础上，从“城市走廊”发展而来的一个规划设计理念。20世纪60—70年代，美国威斯康星州大学刘易斯教授提出了“环境走廊”的概念；1969年，宾夕法尼亚大学麦克哈格教授将生态学引入规划设计；20世纪

80年代，美国查理·里特尔（Charles Little）的名著《美国绿廊》出版，标志着生态走廊理论的基本成型。

进入21世纪，中国共产党人带领中国人民提出了生态文明建设的伟大创举。党的十八大将生态文明建设纳入中国特色社会主义事业总体布局，提出大力推进生态文明建设、建设美丽中国、实现中华民族永续发展的总体要求。党的十八届五中全会进一步提出了创新、协调、绿色、开放、共享的新发展理念，将绿色发展作为"十三五"乃至更长时期经济社会发展的基本理念。2014年4月28日，李克强总理在重庆主持召开座谈会，研究依托黄金水道建设长江经济带，为中国经济持续发展提供重要支撑，首次提出了"生态廊道"的概念。他指出，要加强生态系统修复和综合治理，做好重点区域水土流失治理和保护。在全流域建立严格的水资源和水生态环境保护制度，控制污染排放总量，促进水质稳步改善，确保一江清水绵延后世、永续利用，使长江经济带成为水清地绿天蓝的生态廊道。这一概念的提出，标志着我国流域开发过程中生态文明建设创新思路的成形，为我国今后开展流域开发与环境保护的协调，提出了更高的要求，指出了明确的方向。

2014年9月发布的《怒江州"两江"流域生态修复和绿色经济发展行动计划(2014—2020)》也明确提出：要大力推进"森林云南"和"绿色经济强省"建设，加快怒江、澜沧江流域生态修复，促进绿色经济发展，把怒江州建成生态文明建设和边疆繁荣稳定示范区。从中央到地方的纲领性文件，对于怒江通过流域综合开发促进生态廊道和生态文明示范区建设指明了方向。今后怒江的水电开发应以流域综合开发为主导模式，并以此作为怒江地区创新建设开发集中集约、生态自然开放的国土空间开发格局，加大生态系统完整性和连通性建设与保护力度的生态廊道的重要选项。

（二）建设生态廊道是怒江保护中发展的重要措施

2015年，《云南省人民政府办公厅关于印发滇中城市经济圈生态环保一体化专项规划（2014—2020年）的通知》明确提出要"建设区域生态廊道体系"，完善区域内交通道路、漂流沿岸的绿地系统建设，加强廊道原生绿色保护、抚育，实施多样化绿化种植，完善主要交通干线的生态隔离和生态缓冲绿地建设，优化河流廊道湿地滩涂、生态堤岸、沿河绿化带多层次生态建设，选择有条件的道路、河流建设生态景观廊道，实现区内交通绿色化、河流廊道生态化。因此，建设生态廊道是怒江州响应党中央生态文明建设号召、落实云南省滇中生态廊道建设规划、实现跨越发展的战略举措，是怒江州发挥后发优势的客观需要。经济社会发展落后与欠开发的特殊州情，蕴含着保存良好的自然环境和原生态文化，具有建设生态文明、发展绿色经济的巨大潜力，需要怒江切实把保持良好的生态环境和推动绿色经济发展作为最突出的竞争优势之一，来实现怒江经济社会的跨越发展。

同时，生态廊道建设是怒江州提高应对灾害能力、增强人民幸福感的现实需要。怒江州历来是自然灾害多发地区，全州现有各类地质灾害隐患点782个，有7.3万人受地质灾害隐患威胁需要搬迁。实施生态修复和绿色经济发展，是增强综合实力、巩固民族团结和边疆安宁局面、实现怒江繁荣发展的迫切要求，也是提高应对灾害能力、创造舒适优美生活环境、建设美丽怒江的现实需要。

中国几十年的水电站开发实践，不仅在技术上解决了诸多重大难题，在促进民族工业的发展上做出了积极的贡献，在工程上创造了多项亚洲乃至世界纪录，而且在移民和环境保护方面严格按国际标准实施，取得了很多成功的经验，受到世界银行与国内同行的好评。实现开发与保护并重，创建和谐的水电模式，是实现水电持续发展、生态文明建设的必由之路。

（三）流域开发是建设怒江生态廊道的理想模式

由于当地“山高谷深，耕地资源极端匮乏”的现状，广大怒江农民极度贫困。怒江州所属的4个县均为国家级贫困县，其中峡谷内的3个县贫困程度犹深，农民人均年收入只有几百元。然而，国家拨付的有限的扶贫资金，却很难在短时间内改变现状。现在怒江民众在生存极其困难的情况下，还要承担高海拔地区繁重的自然生态保护任务，如果不发挥资源优势，进行流域综合开发，繁荣经济，这种生态保护恐怕很难持久下去。包括美国大自然保护协会的国际生态专家们考察完怒江之后，也认为那里是开发水电资源条件最好的地方，尽快开发水电，改变怒江地区刀耕火种的农业经济，才是对怒江生态环境的最有效保护。应该看到，怒江现存的生物多样性密集地区和“三江并流”自然保护区一般都处在高海拔地区，怒江建坝不可能使全流域都被淹没，一般只是在局部地区的水位上涨，通过选择坝址和坝高，人们完全可以控制所淹没的范围，实现各种生态保护的措施。与目前的贫困情况相比，水电开发之后不仅水库移民的生活可以迅速改变，而且怒江地区所有的民众都会在经济发展中受益。

怒江流域所经有关地、州、市范围内，由于特殊的地理、气候特征，众多的民族，悠久的历史及灿烂的文化，造就了独具特色、丰富多彩的旅游资源。因此，怒江州提出了构建怒江大峡谷民俗风情生态旅游走廊的设想：沿怒江大峡谷由南向北，以自然村为单位，在对自然资源高效保护的前提下，根据不同的民族，不同的地理条件，不同的文化背景，有计划、高标准地创建不同风格的民族建筑群、民族歌舞、竞技演艺场、民族饮食苑、民族风情园、民族温馨家园、民族文化长廊等民族文化基地，展现各民族的民族文化和独具特色的民族风情，打造集观光、休闲、康体、娱乐、美食为一体的怒江大峡谷民族风情走廊。实施精品农庄建设工程，采取休闲度假型庄园、自然生态体验型庄园、文化旅游型庄园、产业发展型庄园、综合开发型庄园等多种建设模式，积极打造庄园经济。

过去，怒江流域基本上沿着“峡谷模式”为主的思路发展，几乎所有的产业政策都是以当地资源和能力为基础进行选择，外部不了解怒江最能够提供什么，怒江许多群众也不知道外部最需要怒江什么，难以实现跨越式发展。怒江流域发展的历程中，鲜见华电、华润这样的大型企业介入和关注，也鲜见国家发展改革委、环保部、国务院西部开发办公室等有关部委，甚至国务院领导给予高度关注的资源开发和产业发展项目。目前实施怒江水能资源开发的云南华电怒江水电开发有限公司，2003 年 7 成立，由中国华电集团公司控股、云南省投资控股集团有限公司、华润电力控股有限公司、云南省电力投资公司和云南省送变电工程公司五方共同投资，实力雄厚。华润集团是中国“百企进怒江”扶贫行动中的骨干企业，历史悠久，其主营业务涉及零售、电力、饮品、地产、食品、医药、纺织、化工、水泥、微电子、燃气、机械制造等领域。目前，华润集团零售企业已遍布全国 15 个省、市、自治区及香港等地，共有 3 000 多家连锁超市，员工人数超过 10 万人，2007 年销售额突破 500 亿元，蝉联中国连锁超市第一位。水能资源开发和大型企业的参与，必将为怒江流域的发展带来前所未有的生机，有效地推动跨越式发展和生态廊道建设。

（四）以流域开发促进怒江生态廊道建设整体布局

“十二五”和今后很长一段时间，要通过实施以下重点工程，全面推进怒江流域生态廊道建设：

（1）绿色水电开发工程。要强化政府对怒江水电开发规划的管理和协调，坚持“有所为，有所不为”的方针，做好全流域水电开发的环境规划和环境影响评价，确立适度的开发目标。

（2）全民生态创建工程。开展生态州、县和城镇创建工作，开展生态乡村创建活动，实施生态文明细胞建设。

（3）生物多样性保护工程。进一步加强怒江流域自然保护区建设力度，确定对生物多样性有重要意义的野生物种，制定专项保护规划。

（4）绿色消费倡导工程。倡导绿色生活、环保选购、重复使用、分类回收、循环再生等环保意识和做法，使绿色消费逐渐渗透到日常生活的各个领域和全过程中。

（5）生态文化培育工程。培育、建设企业生产文化，增强企业家的社会责任感，促进企业生态方式转变；培育绿色机关、绿色学校、绿色社区、绿色医院、绿色饭店等各种绿色实体。

(6) 绿色产品开发及市场开拓工程。大力发展优质高效的绿色食品、有机食品、无公害产品和绿色环境标志产品，扩大产品总量规模，提高市场供给能力的同时，重点开展绿色无公害基地建设、绿色农产品加工企业培育。

(7) 减贫致富工程。把水电开发、环境保护与推进兴边富民行动和边疆地区全面建设小康社会、构建和谐社会的总体目标结合起来，引导社会投资、捐助，吸引和鼓励国内外企业参与怒江经济建设和社会发展，促进广大少数民族群众脱贫致富。

(8) 生态移民开发工程。加大对有条件安置的州、市地区协商工作，积极寻求跨行政区划易地移民开发的新途径，力争跨地易地开发有新的突破，实现怒江流域人与自然和谐发展。

总之，在我国的水电开发问题上，盲目地反对怒江开发和维护“生态愚昧”的极端环保态度，都不符合建设生态廊道的原则，亦难以达到生态文明建设的要求。因此，坚持科学发展观，坚持在保护生态的基础上有序地开发水电，就是怒江地区当前建设有中国特色的生态文明最重要的任务之一。

四、以流域开发促进怒江生态廊道建设的对策建议

以流域水电综合开发，推动怒江建设生态廊道、促进怒江生态文明建设，需要协调各方面的力量予以支持，特别是怒江作为一个特别贫困地区，从中央政府到云南省，都要站在2020年全面小康、全部脱贫的战略高度，拿出促进流域开发和建设生态廊道的“硬政策”、“干货”，甚至“偏饭”。同时，也要充分动员企业和公众的参加积极性，落实相关社会责任。

(一) 可以向中央政府争取的若干政策

1. 落实国家对怒江流域的纵向生态环境转移支付

按照“谁开发谁保护、谁受益谁补偿、谁破坏谁修复”的原则，加快探索并建立怒江流域开发生态环境综合治理补偿机制，走出一条资源开发与生态环境保护相互促进的新途径。

(1) 向水电开发企业开征生态环境补偿费。从电量效益中返还一部分作为专项资金，投入生态环境保护。可每年从电网售电量（包括外送电量）每度中提取0.02元，其中电价外每度收取0.01元，由用电户承担；价内每度提取0.01元，由发电企业和电网企业平均承担。

(2) 加大纵向财政转移支付力度。争取国家加大对以怒江代表的流域开发地的

财政转移支付力度，增加用于保护生态环境的经费，对国家级自然保护区按非天保区的重点公益林补偿政策进行补偿，每公顷每年可补助150元；省级保护区按省级重点公益林给予补偿，每公顷每年补助75元。通过补偿政策的实施，把自然保护区内保留现居住人口2万人中的劳动力8 000人转为保护区管护员，人均管护面积1 608亩，按每人每月500元标准给予管理补助，充分调动其自觉性与保护的积极性。

无论是向企业开征的生态环境补偿费，还是争取中央纵向财政转移支付、区域间的横向财政转移支付，应每五年调整一次补偿的标准或比例，使生态补偿经费能不断有所增加。

2. 将怒江流域生态廊道建设纳入国家绿色债券发行范畴

建议由国家发展改革委、人民银行、银监会、证监会等部门发布绿色债券有关指引，允许和鼓励银行和企业发行绿色债券，为怒江流域建设生态廊道等绿色贷款和绿色投资提供较长期限、较低成本的资金来源。免除投资于怒江流域建设生态廊道等绿色债券的机构投资者的所得税，并在贷款风险权重等方面为怒江流域建设生态廊道等绿色债券提供政策支持，简化怒江流域建设生态廊道等绿色债券的审批流程。

（二）地方政府创新建设生态廊道的若干建议

1. 立法保护怒江水资源

提请省人大和相关部门尽快通过《怒江水资源保护与开发条例》及其配套政策法规，作为流域开发和管理的主要依据，将怒江流域的水能资源及其他生物资源进行立法保护。

2. 建立省以下对怒江生态财政转移支付

重点是对重要生态功能区的支持，关注怒江等欠发达地区的生态补偿的落实。要设立地方生态环境整治与保护专项资金，整合现有相关财政转移支付和补助资金。在资金安排使用过程中，市县政府要明确倾斜性的生态环境保护项目，结合年度环境保护和生态建设目标责任制考核结果安排项目。根据当地排污总量和环保部公布的污染物治理成本测算，安排补偿资金的额度，原则上应按上年度辖区内环境污染治理成本的一定比例安排补偿资金。省、市等地方政府可以就本地区生态环境项目设立地方补偿资金，并可在补偿计划上单列出对物权受限人的补偿。设立这种多层次的补偿资金可以对地方环境保护起到刺激作用，同时形成上下多层的互动机制。

3. 以流域开发促农村能源结构优化

流域内县市农村要大力发展沼气、以电代柴、节柴改灶、营造薪炭林等农村能源建设，切实减少对森林资源的消耗。抓住怒江流域开发的契机，建设水电农村电气化县，改善和保护生态环境。

（三）企业及其他利益相关方的参与策略

1. 明确怒江水电综合开发企业社会生态责任

企业作为社会公民，对资源和环境的可持续发展负有不可推卸的责任。企业在整个生产过程中要充分考虑有利于生态环境保护的要求，主动承担社会生态责任，加大建设生态廊道投入力度。可以考虑由怒江水电开发投资企业为投资主体，设立“怒江开发与民族文化保护基金”、“民族文化多样性保护基金”等，用于支持怒江流域开发过程中的民族文化保护工程。怒江流域开发投资企业是怒江开发的既得利益者，应该承担移民搬迁、建设的经费，以及传统民族文化保护与传承的责任。水能资源开发企业，要将流域开发的环境保护与建设资金列入电站工程建设及运营成本，在工程概算及上网电价中计入一定比例的环境保护和生态建设成本，专门提取用于生态补偿，加强生物多样性保护、库区生态环境的恢复重建、库区移民的安置和生产生活扶持。工程建设企业要以“开发绿色水电，水电绿色开发”为目标，加强环境友好水电工程施工技术、施工方案的研究制定和相关技术应用。积极推行工程精细施工规范，保护良田耕地、森林草场，减少对原有地形、地貌的破坏，有效防治工程地质灾害，消除工程建设对自然环境的负面影响。

2. 培育云南怒江流域民众生态意识，推动全民参与生态廊道建设

（1）开展全民建设生态廊道教育，并将其作为国民素质教育的重要内容，纳入大、中、小学的课程体系，增强生态忧患意识。推进绿色学校、绿色社区和生态教育基地等绿色创建活动，引导公众树立善待自然、和谐共处的生态文明观。

（2）推进公众参与，理性维护环境权益。保障公众的环境知情权，鼓励公众监督环境违法行为，推行生态破坏和环境违法行为有奖举报制度；鼓励公民通过环境信访、行政调解、寻求司法救济等方式理性维护自己合法权益。

（3）倡导绿色消费，构筑低碳生活。积极促进可持续消费，抵制过度、奢侈消费甚至扭曲性消费行为。大力倡导绿色发展理念，践行低碳环保生活方式。

35 黄河故道资源综合开发和环境保护*

黄河故道及沿线综合开发，要以生态建设为引领，水利治理为突破，以生态型产业为支撑，以保障和改善民生为目的，形成人水关系和谐、经济快速发展、城乡统筹协调、民生持续改善的良好局面。特别要着重抓好以下六个方面的重点任务。

一、加快实施中泓贯通工程

加快实施中泓贯通工程，通过扩挖中泓、河道整治、堤防加固、涵闸泵站建设和农田水利设施建设等措施，全面恢复黄河故道行水功能，增强区域防洪排涝能力，提升区域水资源开发利用和管理水平，为黄河故道综合开发提供安全保障。

（一）加快实施中泓拓浚

根据沿线滩面平均高程、水位，中泓除徐州市、宿迁市已治理段及淮安段外，大多不满足“10年一遇”排涝要求，需进行拓浚。规划拓浚中泓216.02km，其中徐州境内123.5km（境内未治理段85.5km、新黄大沟22.5km、城区段清淤4.0km、安徽段清淤11.5km），宿迁境内92.52km。

（二）加快推进河道整治

加强中泓疏浚、清水通道及分洪通道建设，形成畅通干流水系网络。实施黄河故道中泓疏浚和水库清淤清障，提高干流蓄水行水能力。全线打通故黄河和大沙河中泓，加强滩地清淤清障，实施退滩还水。

（三）加快推进堤防加固建设

高标准规划与建设河堤与水库坝体，分段规划建设防洪堤及中泓两侧子堤，加固堤防薄弱段、缺口段及中泓两侧子堤。

---

* 本文完成于2015年4月，系首次公开发表。

（四）加快推进涵闸泵站建设

完善与梯级设施相配套的节制闸、引提水泵站建设，增强梯级控制能力，拦蓄地表径流，增大河道蓄水量。完善闸站等引提水工程，提高为高亢地区的补水能力，保障黄河故道地区综合开发的水资源需求。

（五）加快推进农田水利设施建设

发展设施农业，减少农田水分蒸发。推广粮草、林粮间作技术，加大水源涵养量。加快推广地膜、草纤维膜、秸秆、土面保墒剂覆盖等地表防蒸发措施，通过有机质添加、壤土或黏土混合、保水剂施用等方式改善沙质土壤，优化土壤结构，提高土壤保水能力。

二、加快水资源利用与水利设施建设

水利工程是关系到黄河故道是否能够开发成功的最重要工程。

（一）复活故道，打通黄河故道与黄河的梗阻

黄河故道开发的首要意义在于让故道“复活”，有水源、能行水是前提，水利规划是龙头。大力整修故道大堤和开挖疏浚河槽，恢复故道泱泱大河的历史风貌，从黄河流域、沂沭泗水系和国家南水北调等重大水利工程的视角，通过与黄河故道流域各省、市的有效对接，谋划黄河故道行水方案。比如，在故道上游尝试找到新的水源，保证不断流；利用南水北调的机遇，为黄河故道带来生机；实现黄河故道与微山湖、骆马湖、徐沙河、徐洪河、大运河等周边水系的沟通。对盐碱、沙地确定治理目标并进行综合治理。

（二）整治河道，集特色农业、旅游与生态为一体

发展节水农业。在引黄渠灌区实现节水措施。考虑黄河供水区用水以农业引黄灌溉为主，目前节水的突破点应放在用水量大、浪费大和节水潜力大的引黄渠灌区。建议加大投入，进行渠道衬砌和渠系配套、发展地埋低压管道蓄水与井渠双灌，配合土地平整、小畦灌溉、地面覆盖等节水技术，提高灌溉水利用率。

突出旅游和生态导向，实现河道重要功能的开发利用，避免单纯的工程型整治技术。在保证水利功能基础上，实现河道整治的景观化、游憩化，既完善河道基础功能，又推动旅游产业发展，推动河道整治与旅游开发形成一种良性互动，形成一个良性循环系统。

（三）加快整修现有黄河故道大堤

黄河“善决、善淤、善徙”，然而，现存的黄河故道两岸大堤正在遭到迅速的蚕食与破坏。要加快整治黄河故道大堤，为将来可能发生的泄洪做准备。结合黄河故道的开发利用，落实其作为黄河未来辅助流路的地位是很有必要的。

（四）大幅增加故道蓄水总量，多种渠道提高黄河故道的蓄水保水能力

要充分发挥黄河故道的洪水调节功能和蓄水功能。在汛期引蓄黄河多余之水，既可分减黄河洪水压力，又可将一时多余的水储于黄河故道以备旱时之用。

三、加快水路通道和沿线公路体系建设

（一）加大财政投入，重点建设一条贯穿整个黄河故道区域的高等级公路

尽管苏鲁豫皖增加了专项投资，但与需求相比还远远不够。由于投资力度不够带来的另一个问题就是投资标准不高，而基础设施标准不高让逐利的社会资本却步，使得黄河故道这块洼地更“洼”。因此，要建设一条贯穿整个黄河故道区域的高等级公路，为沿线生产和生活提供保障。

（二）建设水路通道和沿线交通网络

充分利用铁路、公路、水路、航空，打造多元、立体的现代交通体系。

（1）作为对贯穿黄河故道的主要公路的补充，还要因地制宜，开发各种公路和桥梁项目，形成放射性与环网结合的四通八达的公路网络。

（2）力争部分河段具备通航条件，利用水运便利。

（3）交通网建设。沿黄河故道中泓两侧规划建设区域交通路网，实现两侧道路与高速、国省道、县乡公路、镇村公路及沿线主要旅游区的全面互联互通，完善沿线公路网络，有效改善黄河故道地区交通出行状况。

（4）争取开通国内和国际航空线路，为商贸物流、观光旅游提供综合支撑保障作用。

四、加快生态环境治理

（一）加强生态功能区保护，逐步恢复生态功能

1. 加强生态功能区建设

规划故道重要生态功能保护区并划定生态红线，形成点上开发、面上保护的区

域发展空间结构。重点推动重要生态保护区建设、湿地保护与修复、生态脆弱区修复、高风险土壤场地修复、矿山整治与修复、城市绿地建设、村镇绿化建设、生态防护林建设等工程，有效保护自然保护区、风景名胜区、国家重点公园、森林公园、地质遗迹保护区（地质公园）、山体资源特殊保护区、饮用水源保护区、重要湿地、重要渔业水域、清水通道、蓄滞洪区、水源涵养区、生态公益林和特殊生态产业区等重要生态功能区，控制生态空间开发强度，扩大受保护地区面积。

2. **加强湿地的恢复与保护**

保护故道沿线的自然湿地，逐步修复退化湿地，充分发挥湿地调节气候、涵养水源、调蓄洪水、生态净化、保护生物多样性等环境调节功能并提高生态效益。合理控制黄河故道湿地资源开发力度，科学制定开发规划，建立和完善生态监测体系，保证湿地功能的发挥，防止盲目、无序开发对湿地资源的破坏，实现生态、社会与经济的可持续发展。

3. **加大生态湿地建设力度**

大力建设湿地保护区域湿地公园，扩大湿地保护面积，促进恢复湿地自然生态和陆地生态系统。全面开展农业湿地建设，促进农业湿地与生态缓冲带和湖滨带自然湿地相融合，形成水生、湿生、陆生生态系统并存的生态系统。加大河流、湖泊等水体的保护力度，遏制水面率不断下降趋势。加强沿海滩涂湿地保护，推动建设湿地农业综合利用示范区。打造生态修复和观光旅游体系，构建具有生物多样性、强水质净化能力和优美景观效果的湿地生态系统

4. **加大开展环评力度**

黄河故道农业综合开发项目应与区域环境保护规划相衔接，并开展规划环评工作。开发项目应符合环境保护法律法规要求，并按照要求开展环评工作。

（二）维护生态多样性，加强生物多样性保护

1. **建设动植物保护体系**

实施珍稀濒危野生动植物保护与特有物种保护工程，建立野生蔬菜、果树、桑等野生种质资源原生境保护点和野生药用生物保护基地。加大水生生物养护力度，重点保护珍稀水生物种及其栖息繁衍场所。建立农业有害生物和重大动物疫病预警体系，提高农作物及林木重大病虫害防控和动物防疫与监测水平。

2. **加强生物物种资源保护**

加强生物多样性保护示范区建设，建设以自然保护区为主体，以森林公园、湿

地公园、地质公园为辅的保护地网络体系，扩大自然保护区核心区面积，积极开展森林公园、风景名胜区、郊野公园、水产种质资源和农业野生植物原生境保护区建设。收集和保存农作物、畜禽、水生、中医药等种质资源，建立黄河故道生物物种种质资源和基因库，建立重要经济鱼类低温种质库，完善畜禽资源基因库、保护区和保种场建设，加强生物多样性数据和信息共享能力，维护重点区域的生物多样性。

3. **构建生物安全防范体系**

加强外来入侵物种、转基因生物风险管理。建立外来入侵物种监测预警及风险管理机制，加强外来入侵物种的防范和控制。科学评估转基因生物对生态环境和生物多样性的潜在风险，强化转基因作物环境释放的安全监管。开展微生物资源的保护与开发利用，加大进出口环保用微生物的环境安全监管力度。

（三）推进农村环境综合治理

配合黄河故道综合开发，加强沿线农村环境综合治理。统筹推进农村环境连片整治，积极开展农村生活污染和农业面源污染治理，培育一批生态文明示范村，形成环境优美、生态宜居、乡情浓郁、特色鲜明的乡村面貌，全面提升农村的生态文明建设水平。

1. **完善农村生活垃圾收运体系**

积极推进“组保洁、村收集、镇转运、县处理”的农村生活垃圾收运处理模式，推动村庄生活垃圾分类收集、源头削减、资源利用。支持有条件的中心村组建专业化保洁队伍，加快村庄日常保洁和垃圾清运制度建设，实现村庄保洁常态化。

2. **加快农村生活污水处理设施建设**

在农村集中居住区利用厌氧发酵和好氧降解工程技术，将农村小城镇和集中居住的粪便、生活污水进行集中净化处理，严格控制生活水污染，实现生活用水的良性循环。加快无害化卫生户厕改造步伐，完善村庄排水体系，有条件的村庄实行雨污分流。认真实施国家地下水污染防治规划，对区域饮用水及地下水进行有序管理，保障南水北调的水质。

3. **大力推进农业清洁生产，积极发展循环农业**

加快建设沼气工程，重点解决规模化畜禽养殖场的粪便污染问题，开展在化肥施用、农药使用、提高病虫防控效果、减少农药使用量、兽用抗菌药物（抗生素）使用等方面的农业面源污染防治工作，减少农业投入品使用量和污染物排放量，坚持“种养结合”，“生产、生活、生态”三位一体，标本兼治，整体推进。

4. **加强秸秆禁烧和综合利用**

大力推广秸秆机械化还田技术，开展小麦、水稻等农作物秸秆机械化还田与综合利用技术的研究与试验示范，鼓励利用秸秆生物气化（沼气）、热解气化、固化成型及炭化等技术发展生物质能，扶持发展秸秆综合利用项目，采取基料化、饲料化、肥料化、工业原料化等多种形式利用秸秆，提高秸秆综合利用率。进一步完善秸秆收贮体系，提高秸秆能源化利用比例。培育一批秸秆直接还田的村镇县，加大对秸秆发电、秸秆加工成型燃料、环保型墙体材料、中密度板、草编织等秸秆加工企业的扶持力度，加强对秸秆做食用菌基料、生产食用菌的栽培技术转化培训。

5. 加大农村河塘疏浚力度

全面清理河道沟塘有害水生植物、垃圾杂物和漂浮物，疏浚淤积河道沟塘，突出整治污水塘、臭水沟，拆除障碍物、疏通水系，提高引排和自净能力。推进河网生态化改造，加强农区自然湿地保护，提高水系自净能力。推进农村河塘轮浚机制建设，实现农村河塘疏浚整治和管理养护经常化、制度化。努力打造“水清、岸绿、景美”的农村水环境，逐步恢复河塘景观功能和生态功能。

五、加快农业综合开发

紧密结合黄河故道地区实际，加大农业综合开发力度，突出抓好中低产田改造、高效设施农业建设、现代农业示范区建设等项目，打造“千里黄河故道 现代农业特色走廊”，共同争取将黄河故道列入国家农业综合开发重点项目区。

（一）改造中低产田，建设高标准农田

加快中低产田改造，建设一批高标准农田。加强沟、渠、路、涵、闸、站、井、电等以农田排灌体系为重点的基础配套设施建设，实现“排灌通畅、田地平整、土壤肥沃、路林配套”，提高农田综合生产能力与综合效益。大力开展科技推广和农民技术培训，加强农业机械实地检验、培训考试、宣传教育等配套服务，重点开展测土配方施肥、设施栽培、病虫害综合防治、节水灌溉等生产技术培训，提升农民的农技水平。

（二）加快发展高效设施农业，提高农业产业化水平

提高黄河故道地区高效种植业面积占耕地面积的比重和农业机械化水平，重点做大做强高效设施农业基地和特色农业，大力推广设施园艺业、规模养殖业、高效林果业、农产品初加工机械化技术，引导设施农业规模化经营。组织实施农机深松整地作业，提升耕地质量。

提高农业产业化水平。大力实施龙头带动战略，加快培育一批规模大、科技含量高、带动能力强的农业产业化龙头企业。进一步提高产业集中度，努力形成一批万亩以上产业集群、千亩以上示范园区、五百亩以上重点基地。加快农产品加工产

业集聚园区建设，重点发展粮食、果品、蔬菜、肉类和水产品加工业，不断提升农业附加值，打造区域性农产品加工基地。转变农业发展方式，推动形成“产加销一条龙、贸工农一体化”的经营机制。大力发展连锁配送、网络销售等新型流通业态，建设以现代物流业为重点的市场服务体系。

（三）加快现代农业示范区建设，巩固提升示范水平

加大现代农业示范区的投入，积极建设国家级现代农业园区。围绕优质粮、菜、果、水产四大主导产业，重点打造黄河故道沿线现代农业示范带及以优质粮食、林果苗木、优质蔬菜、水产养殖为特色的农业生产示范区。扩大农业生产基地建设，积极开展无公害农产品、绿色食品、有机食品认证和品牌创建，不断提高“三品”基地占耕地的比重。各市（县）区在黄河故道区域可集中打造1～2个万亩以上的设施农业、园区农业、观光农业或生态农业基地。

六、加快发展特色旅游

（一）打造旅游中心城市群

旅游中心城市群是指确定线性文化遗产、线性区域内相对较大的城市，一般来说要具备以下条件：交通便利、基础设施齐备、旅游人口容量较大，具有较强的旅游承载能力。有学者设定了“卅”字形的三纵一横轴线线路图，3条纵轴线分别为京九铁路、京沪铁路和新开发的沿海通道，与陇海铁路连成的东西横轴线，构成黄河故道旅游中心城市群。

（二）构建旅游黄河故道地区旅游资源开发带

根据黄河故道地区旅游资源分布的特点，考虑到本地区旅游资源的分布情况和交通条件，在本区构建黄河故道地区黄河文化旅游带、生态旅游带、黄运综合旅游带、河口海滩旅游带等旅游资源开发带。精心规划建设一批文化景观区、物质文化展示区，以及非物质文化、民俗文化互动参与区，形成历史文化与现实场景相结合的文化品牌。

36 环渤海经济区生态环境战略*

一、构建环渤海经济区需解决生态环境问题

环渤海经济一体化，是一个长时间、广空间、多层面的复合发展过程。它肇始于19世纪60年代后，这一地区39个沿海和内陆通商口岸的陆续对外开放。来自中外双方的不同生产方式和市场要素，在环渤海广阔的地理与社会空间内，发生了长时期的相互碰撞、彼此调适和市场整合。到20世纪30年代，这里初步形成了以天津为中心、以青岛-大连为两翼的环渤海外向型经济区，走出了一条具有环渤海特色的中国经济现代化之路，提升了该地区在全国的经济地位。改革开放以来，随着经济区域合作的加快，以京津冀为主体的环渤海经济区再次显示出其独特的魅力。“渤海合作宣言”、“碧海行动计划”等区域合作方式与行动不断推出，渤海湾正以其独有的魅力，成为继“珠三角”、“长三角”之后的又一个中国经济增长极。但区域经济发展的同时，一些亟待解决的问题和矛盾，正逐渐成为区域合作和发展的障碍，值得引起高度重视。

（一）环境污染严重

由于环渤海地区水资源总量仅占全国的3.5%，人均和耕地亩均水资源量分别为全国平均水平的1/5和1/6，有限的水资源量同不断增长的工农业、城乡居民生活用水的矛盾日益尖锐。同时，由于城市地表水和地下水源都受到不同程度的污染；部分水库出现富营养化现象并呈加剧趋势；各大流域水生动物数量明显减少，水体纳污承载力接近极限。水环境问题不仅严重影响城市景观和人居环境质量，还会进一步加剧水资源的短缺。流经的河流上游和多数水库水质尚可，但河流进入城镇工矿区后，由于人类活动的强烈影响，水质急剧恶化，有的成为排污河，其污染物类

---

* 本文完成于2014年2月，系首次公开发表。

型极为复杂，如重金属、需氧有机污染物等是常见污染物类型，污染主要来源为城市排放的生活污水及工业污水。

虽然近年来该区大气污染物排放量都呈下降趋势，但与国家二级大气环境质量标准相比，有的省市依然持续超标，有的城市大气污染仍很严重。如辽宁是我国最重要的以重工业为特点的老工业基地，能源利用高度密集，废气排放量最大，其次是河北、山东、北京和天津；辽宁省 14 个省辖市，达到国家空气质量二级标准的仅占 14.3%，三级标准的占 50%，超过三级标准的占 35.7%，其中中部五市污染尤为严重。在 2013 年初我国大范围地区持续遭遇严重的雾霾天气进而造成严重空气污染的地区中，环渤海经济区情况最为严重，北京、石家庄、保定、邯郸、天津、沧州、廊坊、唐山等城市都发布了大雾橙色预警。雾霾天气增多是空气质量恶化、危害加重的突出体现，导致雾霾天气持续，空气质量下降，既有气象原因，也有污染排放原因。在北京市的大气污染物中，PM2.5 一直是首要污染物，主要来自扬尘、机动车尾气、燃煤及挥发性有机物等，是人口、产业、交通、生态等多种因素共同作用的结果，提高空气质量需要采取综合措施和长期不懈的努力。

随着近年来人口膨胀速度加快，环渤海经济区自然环境急剧恶化，水土流失、土地沙化、沙尘暴与环境污染和生态退化等并存。水土流失主要发生在西部和北部的太行山东坡、燕山山地，冀北地区对京津风沙天气影响比较大。土地过垦、草原过牧等资源耗竭型的发展模式，造成了草场及植被的严重损坏，自然环境陷入恶性循环。经研究和测算，天津、唐山、石家庄、邯郸、保定、邢台 6 个城市“生态超载”，其中状况最为严重的是邢台市。分析造成生态超载的主要原因是经济发展以工业化为主导，第二产业在地区生产总值中所占比重均接近或超过 50%，由于工业快速发展产生大量废水、废气和固废排放，导致大气污染、环境恶化，使生态系统受到破坏。环渤海地区日益严重的区域性土壤复合污染及大规模的生态退化，已经成为我国生态安全的主要威胁。国家环保总局的资料显示，目前环渤海地区土壤污染有四个方面的突出特点和发展态势：一是污染物的种类在不断增加，已经从单一污染发展到以复合污染为主；二是由于对“三废”污染实施了重点治理，点源污染逐渐得到控制，污染物已经不再是大规模、高浓度的排放，而是零星、低浓度甚至是微量的排放，土壤环境污染的形式是以低浓度、长时间暴露为主；三是出现了一些新型污染物，其危害性增加，治理难度加大；四是土壤污染的面积和空间在不断扩大，已经从点、面发展到区域，从局部污染演化为区域污染及大规模的生态退化。

“碧海行动”几近失败，渤海面临“死海”阴影。渤海是全球 11 个典型的封闭海之一，水交换能力差，海水的自净能力有限，更新周期长达 15 年，几十年的污染积累很难在几年内消除，工业废水和农药及化肥污染是三大陆源污染源。在管理上，由于“海洋部门不上岸、环保部门不下海、管排污的不管治理、管治理的管不了排污”等部门割据现象严重，渤海致污源涉及省份相互推诿，是渤海污染治理不见效的重要原因。“环渤海经济圈”经济快速增长、人口不断增加导致排污总量有所增加，环境更加脆弱，渤海遭到空前的污染，变成了“纳污池”和“垃圾场”。

（二）资源瓶颈亟待消除

环渤海地区已相对不足的资源禀赋，支撑着该地区长达30年的经济增长。耕地大量减少，水资源短缺加剧等问题正日益突出。环渤海地区长期形成的结构性矛盾和粗放型增长方式更是加剧了资源的瓶颈效应。较全国而言，环渤海地区的资源短缺问题更为明显，并且将伴随地区重化工发展更加凸显。水资源匮乏、能源对外依存度高等问题已经成为区域经济社会发展的主要瓶颈。此外，水土等关键资源的空间分布与人口、产业空间分布的匹配性较差，空间资源配置矛盾突出的现象也客观存在，并在部分地区区域恶化。狂捕滥捞行为给渤海的水产资源以致命打击，渤海生态系统遭到破坏，生物群落生产力下降，渔业资源严重衰退，曾经盛极一时的渤海中国对虾和小黄鱼几近绝迹。

（三）区域发展失衡

改革开放以来，环渤海地区经济建设取得巨大成就，但在经济持续高速增长的同时，区域发展失衡问题也日益凸显，环渤海地区在城乡收入、教育文化、医疗卫生、就业社保等社会公共服务和大城市、大城乡面貌，以及区域内的城市化、工业化水平等方面还存在着较大的差距，这些矛盾将会困扰环渤海地区经济社会可持续发展和社会和谐与稳定，需要引起各方的重视。另外，由于缺乏统一的国土空间规划，成员市彼此之间的发展程度也存在着差距，尤其是各市的发展战略和规划布局，仍需统筹和协调。

（四）产业同构严重

近年来环渤海地区高于全国平均水平，但同期环渤海地区新兴产业增长不快。北京市社会科学院经济所在调查中发现，环渤海地区一些主要城市之间不仅缺少经济合作，还存在不同程度的重复建设和恶性竞争。由于长期条块分割，环渤海地区呈现出产业结构趋同现象，大部分省市都有钢铁、煤炭、化工、建材、电力、重型机械、汽车等传统行业，目前又在争相发展电子信息、生物制药、新材料等高新技术产业，甚至都要求有自已的出海口。环渤海区域要着力构建以创新为导向的区域合作体系，善于借助行政体制的力量，进一步增强“环渤海地区经济联合市长联席会”的实际运作效果，搭建更多正式和非正式平台，发挥社会各方力量整合区域资源的作用。

（五）城市同质化严重

环渤海地区城市空间布局失序，定位与发展矛盾明显增加，工业区包围城市，现有空间组织缺乏有机联系，功能定位不清晰，出现严重的同质化倾向，导致区域建设散乱、无序、低水平的问题，最终使环渤海地区资源禀赋得不到充分利用。随着环渤海地区城镇化进程的加快，许多城市失去了千百年形成的城市个性，同质化倾向日趋严重。不论城市的历史和文化背景，不管城市的气候和自然条件，一座座城市被“克隆”成一片片“水泥森林”，同样的广场、同样的建筑、同样的绿化，处处都似曾相识，看完一个城市就不想去第二个城市了。环渤海地区城市的个性与魅力正在被无情地抹去，同质化让环渤海地区城市失去了特色，也失去了吸引力。这样的城市当然也会失去商机，失去新鲜血液，也就失去了活力和竞争力。环渤海地区新型城镇化，期待创意城市的出现。

二、构建环渤海经济区生态与环境战略布局和重点

环渤海地区依托其特殊的自然条件和地理位置，形成一个大型经济区，成为我国北方经济发达的地区之一。但其环境问题日益突出，已危及环渤海经济的可持续发展，需大力加强生态建设的协调行动和环境治理的联防联治。

（一）加强生态建设，实施“绿色环渤海”计划

按照实施主体功能区战略的要求，完善环渤海地区生态网络格局，在重点地区划定基本生态控制线，搞好各类生态功能区建设，建立生态环境补偿机制。加强环渤海地区国家地质公园、自然保护区建设和管理，加快湿地的保护和修复，搞好人工湿地净化和河道水系连通，增加生态用水。积极推进河流综合整治和开发。大力植树造林，继续搞好三北防护林、沿海防护林建设和风沙源治理。加快实施公路、铁路、河流两侧绿色通道建设。建设一批大型公园绿地，实施“绿色环渤海”行动计划，创建国家园林城市，推进生态城镇建设。优化城市绿色空间，改进绿地种植结构。加强外来物种的安全管理，保护生物多样性。

（二）发展循环经济，实施产业治污行动

按照“减量化、再利用、再循环”的原则，对已产生的垃圾和废物作为资源加

以综合利用，实现废弃物减量化、资源化和无害化。倡导低碳交通、低碳建筑、低碳消费等模式，建设低碳社会。调整产业结构，合理规划沿海及近岸的企业布局，对排放废水、废气、废渣等严重污染海域的企业要限期搬迁、整改或关闭。大力发展循环经济，积极推动产业循环式组合、企业循环式生产、资源循环式利用，全面推行清洁生产，重点在煤炭、建材、电力、轻工、化工、冶金等高资源消耗行业推广循环经济的生产方式。加强对港口、船舶的环境污染监管工作。加强港口城市生活垃圾和废旧物资的回收、加工、利用，提高资源回收和循环利用水平。

（三）区域合作，解决缺水问题

通过区域内及区域间（如南水北调）水资源的合理调配来增加水资源可利用量；通过环渤海地区合作推进海水淡化工程，提高区域水资源的可利用量；通过流域上下游水资源的合理配置、生态补偿与水权交易，实现流域生态的共建共享。同时，加强对节水技术及器具的研发与应用，持续进行污水再生利用。另外，要建立水资源有偿使用制度和生态补偿制度，严格实施阶梯水价，减少水资源浪费。

（四）尽快实施近岸海域环境功能分区管理

按照全国主体功能区规划要求，优化渤海开发空间，促进渤海开发利用规模、强度与渤海资源、环境承载能力相适应。目前，环渤海地区的一些省市已经制定了本地区的海洋功能区划，应在此基础上尽快制定环渤海地区近岸海域环境功能区划，对渤海海域实行综合的环境功能分区管理。加大实施生态治理工程，科学制定水产养殖业的发展规划，在市区和风景区近岸海域禁止进行浮筏养殖，特殊情况可在离岸 2 000 m 以外海域进行浮筏养殖。严格保护湿地，保护流域和区域生态平衡，搬迁改造污染严重的企业，保护水源地。

（五）建立环渤海区域环境政策法律协调机制

可考虑成立“环渤海环境保护协调委员会”，建立和完善环渤海区域环境保护部门负责人联席会议制度；建立若干专题工作小组，由各方根据合作需要通过订立合作协议的方式开展具体的专项工作；加强环境信息和宣教合作，实现区域的环境信息共享与交换；建立环渤海区域环保产业合作机制，在环保产业领域内的投融资、市场拓展、技术配合、资格互认、环保技术应用等多个层面开展广泛合作；建全环渤海区域环境监测网络，强化环渤海地区多功能立体化监测网，提高对环境污染进行实时监测、对生态演变和灾害的中长期监测，以及对突发性污染灾害的预报和应急监测的能力。

（六）推进渤海环境整治和生态修复

构建渤海重点海域海洋环境在线监测体系，通过卫星、飞机、浮标、地波雷达、岸基站等多种手段严密监控渤海重点海域海洋环境状况，尤其是针对环渤海开发力度较大的区域，重点监控其对周边海洋生态环境的潜在污染压力和损害风险。同时强化渤海赤潮、水母、溢油等海洋环境灾害和突发事件应急监视监测工作，制定出台环渤海海洋产业绿色发展政策，指导环渤海地区发展方式转变，从源头上治理污染物入海排放，减少入海污染物排放总量；加快建立海洋产业环境准入和绩效考核体系，研究提高渤海新上项目和改扩建项目的海洋环境准入门槛，充分发挥海洋环保行政许可优化海洋产业和临海产业结构的积极作用，淘汰落后产能，避免重复建设；在渤海地区推进实施重点海域排污总量控制制度，以海域环境容量为基础，以改善海域环境质量、保证渤海沿海地区社会经济可持续发展为目标，积极会同有关部门共同建立推进重点海域污染物控制的工作机制，加快制定和环境容量和总量控制相关规划、标准，严格控制陆源污染物排放，减轻渤海环境压力；积极实施海洋生态保护与建设，发布重要海洋生态区域名录，建立海洋生态红线制度，大力推进海洋保护区建设与规范化管理，组织各类受损海洋生态系统修复工程，提升渤海生态系统服务功能和可持续发展保障能力；按照“规划用海、集约用海、生态用海、科技用海、依法用海”的原则，加强海洋生态文明建设。

37 肇庆市生态建设与环境保护*

以对国家、珠三角、肇庆和子孙后代高度负责的精神，在充分发挥生态环境优良这一得天独厚发展机遇时，坚持肇庆新构生态资源在保护中的有效利用、可持续利用和永续利用；确保经济发展和生态环境保护相协调，倡导低碳生态的生活方式，采用市场机制促进生态建设与环境保护。在城区东拓和新区建设运营过程中，确保珠三角后花园饮水洁净、空气清新、土地干净、食物安全、居住环境优美，努力把肇庆新区建成宜居宜游宜业的低碳绿色示范高地，成为代表珠三角生态环境保护方面科学发展成果的新城。

一、加强生态环保法制监督与问责

（一）落实生态环保法制监管与评估

（1）积极建立层级执法责任制，在肇庆新区环境保护部门内进行明确分工、责任到位，各有关科室分清环保执法权限和责任。

（2）完善环保执法制度，提高执法效率，积极推进环保执法形式的创新，逐步建立起联合执法、整体执法和交叉执法的机制。

（3）加强执法力度，把依法行政与治理污染、解决群众反映的环保“热点”结合起来，加大严查环境违法行为的力度。

（4）加强对重点工业污染源、重点地区整治的监管力度，加强对全区重点污染源在线监控系统监管，做好系统的日常维护，确保系统正常运行。

（5）充分运用《环境影响评价法》《公众参与环境评价暂行办法》《环境信访办法》《环境信息公开办法》等法规，保障公众参与环境保护的权利，有力地调动人民群众参与社会管理的热情和积极性。

（二）加强指标约束机制和行政问责制

（1）加强指标约束机制。全面执行《节能减排统计监测及考核实施方案和办

---

* 本文完成于2012年5月，系首次公开发表。

法》《主要污染物总量减排统计办法》《主要污染物总量减排考核办法》等，加大有关政策执行中可操作性，推动各项环境保护政策的落实。要将单位GDP二氧化碳排放指标，氨氧、氮氧化物等作为规划期的约束性指标，加大淘汰落后产能的力度，加强环保监管，继续安装自动在线监测装置，同时加大检查的力度，确保肇庆新区企业治污设施能够稳定达标运行。

（2）落实节能减排问责制，进一步把节能减排工作作为综合考核评价的重要内容，切实加强对地方政府领导班子和领导干部节能减排工作的考核。加快完善节能减排指标体系、监测体系和考核体系，公开节能减排信息，为实行节能减排评价考核和问责制，开展社会监督奠定基础。

二、采用市场机制促进生态建设与环境保护

（一）逐步建立排放权交易机制

紧跟国家“五省八市”低碳示范和七省市碳交易试点的形势，将肇庆新区作为广东减排交易的先行城市，运用以市场为基础的环境经济政策和经济刺激手段，对于超量减排而剩余排放权，可以出售剩余排放权获得经济回报补偿；对于无法按照政府规定的指标进行减排或不愿减排的企业，可以购买其必须减排的排放额度，作为其外部不经济而付出的代价。积累经验和国内减排指标（CCER），为推动广东融入全国统一的碳交易市场做贡献。

（二）全面实施合同能源管理

在肇庆新区能源消耗大户中全面推广合同能源管理（EMC），以削减的能源费用来支付节能项目全成本的节能投资方式，从节能项目投资中所获得的节能收益用于支付实施节能项目的成本。通过为能源用户提供节能诊断、融资、改造等一条龙服务，降低能源用户节能改造的财务和技术风险，充分调动能源用户节能改造的积极性。同时要出台支持措施，保障节能服务公司通过与能源用户分享节能项目实施后产生的节能收益，真正获得赢利和滚动发展。

三、大力发展循环经济和低碳经济

（一）大力发展循环经济

以节能减排为硬抓手，积极引导低投入、低消耗、低排放和高效率的现代产业

发展。随着广佛肇经济圈的建设，肇庆将承接珠三角核心区的相关产业转移，在此过程中，肇庆新区应优先选择资源利用率高及污染物产生量少的环保产业和节能、降耗、减污、增效的先进制造业。

依托肇庆关于“建设全国旅游综合改革示范区”的要求，与大肇庆其他城区资源整合，优化配置新区的文化、生态、旅游资源，把肇庆新区建设为岭南文化、广府文化的重要展示基地，发挥环境高地和土地洼地效益，成为服务类、设计创意类、文化演出类、会议展览类、核心零部件类和中小创业型企业新集聚区，成为中小企业总部和行业协会总部基地。

加快肇庆新区产业结构的优化调整与升级步伐，大力实施资源综合利用项目，鼓励发展垃圾发电、余热发电等工程，积极推进资源再生工业项目建设。发挥产业聚集和工业生态效应，形成资源高效循环利用的产业链，推广热电联产和集中供热、供电、供能，实现共同减少大气污染物排放量的战略目标。

（二）引导发展低碳经济

积极落实国家应对气候变化战略，引导发展低碳经济，提高碳生产力。在珠三角城市的产业引进和布局的整体规划中，肇庆新区积极争取加大无污染或轻污染的重大产业的布局，最大限度发挥比较优势和后发优势，打造珠三角乃至全国低碳经济、节能环保产业的示范区，推动低碳经济发展。

优化能源结构，建设高效、清洁、低碳的能源供应体系，积极开发新能源和可再生能源。规划期内，努力将肇庆新区建成供应能力强、结构优、效率高的现代能源保障体系。积极引导公众选择合理健康的消费模式，促进可持续消费，推动全民参与节能减排工作。

四、推进生态系统与环境保护系统建设

（1）重点保护九坑河水库饮用水源，严格控制，确保饮用水源安全；加强面源污染控制和重金属污染防治工作，减少污染物排入河流；整治水系，加大投入，推进长利涌、横槎涌、砚阳湖等重点水环境修复和建设。

（2）从源头整治入手，优化能源结构，大力推广使用清洁能源，提高能源综合利用率，减少污染物的排放；抓好大气重点污染源防治，控制大气污染物总量；积极发展绿色交通系统，加强对汽车尾气排放的监测和防治工作；注重生态建设与保护，减缓城市热岛效应。

（3）加强声环境功能区划，加快噪声达标区的建设速度，居民集中区等环境敏

感区严格实行夜间施工噪声管制，强化道路两侧的绿化隔离带建设，控制高噪车辆在市区的运行。

(4) 加强工业固体的处理和综合利用，强化危险固体废物和医疗垃圾的监督和管理，建立生活垃圾的统一收集、运输、处理体系。

五、加强生态环境领域人才培养和技术创新

加强肇庆新区绿色发展人才队伍建设，增强自主创新能力，以科技进步和人力资本来提升经济社会发展的质量和水平。

(一) 大力培养一大批绿色发展领域专门人才

发挥在职教育和职业教育的作用，培养一大批社会急需的绿色发展领域的工程师、高级技师、节能管理师、环境师、统计师、审计师、检测认证师、分析师等专门人才。

(二) 加强区域科研合作与交流

在推进珠三角一体化的同时，加强一体化的科研合作，是继续推进珠江三角洲环保一体化的重要保证。要加大肇庆新区环境科研建设，参与肇庆与广州、佛山的科研技术交流，学习先进的科学科研技术，积极参与广佛肇联合开展的跨界流域、跨界区域环境科学研究，其中开展广佛肇复合大气污染防治是重要的环境科研合作项目。充分利用广州、佛山等周边城市密集的高新技术产业群优势，制定优惠政策，引进广州、佛山等周边城市人才和智力，引进现代环境科研技术，加强多领域、多层次、多类型的环境保护科研项目合作，提高环境科研水平。

(三) 加强绿色发展领域人才国际交流

坚持“请进来”和“送出去”相结合的原则，促进绿色发展领域人才国际交流。吸引更多世界一流的绿色发展专家学者来华从事教学、科研和管理工作，有计划地引进海外高端人才和学术团队。完善公派出国留学机制，在全国公开选拔优秀学生进入国外高水平大学和研究机构，学习中向绿色发展专业倾斜。制定各种激励手段，吸引海外优秀绿色发展领域留学人员回国发展。

38 广西循环经济指标可达性分析*

自20世纪90年代全球开展可持续发展战略以来，发达国家逐步把发展循环经济、建立循环型社会看作是实施可持续发展战略的重要途径和实现方式。进入21世纪，我国也把发展循环经济、转变经济增长方式、建设节约型社会作为践行科学发展观的重要一环而提到了历史的高度。党的十六届五中全会明确提出要发展循环经济，保护生态环境，建设资源节约型、环境友好型社会。“十一五”规划纲要把发展循环经济作为重大战略任务，党的十七大提出了促进循环经济形成较大规模的新要求。循环经济可以有效地克服现代化进程中出现的环境与资源危机，是未来社会发展的必然趋势。

改革开放以来，广西依托自身区位和资源优势，经济持续快速增长，社会事业全面发展。但资源能源消耗过快，生态环境压力加大，发展方式粗放没有根本改变，全区发展面临严峻的不经济、不可持续问题的挑战。“十二五”时期是广西经济社会发展承上启下的重要战略机遇期，广西面临经济全球化加深、中国-东盟自由贸易区建立、东部沿海地区产业转移和新一轮西部大开发的难得历史机遇，大力发展循环经济，推动低碳、绿色发展，有利于破解资源环境制约，切实加快广西经济发展的转变。以广西的经济发展水平和资源利用条件为依托，围绕调整经济结构和转变发展方式，以提高资源生产率和减少废物排放为目标，以技术创新和制度创新为动力，以法制建设和加强监管为保障，强化节约资源和保护环境意识，完善政策措施，发挥市场机制作用，大力推进循环经济示范企业、循环经济示范园区、循环经济示范市（县、区、城镇）建设，形成具有广西特色的节约能源资源和保护生态环境的产业结构、增长方式及消费模式的循环经济发展模式，不断提高广西综合实力和竞争力，全方位、多层次地推进资源节约型社会和环境友好型社会建设，全区上下团结一心，践行科学发展观，坚持实现经济效益、社会效益和环境效益的最佳平衡，努力闯出一条西部欠发达民族地区跨越发展、平衡发展和持续发展的新路子，建设一个国家循环经济发展示范省（区）的好典型。

---

* 本文为2011年中国国际经济交流中心咨询课题《广西“十二五”循环经济发展规划》的部分成果，系首次公开全文发表。系笔者与曾凯超共同创作。

广西“十二五”循环经济发展规划依据《中华人民共和国循环经济促进法》、《中华人民共和国国民经济和社会发展第十二个五年规划》、《中共广西壮族自治区委员会国民经济和社会发展第十二个五年规划》、《广西壮族自治区人民政府关于加快发展循环经济的意见》（桂政发〔2005〕56 号）等，提出了广西循环经济指导思想、总体思路、中长期目标、指标体系和规划期的目标值，明确了规划期的重点任务、重点领域和重点工程，并对广西“十二五”循环经济规划的实施效果进行了分析，从政策、组织、机制、资金和科技人才等方面制订了坚实的保障措施，保障规划目标的顺利实现。

一、循环经济的基本内涵

（一）循环经济概念

循环经济是一种以资源的高效利用和循环利用为核心，以“减量化、再利用、资源化”为原则，以低消耗、低排放、高效率为基本特征，符合可持续发展理念的经济增长模式，是对“大量生产、大量消费、大量废弃”的传统增长模式的根本变革，其实质是以尽可能少的资源消耗和尽可能小的环境代价实现最大的发展效益。

（二）建立循环经济指标体系的意义

循环经济指标体系研究的目标是为了实现可持续发展，针对循环经济发展的需要，通过循环经济指标体系的建设，对循环经济系统的发展状态、水平和趋势进行监测评价，为宏观调控和可持续发展提供决策支持。循环经济的评价应该是一个综合的评判，要求循环经济系统的发展不仅注重经济的增长，更要注意其发展的可持续性、稳定性、协调性和均衡性。循环经济指标体系的作用包括以下方面：一是描述功能，所选指标应能客观反映任何一个时点上或时期内社会、经济、生态环境发展的现实状况和变化趋势；二是解释功能，能对循环经济的发展状态、协调程度、失调原因、变化原因做出科学合理的解释；三是评价功能，根据一定的判别标准，综合测度一个国家或一个地区发展的各系统之间的协调性，从而在总体上对循环经济发展状况做出客观评价；四是监测功能，在获取有关资料后，可对大系统的循环经济发展状况进行监测，并对导致系统失调的主要因素进行干预，为决策和政策的制定提供科学依据；五是预警功能，可对未来系统的结构、功能进行预测，为循环经济发展模式的实现提供切实可行的决策方案。

循环经济的内涵是以减量化、再利用、资源化为原则，以低消耗、低排放、高效率为基本特征，与可持续发展理念的经济增长模式相符合。其本质上是一种生态经济，要求运用生态学规律而不是机械论规律来指导人类社会的经济活动。传统增长模式是一种“资源-产品-废弃物”的单向直线过程，而循环经济模式是“产品-资源-废弃物-再生资源”的循环过程，可以以尽可能小的资源消耗和环境成本，获得尽可能大的经济和社会效益。发展循环经济是一项涉及面广、综合性很强的系统工程。为了科学地评价循环经济的发展状况，利用相应的数据信息资料，建立一套设计合理、操作性较强的循环经济评价指标体系，为循环经济管理及决策提供数据支持是十分必要的。

循环经济评价指标既是建立循环经济统计制度的基础，又是制定循环经济发展规划和加强管理的依据。建立科学完善循环经济指标体系将为国家和地区掌握循环经济的发展水平，制定科学的经济发展、资源利用和环境保护政策，缓解资源约束矛盾，减轻环境污染，提高社会效益和人民生活质量具有重要意义，并可从专业上促进经济统计、资源统计、环境统计和国民经济核算之间的协调与融合。

对于广西来说，建立科学完善的循环经济评价指标体系，对经济与社会的可持续发展也具有一定的现实和战略意义。具体包括：为科学评价广西循环经济发展水平提供参考依据和指标体系；促进广西的经济、社会和自然的和谐发展；为“两区一带”战略规划提供决策指导；与同类省区进行比较，可以明确成绩与不足，寻找解决对策，等等。

二、循环经济指标体系研究综述

20世纪70年代，国际上开始了全社会经济综合物资流平衡核算的研究，这个核算体系及其指标体系是循环经济指标体系的初始形态。20世纪90年代，奥地利、德国、日本、荷兰、美国共同合作发展了物资流核算体系（MFA），于1997年由美国世界资源研究所（WRI）牵头，合作发表了题为《国家的重量》的研究报告。在这个研究报告中，提出了直接物资输入、国内过程输出等用于表征一个国家实物流的指标。

在过去几年中，在MFA方法学的发展、改进和规范化方面取得了很大的进展。在欧盟已建立了一个综合性的国家物资流核算标准，为欧盟成员国编制各国全社会经济范围的物资流的核算和综合平衡，提出了总体框架和实际编制的指南。并且在编制MFA的基础上导出了一系列的，用于表征一个国家或地区全社会经济范围物资的输入、消费、输出、物资流的外贸平衡等描述实物流的指标体系。

日本通过多年对MFA方法和循环经济的研究，最终确定了其中的3个指标作为核心的循环经济指标。这三个指标分别为：①资源生产率，即当年本国GDP与直接物资投入量的比值；②废弃物的循环利用率，不仅包括消费后废弃物的循环再利用，还包括对生产过程中产生的废弃物的循环利用；③废弃物最终处置量，包括工业垃圾及城市垃圾经过最终处置后排入自然界的量。

我国的学者也对循环经济指标体系进行了研究，其中清华大学吴宗鑫教授承担了由世界银行东亚和太平洋地区环境和社会司公开招标的“中国循环经济指标研究：建立指标体系并应用于中国”的研究课题。他认为，我国的循环经济指标体系应能够用于确定我国未来循环经济发展定量化的目标，评价中国未来循环经济发展取得的进展，并提出了几点作为选择我国循环经济指标体系的准则：①指标体系应能较为系统、完整地度量、描述、判定、评价和预测循环经济发展状况和变化趋势；②指标定义和界定是清晰的，含义是明确的，数据可获得；③与国际已有的指标相衔接，以便于国际比较；④突出重点，特别关注能源、水资源、钢铁、有色金属等的利用和循环利用，以及废弃物的排放。

循环经济指标体系设计一般分为两个层次：综合性的指标和部门类的指标。综合类指标包括：资源输入类指标，资源利用率类指标，资源消费类指标，环境排放物类的指标等。部门类的指标更侧重能源、资源的利用和循环利用，以及钢铁和铜铝等金属矿产资源的利用和循环利用。

三、广西循环经济指标体系构建原则

（一）指标体系构建原则

循环经济指标体系既需要有综合性的指标，在宏观层面上评估，也需要有部门类的指标，在部门层面上评估。本文主要是以地区中观层面为对象，建立一套科学的、具有可操作性的、适用于区域性的循环经济评价指标体系，用于对地区社会和发展循环经济状况进行总体的定量判断，为循环经济管理及决策提供依据。

构建科学完善的循环经济评价指标体系，并不是要将所有的具体指标罗列出来就可以了，而是要遵循一定的原则，运用一定的方法，从众多的具体指标中选取有限的一些指标来构建一个指标体系。因此，指标的遴选原则和方法是至关重要的。

区域循环经济指标体系的设计和建立既要高起点考虑循环经济发展对统计指标提出的新要求，又要实事求是地考虑区域循环经济发展的阶段性特征，还要兼顾当前统计改革的进程和统计工作的实际可能性。具体原则包括：

（1）政策相关性强。政策相关性意味着指标体系要对决策者有支持和指导作用，与现有的政策和任务相关联。

（2）基础数据的可靠性高与灵敏度强。所选指标的意义明确，统计方法规范，测算方法标准。能够反映可持续发展的内涵和目标的实现程度。对经济、环境和相关人类活动的变化反应灵敏。

（3）有可比性与可接受性。指标体系应尽量采用可比性较强的相对量指标和具有共性特征的可比指标。可接受性则指各指标清晰易懂，能被社会各界所理解和接受。

（4）数据可得，成本尽可能低。指标体系所需的信息必须是可得的，且指标概念明确，计算方法简便，获取成本低廉。

（5）有一定的前瞻性与导向性。利用指标体系进行综合评价，不仅要反映地区的现状，也要通过表述过去和现状之间的关系，借以指示未来的发展方向。

（二）广西循环经济指标体系基本框架

循环经济发展的目标是建立资源循环使用、生活富裕、经济和谐发展及环境健康良好的节约型社会。从经济发展的角度来看，评价指标体系不仅要包括反映经济发展水平的指标，还包括反映经济发展质量的指标。从环境保护的方向来看，评价指标不仅要包括生态指标，还应该包括环境保护建设及环境改善潜力等指标。围绕“减量化、再利用、再循环”这一循环经济最重要的实际操作原则，提出循环经济评价指标体系由四大类别、22 个指标构成。

“十一五”期间，广西三次产业结构由 22.5∶37.9∶39.6 调整为 17.5∶47.1∶35.4，工业化率由 1.39 提高到 2.31，工业增加值比重由 31.7% 提高到 40.6%，工业化进入中期阶段。2010 年广西全区生产总值（GDP）9 502.39 亿元，比上年增长 14.2%，第一、二、三产业增加值占地区生产总值的比重分别为 17.5%、47.1% 和 35.4%。结合广西壮族自治区产业发展特点和指标体系的建立原则，从经济、社会和环境三方面建立了广西壮族自治区循环经济指标体系，设置了 3 级指标、6 个评价子模块、22 个具体评价指标来研究广西壮族自治区的循环经济发展情况。主要指标如下：

1. 经济发展指标

如经济发展水平指标，包括 GDP 年平均增长率、人均 GDP、万元 GDP 综合能耗等；经济发展潜力指标，包括科技投入占 GDP 的比例、科技进步对 GDP 的贡献率等。

2. 循环经济特征指标

主要有三类指标：一是资源生产率指标，用来综合表示产业和人民生活中有效利用资源情况（资源生产率 = GDP/天然资源投入量）；二是循环利用率指标，用来表示投入到经济社会的物质总量中循环利用量所占的比例；三是最终处理量指标，用来表示城市废弃物和工业废弃物最终处理量。

3. 绿色管理指标

如促进循环经济建设的地方性政策法规和文件的制定，开展清洁生产的企业占的比例，工业园区、企业 ISO14001 认证率，循环经济社会认知率，循环经济知识培训等。

4. **生态环境保护指标**

环境保护指标，如环境质量、污染物排放达标情况、污染物处理处置量等；环境绩效指标，如万元 GDP 工业废水、废气、废渣、有毒有害废物产生量；生态建设指标，如人均公共绿地面积等；生态环境改善潜力指标，如环保投入占 GDP 的比重等。

具体指标体系如表 1 所示。

表 1　广西循环经济指标体系

目标层	准则层		措施层	单位	指标性质	2010 年	2012 年	2015 年	2020 年
广西壮族自治区循环经济指标体系	经济指标	经济发展指标	GDP 年平均增长率	%	正向	13.9	13	12	10
			人均 GDP	元/人	正向	18 549.82	23 686.27	33 277.5	53 593.75
			科技投入占 GDP 的比例	%	正向	0.78	0.94	1.25	2
			科技进步对 GDP 的贡献率	%	正向	0.61	0.78	1.12	2.06
		资源产出指标	能源产出率	亿元/万吨标煤	正向	1.21	1.47	1.96	3.19
			土地产出率	万元/公顷	正向	4.03	6.08	11.28	31.59
			水资源产出率	元/立方米	正向	31.74	48.88	93.42	274.94
		资源消耗指标	单位生产总值能耗	吨标煤/万元	负向	0.83	0.68	0.51	0.31
			单位生产总值取水量	立方米/万元	负向	315.05	204.58	107.05	36.37
			农业灌溉水有效利用系数	%	正向	45	45.6	46.5	48
		资源综合利用指标	工业固废综合利用率	%	正向	67.8	68.31	71.03	75.8
			工业用水重复利用率	%	正向	68.9	71.7	75	82
			城市污水再生利用率	%	正向	46.84	56	70	80
			城市生活垃圾无害化处理率	%	正向	61.2	75	92	99
	社会指标	绿色管理指标	清洁生产的企业占的比例	%	正向	5.17	40	90	99
			企业 ISO14001 认证率	%	正向	20	40	80	90
			循环经济社会认知率	%	正向	40	60	80	100
	环境指标	环境保护指标	人均绿地面积	平方米/人	正向	9.83	10.03	11	13
			COD 排放消减率	%	正向	1	4.2	9.2	17.4
			二氧化硫排放消减率	%	正向	1	4	9.13	14
			环保投资占 GDP 的比重	%	正向	1.21	1.72	2.5	5
			单位 GDP 的 CO_2 排放量	吨/万元	负向	2.17	1.79	1.33	0.82

（三）指标体系的评价

在“十二五”规划期内统计广西各年循环经济指标实际值，并与目标值进行比较来综合评价当年循环经济发展情况，主要采用层次分析法来进行指标体系的评价，主要步骤如下：

1. 层次分析模型的建立

层次分析模型分目标层、准则层和措施层。表 1 不仅是循环经济指标体系，同时也是循环经济评价的层次模型。最上层的循环经济指标体系为目标层。第二层的经济发展指标、资源产出指标、资源消耗指标、资源综合利用指标、绿色管理指标和环境保护指标等 6 个指标为准则层。其余第三层的地区生产总值等 22 个指标均为措施层。

2. 构造判断矩阵

针对上一层次的指标，对下一层次指标的重要程度进行两两相互比较，构造判断矩阵。本课题采用 1 ~ 9 标度对准则层和措施层指标进行两两重要性的相互比较。判断矩阵的个数由目标层和准则层的指标个数决定，共有 7 个判断矩阵。两两相互比较的资料收集通过专家问卷调查而得。重要程度比较的问卷调查与循环经济指标体系问卷调查同时进行。构造方法如下：

（1）建立判断矩阵。

在第一级评价体系中的影响要素作为评价标准，对主观、宏观、客观因素进行了两两比较，其中元素 B_{ij} 表示要素 B_i 对 B_j 的相对重要性建立判断矩阵如下：

$$\begin{bmatrix} B_{11} & B_{12} & B_{13} & B_{14} \\ B_{21} & B_{22} & B_{23} & B_{24} \\ B_{31} & B_{32} & B_{33} & B_{34} \\ B_{41} & B_{42} & B_{43} & B_{44} \end{bmatrix}$$

判断尺度是表示要素 B_i 对 B_j 的相对重要性的数量尺度，即 B_{ij} 的数量形式建立判断尺度，定义如下：

若 B_i 比 B_j 明显重要，则 $B_{ij}=5$；反之，比较 B_i 与 B_j 的重要程度，则 $B_{ji}=1/5$。由此可知 $B_{ii}=1$，$B_{ji}=1/B_{ij}$。

（2）判断尺度的确定。如表 2 所示。

表2 判断尺度的确定

判断尺度（B_{ij}）	定义
1	B_i和 B_j同样重要
3	B_i比 B_j稍微重要
5	B_i比 B_j明显重要
7	B_i比 B_j强烈重要
9	B_i比 B_j极端重要
2、4、6、8	介于上述两个相邻判断尺度中间值

（3）权重计算。

根据 AHP 理论，确定权重有和法、根法、特征根法和对数最小二乘法，这里用和法较合适，和法的计算公式：

$$\omega_i = \frac{\sum_{j=1}^{n} B_{1j}}{\sum_{k=1}^{n}\sum_{j=1}^{n} B_{kj} k}$$

3. **层次排序**

根据判断矩阵的重要性比较值，对各判断矩阵进行随机一致性检验。判断矩阵的一致性比例用 CR 表示。当 CR<0. 1 时，判断矩阵具有满意的一致性。

在特殊情况下，判断矩阵可以具有传递性和一致性。一般情况下，并不要求判断矩阵严格满足这一性质。但从人类认识规律看，一个正确的判断矩阵重要性排序是有一定逻辑规律的，例如若 A 比 B 重要，B 又比 C 重要，则从逻辑上讲，A 应该比 C 明显重要，若两两比较时出现 A 比 C 重要的结果，则该判断矩阵违反了一致性准则，在逻辑上是不合理的。

因此，在实际中要求判断矩阵满足大体上的一致性，需进行一致性检验。只有通过检验，才能说明判断矩阵在逻辑上是合理的，才能继续对结果进行分析。

一致性检验的步骤如下。

第一步，计算一致性指标 C. I. （consistency index）。

$$C.I. = \frac{\lambda_{max} - n}{n-1.}$$

第二步，查表确定相应的平均随机一致性指标 R. I. （random index）。

据判断矩阵不同阶数查表，得到平均随机一致性指标 R. I. 。例如，对于 5 阶的判断矩阵，查表得到 R. I. =1. 12。

第三步，计算一致性比例 C. R. （consistency ratio），并进行判断。

$$\text{C. R.} = \frac{\text{C. I.}}{\text{R. I.}}$$

当 C. R. <0. 1 时，认为判断矩阵的一致性是可以接受的，C. R. >0. 1 时，认为判断矩阵不符合一致性要求，需要对该判断矩阵重新修正。

通过计算得到具体指标权重如表 3 所示。

表 3　广西循环经济指标权重

目标层	准则层		权重	指标层	单位	权重	指标性质
广西壮族自治区循环经济指标体系	经济指标（0. 639）	经济发展指标	0. 110 5	GDP 年平均增长率	%	0. 033 2	正向
				人均 GDP	元/人	0. 044 2	正向
				科技投入占 GDP 的比例	%	0. 011 1	正向
				科技进步对 GDP 的贡献率	%	0. 022 1	正向
		资源产出指标	0. 105 5	能源产出率	亿元/万吨标煤	0. 052 8	正向
				土地产出率	万元/公顷	0. 031 7	正向
				水资源产出率	元/立方米	0. 021 1	正向
		资源消耗指标	0. 142 5	单位生产总值能耗	吨标煤/万元	0. 071 3	负向
				单位生产总值取水量	立方米/万元	0. 042 8	负向
				农业灌溉水有效利用系数	%	0. 028 5	正向
		资源综合利用指标	0. 280 5	工业固废综合利用率	%	0. 112 2	正向
				工业用水重复利用率	%	0. 056 1	正向
				城市污水再生利用率	%	0. 042 1	正向
				城市生活垃圾无害化处理率	%	0. 070 1	正向
	社会指标（0. 100 5）	绿色管理指标	0. 100 5	清洁生产的企业占的比例	%	0. 045 2	正向
				企业 ISO14001 认证率	%	0. 035 2	正向
				循环经济社会认知率	%	0. 020 1	正向
	环境指标（0. 260 5）	环境保护指标	0. 260 5	人均绿地面积	平方米/人	0. 065 1	正向
				COD 排放消减率	%	0. 039 1	正向
				二氧化硫排放消减率	%	0. 039 1	正向
				环保投资占 GDP 的比重	%	0. 052 1	正向
				单位 GDP 的 CO_2 排放量	吨/万元	0. 065 1	负向

4. 指标标准化处理

将指标体系中的实际指标值与相应的参考值对比，以反映每个指标的实现程度。对评价指标体系中的正指标和逆指标分别处理：

对于正指标，标准化处理值＝（指标值÷标准值）；

对于逆指标，标准化处理值=（标准值÷指标值）。当标准化值大于1时，取1为最大的标准化值，以避免个别指标值的超常影响到综合值的计算。

5. **综合评价**

线性加权和法是使用广泛、操作简明且含义明确的指标值综合合成法，综合评价采用线性加权和法，其公式如下：

$$S = \sum^{n} WiUi$$

式中，S为综合评价指数，Wi为单个指标权重，Ui为标准化值。

四、广西循环经济的指标可达性分析

广西主要循环经济评价指标的可达性分析如下：

（一）资源产出率

广西资源产出率是以全区消耗的一次资源（包括煤、石油、铁矿石、10种有色金属、稀土矿、磷矿、石灰石、沙石等）进行计算。“十一五”期间，广西能源产出率为1.21亿元/万吨标准煤。随着做大做强做优工业决定的深入实施，广西工业将加快发展，企业科技含量进一步提高，工业产品加工度提高，附加价值率上升，必将带来资源利用效率上升，资源产出率提高，同时由于实行再利用和资源化等项目建设，可充分保证上述资源产出指标的完成。

（二）单位生产总值能耗

根据国务院颁布的《单位GDP能耗指标考核体系实施方案》，对省级政府节能目标考核，不再考核万元增加值能耗和万元产值电耗两项指标。为完成GDP能耗降低率的目标，广西将调整经济结构，加大对高耗能企业的重组和资源整合，大力发展风能、水能、太阳能、生物能发电等可再生能源，在工业企业中大力开展节能降耗活动。广西具有得天独厚的可再生能源资源，在水电方面，水能资源理论储量2 133万kW，可开发装机容量1 891万kW，“十一五”期间，水电装机容量达1 490万kW。“十二五”期间，水电计划总装机容量1 600万kW，核电计划总装机容量400万kW，风电计划总装机容量100万kW，太阳能计划总装机容量80万kW，生物质能计划总装机容量50万kW等。随着广西清洁能源建设工作的不断向前推进，广西可再生能源企业占比将逐年提高。全区能源消耗中工业占73%以上，抓住工业领域节能，就是抓住了全区节能节水的关键。综合能耗在万吨标准煤以上的52户企业年可节能1.156 2万吨标煤。以上措施加上其他手段，可以保证资源消耗指标的顺利实现。

（三）单位生产总值取水量

2010年，广西单位生产总值取水量为315m^3，在全国处于较落后水平，需要重点提高工业用水重复利用水平和企业工艺节水水平，通过水价调节机制引导社会节水、推广节水器具、改造管网以降低管损，推广农业节水灌溉技术。通过以上工作的开展，2015年广西单位生产总值取水量降至107m^{3}是有保障的。

（四）工业用水重复利用率

“十一五”期间，年广西工业用水重复利用率为68.9%。为了在2015年达到75%的目标，应加大对造纸、农副产品加工、建材等主要耗水行业的节水技术改造，推广工业用水重复利用技术，并通过加强工业用水超计划超定额管理等途径，努力提高工业用水重复利用水平。

（五）工业固废综合利用率

“十一五”期间，工业固废综合利用率为67.8%，为了在“十二五”规划期内达到71.03%的目标，一方面，着力提高煤及有色金属矿产回采率，推广先进适用的资源综合回收工艺及选矿技术，采用超细粉碎设备和高效节能、环保的大型浮选设备，提高有色金属的选矿回收率。到2015年，矿山企业平均采选回收率要在2010年的基础上再提高50%，共伴生矿综合利用率提高到80%。另一方面，充分利用矿山废石、尾矿和固体废弃物中的有用成分，实现废弃物的综合利用和无害化，加强尾矿资源的综合利用，加大粉煤灰发展新型建材和利用粉煤灰筑路、回填、造地的力度，加快煤矸石发电项目的建设进度，建设一批重点示范工程项目。到本规划中的100个项目完成后，年综合利用固体废弃物可达6 000万t，在消纳每年新增工业固体废弃物的同时，将逐步消纳历史堆存的固体废弃物，有效保证该指标目标值的实现。

（六）城市污水再生利用率

“十一五”期间城市污水再生利用率达到46.84%。为保证规划期内上述指标的实现，广西将在全区建设日处理能力3万t的城市生活污水处理工程200座，正在实施和已列入计划的新建、扩建污水处理厂工程，以及同步推进相应的污水收集管网建设，将不断提高污水纳管率，2015年城市污水再生利用率达到70%。随着城市污水处理设施建设的持续推进，城镇污水处理厂的尾水质量正在逐步提高。已有一部分再生水用于绿化、洒水抑尘、冲厕、景观、建筑等环保和公共用水。广西已计划在各主要耗水行业推动再生水与工业用水的衔接，积极推进造纸、食品等工业的再生水利用。

（七）城市生活垃圾无害化处理率

“十一五”期间，生活垃圾无害化处理率已由 32.9% 提高到 61.2%。为保证规划期内上述指标的实现，广西将在全区建设日处理能力 2 000t 城市（镇）生活垃圾处理工程 160 项，在全区主要城市构建以绿色环保回收中心站、社区流动运输收购为基础的再生资源回收利用网络体系，建设 100 个区域再生资源综合利用基地。项目建成运行后，年可卫生处理生活垃圾 10 000 万 t。同时，充分利用现有基础设施，全区再生资源综合利用目标完全可以实现。

（八）清洁生产的企业占比和企业 ISO14001 认证率

“十一五”期间，广西积极推进重点企业清洁生产工作，在清洁生产领域进一步开拓创新、扎实工作，为广西清洁生产的推进做好技术引导和技术准备，进一步推进自治区重点企业清洁生产审核工作，加强对清洁生产审核咨询服务机构及人员的管理，提高清洁生产审核咨询服务机构的技术服务质量，规范重点企业清洁生产审核评估、验收工作，确保环保厅 2007—2010 年发布的 4 批共 174 家强制性清洁生产审核重点企业按时按要求完成清洁生产审核工作。为了保障在“十二五”规划期内完成目标，提高清洁生产的企业占比和企业 ISO14001 认证率，将采取以下措施：进一步加大普法和宣传的力度，加快推进形成清洁生产的社会氛围，特别是推动政府和企业贯彻实施《清洁生产促进法》的自觉性和紧迫感；利用污染物排放标准和污染物总量排放指标来增大企业开展清洁生产的动力和压力；成立清洁生产专项资金，对推行清洁生产的各级政府和开展清洁生产的企业给予一定的经费保障或扶持，要在现有的基础上，加强协调，形成机制，努力增加清洁生产资金投入；加紧研究制定有利于企业开展清洁生产的财政税收政策；继续发布《清洁生产评价指标体系》，形成一系列不同行业的清洁生产绩效评估标准，为定量评定企业清洁生产水平提供依据。

（九）COD 排放消减率和二氧化硫排放消减率

为完成“十二五”规划指标，广西将实施工程减排、结构减排和管理减排三大措施。具体而言，工程减排的重点为火电企业的烟气脱硫、有色冶炼企业烟气的综合治理、部分老工业废水污染源的治理和城市生活污水的达标处理，计划实施3 951项工程，削减二氧化硫 20.40 万 t，计划实施 132 项工程削减化学需氧量（COD）24.16 万 t；结构减排的重点是“五小企业”的关停并转；管理减排的重点是通过实施污染减排“三大”体系建设，提高环境监督管理水平，保证已经建成的污染减排工程持续、稳定发挥减排效益。

总体看，广西具备区域循环经济产业发展的资源条件，已初步形成了区域循环经济发展格局，尤其是以制糖、有色金属、钢铁等重点产业为主的优势产业发展潜力大，正处于资源综合开发、集约利用的初期阶段。循环利用特点鲜明，产业架构、产业布局、规划主导产业项目符合循环经济发展原则，规划产品产能、工艺技术、建设规模设计体现了先进性、合理性、科学性原则，规划目标依据充分，数据测算合理，规划保障措施具体明确，将有力促进规划目标的实现及循环经济指标的完成。

五、结论和建议

（1）把广西上升为国家级循环经济示范区，支持广西循环经济示范区先行先试，鼓励企业建立循环经济联合体，推动产业循环式组合，建议各部委在广西建立相关产业发展试点。

（2）制定和完善循环经济法律法规，应加强与循环经济发展相关的法制建设，加快制定出台《广西壮族自治区循环经济促进条例》，建立循环经济发展的科学、长效机制，将现行的循环经济理念、指标、要求和机制通过法制的方法加以确定，修订广西地方性法规、政府规章和规范性文件，重点在循环经济、清洁生产、资源保护开发利用和环境保护等方面出台配套法规、法律及标准。

（3）制定循环产业成为支柱产业的产业政策，用循环经济的发展理念指导产业转型和工业园区改造，设立省（自治区）级发展循环经济专项资金，建议国家继续实施西部大开发相关税收优惠政策。对高耗能行业中国家淘汰类和限制类项目，继续实行差别电价。将节能、节水、节地、节材、资源综合利用等项目列为重点投资领域。加大水资源费和污水处理费征收力度，合理提高征收标准并施行阶梯式加价制度。

（4）成立自治区循环经济发展领导小组，建立跨部门跨行业的协调机制，进一步完善各部门、各地区循环经济发展考核评价机制。

（5）对由国家、自治区循环经济发展综合管理部门支持节能环保等资源化利用项目，银行金融机构应当按照商业可持续原则，综合考虑信贷风险评估、成本补偿机制和政府扶持政策等因素，重点给予信贷支持。积极创新金融产品和服务方式，多渠道拓展促进循环经济发展的直接融资途径。

（6）构建激励机制，建立有偿使用与生态补偿机制、许可证与排污权管理机制，以及完善统计考核与监督机制等。

（7）科技是发展循环经济的根本驱动力。政府可充分发挥区域科技和文化优势，加大科技投入力度，提供技术支持和保障。

（8）加强宣传动员机制，提高公众环境保护意识和绿色消费意识，以获取社会最大群体的支持和维护。

参考文献

State Think Tank
China Strategies for Energy and Environment

[1]《中共中央关于全面深化改革若干重大问题的决定》辅导读本编写组.《中共中央关于全面深化改革若干重大问题的决定》辅导读本[M].北京:人民出版社,2013.

[2]迟福林. 改变竞争性地方政府的增长方式[N]. 中国经济时报,2013-08-09.

[3]国务院法制办公室.法律法规全书[M]. 北京:中国法制出版社,2011.

[4]国务院法制办公室. 中华人民共和国环境保护法典[M].北京:中国法制出版社,2011.

[5]世界银行.1997 世界发展报告:变革世界中的政府[M].北京:中国财政经济出版社,1997.

[6]王灿发. 论我国环境管理体制立法存在的问题及其完善途径[J]. 政法论坛,2003(4).

[7]王灿发. 中国环境行政执法手册[M].北京:中国人民大学出版社,2009.

[8]汪劲. 环保法治三十年:我们成功了吗[M].北京:北京大学出版社,2010.

[9]中国工程院,环境保护部. 中国环境宏观战略研究(战略保障卷)[M].北京:中国环境科学出版社,2011.

[10]中国科学院可持续发展战略研究组.2008 中国可持续发展战略报告——政策回顾与展望[M].北京:科学出版社,2008.

[11]中国科学院可持续发展战略研究组.2014 中国可持续发展战略报告——创建生态文明的制度体系[M].北京:科学出版社,2014.

[12]中国科学院可持续发展战略研究组.2015 中国可持续发展战略报告——重塑生态环境治理体系[M].北京:科学出版社,2015.

[13]Bergan T, Gallardo L , Rodhe H. Mercury in the global troposphere : a three - dimensional model study[J]. Atmospheric Environment ,1999 ,33 (10) :1575 - 1585.

[14] Hylander L D. Global mercury pollution and its expected decrease after a mercury trade ban[J]. Water ,Air ,and Soil Pollution ,2001 (125) :331- 344.

[15] Ferrara R. , Maserti B E , Breder R. Mercury in abiotic and biotic compartments of an area affected by a geochemical anomaly [J]. Water , Air , and Soil Pollut , 1991 (56): 219 - 233.

[16] Ferrara , R. , Maserti , B. E. , Andersson , M. , et al . Atmospheric mercury concentrations and fluxes in the Almadèn district (Spain) [J]. Atmospheric Environ , 1998, 32 (22): 3897 - 3904.

[17] Lacerda L D , Marins R V. Anthropogenic mercury emissions to the atmosphere in Brazil : The impact of gold mining[J]. Journal of Geochemical Exploration , 1997 , 58 (2 - 3) : 223 - 229.

[18] Lacerda L D. Global mercury emissions from gold and silver mining[J]. Water , Air , and Soil Pollut , 1997 (97) : 209 - 221.

[19] Akagi H. , Malm O, Kinjo Y, et al . Methyl mercury pollution in the Amazon [J]. Science of the Total Environment , 1995 (175) : 85 - 95.

[20] Barbosa A C, Boischio A A. , East GA, et al . Mercury contamination in the Brazilian[J]. Water , Air , and Soil Pollut , 1995 (80) : 109 -121.

[21] Nartey V K, Adotey D K, Donkor A K. Mercury Pollution in Selected Small Scale Gold Mining Communities in South Western Ghana [J]. Materials and Geoenvironment, 2004, 51 (1): 168 - 172.

[22] Bonzongo J C, Donkor A K. Gold Mining and Mercury Pollution in The Ghanaian Pra River Basin , West Africa[J]. RMZ/ Materials and Geoenvironment , 2004 , 51 (1) : 16 - 20.

[23] 范燕燕，蒋治良 . 汞的环境生化分析进展[J]. 分析测试技术与仪器, 2009, 15 (2) : 76-83. Yanyan Fan, Zhiliang Jiang. The progress of mercury's environmental biochemical analysis [J]. Analysis of Testing Technology and Instruments, 2009, 15 (2): 76- 83.

[24] Wilson S J, Steenhuisen F, Pacyna J M. Mapping the spatial distribution of global anthropogenic mercury atmospheric emission inventories [J]. Atmospheric Environment, 2006, 40: 4621-4632.

[25] Schroeder W H, Munthe J. Atmospheric mercury-an overview[J]. Atmospheric Environment, 1998, 32(5) : 809-822.

[26] Seigneur C, Vijayaraghavan K, Lohman K. Modeling the atmospheric fate and transport of mercury over North America: power plant emission scenarios [J]. Fuel Processing Technology, 2004, 85: 441-450.

[27]胡月红．国内外汞污染分布状况研究综述[J]．环境保护科学,1(3):38-40. Yuehong Hu. Research on the domestic and international distribution situation of mercury pollution . Environmental Sciences, 1 (3) :38-40.

[28]陈武．大气中不同形态汞的采集与分析方法进展[J].化学工程与装备,2009,7:209-213. Wu Chen. The collection and analysis progress of the different forms of mercury in the atmosphere [J].The chemical engineering and equipment,2009,7:209 -213.

[29]李广辉,冯新斌,李仲根．竖罐炼锌过程中汞的大气排放量[J].清华大学学报（自然科学版）,2009,49(12) :2001-2004. Guanghui Li, Xinbin Feng, Zhonggen Li. Atmospheric emissions of mercury in the vertical tank zinc smelting process [J]. Journal of Tsinghua University (Natural Science), 2009,49 (12) :2001-2004.

[30]李仲根,冯新斌,李平,等．垃圾填埋场大气汞的浓度和形态[J].环境科学研究, 2009, 22 (4) : 450 - 455. ZhongGen Li, Xinbin Feng, Ping Li. The landfill atmospheric mercury concentration and speciation [J]. Environmental Sciences, 2009,22 (4) :450-455.

[31]权建农,张晓山,张蔷,等．我国燃煤汞沉降的数值模拟[J]．高原气象,2009,28(1) :159-164. Jiannong Quan, Xiaoshan Zhang, Qiang Zhang. The numerical simulation of China´s coal-fired mercury deposition [J]. Plateau Meteorology, 2009,28 (1) :159-164.

[32]Wu Y,Wang S X,Streets D G,et al. Trends in anthropogenic mercury emissions in China from 1995 to 2003[J].Environmental Science and Technology,2006,40 (17) : 5312-5318.

[33]杨燕娜,温小乐．土壤汞污染及其治理措施的研究综述[J].能源与环境,2006,3(3):9-11. Yanna Yang, Xiaole Wen. Research of soil mercury pollution and its control measures . Energy and Environmental . 2006,3 (3) :9-11.

[34]张磊,等．中国城市汞污染及防治对策[J].生态环境,2004, 13(3): 410-413. Lei Zhang. the city 's mercury pollution and Countermeasures of China. Ecological environment, 2004, 13 (3): 410-413.

[35]郭卫广,刘建国．全球汞控制公约形势及中国履约需求分析[J].环境污染与防治,2010,9(5) :107-111.

[36] Aslam M A, Equal per capita entitlements: A key to global participation on climate change? [A]. in: Baumert K, Blanchard O, Llosa S, Perkaus JF (Eds). Building on the Kyoto Protocol: Options for protecting the climate [M]. Washington DC: World Resources Institute, 2002, 175-202.

[37] BBC World Service. All Countries Need to Take Major Steps on Climate Change: Global Poll. September 25, 2007.

[38] Brazil 1997. Proposed elements of a protocol to the UNFCCC, presented by Brazil in response to the Berlin mandate, FCCC/AGBM/1997/MISC. 1/Add. 3. Bonn, UNFCCC.

[39] Cao, J., Reconciling Human Development and Climate Protection: Perspectives from Developing Countries on Post-2012 International Climate Change Policy. Discussion Paper 2008-25, Cambridge, Mass.: Harvard Project on International Climate Agreements, December 2008.

[40] Chung, R. K. 2007. A CER discounting scheme could save climate change regime after 2012. Climate Policy 7 (2): 171 - 176.

[41] GEF-Global Environment Facility, 2008. Status report on the climate change funds. October 2008, GEF/LDCF. SCCF. 5/Inf. 2, Washington, D. C.

[42] Hall, D. S., Levi, M., Pizer, W. A., and Ueno, T., Policies for Developing Country Engagement. Discussion Paper 2008-15, Cambridge, Mass.: Harvard Project on International Climate Agreements, October 2008.

[43] Herzog, T., Baumert, K. & Pershing, J. 2006. Target: Intensity. An analysis of greenhouse gas intensity targets. Washington DC, World Resources Institute.

[44] IEA-International Energy Agency. World Energy Outlook 2008 [M]. Paris: International Energy Agency, 2008.

[45] IPCC, 2007a. Climate Change 2007: Mitigation of climate change. Contribution of Working Group III to the fourth assessment report of the IPCC, B. Metz, O. R. Davidson, P. R. Bosch, R. Dave & L. A. Meyer (eds), Cambridge University Press, Cambridge and New York.

[46] IPCC, 2007b. Climate Change 2007: The physical science basis. Contribution of Working Group I to the fourth assessment report of the IPCC. S. Solomon, D. Qin, M. Manning, Z. Chen, M. Marquis, K. B. Averyt, M (eds), Cambridge University Press, Cambridge and New York.

[47] Keeler, A. G. and Thompson, A. Industrialized-Country Mitigation Policy and Resource Transfers to Developing Countries: Improving and Expanding Greenhouse Gas Offsets. Discussion Paper 2008-05, Cambridge, Mass.: Harvard Project on International Climate Agreements, September 2008.

[48] Porter, G., Bird, N., Kaur, N. and Peskett, L., New Finance for Climate

Change and the Environment. July 2008. World Wildlife Fund, Washington D. C.

[49] Stern, N., The Economics of Climate Change: The Stern Review [M]. Cambridge, UK: Cambridge University Press, 2006.

[50] Teng, F., Chen, WY, and He, JK. "Possible Development of a Technology Clean Development Mechanism in a Post-2012 Regime." Discussion Paper 08-24, Harvard Project on International Climate Agreements, Belfer Center for Science and International Affairs, Harvard Kennedy School, December 2008.

[51] UNFCCC, 2007a. Decision -/CP. 13: Bali Action Plan. Report of COP13 of UNFCCC. Bali: United Nations.

[52] UNFCCC, 2007b. Report on analysis of existing and potential investment and financial flows relevant to the development of an effective and appropriate international response to the climate change, Dialogue Working Paper No. 8, Prepared for the Fourth Workshop under the Dialogue on Long-term Cooperative Action to Address Climate Change by Enhancing Implementation of The Convention, August 27 - 29th, Vienna.

[53] UNFCCC, 2008. Ad Hoc Working Group on Long-term Cooperative Action under the Convention. Third session. Accra, 21 - 27 August 2008.

[54] Victor, G. D., Climate Accession Deals: New Strategies for Taming Growth of Greenhouse Gases in Developing Countries. Discussion Paper 2008-18, Cambridge, Mass.: Harvard Project on International Climate Agreements, December 2008.

[55] Wara, M., Is the Global Carbon Market Working? . Nature, February 2007: 595.

[56] Ward, M. 2006. Climate policy solutions: A sectoral approach. Wellington, Global Climate Change Consultancy.

[57] World Resources Institute, Climate Analysis Indicators Tool (CAIT) version 6.0., World Resources Institute: Washington, DC, 2009The World Bank. 2008. State and Trends of World Carbon Markets 2008. May, 2008. Washington D. C.

[58] The World Bank. 2008. State and Trends of World Carbon Markets 2008. May, 2008. Washington D. C.

[59] The World Bank. 2009a. World Development Indicators Database, April 2009. Washington D. C.

[60] The World Bank. 2009b. State and Trends of World Carbon Markets 2009. May 2009. Washington D. C.

[61] Zhang Z X, How far can developing country commitments go in an immediate

post-2012 climate regime? [J]. Energy Policy, 2009, 37 : 1753 - 1757.

[62][美]索尼亚·拉巴特,罗德尼·R. 怀特. 碳金融——碳减排良方还是金融陷阱[M]. 王震,王宇,译. 北京:石油工业出版社,2010.

[63]任卫峰. 低碳经济与环境金融创新[J]. 上海经济研究,2008(3).

[64]周曦. 低碳经济与我国环境金融创新——一个战略的视角[J]. 求索,2010(4).

[65]谢清河. 发展低碳经济的金融创新问题研究[J]. 南方金融,2010(5).

[66]曾刚,万志宏. 国际碳金融市场:现状、问题与前景[J]. 国际金融研究,2009(10).

[67]贾健. 发展低碳金融,支持低碳经济[J]. 金融与经济,2009(10).

[68]曾少军. 碳减排:中国经验[M]. 北京:社会科学文献出版社,2010.

[69]陈庆修. 中国能源战略大视野[J]. 科学咨询(决策管理),2010(4).

[70]冯进城. 中国金属矿产资源安全战略研究[D]. 中国地质大学博士论文,2010.

[71]高爱芳. 世界林产品贸易的产品分布特征[J]. 中国市场,2010(8).

[72]龚志勇. 建立和完善我国石油储备体系的思考[J]. 经济纵横,2008(8).

[73]黄频捷. 日本的全球矿产资源战略[J]. 世界有色金属,2006(2).

[74]胡奥林,黄桂芬. 当前我国天然气价格面临的问题及对策[J]. 天然气技术,2008(6).

[75]韩绍阳,白云生. 福岛核事故后看天然铀产业走势[J]. 中国核工业,2011(4).

[76]刘舸. 东北亚能源安全局势与韩国的战略选择[J]. 当代韩国,2009(6).

[77]李艺,汪寿阳. 大宗商品国际定价权研究[M]. 北京:科学出版社,2007.

[78]彭颖,陈其慎,李建武,杜雪明,徐铭辰. 铁矿石定价机制演变及价格影响因素[J]. 中国矿业,2011(4).

[79]赵冬花. 日本煤炭开发利用战略及对我国的启示[J]. 中国煤炭,2009(6).

[80]付敏杰. 降低制度不确定性 促进民间投资发展[N]. 中国证券报,2016-05-23(12).

[81]曹新,陈剑,刘永生. 可再生能源补贴问题研究[M]. 北京:中国社会科学出版社,2016:50-58.

[82]北京洲通投资技术研究所. 中国新能源战略研究(中国改革与发展报告2012)[M]. 上海:上海远东出版社,2012:48-56.

[83]丁亚鹏. 沼气发电,期待政策"扶一扶"[N]. 新华日报,2015-10-23(6).

[84]冯兴元,何广文. 中国民营企业生存环境报告2012[M]. 北京:中国经济出版社,2013:177-184.

[85]吴琦. 新能源金融服务亟待创新[N]. 中国能源报,2016-07-04(4).

[86]赵宇航. 我国光伏产业发展的机遇与变数[J]. 能源,2016(2):90-93.

[87]赵心刚. 制约我国民间投资发展的因素分析[J]. 全国商情(理论研究),2013(15):39-39.

[88]曾鸣,段金辉. 新能源补贴机制问题及对策[J]. 中国电力企业管理,2015(11).

[89]靳保芳. 完善可再生能源补贴机制[N]. 中国工业报,2016-03-10(6).

[90]王志会. 当前民间投资状况与鼓励对策[J]. 市场周刊,2013(1):50-53.

[91]温建民. 民营企业融资现状及对策分析[J]. 当代经济,2012(1):7-8.

[92]何文玲. 民间投资融资障碍的对策建议[J]. 中国经贸,2015(4):97-97.

[93]宋晓晶. 完善财税政策推动我国新能源产业发展[J]. 生态经济,2013(6):127-130.

[94]乐吉娜. 我国民营制造业转型发展中的问题与对策研究[J]. 经营管理者,2014(36):62-63.

[95]郭韬. 基于复杂性理论的企业组织创新研究[J]. 哈尔滨工程大学,2008.

[96] 蒋晓荣,崔影慧. 民营高科技企业组织文化建设探析[J]. 生产力研究,2005(8):194-195.

[97] 李登月. 基于SWOT分析的家族企业的文化创新[J]. 价值工程,2012(18): 9-10.

[98]刘艳莉. 民营企业文化建设存在的问题及对策研究[J]. 管理纵横,2011(4).

[99]马清. 民营企业组织文化理念的现状与对策研究[J]. 2010,92(18): 190-191.

[100]全球新能源企业500强课题组,2012全球新能源企业500强分析[N]. 中国能源报. 2012-12-31.

[101] 宋东风. 我国中小企业组织创新研究[D]. 西北农林科技大学,2009.

[102] 童丽. 民营企业组织文化价值观对组织效益的影响研究[J]. 科技管理研究,2011(11): 101-104.

[103] 王丰. 民营企业文化建设的问题及对策[J]. 企业改革与管理,2011(1):44-46.

[104]王海鸥. 我国民营企业的制度创新研究[D]. 西安工业大学,2010.

[105]王立民. 我国成长期民营企业组织文化共性及其内在匹配性研究[D]. 广

西大学,2012.

[106]熊灏．浅析我国民营企业文化创新[J].中国商界,2010,212 (12)：404–407.

[107]叶帆．民营企业文化建设的问题及对策[J].企业文化,2010,358(10):77–80.

[108]曾少军．家族企业与企业家族——中国家族企业组织创新研究[M].北京:经济管理出版社,2007.

[109]成志秀,王晓丽．太阳能光伏电池综述[J].信息记录材料,2007,8(2):41–47.

[110]梁昌鑫,陈孝祺．太阳能电池现状及其发展前景[J].上海电机学院学报,2010,13(3):182–186.

[111]章诗, 王小平,等．薄膜太阳能电池的研究进展[J].材料导报:综述篇,2010,24(5):126–131.

[112]马光耀,康志君,谢元锋．铜铟镓硒薄膜太阳能电池的研究进展及发展前景[J].金属功能材料,2009,16(5):46–49.

[113]赵雨,孙煜．非晶硅薄膜电池的历史、现状和发展中的主要问题[J].能源技术,2009,30(6):335–337.

[114]田成邦,刘妍,等．染料敏化纳米 TiO2 薄膜太阳能电池的研究进展[J].佛山陶瓷,2010,3:35–39.

[115]王海生,等．中国光伏产业发展报告.2011—2012 中国新能源产业年度报告,2012 年.

[116]王斯成．光伏电站建设及相关政策．第六届中国新能源国际高峰论坛论文集,2012 年.

[117]陈斌．试析环境保护下的水电开发[J].化工之友,2007(1):33–34.

[118]志丁,骆华松,候钰．我国水电开发研究进展及展望[J].资源开发与市场,2009,25(4):321–362.

[119]贾金生,马静,张志会．应对气候变化必须大力发展水电[J].中国水能及电气化,2010(1/2):8–12.

[120]柯晓阳,杨晓华．关于加快湖北省中小水电开发的思考[J].水电与新能源,2011(1):75–78.

[121]李海英, 冯顺新, 廖文根．全球气候变化背景下国际水电发展态势[J].中国水能及电气化,2010,70(10):29–37.

[122]李香云．规划环境影响评价如何解决水电发展生态问题的难点与对策[J].水利发展研究,2010(10):7–14.

[123]李跃平．低碳发展视角下中国水电发展的战略研究[J].水利水电施工,2010(6):1–3.

[124]刘起涛．以创新模式展现中国力量[J]．中国水电,2010(10):62-64.

[125]陆佑楣．我国水电开发与可持续发展[J]．水力发电,2005,21(2):1-4.

[126]孟祥路对潘家铮院士的采访．水电发展三大制约：技术、经济和移民生态环境制约——从新安江看中国水电发展[N]．中国能源报,2010-07-26(20).

[127]牟谦．低碳经济与水电开发[J]．水电与新能源,2010,(6):69-71.

[128]彭程,钱钢粮．21 世纪中国水电发展前景展望[J]．水力发电,2006,32(2):6-16.

[129]齐晔．2010 中国低碳发展报告[M]．北京：科学出版社,2011.

[130]王文铭，艾尉．低碳经济背景下我国水电发展前景分析及建议[J]．中国水利,2010(14):25-26.

[131]邢佰英．水电电价市场化改革迫在眉睫[N]．中国证券报,2010-08-05.

[132]晏志勇．对我国水电发展的思考[J]．水力发电,2008,34(12):14-17.

[133]张国宝．神女应无恙 当惊世界殊[N]．人民日报,2010-08-26(5,16).

[134]中华人民共和国国民经济和社会发展第十二个五年(2011-2015)规划纲要[R].

[135]钱伯章,朱建芳．页岩气开发的现状与前景[J]．天然气技术,2010,4(2):11-15. [Qian Bozhang,Zhu Jianfang. Status and Prospects of Shale Gas Development[J]. Natural Gas Technology, 2010,4(2):11-15.]

[136]Christopher A. Smith, Guido DeHoratiis Jr, John R. Duda, et al. Shale Gas: Applying Technology to Solve America′s Energy Challenges [J]. National Energy Technology Laboratory, March 2011.

[137]徐建永,武爱俊．页岩气发展现状及勘探前景[J]．特种油气藏,2010,4(2):1-8. [Xu Jianyong, Wu Aijun. The Development Status and Exploration Prospect of Shale Gas[J]. Special Oil and Gas Reservoirs, 2010,4(2):1-8.]

[138]张抗,谭云冬．世界页岩气资源潜力和开采现状及中国页岩气发展前景[J]．当代石油石化,2009,17(3):9-12. [Zhang Kang, Tan Yundong. The Resource Potential Exploition Status of Shale Gas in the World and its Development Prospect in China [J]. Petroleum & Petrochemical Today, 2009,17(3):9-12.]

[139]赵勇,杨海波．页岩气开发现状及成功开发页岩气的关键因素[J]．中外能源,2011,7:47-50. [Zhao Yong, Yang Haibo. Development Status and Key Factors of Successful Development of Shale Gas[J]. SINO-GLOBAL ENERGY, 2011,7:47-50.]

[140]EIA. World shale gas resources: an initial assessment of 14 regions outside the United States[R]. U. S. Energy Information Administration, Washington D. C, Apr. 2011.

[141]张鸿翔. 页岩气:全球油气资源开发的新亮点[J]. 战略与决策研究,2010,25(4):406-410. [zhang hongxiang. Shale Gas: New Bright Point of the Exploitation of the Global Oil-gas Resources[J]. Strategy & Policy Decision Research, 2010,25(4): 406-410.]

[142]吴建军,常娟. 美国页岩气产业发展的成功经验分析[J]. 能源技术经济,2011,23(7):19-22. [Wu ianjun,Chang,Juan. Analysis on Development Experience of the Shale Gas Industry in USA. Energy Technology and Economics, 2011,23(7):19-22.]

[143]米华英,胡明,冯振东,等. 我国页岩气资源现状及勘探前景[J]. 复杂油气藏,2010,3(4):10-13. [Mi Huaying,Hu Ming,Feng Zhendong, et al. Present conditions and exploration prospects of shale gas resource in China [J]. Complex Hydrocarbon Reservoirs, 2010,3(4):10-13.]

[144]张世诚,孙庶. 大力发展洁净煤技术 创建环境友好型社会[J]. 煤炭技术,2008 (11):165.

[145]陈清如. 发展洁净煤技术 推动节能减排[J]. 中国高校科技与产业化,2008(3):65.

[146]唐庆杰,王育华,吴文荣,等. 洁净煤技术,中国能源发展的必然选择[J]. 中国矿业,2007 (11):24.

[147]李大庆. 中国能源中长期发展战略研究报告在京发布 [N]. 科技日报,2011-03-01.

[148]陈贵锋. 洁净煤技术产业发展机遇与挑战 [J]. 中国能源,2010,32 (4):5-7.

[149]张艳. 2010 年我国原油净进口数量继续攀升 [N]. 京华时报,2011-01-11.

[150]陈欢欢. 煤清洁利用:中国式低碳的关键 [N]. 科学时报,2010-02-07(2).

[151]冯天天. 中国可再生能源国际合作项目问题研究[J]. 经济纵横,2010(7):69.

[152]黄真. 中国国际合作理论:目的、途径与价值[J]. 国际论坛,2007(9)43-47.

[153]黄征学."十二五"时期国际区域合作的路径探索[J]. 中国经济导刊,2010(7):16-17.

[154]康晓. 中国开展可再生能源国际合作的途径与问题[J]. 现代国际关系,2009(6):43-49.

[155]刘丽靓. 能源并购迎来好时机[N]. 中国能源报,2009-04-20.

[156]廖卓娴. 挑战与机遇相生共存:中美新能源合作的新趋势[J]. 当代世界,2010(1):70-71.

[157]宋秀琚．国际合作理论:批判与建构[M]．北京:世界知识出版社,2006:266.

[158]唐彦林．国际政治视野下构建东亚能源合作机制的路径分析与模选择[J].世界经济与政治论坛,2006(4):68-74.

[159]贤俊江．中国参与新能源国际合作的路径研究[J]．时代经贸,2011(9):82-83.

[160]闫世刚．低碳时代中欧新能源国际合作的挑战与对策分析[J]．经济论坛,2011(3):64-66.

[161]中央党校课题组．中国新能源发展战略问题研究[J]．经济研究参考,2011,52:2-20.

[162]毕洪业,杨辉．普京能源外交战略评析[J].国际论坛,2008(1)67-72.

[163]冯春萍,李维花．俄罗斯能源外交中的地缘政治布局[J].世界地理研究,2009(12):74-80.

[164]高淑琴,贾庆国．俄罗斯能源外交:理论学说的形成及发展趋势[J].东北亚论坛,2011(2):61-67.

[165]胡亚西．俄罗斯对韩国的能源外交及前景[J].国际资料信息,2009(2):25-28.

[166]剧倩倩．新世纪我国对俄罗斯的能源外交:以常规能源为例[J].法制与社会,2009(1):191-192.

[167]李青．新现实主义视角下的中非能源外交分析[J].连云港职业技术学院学报,2009(2):69-71.

[168]沈小钰．美国能源战略与对非能源外交[J].当代世界,2010(4):45-47.

[169]斯·日兹宁．国际能源政治与外交[M].上海:华东师范大学出版社,2005.

[170]唐志超．“9·11”后全球能源外交发展态势[J].现代国际关系,2006(1):32-27.

[171]王海运．世界能源外交形势下的基本特点[J].国际石油经济,2008(10):1-6.

[172]王联合,许勤华．能源外交概论[M].北京:社会科学出版社,2012.

[173]张雷．后金融危机时代印度能源外交战略及启示[J].学术探索,2011(6):47-51.

[174]徐洪峰,李林河．美国的中亚能源外交[M].北京:知识产权出版社,2010.

[175]程果,程俊英,吕伟耀．中国能源外交的困境及其战略选择[J].河北学刊,2007(6):150.

[176]何鹏程．中国外交在能源战略冲突中的对策分析[J].科教文汇,2007(6)

115-116.

[177]胡亚西．俄罗斯对韩国的能源外交及前景[J]．国际资料信息，2009(2)：25-28.

[178]剧倩倩．新世纪我国对俄罗斯的能源外交：以常规能源为例[J]．法制与社会，2009(1)：191-192.

[179]李格琴．中国能源外交的新问题及其对策[J]．当代世界，2008(3)：56-58.

[180]卢亚南，刘曙光，潘光．中国的能源外交[J]．外交评论，2008(1)：36-39.

[181]王恒，廖勇．金融危机中的世界能源秩序与我国能源外交[J]．西南科技大学学报，2010(12)：34-38.

[182]王联合．竞争与合作：中美关系中的能源因素[J]．复旦学报，2010(2)：17-24.

[183]王联合，许勤华．能源外交概论[M]．北京：社会科学出版社，2012.

[184]王新刚．以色列国家能源战略的特点[J]．人文杂志，2010(4)：143-147.

[185]许勤华．中国能源外交战略分析与思考[J]．教学与研究，2008(12)：59-64.

[186]闫世刚．后金融危机时期中国能源外交战略构建[J]．太平洋学报，2010(8)：42-48.

[187]赵宏图．透视能源外交——兼谈对中国能源外交的思考[J]．国际石油经济，2007(10)：41-47.

[188]蔡拓，等．全球问题与当代国际关系[M]．天津：天津人民出版社，2002：104.

[189]杜来福．全球环境问题呼唤全球治理[A]．中共郑州市委党校学报，2006(4).

[190]樊东黎．世界能源现状和未来[J]．金属热处理，2011，36(10)：119-131.

[191]马小军．国际战略视野下的能源与环境问题[J]．当代世界，2011，(10)：9-15.

[192]隋春花．全球环境问题与策略[A]．韶关学院学报(社会科学版)，2002(2).

[193]田春秀．全球环境管理的现状与展望[J]．环境保护，2003(11).

[194]李毅中．适应世界能源新变化 改善我国能源布局[J]．全球化，2013(7)：89-92.

[195]史丹．全球能源格局变化及对中国能源安全的挑战[J]．中外能源，2013(2)：1-6.

[196]张国宝．2013 年全球能源形势展望[J]．第一财经日报，2013(2)：3-4.

[197]王宏峰．从《世界能源统计年鉴》看世界能源供需变化[J]．能源研究与利用，2013(04)：8-9.

[198]张芳．当前能源形势及解决能源问题的对策[J]．科技传播，2013(3)：49-50.

[199]李向阳．非常规资源将影响全球能源格局——《BP 2030 年世界能源展望》解读[J]. 国际石油经济,2013(4):17-24.

[200]梁林春,万颖华．分布式新能源已成为全球能源发展新方向[J]. 储能科学与技术,2013(4):422-423.

[201]曾省存,景春梅．国际能源形势新变化及中国对策[J]. 中国经贸导刊,2013(12):17-20.

[202]赵越．世界能源的发展趋势及对中国的启示[J]. 中国煤炭,2013(6):116-118.

[203]许勤华,马凯云．在开放格局中维护能源安全[J]. 国际石油经济,2013(5):7-9.

[204]邓鹏．全球新能源专利现状及趋势分析[J]. 中国发明与专利,2014,8:38-42.

[205]范必,王军,曾少军,张焕波,刘向东,马志扬．建立全球大宗能源资源市场治理机制[J]. 宏观经济管理,2012,4:35-37.

[206]王晓枫．中国将主办 2016 年 G20 峰会[N]. 新京报.

[207]李景卫．曾培炎倡议在二十国集团框架下建立全球能源资源市场稳定机制[N]. 人民日报,2011-07-12.

[208]罗佐县．中国能源对外合作的机遇与挑战[J]. 能源,2014(3).

[209]余家豪．"一带一路"能源合作聚焦三大关键词[N]. 中国石油报,2015-03-01.

[210]单胜召,黎斌林,肖荣阁．美国地质调查局对全球石油待发现资源量的评估[J]. 中国矿业,2014(S2).

[211]王寒．世界氢能发展现状与技术调研[J]. 当代化工,2016(6):1316-1319.

[212]毛宗强．世界氢能炙手可热中国氢能蓄势待发[J]. 太阳能,2016(7):16-20.

[213]冯望生,等．可燃冰的研究与开发进展[J]. 价值工程,2016(8)31-33.

[214]孙玉清,李静,王茜．可燃冰发展现状及产业化前景[J]. 经济研究参考,2014(50):13-16.

[215]侯剑华,郭爽．太阳能电池领域关键技术分析及潜在技术探测[J]. 现代情报,2015,(9):98-104.

[216]殷伊琳．传统化石能源清洁化利用的现状及展望[J]. 天津化工,2016(2).

[217]赵永志,等．氢能源的利用现状分析[J]. 化工进展,2015(9),3248-3254.

[218]肖宇．氢储能:支撑起智能电网和可再生能源发电规模化[J]. 中国战略新兴产业,2016(1):46-49.

[219]全球太阳能理事会发表致 G20 公开信[EB/OL]. 美通社,2016-09-02.

[220]薛进军,赵忠秀,戴彦德,王波,孙永平,郭琳．中国低碳经济发展报告(2016)[M]. 北京:社会科学文献出版社,2016.

[221]李效顺,曲福田,郭忠兴,等. 城乡建设用地变化的脱钩研究[J]. 中国人口·资源与环境,2008,18(5):179-184.

[222]彭佳雯,黄贤金,钟太洋,等. 中国经济增长与能源碳排放的脱钩研究[J]. 资源科学,2011,33(4):626-633.

[223]戴亦欣. 中国低碳城市发展的必要性和治理模式分析[J]. 中国人口·资源与环境,2009,19(3):12.

[224]顾朝林,等. 气候变化与低碳城市规划[M]. 南京:东南大学出版社,2009.

[225]中国科学院国家科学图书馆科学研究动态监测快报[J]. 2008(1),(18).

[226]朱春奎,沈萍. 行动者、资源与行动策略:怒江水电开发的政策网络分析[J]. 公共行政评论,2014(4).

[227]孙丹平. 大坝之争——午后斜阳还是初升朝日[J]. 绿色中国,2004(1).

[228]陈金陵. 绿色呼唤——中国环保 NGO 启示录[J]. 中国作家,2010(1).

[229]赵永平. 小水电多了还是少了?[N]. 人民日报,2016-01-06 (16).

[230]子志月. 云南少数民族口述档案开发利用研究[R]. 云南大学博士论文,2013.

[231]李自良. 怒江"争"坝[J]. 瞭望新闻周刊,2004(49).

[232]陈金陵. 绿色呼唤——中国环保 NGO 启示录[J]. 中国作家,2010(7).

[233]赵何军. 怒江州农村劳动力转移培训的新模式初探[J]. 中国农业信息,2014(5).

[234]赵壮天. 边疆省级政府自主性行为研究 ——基于云南的实践[R]. 云南大学博士论文,2014.

[235]刘明福,王忠远. 习近平民族复兴大战略——学习习近平系列讲话的体会[J]. 决策与信息,2014(Z1).

[236]吴世勇,王红梅. 开发与保护并重,创建和谐的水电开发模式[J]. 四川水力发电,2005(10).

[237]王亦楠. 妖魔化水电开发要不得[J]. 中国经济周刊,2016,(7):78-81.

[238]陈雷. 加强水生态文明建设,大力节约保护水资源[N]. 中国水利报,2013-03-22.

[239]陈明忠. 深入贯彻落实《关于实行最严格水资源管理制度的意见》加快实行最严格水资源管理制度[J]. 中国水利,2012,63(7).

[240]刘雅鸣. 深入贯彻实施长江流域综合规划着力推进流域水生态文明建设[J]. 人民长江,2013.

[241]李海曙. 怒江州生态文明建设示范区的实践探索[J]. 云南林业,2011(4).

[242]孟伟,范俊韬,张远．域水生态系统健康与生态文明建设[J]．环境科学研究,2015(10).

[243]田增刚,孟凡荣,李国会．新时期生态清洁流域建设的机遇和挑战[J]．南昌工程学院学报,2014.

[244]徐雪红．加强流域综合治理与管理推动太湖流域水生态文明建设[J]．中国水利,2013.

[245]闫水玉,赵柯,邢忠．都市地区生态廊道规划方法探索——以广州番禺片区生态廊道规划为例[J]．规划师, 2010(6).

[246]杨桂山,徐昔保,李平星．长江经济带绿色生态廊道建设研究[J]．地理科学进展,2015(11).

[247]尚榆民,刘滨,王圣瑞．洱海流域生态文明建设的探索[A]．中国环境科学学会学术年会,2013.

[248]詹卫华, 邵志忠, 汪升华．生态文明视角下的水生态文明建设[J]．中国水利,2013(4).

[249]张修玉,许振成,李远,彭晓春,曾凡棠．新时期流域生态文明建设[A]．中国水利学会学术年会,2013.

[250]张立江．怒江州生态文明建设面临的困难及对策[J]． 中共云南省委党校学报,2012(6).

[251]张定青,党纤纤, 张崇基．于水系生态廊道建构的城镇生态化发展策略——以西安都市圈为例[J]． 城市规划,2013(4).

[252]刘滨,王苏亮,吴宗鑫．试论以物质流分析方法为基础建立我国循环经济指标体系[J]．中国人口资源与环境,2005,(4):32-36.

[253]董继红．循环经济指标体系概念、架构及评价方法[J]．统计与决策,2007,(2):126-128.

[254]陈振凤,许华丽,何海燕．我国循环经济指标评价体系研究述评[J]．青海社会科学,2007,(2):24-26.

[255]刘志亭．循环经济指标体系的建立与实证分析[A]．青岛行政学院学报,2010,(2):11-13.

[256]杨华峰,张华玲．论循环经济评价指标体系的构建[J]．科学学与科学技术管理,2005(9):123-127.

[257]朱冬园,刘婧．湖北省循环经济评价指标体系的模型构建及实证检验[J]．统计观察,2008(12):84-88.

[258]白雪梅,赵松山. 层次分析法在综合实力评价中的应用[J]. 统计与决策,1997,(10).

[259]马宗国,柳兴国. 循环经济统计指标体系与检测方法实证研究[J]. 开发研究,2006(5).

后 记

整理完本书，既有一种如释重负之感，也由衷生出许多感激之意。

古人云，“太上有立德，其次有立功，其次有立言，虽久不废，此之谓三不朽”。(《左传·襄公二十四年》)。身处物欲横流、竞争激烈的时代，立德与否，不在自我标榜，需留待后人评说；立功与否，也要看天命与机遇；而要静下心来做些研究、留点儿文字下来，则是需要勇气与坚韧的。中国人民八年可以打败日本侵略者，一个智库研究人员八年是否拿出了一本有分量的研究成果，实在忐忑不安。单从一个字一个字地码起来，一个观点一个观点地提炼出来而言，权且先对得住自己的良心。所谓敝帚自珍，此“言”是否“立”得住，任由方家批评了。整理一下八年的研究成果，算是对自己的交代，由此释然。

由衷生出的感激之意，在于国经中心八年的研究，尤其是从学术研究向政策应用研究转型，实在是得到了太多领导、专家和同人的帮助。除序言中提及的诸位大家之外，我还要感谢如下领导和同人：王春正、张晓强、张大卫、马德秀、刘克崮、陈文玲、何建坤、徐锭明、周大地、赵家荣、韩文科、范必、张廷克、陈卫东、吴越涛、王毅、王名等专家领导在课题研究方面的高层次指导，让我获益匪浅；王宪磊、张永军、王军、徐占忱、姜春力、刘向东、梁云凤、景春梅、王冠群、王刚、张焕波、陈迎春、逯新红、徐长春、张瑾、陈妍、孙葵、黄志龙、王天龙、吕文斌、王凤春、苏明、马骏、刘树杰、朱启贵、庄贵阳、顾海英、胡小军、尹海涛、苗韧、欧训民、张爽、张斌、杨丽、荣芳等各位专家学者的专业帮助与合作，让我深受启发；苏明老师在与我的课题合作完成不久就不幸去世，让我深感悲痛，我也祈祷本书的出版能够稍微慰藉一下他的在天之灵。此外，我还要感谢杨来、曾凯超、李睿、吴丹、曹杰、李杨、周志勇、鲜于小宁、毛华斌、胡芬、张伟等的学术与科研协助，他们的大力支持，为我的科研工作提供了很大的便利。当然，本书得以出版，我尤其要感谢中国市场出版社的宋涛编辑，是她把本书当成自己的作品一样倾注严谨与耐心，使本书完成了丑小鸭向白天鹅的蜕变。最后，我要感谢我的家人，正是夫人郑洁女士与孩子的鼓励与亲情，让我在困难与烦闷中得以坚持下来。上述感谢之言可能挂一漏万，谨致歉意并再次致谢所有为本书研究与出版给予关心与帮助的人！

需要说明的是，本书研究中有不少部分是与同人和团队合作的成果，我在每个题注中都做了详细说明。即便如此，书中研究的主要观点和结论，大部分还是本人系统思考的结果，故而文责自负。

2017 年 9 月 11 日

于北京半步桥